国王与诸神

约翰·加利亚诺、亚历山大·麦昆的人生起落
与时尚帝国的兴衰

Gods and Kings: The Rise and Fall of Alexander
McQueen and John Galliano

[美] 黛娜·托马斯 Dana Thomas ——著
李孟苏　林艺璐——译

重庆大学出版社

献给我的父母

查尔斯 · H. 托马斯
苏茜 · S. 托马斯

引言

2011年2月24日的傍晚，巴黎阿拉伯世界学会的展览部总监、35岁的杰拉尔丁·布洛克（Géraldine Bloch）和她男友、41岁的前台接待员菲利普·维尔吉蒂（Philippe Virgitti）正在 La Perle 咖啡厅的露台上把酒言欢。正在这时，坐在旁边的男人喝令他们安静下来。显然，他喝醉了——眼神呆滞、言语含混，所以布洛克和维尔吉蒂并没有搭理他。然而，那个男人不依不饶地继续挑衅。

“你们的声音吵到我了，”他吼叫着，“你们的嗓门太大声了！”

醉汉的保镖就站在几步开外。他看到布洛克越来越生气，眼前的状况即将升级为一次斗殴之时，赶紧拨通醉汉律师的电话，并试图把电话塞到布洛克手里，让布洛克与律师沟通以平静下来。然而布洛克拒绝接过电话，咖啡厅的保安便建议她换个座位。

布洛克本准备换座位，她还没来得及这么做，醉汉忽然抓住她的头发，骂道："恶心的犹太脸，你就该去死。"她痛苦地尖叫着。“你给我闭嘴，臭婊子。”他大喝道，“我受不了你这种恶心的声音。”

接下来，醉汉的怒火烧向了维尔吉蒂，大吼道："滚蛋！亚洲杂种，我要杀了你！”布洛克的尖叫尚未停止，醉汉又开始了新一轮谩骂："你太丑了，丑得我都不忍心看你。看你穿的便宜靴子！便宜的紧腿靴子。你还没有头发，你的眉毛也丑。你真的太丑了，你什么也不是，你这个鸡！”

一顿人身攻击过后，醉汉放开了布洛克，起身摆出了一个摇滚巨星一般的姿势，自豪地用上流口音的英语报上家门："我是设计师约翰·加利亚诺（John Galliano）！”

消息传出的次日早晨，这位法国高级时装品牌 Christian Dior 的创意总监被以斗殴和反犹太言论的罪名逮捕，在法国，这被认定为仇视性犯罪。此时，时尚业还没觉得这是多大的事儿。Dior 老板伯纳德·阿诺特（Bernard Arnault），以及公司的首席执行官西德尼·托莱达诺（Sidney Toledano）——法裔犹太人，全球商界最受尊崇的总裁之一，也只是谨慎地回应：加利亚诺已经停职接受警方调查，仅此而已。

但在几天之后，巴黎时装周进入高潮之际，一家名叫《太阳报》（*The Sun*）的英国小报在其网站上发布了加利亚诺几个月以前在同一家咖啡馆的视频。视频中的加利亚诺显然烂醉如泥，用不堪入耳的语言发表着反犹太言论，甚至包括“我爱希特勒”。而且，被他辱骂的两位客人没有一个是犹太人。这段视频得到了病毒式的传播，犹太人团体被彻底激怒了。亚伯拉罕·福克斯曼（Abraham Foxman），反诽谤联盟[1]的领导人，认为加利亚诺是一个“种族歧视的老顽固”。

事件的发酵已然超出了阿诺特和托莱达诺所能接受的范围。在 24 小时内，他们免去了加利亚诺在 Dior 和他的同名品牌 John Galliano 中的职务。加利亚诺被炒鱿鱼的新闻登上世界各大新闻媒体的头版，被放在“利比亚的武装反抗”的新闻旁边。

尽管托莱达诺本人也在加利亚诺的种族歧视言辞中受到了莫大的伤害，但他仍然按照原计划出席了 Dior 的女装发布秀。在罗丹博物馆的花园里临时搭起一个秀场，发布秀如期举行。灯光转暗，他走上舞台，对观众说：“上星期发生的事情，对我们所有人来讲，都是一种痛苦的折磨。让我非常心痛的是，看到 Dior 的名字与发表这样可耻言论的设计师联系在一起，尽管这位设计师或许才华横溢。”随后登场的，是灵感来自嬉皮士的服装系列，很出彩，也有商业价值。发布秀闭幕时，Dior 勤恳的工匠们代替缺席的加利亚诺出场谢幕。他们大多是年纪比较大的女性，穿着仿若工作服的白色外套，鱼贯踏入聚光灯下，谦逊地鞠躬致谢。

---

1 反诽谤联盟（Anti-Defamation League）：国际性非政府组织，成立于 1913 年，负责对抗反犹太主义，针对反犹太人的不当言论做出封锁，最初目的是保护被诽谤的犹太人，现在宗旨扩展为确保公平公正对待所有公民和制止歧视。总部设在美国纽约。——译者注

一年前，差不多就是加利亚诺突然出局的这段时间，他的竞争对手，也是他的同胞，年仅 40 岁的亚历山大・麦昆（Alexander McQueen）被发现死于其伦敦的公寓里。麦昆的精神医生史蒂芬·佩雷拉（Stephan Pereira）证实，由于经年的工作压力，导致麦昆长期药物依赖并严重抑郁，而一周前他挚爱的母亲乔伊斯的去世又加重了他的痛苦，终于他在自家衣橱里上吊自尽。

时间上的巧合总令人困惑又唏嘘。加利亚诺和麦昆几乎同时在 20 世纪 90 年代中期登上国际时尚舞台。那时正逢极简主义当道，他们二人携手，以标新立异、纷繁复杂、极度魅惑性感的设计震撼了整个时尚产业，一扫业内的枯燥乏味之气。

加利亚诺和麦昆还拥有相似的成长经历，他们都在伦敦的工人阶级家庭中长大。加利亚诺的父亲是水管工，麦昆的父亲是出租车司机。二人都拥有溺爱他们，并充分培养他们时尚兴趣的母亲。在男孩时代，他们都曾因同性恋的身份被仇视同性恋的同学所霸凌，这也助长了他们暴戾的脾气，一定要以牙还牙。他们都在伦敦剧院的服装部门做过学徒，培养出了不一般的品位，以及对精巧繁复的舞台效果的欣赏眼光。二人都是伦敦夜总会的常客，酷爱夜夜笙歌、灯红酒绿的夜生活。后来，他们相继进入了伦敦的一所当时鲜为人知，但备受尊敬的艺术学校——中央圣马丁学院（Central Saint Martins）学习，各自交出了一台精彩绝伦、才华横溢的毕业作品秀。

加利亚诺和麦昆并不仅仅想引导潮流，或者只是做个天才，他们还想以前所未有的方式掀起一场时尚革命。用极少的钱、寥寥几个志愿者和勇往直前的意志，他们设计出里程碑式的服装系列，再以瑰丽戏剧化的时装秀呈现出来，至今仍被买手和评论家津津乐道，也成为设计师们的参考摹本。

加利亚诺赋予斜裁礼服一种四溢的性感，沙漏型的裁剪饱含着情欲，同时他又在童话般浪漫的场景中展示它们。“约翰的每一件作品都充满深意和艺术性，让人感动。”他曾经的创意伙伴，也是他职业生涯头十年的缪斯，阿曼达·哈莱克（Amanda Harlech）这样说道：“他创造了一整个给女人，不，给每一个女孩、男孩、女人、男人去探索的世界。”

1994 年 3 月，随着圣·斯伦贝谢（São Schlumberger）秀的举办，加利亚诺达到了事业的高峰。因为这场秀在葡萄牙社交名媛圣·斯伦贝谢空置在巴黎的 18 世纪豪宅里举办，所以叫作圣·斯伦贝谢秀。这 10 年间，加利亚诺三次关闭其品牌，此次发布新系列，他到最后一分钟才搞定一位财大气粗的美国银行家拿出赞助。接下来的两周，他夜以继日连轴转，和团队齐心协力，赶出了 18 套以日本主义[1]为灵感的系列，有迷你和服，有线条流畅柔美的长裙，都用同一种便宜的黑色丝锻制成，以二手皮草和暂借的 Harry Winston[2] 钻石作为点缀。所有人——世界顶级的模特、发型师和化妆师，包括鞋履设计师马诺洛·布拉尼克（Manolo Blahnik）、帽饰设计师斯蒂芬·琼斯（Stephen Jones）都不索分毫报酬参与其中，原因，就像哈莱克说的：“我们都十分信任约翰。”

尽管场地狭小，席位有限，但所有来宾都为这些优美、迷人、富有诗情画意的服装所惊叹。模特们穿上它们，化身 20 世纪的塞壬[3]，魅惑人心。“我的天哪！”《名利场》（*Vanity Fair*）杂志时装和风尚总监迈克

1　日本主义（Japonisme）：19 世纪中叶由英国、法国等文化领导国家在欧洲掀起的和风热潮，盛行了约 30 年之久，特别指对日本美术的审美崇拜。——译者注

2　Harry Winston：由哈里·温斯顿（Harry Winston）创立的美国顶级珠宝品牌公司。——译者注

3　塞壬(Siren)：希腊神话中人面鸟身的海妖，拥有天籁般的歌喉，常用歌声诱惑过路的航海者而致使航船触礁沉没。此处指充满迷人魅力的女性。——译者注

尔·罗伯茨（Michael Roberts）在20年后仍感叹连连，“看那场秀就像嗑药，整整25分钟你都欣喜若狂，飘飘欲仙。”时任法国版*Vogue*杂志主编乔安·朱丽叶·伯克（Joan Juliet Buck）认为，圣·斯伦贝谢系列更重要的意义在于，加利亚诺借此推出了“时装的一种新表现形式，一种女性化的解读，这些在裁剪中都可以看出来”。

同时，比加利亚诺年轻了约10岁的麦昆也改变了世人的着装方式，而且更深刻。1993年3月，麦昆在23岁的青葱之年，发布了第一个正式的时装系列。在这个系列中，他做出了时尚界鲜有出现的创新——发明了一种新的廓形，叫作“包屁者”（Bumster）。那是一条前幅无褶、腰线很低的长裤，低至露出耻骨和臀部的顶部。“我想拉长身体的曲线，而不是露出屁股。”他阐释道，“对我来讲，比起臀部，脊椎的底部才是人体最能诱发情欲的部位，无论男女。”

他将“包屁者”变幻出多种多样的形式——或者是喇叭裤、七八分裤，或者是与套装搭配，要么用拉链连上紧身上衣形成一条连身裤。这些设计在一系列意蕴丰富的秀中进行了展示。如“群鸟”系列，灵感来自阿尔弗雷德·希区柯克（Alfred Hitchcock）的同名惊悚电影，这场秀上模特们的身上涂满了油腻的轮胎痕迹；又如“高地强暴”(The Highland Rape) 系列，其灵感来自英格兰对苏格兰高地人实施的野蛮清洗事件，模特们穿着撕裂的服装，冲下T台，仿佛要逃脱暴君的魔爪。

那之后不久，所有的设计师都开始降低腰线，抹去裤子前幅的褶，这种无褶低腰裤一统裤子界20年，至今仍未退出潮流。他早期的服装秀，如“虚无主义”系列，模特不穿内衣，直接穿上被人造血液弄得脏污的连衣裙，露出赤裸的私处；“千年血后”系列则在规规矩矩、一本正经的衣裙上粗暴地划出横穿躯体的豁口；“但丁”系列将战地摄影师唐·麦库林（Don McCullin）拍摄的战争残酷血腥场面的黑白照片印在了服装上。麦昆将对抗性和野蛮原始的性元素引入主流时尚中，展示它们，让它们呈现出性感之姿，还使得大众接受了它们。时尚评论家们很长一段时间都在向麦昆发难——他伦敦东区痞子的做派吓到了他们。不过，一旦评论家们接纳了他，就理解了他那如行星撞击地球般绚烂夺目的才华。正如英国《卫报》时尚专栏作家阿历克斯·沙基（Alix Sharkey）所说："亚历山大·麦昆无疑是继约翰·加利亚诺之后，英国产出的最具天分、最有影响力、最富革新精神的时装设计师。"

麦昆和加利亚诺"始终处于兴奋状态。他们永不停歇地创造新事物，又打破它，给它改头换面"。和二人合作多年的发型大师尤金·苏莱曼（Eugene Souleiman）说："他们凭一己之力脱颖而出，成为先锋。他们的对手就是自己，这样他们才能不断地变好，变得更好。"

不过，他们的时装之路完全不同：加利亚诺做插画师起家，而麦昆最初是萨维尔街[1]的一个裁缝，乍一看，他们的作品互相映衬，互为补充，就像阴阳两极。

对此，麦昆曾说过："约翰是个不可救药的浪漫主义者，而我已成为不可救药的现实主义者。"

"而这世界，二者缺一不可。"

加利亚诺和麦昆分别在 20 世纪 80 年代中期和 90 年代崭露头角。"那时候，时尚还未发展成今天的大气候，"后来成为伦敦时尚界新星的

1　萨维尔街（Savile Row）：位于伦敦梅菲尔区，以传统的男士定制服装而闻名。"定制"一词就起源于萨维尔街，意思是为个别客户量身剪裁、制作服装。——译者注

里法特·沃兹贝克（Rifat Özbek）回忆，那时他也是伦敦时装界一颗闪耀的新星。“我们只是想做出漂亮的时装，策马狂欢。那时候没有做手袋、鞋子、香水等产品的压力，我们只关注服装：它的版型，它的感觉，以及它的色彩。”

伯纳德·阿诺特，那个拥有 Christian Dior 和 LVMH 集团的法国大亨发起了时尚业的大跃进。LVMH 集团下有 50 多个奢侈品牌，包括 Louis Vuitton、Moët & Chandon、Guerlain 和 Givenchy。阿诺特原本是法国北部的房地产商，在 80 年代末期杀入奢侈品产业。他计谋多端，野心勃勃，因此媒体赠予他“终结者”和“披着羊皮的狼”的绰号。

他对集团有宏伟的规划：学习韦特海默家族（Wertheimer）好榜样。这个家族于 1982 年聘请卡尔·拉格斐（Karl Lagerfeld），对 Chanel 品牌进行了现代化重塑。阿诺特也想“翻新”手中陈腐发霉的老牌子，将它们改造为具有亿万市值的全球性品牌。当然，他需要充满活力的年轻设计师来实现这一切。

阿诺特大胆请来了加利亚诺和麦昆来主持他旗下最有名的两个高级定制时装屋：Givenchy 和 Christian Dior，同时允许他们继续保留自己的同名品牌。听起来这是个共赢的明智之举：阿诺特获得了加利亚诺和麦昆超凡的才华和个人魅力，足以令奄奄一息的品牌咸鱼翻身；加利亚诺和麦昆则得到了阿诺特的钱，得到了业内最好的裁缝，以此实现他们的理想。

分别被任命为 Dior 和 Givenchy 的设计总监后，加利亚诺和麦昆加入了新一代时装设计师的行列。这一代设计师还有 Louis Vuitton 的马克·雅各布（Marc Jacobs）及同时为 Gucci 和 Yves Saint Laurent 工作的汤姆·福特（Tom Ford）。他们通过为颇具规模的公司效力，而非单纯为自己的品牌干，以此获得了国际声誉。凭着精明入世的头脑，天马行空如戏剧演出般的新装秀，以及乐观大胆的个性，这批大公司的雇佣兵将时装业再一次带进了年轻鲜活、充满生机和性感的时代。

在回报上，恩主没有亏待他们，给了他们一流的待遇，比如全天24小时待命、配备了专用司机的豪华汽车，出行不是协和飞机就是私人飞机，充裕的差旅预算，还有可观的薪水。设计师们变得像摇滚明星一样出名，身边有一整个团队，有时还跟着保镖。于是媒体将他们称为“君王”。加利亚诺欣然接受了这样的称号，头戴皇冠，坐在王座上，给自己拍了张肖像。

时尚的更新换代从不停歇——这就要求每4~6个月便要有一波新鲜的设计出炉。这不是什么新鲜事。“我给自己挖了个坑。”伊夫·圣·罗兰（Yves Saint Laurent）早在20世纪70年代就曾抱怨道，“我只想做自己想做的时装，而现在，我成了自己商业帝国里的囚徒。”

所谓新鲜的是时尚业变得商业化和民主化，这一现象在业内每一个领域都膨胀开来。一个多世纪来，奢侈品行业指的是手工制作的皮具和定制的高级时装构成的那个世界，由一个个品牌创始人及其继承人掌管运营的小企业组成。这个小圈子的商业系统原本只为小圈子里的客户群提供服务，只有少数几个公司最终能发展成国际性品牌，比如Dior在20世纪50年代就被称为“时尚界的通用汽车”。不过它们都为私人所持有，创立之初的运营管理者都擅长生产、销售时装、皮具、香水。

在80年代末期和整个90年代，这些公司大多数被商业大亨、金融巨头收购。有的是结盟式兼并，有的则被恶意接管，诸如伯纳德·阿诺特和弗朗索瓦·皮诺（François Pinault），他们在时尚业并无太多经验，却深谙如何从这个行业中赚得大钱。大亨巨头们将收购到手的公司推上国际交易平台，让公司收到了更好的财政回报，同时也导致它们变得脆弱，容易受到经济周期的影响，并且要对股东负责任——股东们总是希望收益、红利不停在涨的。

为了刺激销量，大亨们瞄准了正在急剧膨胀的中间市场——一个在90年代经济繁荣期冉冉升起的新兴消费群体。为了吸引新顾客，大亨们四处大量铺店。他们引入了其他产业的职业经理人，比如Givenchy的某位高层就曾为Whirlpool和Nike工作；而Gucci集团的一任首席执行官则是从Unilever的冷冻食品和冰激凌部门挖来的，他们带来了全新的营销策略。分组讨论和由集体决定设计方案替代了设计师个人的直觉判断和完整创作。受雇设计师肩负种种生产创意的任务，要推出周边产品，比如香水、配饰等价格优惠但利润高的产品；要配合媒体，策划、炒作极具刺激性的时装秀，制造众人侧目的红毯效果，以提升品牌辨识度和知名度，让这些奢侈品大牌成为Nike、Apple、Coca-cola那类人皆可以拥有的大众品牌。不到20年，曾经松散的家族小企业俱乐部，已然膨胀为一个年产值2000亿美元的全球性产业。

大亨们尝到了成功和财富带来的甜头：他们登上各大商业杂志的封面，买下了豪宅和游艇，甚至建造博物馆来炫耀他们令人咋舌的私家艺术珍品收藏。2006年，伯纳德·阿诺特以215亿美元的净身家荣登福布斯全球富豪榜第7位，从此他便稳稳地坐在了榜单前20名。他的职员们，包括组成他核心圈子的副手们，常称他为Dieu，也就是上帝，比如会说："上帝会怎么想呢？"

但在设计师们看来，在当代公司领导体系下的高级时装渐渐"丧失人性"，法国设计师尼古拉斯·盖斯奇埃尔（Nicolas Ghesquière）如是说。2012年，在为Pinault集团旗下的品牌Balenciaga工作了15年之后，他辞去了创意总监职务。“这里跟我共事的人都从未……他们应该知道‘时尚’根本不是一盒酸奶或者一件家具。”他说，“而他们把时装改头换面变成了更容易复制、更无趣的东西。”

设计师们因商业之名被迫所做的妥协无疑是一场灵魂压迫。“你会去看麦昆的秀，然而当你走进专柜看着他那一架子的成衣，会想，‘这些衣服都是什么玩意儿？’‘它们都是从哪儿冒出来的？’因为这些衣服实在是和麦昆没有关系。”多年以来一直支持麦昆的英国版 *Vogue* 杂志前主编说，“我能想见麦昆为了接受现实而遭受的煎熬。品牌源源不断炮制出来的产品和麦昆的作品一点关系也没有。”

这样疾步往前赶的节奏是不可持续的，它造成的破坏性后果令人震惊：马克·雅各布因焦虑两次进出戒毒所；汤姆·福特被撵出 Gucci——部分原因是董事会成员认为他已江郎才尽——后，患上了抑郁症；法国设计师克里斯托弗·迪卡宁（Christophe Decarnin）据说因精神崩溃入院治疗后，被一脚从 Balmain 任上踢走；加利亚诺的得力助手史蒂文·罗宾森（Steven Robinson）死于可卡因诱发的心脏病，年仅 38 岁；加利亚诺成了酒精和处方药的重度依赖者，注定走向崩溃；而麦昆，则选择了自杀。

就工作而言，设计师普遍被过度压榨。回想 20 世纪 80 年代中期，加利亚诺初出茅庐之际，一年只需发布两个系列。到了 2011 年他职业生涯的终点[1]，几乎要全面掌管 Christian Dior 和个人品牌 John Galliano 的所有产品线，一年要推出 32 个系列，令人咋舌。正如他自己所说：“你最后一个系列有多好，你就有多好……压力实在太大了。”

1　此后，加利亚诺蛰伏了近 4 年，其间为 Oscar de la Renta 2013 秋冬系列客串设计了部分新装，于 2014 年 10 月重出江湖，任 Maison Martin Margiela 创意总监。——译者注

“时尚业被按下了快进键，疯狂向前跑。”*Vogue* 杂志的时装编辑安德烈·里昂·泰利（André Leon Talley）在加利亚诺事件爆发几天后对我说，“太多个服装系列，太多个时装季。这让设计师怎么跟得上？”

所有创意产业——时尚、音乐、戏剧、电影、文学、摄影等，多少都曾直面艺术与商业之间的拉扯较量。但这两股对立力量的对抗在全球化时代升级了，尤其是在时尚领域，底线在哪里变得比裙边在哪里还重要。创意让位于市场营销策略和科技，品质位居产量之后。伯纳德·阿诺特的儿子，现任 LVMH 集团旗下男装品牌 Berluti 首席执行官的安托万·阿诺特（Antoine Arnault）曾坦诚地告诉我，现在时尚界已经没有艺术的容身之处了。“如果设计师想做艺术家，他们大可以画画，或者做一尊雕塑。”他说，“但他们设计的是服装、皮具这些要大卖的商品。”

“时尚业再不需要怪才了，”麦昆的第一个雇主，曾任 Red or Dead 设计师的约翰·麦基特里克（John McKitterick）说，“它要的是听话的人，它想要艺术总监，它想要职员。说实话，公司甚至连设计师都不想要。每个人都在炒冷饭，如今你根本说不出谁在做设计，设计了什么。全都一样。”

时尚圈的人喜欢谈论“瞬间”。它可能是 T 台上翩然出现了一条美得令人窒息的礼服；也可能是模特的服装、妆发无懈可击，并摆出一个完美的姿势；也可能是一个设计师达到他或她职业生涯的巅峰。这个瞬间往往稍纵即逝，一闪而过。

1996 年，有个记者问加利亚诺：“你怎么定义时尚？”

“对我来说，”他答道，“是转瞬即逝的瞬间。”

回望30年来的时尚，也是我在本书中将要梳理的东西，我想说的是，时尚业在此间体验了一个长久的、美好的瞬间——一个有魔法的瞬间——自1984年加利亚诺在圣马丁的毕业秀开始，2010年2月麦昆自杀，以及一年后加利亚诺被踢出局，两件相继发生的事标志着这个瞬间的终止。

“加利亚诺赋予时装无穷的可能性——美得荒诞，让我们陶醉其中，无法自拔。你总能在他的作品里看见过去与现在的融合与冲突，你看到的是时尚史的某个瞬间，”维多利亚和阿尔伯特博物馆家具、纺织品和时装部门的高级主管卡莱尔·威尔科克斯（Claire Wilcox）说，“而麦昆，则带有危险感——你去看他的秀，永远不知道该期待什么——你觉得你是在见证未来。”

麦昆不仅在时尚界拥有超强的影响力，而且具有极大的社会影响力。在他去世一年后，纽约大都会艺术博物馆服装协会举办了麦昆的作品回顾展，名为“亚历山大·麦昆：野性之美”（Alexader McQueen:Savage Beauty）。这次展览在3个月内吸引了6.6万多名游客，位列大都会艺术博物馆历史上最受欢迎展览第8名，同时也是服装协会最成功的时装展览。

服装协会，现在已更名为“安娜·温图尔服装学院”。安娜·温图尔（Anna Wintour），这位著名的*Vogue*杂志总编辑在2015年的夏天组织策划了一个名为“中国絮语：艺术、电影、时尚中的东方神话”（Chinese Whispers:Tales of the East in Art，Film，and Fashion）的展览，轰动一时。展品有数件从加利亚诺全部作品中遴选出的中国风设计，将它们放置在好像京剧演出的戏台上，以突出他的2003年Dior春夏高级定制系列作品，这个系列的灵感正来自京剧大师梅兰芳先生。

比起大多数同期的设计师，加利亚诺和麦昆威力更加持久，他们的魔幻瞬间仍在延续。原因很简单，在时尚界无数的自我主义分子中，他们是最强大，也是最坚定的。

在纵横时尚行业的20年间，约翰和麦昆将充满创意的灵魂注入时尚之中，不仅帮助时装屋成长为巨无霸企业，也为其树立了辉煌的名声，足以再屹立几十年。而他们却成为资本主义的祭品。

他们的确是君王，史家也不吝赞其伟大。

然而，君王来来往往。

诸神岿然不动。

I

丹吉尔是一座如诸神般古老的城市，坐落于欧洲和非洲的交汇处，大西洋和地中海恰在此处相接。它是由狭窄的小街交错而成的迷宫，正如马克·吐温（Mark Twain）于1869年所写：“这里聚集着来自被遗忘时代的幽灵……是一个拥着你的港湾。”杜鲁门·卡波特（Truman Capote）曾这样回忆在丹吉尔的生活：“日子就像水上的泡沫一般在不经意间流过。”

20 世纪 60 年代初，来自直布罗陀的小男孩约翰·查尔斯·加利亚诺（John Charles Galliano）和他西班牙裔的母亲阿尼塔（Anita）乘渡船经过丹吉尔。男孩在一个西班牙境内学校上学，由于父亲和母亲各自的祖国存在长久的外交争端，这一条跨国航线便成了他每次上下学的必经之路。每每在这个稀奇古怪的地方中途停留，男孩都感到格外兴奋。“这里的穆斯林露天市场、集市、织物、地毯、气味、香草，还有地中海的颜色，”多年后他回忆到这里，沉思片刻后说，“我对纺织品的爱从这里开始。”

加利亚诺生于 1960 年 11 月 28 日，在家里三个孩子中排行老二，有一个大他 5 岁的姐姐萝丝·玛丽（Rose Marie）和一个小他 3 岁的妹妹玛丽亚·茵玛柯拉达（Maria Inmaculada）。他的爸爸约翰·约瑟夫（John Joseph）是个水管工。据他所说，父亲是个“像裁缝和木匠一般严肃认真、勤劳肯干，从 14 岁就开始谋生的人。”

他的母亲安娜·纪廉·鲁埃达（Ana Guillén Rueda），人们都叫她阿尼塔，来自一个叫 La Línea de la Concepción 的西班牙小镇。母亲的家乡恰好跨过直布罗陀的边界，她的家族一直生活在英国领地旁边的农耕区。“他们因为对弗拉门戈的热情而闻名，性情非常火热狂野。”加利亚诺说。他的母亲在佛朗哥将军的独裁政权下长大，当时的社会民族主义和极端天主教氛围浓厚，反犹主义呼声甚响。嫁到直布罗陀后，她仍与故乡保持着紧密的联系，并想方设法确保她的儿子能接受和她一样的教育。

加利亚诺的家位于瑟法提巷 13 号（13，Serfaty’s Passage），这是一条以当地犹太人命名的小巷。从 18 世纪开始，当地最重要的犹太教堂——埃斯诺伽大教堂，就坐落在此处。几个世纪以来，直布罗陀和

瑟法提巷：
约翰·加利亚诺童年的家。

犹太人的关系都很不稳定。1492 年，犹太人被从西班牙驱逐之后，大部分流散的西班牙犹太人经过直布罗陀前往北非的定居点。他们被称为“丁人”（Sephardim），希伯来语“西班牙人”的意思。1749 年，直布罗陀赋予他们永久定居权，人口稳定地增长起来，一切看起来平静祥和。直到第二次世界大战爆发，所有犹太居民只能从这个 2.5 平方英里[1]的聚居区撤离。

加利亚诺家族都是虔诚的天主教徒，他们会定期做弥撒。加利亚诺在圣母加冕主座教堂受洗，这是天主教直布罗陀教区的中心教堂，精美绝伦，他受洗的祭坛曾见证他父母的结婚仪式。加利亚诺很喜欢在直布罗陀长大的日子，“太迷人了，”他说，“有明亮的小巷，有阳光，有蓝天，

1　1 平方英里≈ 2.59 平方千米。——译者注

大街上水手熙熙攘攘。”

但是约翰·约瑟夫想为他的孩子争取更多的东西，于是在 1967 年，他们举家搬至伦敦南部，这样 6 岁的加利亚诺和他的姐姐妹妹都能接受更好的教育。加利亚诺仍记得母亲非凡的勇气：“带着 3 个幼龄的孩子搬到完全陌生的国家，那里的语言她一个字也不会说。”他们最终定居在了一个叫佩克汉姆的中产阶级社区，住在昂德希尔路 128 号，一栋维多利亚时期修建的褐色联排砖房里。

当时的伦敦正处于“摇摆的 60 年代”，披头士（the Beatles）、滚石（The Rolling Stones）以及其他“英国文化入侵”时期的乐队轮流登顶流行音乐排行榜；时装设计师玛丽·昆特（Mary Quant）用迷你裙和热裤呼吁女性解放；电影导演托尼·理查森（Tony Richardson）和理查德·莱斯特（Richard Lester）创作了杰出的讽刺喜剧，如《诀窍》（*The Knack ... and How to Get It*）；摄影师大卫·贝利（David Bailey）、特伦斯·多诺万（Terence Donovan）和哈利·本森（Harry Benson）则为 *Harper's Bazaar*、*Vogue* 和 *Life* 杂志掌镜。《时代周刊》（*Time*）在其产生了重大影响的封面故事“城市文化复兴”中写道：“在被年轻人主宰的 10 年，伦敦已然盛放，它在摇摆，成为一道风景。”

而加利亚诺家族并不想要伦敦的“时髦放纵”。相对地，阿尼塔，这个有着耀眼红发、橄榄色肌肤和曼妙身材的西班牙女人，竭尽所能地想在阴冷、灰暗、多雨的英格兰保留住西班牙南部的气味、颜色、音乐。她常做传统的地中海食物，鼓励她那拥有悦耳嗓音的儿子歌唱，还带他一起跳弗拉门戈舞。“我们在桌子上跳，”加利亚诺说，“因为这样踢踏声更大！”

“我很快就发现，我从母亲那里继承了全体西班牙人引以为傲的东西——你的样子，你走路和穿衣的方式。”他坦诚道，“我没见过比她衣服还要多的人，她是会把自己和孩子们打扮得绝顶漂亮的那种女人。她会为我们浑身上下抹满儿童香水，直到我们看起来闪闪发光才罢手，而我们仅仅是出门去喝杯咖啡而已。我还记得，当她走过的时候，所有人都转过头来看她的场面。”

约翰·约瑟夫，则是一个矮壮的秃顶白人，经营着他自己的水暖公司，也教他儿子一些基本的手艺，比如怎么用喷灯。加利亚诺说：“每次跟他一起出工，我都会被他的工匠精神打动。他总是要把事情做到完美，管道的接合处理得干净利落。多可惜啊！这样好的手艺从来都无人感激。”他父亲的职业，在英国的等级观念里是非常低贱的。最终，这也成为加利亚诺的一个痛点。“人们总说我是水管工的儿子，变着法儿地说。”他抱怨，“首先，我是我父亲的儿子。他的职业是他的选择，而且他做得非常、非常、非常好。”加利亚诺的母亲在一所本地学校的食堂负责学生们的餐食，这点加利亚诺从未当众提及过。

他们家中还摆着西班牙的电风扇，以及在直布罗陀拍的照片，以纪念来伦敦之前的生活。加利亚诺一般和母亲说西班牙语，和父亲说英语。“别人家的房子总像有狗和毛毯的霉味，”他说，“而我们家是大蒜、洗好的衣服和鲜花的味道。”

前面曾提到，在直布罗陀的时候，加利亚诺家族会定期做弥撒。有的星期天，加利亚诺也会在九点半的弥撒中担任“辅祭男童”，在做拉丁弥撒的时候弹吉他。仪式的盛况——焚香而成的烟云、圣餐上的盛装深深地打动了他，这些令人迷醉的场景后来都在他的时装秀里被一一展现。谈到他的第一次圣餐仪式，他说：“我穿了一套耀眼的白西装，装饰着圣徒标配的念珠和金链，还有带子。”而其他男孩都穿着普通的校服，

“我知道我和他们不一样，”加利亚诺坦诚道，“结果，我只能和女生们一起拍大合影。对我来说这没什么，我本来就喜欢和女生在一起，我也喜欢自己酷酷的样子。”

加利亚诺欣然接受父母灌输给他的强烈价值观，“比如做人要诚实守纪，只有尽力去做的事情才有价值，还有虔诚信仰的重要性……”他说。

而后来，加利亚诺却透露，一片祥和的表象之下实际潜藏着无法言说的黑暗和恐惧。根据他的形容，他父亲的要求十分严格。“我一直很怕他，但凡我有不妥的行为——啪！就是一巴掌。这就是我爸爸的教育方式，是维多利亚时代才有的，但就是他奉行的方式。”有一次，他被父亲的权威压得要窒息了，于是他爆发了：“我当时勃然大怒，直接把弹着的吉他往楼下一砸，差点就打中了我父亲的脑袋。在场的人都被吓坏了，我……我还记得当时那种恶心的感觉，直到我能够坦诚地说出一切，并从这些不幸中解脱出来，这种恶心感才消失。”

威尔森文法学校合影，1972 年。
约翰 · 加利亚诺位于第一排左侧。

加利亚诺无疑是个优秀的学生，他通过入学考试进入了威尔森文法学校（Wilson's Grammar School）。这所学校是一所公立学校，只招男生，设有初中和高中。当初，文法学校是私立学校和公立学校的结合：学生们穿统一的制服，接受严格高深的课程安排，但是学费却是由国家负担。学生的家庭背景不尽相同，但其共同点是都能在入学考试中取得好成绩，因此有的威尔森校友形容："督促着孩子考试考好的中产阶级家庭，是学校生源的中坚力量。"不管怎么说，对于像加利亚诺这样家境并不优渥的孩子，进入文法学校就是一张通往好生活的门票。

入学没多久，加利亚诺就发现了这个学校的规律所在："六年级的学生欺负一年级的学生。他们的行动很隐蔽，有时忽然朝你肚子上来一拳就跑，留你在原地疼到喘不上气，老师对这种事儿也是睁一只眼闭一只眼。"渐渐地，他建立了自己的小圈子，也参加了像戏剧社之类的创意活动和社团。

但他瘦小的身躯、地中海地区的暗色肌肤让他在浸染于新教文化中的同龄男孩里显得与众不同——像是一群长满雀斑的混世魔王里混入了一个吉卜赛小淘气。加利亚诺并没有什么运动细胞，唯一擅长的运动就是从小玩到大的网球。相应地，他身上也没有什么雄性气息，他用摩登的鞋子来混搭保守的校服，把头发剪出最新潮的边角。"当时大家分帮结派的，约翰又这么特立独行，当然就容易受欺负了。"加利亚诺曾经的同学说。

"我后来学聪明了，"加利亚诺回应道，"我做了一些功课，知道上学坐早一班车、哪个车厢可以避开他们，这样就不会挨打。还得把伤痕都藏好了回家，不能跟家里人说这些事儿，否则又是一顿好打。"对于这一切，他没有逃避，也没有抱怨，相反地："我就在自己的世界里做白日梦。”

他也会反击。当然，是言语反击。“我认为，有的男孩可能觉得加利亚诺挑衅了他们的性别认同，他们也确实让加利亚诺吃了不少苦头。”学校当时的牧师大卫·杰弗逊（David Jefferson）说，“他用灵魂回应着。我觉得他是个勇敢的男孩，尽管有时处事不太明智……被激怒时以牙还牙，也许就是他这种性格的处理方式吧。”

20 世纪 70 年代中期，英国受到社会和经济动荡的影响：1975 年，通货膨胀率达到创纪录的 26.9%；次年，这个一度为世界上最伟大帝国的国家只得接受国际货币基金组织的财政援助。即便如此，其失业率仍急剧上升，在 1977 年，失业人口达到 160 万。

在这场巨变中，“朋克”应运而生。所谓朋克，是一种拒绝迎合主流的流行文化运动。当代历史学家们认为朋克诞生于 20 世纪 70 年代初曼哈顿下城的流行音乐圈，以摇滚歌手理查德·赫尔（Richard Hell）、汤姆·魏尔伦（Tom Verlaine）和他们的电视乐队（Television），还有纽约娃娃（New York Dolls）乐队为代表。这些乐队大多在 CBGB 摇滚俱乐部进行演出。但朋克文化却在英国被发扬光大，这得归功于一位名叫马尔科姆·麦克拉伦（Malcolm McLaren）的企业家，此人冷酷无情，老于世故。从纽约回来后，马尔科姆在伦敦组建了一支叫作“性手枪”（Sex Pistols）的乐队，他们的音乐极具攻击性，在那个时代是令人震惊的。1975 年 11 月，他们在苏荷区的圣马丁艺术学院举办了首场音乐会。然而，演出仅仅进行了 20 分钟，他们就被赶下了台。

比起纽约，伦敦的朋克迷更原始、生猛、好斗。这本就是一场社会革命。朋克迷来自社会的各个阶层，从伦敦东区住着公租房的孩子们，到受私立学校教育的上流社会人士，但凡不堪国家的经济危机和社会动荡折磨的人们都参与了进来。他们的造型极其粗野暴力：脸颊上的安全别针，哥特式的眼妆，漂白的尖刺发型，胸前醒目地印着攻击性言论、被撕得褴褛的服装。这是一次彻底的反叛，反叛一切审美上认为美的、吸引人的事物，反叛一切英国人的矜持和文雅。

这场运动的中心是麦克拉伦和他的女友薇薇安·威斯特伍德（Vivienne Westwood）开在国王路上的 SEX 商店，主营由威斯特伍德设计的服装。她的设计融合了第三帝国、捆绑象征、狄更斯式贫困、纽约下城摇滚，以及超现实主义和达达主义等多种元素，T 恤上印着放纵的口号和粗鲁的图片；裤子用亮闪闪的面料制作，拉链要么缝在侧边，要么缝在裆部；还有用降落伞面料制成的衬衫，缀着带子和拉环。“它们是有力量的，对，就是那些衣服有力量。”威斯特伍德设计的忠实粉丝，性手枪乐队的鼓手保罗·库克（Paul Cook）说，“这些衣服得有胆子的人穿。穿着这样的衣服，很可能会在街上被人挑衅，你得为自己站出来。”

在威尔森文法学校，这一切悄然上演着。学校要求穿制服，男孩们不可能在服装或是外表上叛逆，于是他们阅读《旋律制造者》和《新音乐快递》[1]，听朋克音乐，在周末开派对来跟随这股潮流。朋克对他们而言，更多是间歇性的娱乐活动，而非生活哲学。作为移民，加利亚诺夫妇告诫孩子们别碰这些新文化，教导他们要通过辛勤的劳动来获得尊重。对于加利亚诺来说，这意味着取得好成绩，给父亲打好下手，还有在洗车行打一份工。

---

1 《旋律制造者》（*Melody Maker*）和《新音乐快递》（*New Musical Express*）：英国著名音乐周刊。——译者注

1979 年，经过五年来左翼工党统治之下的政治、经济危机后，玛格丽特・撒切尔（Margaret Thatcher）当选为英国首相。在她执政的三个任期中，铁娘子着手进行了一系列改革，例如放松对金融业务的管制、国有企业的私有化等。她认为有必要进行这些改革来使英国现代化，并摆脱目前的经济困境。同时，新政策为社会阶层的流动打开了大门，提供了自主创业的机会。

加利亚诺，这位工人阶级移民的后代，在这个时代成长起来。若在撒切尔执政前的英国，他很有可能被困在当下的窘况中度过余生，无法顺着社会阶级和经济的阶梯向上爬。撒切尔主义和朋克文化将一切都改变了，他们一方面提振经济，一方面打破英国根深蒂固的阶级障碍。加利亚诺并不是撒切尔主义者，他也不是个朋克，而他的确从这二者之中受益匪浅：他们为加利亚诺开辟了一条离开佩克汉姆的道路，给予他发挥潜能的可能性。

16 岁那年，加利亚诺通过了 O-level[1] 考试，离开了威尔森文法学校。他想过学外语，因为他在语言方面确实很有天赋，他母亲甚至希望他“成为了不起的法庭口译员”。但是，他内心深处对艺术的渴望和热情暗暗地左右着他的决定。最终，他选择了东伦敦城市学院的设计和面料课程，学校位于白教堂一带。他仍然住在昂德希尔路的家里，践行着他对教会和家庭的承诺，包括定期去教堂忏悔。直到 18 岁，他才停下了这一切。

1　O-level：一个考试名称，它的全称是普通水准普通教育证书(General certification of Education Ordinary Level)，是每年在英国和世界大约 100 个国家为中等学校学生主办的毕业会考，性质类似我们的中考，考生获得英国政府、英联邦国家及欧美各国承认的学历。——译者注

“无论得忏悔什么，我都只需要对自己忏悔。”

为了赚点零花钱，他在牛津广场的 Topshop 兼职做了“周六男孩”，也就是在星期六工作的销售助理，负责男装品牌 Howie 的专柜。加利亚诺很喜欢服装销售这方面的工作，但这是周六上午的工作，好几次他的主管希瑟·兰伯特（Heather Lambert）不得不因为他迟到责备他，因为他头天晚上泡吧泡得太晚了。时尚界的公关专家、Howie 品牌的共有人琳恩·弗兰克斯（Lynne Franks）对他的印象是，一旦他按时到岗，“他的专业能力强得难以置信，工作起来还非常、非常努力。”

在城市学院第二学年结束的时候，老师们都建议他申请圣马丁艺术学院为期一年的基础课程。这个课程综合了学校的各种专业方向，所以通过学习，他能想“清楚自己应该专攻哪个方向”。

圣马丁艺术与设计学院创办于 1854 年，由圣马丁教会创立，旨在将艺术教育纳入教会学校的课程中。20 世纪 80 年代，英国政府“提供的教育拨款比现如今慷慨得多”。那个时期曾在圣马丁学习的美国版 *Vogue* 杂志英裔编辑哈米什·鲍尔斯（Hamish Bowles）回忆道。这使得圣马丁成为汇集社会各阶层学生的熔炉。同时，圣马丁也是一个极具竞争力的学校，因其培养出了一批冉冉升起的新星而享有盛名，如饭店主理人周英华（Michael Chow）、设计师保罗·史密斯（Paul Smith）和里法特·沃兹贝克、作家阿德里安·安东尼·吉尔（A. A. Gill），以及原商业插画专业的著名演员皮尔斯·布鲁斯南（Pierce Brosnan）。所以，对加利亚诺而言，能够被圣马丁录取的确是一大成就。

他终于找到了与自己合拍的人，并陶醉于与他们的相处中。他说：“你可以跨越学科的鸿沟，随时了解电影或雕塑学院的最新动态。时尚没有被隔离开，我有几个最亲密的朋友就是平面艺术家……当看到我的朋友在画画、雕塑的时候，甚至不管他们在干什么，我都会受到莫大的鼓舞。这是一个真正的传统艺术学校，在这儿，我们可以带着各自的风格，把所有元素混合在一起。”

去圣马丁之前，加利亚诺害羞，不合群。圣马丁的老师谢尔丹·伯纳特（Sheridan Barnett）回忆起加利亚诺当时的样子，就像“一只安静的小老鼠，默默地处理着自己的事务，总是在图书馆看书”。他打扮得很低调，要么穿着牛仔裤、T恤和马丁靴，要么穿着20世纪50年代的古董套装，挺括的白衬衣，往往还打个领带。他还是留着那个厚重的楔形发型，“前额梳个飞机头刘海，像猫王一样。”他的同学约翰·卡希尔（John Cahill）说道。

时装教育的开路先锋波比·希尔森（Bobby Hillson）教授说，她和同事们很快就意识到，加利亚诺“天赋异禀”，而且他“工作起来格外努力”。起初，加利亚诺学的是平面造型艺术、电影制作、纯艺术和时装插图。他说：“我发现我真的很喜欢画画。”到了第三学年，他决定专攻设计。后来，他坦白说：“即便如此，我的脑子仍为插画而生。”他常用笔墨水彩作画，风格优美典雅，作品细节丰富，精准得无可挑剔。“惊为天人。”他的同学、朋友萨拉·利弗莫尔（Sara Livermore）谈到他的作品时说，“你该把它们挂到墙上。”

汉娜·威尔（Hanna Weil），加利亚诺的设计课老师，曾给学生们布置过一个体量庞大的时尚课题，规定在短时间内完成。进行课题展示前，威尔说：“我想给你们看一个学生的作品集，看过之后，我想要的标准你们就心里有数了。”根据哈米什·鲍尔斯的回忆，威尔打开了那个作品集，“我看过的最精致的画作一页又一页地展现在眼前。画作的想象绮丽丰富，传递的概念充满寓意，笔法堪称巧夺天工。我们大为震撼，腿在靴子里发抖。”那正是加利亚诺的作品集。“他肯定会成为大人物。”鲍尔斯说，“现在，他的确是了。”

对圣马丁的学生来讲，最重要的课余活动，甚至也是他们所有活动中最重要的一个，就是泡吧。学生们用整整一周来设计和搭配他们“夜店之夜”的行头。

20 世纪 80 年代早期的伦敦，同时掀起了几场青年时尚运动：新浪潮（the New Wave），一个不那么骇人、不那么具有政治性的后朋克产物；水牛（Buffalo），由颇具影响力的造型师雷·佩特里（Ray Petri）创造的着装风格，各个种族、不同民族的孩子们穿着皮质飞行员夹克、熨得平平整整的工装裤、白 T 恤、定制的大衣和绅士帽，一副典型的 20 世纪 50 年代的范儿，还带着佩特里推崇的“一种坚定的态度”；新浪漫主义（the New Romantics），由一群年轻的亚文化人士（通常是同性恋者）组成，他们通过华丽的服装、出位的姿势和无休止的派对来反叛社会。然而，所有的流派却在都市中的热门夜店里神奇地交融在了一起。“只有最酷的人才能进夜店，而通行证就是你穿衣的方式。”当时的俱乐部常客和独立杂志造型师米茨·劳伦兹（Mitzi Lorenz）回忆道。

“闪电俱乐部”（Blitz）是新浪漫主义者们最喜欢去的地方。它位于考文特花园，由一位年轻的经理史蒂夫·斯特兰奇（Steve Strange）和他的朋友、DJ 劳斯蒂·伊根（Rusty Egan）经营，平时是个葡萄酒酒吧，一周会举办一次夜总会活动。毕业于圣马丁的颇有成就的设计师菲奥娜·迪利（Fiona Dealey）说：“那里有红白格的桌布，还有暗色的木质装潢，就像纽约和巴黎的 Joe Allen[1] 一样，是个真正的酒馆。”乔治·奥多德（George O'Dowd）是从沃伦街被占房屋里冒出来的怪胎，俱乐部里的人都叫他“乔治男孩”，他在衣帽间工作。斯特兰奇则守在门口，判断谁的打扮够格进入夜店，打扮得越出位、越离谱越好。“你能看到克拉克·盖博（Clark Gable），还有玛丽莲·梦露从这个门走进去。”伦敦政经学院的学生史蒂夫·丹格尔（Steve Dagger）说，他后来成为史班杜芭蕾乐队（Spandau Ballet）的经理人。

这个俱乐部的常客渐渐地以“闪电小子”（Blitz Kids）为世人所知，着装风格产生了深远的影响。快时尚品牌 Topshop 开始售卖他们造型的翻版服饰。戴安娜王妃、辛迪·劳帕（Cyndi Lauper），以及在 Boy Toy 公司时的麦当娜（Madonna），都是新浪漫主义者。这样的人还有在《红粉佳人》（*Pretty in Pink*）、《早餐俱乐部》（*The Breakfast Club*）等“约翰·休斯（John Hughes）电影里的每个角色，”丹格尔说，“闪电精神无疑已经完全注入了文化中。”

“闪电俱乐部”成了一大批其他俱乐部的温床。那时候还有一个“恰恰俱乐部”，开在一个规模更大的“天堂俱乐部”的后屋里。“有个叫斯嘉丽·坎农（Scarlett Cannon）的女人坐在门边，”鲍尔斯回忆道，“她的脸棱角分明，像奥托·迪克斯（Otto Dix）画中的人物一般，有着极窄的面庞。她的头发漂染过，一度还剪了像纽约天际线一样的发型。她的个性乖张，确实挺吓人，就是个年轻版的戈耳工[2]。手里总是拿着个小镜子，当她觉得某人达不到俱乐部的着装门槛时，就会举起镜子对着那

---

1 Joe Allen：餐馆品牌，在巴黎和纽约开有分店。——译者注

2 戈耳工（Gorgon）：或者译作蛇发女妖。在希腊神话中，是三个长有尖牙、头生毒蛇的恐怖女妖，人见到她们就会化为石头。——译者注

个人，问‘是你的话，你敢让你自己进这个俱乐部吗？’实在是火力全开，而她也因此臭名昭著。”

还有一个叫作“禁忌”（Taboo）的地下派对，每周四晚在莱斯特广场的麦西姆斯俱乐部举行，澳大利亚籍表演艺术家利·鲍威利（Leigh Bowery）也是创始人之一。如果说“闪电俱乐部”推动了新浪漫主义分子拗造型，那么“禁忌”则让拗造型成为必须。“你得有自己的着装风格，这个很重要。”乔治男孩解释道。那时候，他已经形成了自己的一套着装风格：层层叠叠的超大号短外套、埃及艳后式的眼妆、用破布和缎带装饰的头发，还有异国风情的大帽子，看起来颇为怪诞。

加利亚诺告诉我，20 世纪 80 年代的时候，他是个“夜店魔鬼”，最爱“禁忌”之夜。电影制片人约翰·梅伯里（John Maybury）、歌手比利·爱多尔（Billy Idol）、胸怀大志的演员蒂姆·罗斯（Tim Roth）、帽饰设计师斯蒂芬·琼斯等人都是那里的常客，加利亚诺常和他们在一块玩。还有乔治男孩，他想起那时的加利亚诺，“非常内向，但只要喝上一杯，就会变身莎丽·贝希[1]。”“‘禁忌’是夜店该有的样子，”日后加利亚诺说，“但它变得越来越难进，门槛变高了，人们反而更跃跃欲试，实际上却越来越有排斥性。”他在讲述“禁忌”时说它“早就臭名远扬啦”，他又补了一句，“因为那里有很多嗑药的”。

可卡因、春药、海洛因必不可少。菲奥娜·迪利曾在苏荷区希腊街上一家叫 Le Beat Route 的周五夜店做门童。她记得有很多客人是“快速丸瘾君子，他们酩酊大醉地来，然后就去嗑海洛因，因为它比快速丸和酒要便宜，一克大约四五十英镑”。大多数嗑了海洛因的孩子接下来

1　莎丽·贝希（Shirley Bassey）：20 世纪下半叶英国最受欢迎的女歌手之一，曾演唱过多部 007 电影，如《金手指》《金刚钻》《太空城》等片的主题曲。——译者注

会尝试着去吸它，俗称“追龙”，它与静脉注射海洛因一样会令人产生恶心呕吐感。“这里真的有各种药和化学产品，”乔治男孩证实说，“真的非常疯狂，人们都拼了命地狂欢，及时行乐。”

加利亚诺完全同意：“没有哪个 80 年代的孩子不嗑药，”他说。“我很庆幸我嗑了，我还很庆幸，不管怎么样，我安然度过了那段时光，它帮助我完成了进化。”

爱情一直在加利亚诺的生命里缺席着，直到他遇见约翰·弗莱特（John Flett）。

弗莱特比加利亚诺小 3 岁，在离布莱顿不远的苏塞克斯郡小城克劳利长大。他是犹太人后裔，高约五英尺十英寸[1]，身材瘦削，长着引人注目的鹰钩鼻。弗莱特的父亲叫比尔·欧文（Bill Owen），是来自南伦敦的一名土木工程师，嗜赌成性；母亲琼·欧文（June Owen）在当地一家 Boots 药妆店工作。弗莱特 7 岁的时候，父亲死于一场车祸。家人一直认为这场车祸颇为蹊跷，也许正是滥赌招来的杀身之祸。11 岁时，弗莱特被诊断出患有癫痫症。也是在那个时候，他的母亲三婚嫁给了一个名叫艾伦·弗莱特（Allan Flett）的好男人。艾伦是一个汽车修理厂的收银员，也是他正式收养了弗莱特。尽管此时的家庭状况已经比较稳定，但十几岁的弗莱特反倒成了警察局的常客，甚至曾因拉皮条而被捕。随后，他离家出走，到了伦敦。

谢天谢地，他对时尚有着浓厚的兴趣。最终，时尚将他带离克劳利

1　五英尺十英寸约为 170 厘米。——译者注

小城，并给予他生活的目标和方向。十多岁时，弗莱特和发小约翰·帕蒂法特（John Puddephatt）曾一起在盖特维克机场的的士站打工。那时，弗莱特每天都靠观察身边走过的形形色色的女人，辨认她们服装的品牌来打发时间。两个年轻人后来都进入了位于沃辛的西苏塞克斯艺术设计学院（West Sussex College of Art and Design），弗莱特还拿到了全额奖学金。毕业后，他们都进入圣马丁深造。帕蒂法特成为加利亚诺的同班同学，而弗莱特比他们晚一年入学。

弗莱特最令人印象深刻的要数他天生的才华、易怒的脾性，还有极度的傲慢。“他异常地有自信，魅力十足，”他最好的朋友之一鲍尔斯说，“他是那种给他一把剪子和一块布，完全不需要图样，就能造出新东西来的人。”他的另一个同学狄波拉·布鲁伊德（Deborah Bulleid）则回忆说：“约翰·弗莱特是个很自负的人，让人害怕，总是和别人吵架。”

很快，加利亚诺几乎只要有空，就泡在弗莱特的公寓里。弗莱特住在克莱姆韦尔路上一栋建于19世纪中期的房子里，和圣马丁的同学萨拉·利弗莫尔合租在房子的二楼。利弗莫尔来自艾塞克斯，留着一头金发，是个有趣的女孩。这是一个脏兮兮的学生公寓，里面的家具都是在街边和旧货店淘的。公寓恰好位于伯爵宫的拐角处，那儿正是伦敦同性恋群体的活动中心，有不少同性恋酒吧和俱乐部。弗莱特的一个朋友笑称，这儿和弗莱特的“下流”正好相配。

弗莱特有时非常搞笑。“他真的能让你笑出眼泪来。”利弗莫尔说。他也有着强烈的个人风格。“他是我见到过的，用定制的Armani夹克搭配破洞牛仔裤、经典布洛克鞋和领巾的第一人，还有烟，他手里总离不开一支烟。”她回忆道。

反过来看，加利亚诺则“是个浪漫主义者、历史学家、爱父母的迷人绅士，他的妈妈仍然亲昵地称他为‘胡安·卡洛斯（Juan Carlos）’，”利弗莫尔说，“他害羞内向、脚踏实地、待人友善，但他得去挖掘自己的另一面。而约翰·弗莱特恰恰拥有另一面的灵魂，他把加利亚诺的灵魂勾出来了。”帕蒂法特同意这样的看法：“弗莱特是加利亚诺的动力。他真正地把加利亚诺从胆小和自卑中解救出来了，激发出加利亚诺的创造力。”

为了多赚点钱，加利亚诺在国家剧院找到了一份兼职，做服装师。他负责的是朱迪·丹奇（Judi Dench）女爵士、拉尔夫·理查森（Ralph Richarson）爵士和佐伊·沃纳梅克（Zoë Wanamaker）的服装，当时上演的剧目是《不可儿戏》（*The Importance of Being Earnest*）和《心声》（*Inner Voices*）。“我得出现在对的时间、对的位置，即使这样的要求意味着我他妈的要在舞台底下躺两个小时，直到演员上场为止。”他说，“演员们教了我很多关于身体和衣服的知识，还有他们如何支配空间。这帮助我形成了自己的戏剧观、服装观和剧装观，了解了人们穿衣的方式。”

同事拉尔夫·米尔斯（Ralph Mills）被加利亚诺的热情深深打动，于是带他去参观了一间戏服工作室。加利亚诺连珠炮似的问了设计师一连串问题，包括戏服制造的流程、使用的材料，以及如何把面料做旧。“他什么都不放过，”米尔斯说，“总是叼着一根烟，不停地在笔记本上写写画画。”他还特别喜欢走到观众席来观看舞台，“他想看看这些衣服在舞台上，加上灯光，所有元素结合起来是什么样子的。这完全是戏剧方面的事情了，你能看到他对戏剧的渴望和热爱。”

不用在剧院值班的时间，加利亚诺在萨维尔街的汤米·纳特服装店做实习生，学习剪裁。这家服装店因曾为米克·贾格尔（Mick Jagger）和埃尔顿·约翰（Elton John）做过衣服而出名。

上课和工作之余的时间，加利亚诺沉浸在图书馆的时尚史书籍中，并且在维多利亚和阿尔伯特博物馆查阅了不少时尚档案。在这个过程中，他发现在法国大革命后出现了一批保皇分子“les Incroyables”，就像几个世纪以后出现的新浪漫主义者一样，他们用荷叶边服装来张扬社会观点和对政治的漠视。男人们穿着宽大的灯笼裤，打着巨大的领带，戴超大号的耳环和单片眼镜，还留着齐肩长发，梳到脑后。女人们则被称为“Les Merveilleuses”，或者说是“不可思议的女人”。她们穿着灵感源自古希腊和古罗马、通常是用透明亚麻或薄纱制成的长裙或长袍，震惊了巴黎上流社会。

保皇党们影响了加利亚诺的研究和生活。“我就像个穷困潦倒的法国游民。”他说，“（像他们那样）活着，呼吸着，伴着烛光画画。用面包屑制成羊皮纸，再用茶来上色。在古怪的灯光下，用书法笔和乌贼墨作画也许是最好的方式。我能想象这些了不起的人行进奔走在巴黎的街道上，地上铺着的鹅卵石湿漉漉的，泛着晶莹的光。”加利亚诺的老师告诉他，可以把这种种元素都用在他的毕业作品里。他说：“我的导师谢尔丹·伯纳特和我都认为，在乔治·阿玛尼（Giorgio Armani）推崇的男性化风格大行其道一段时间后，应该有一场女性的回归。”

此时的巴黎，正发生着一场非比寻常的源于日本的新运动：包括山本耀司（Yohji Yamamoto）、山本宽斋（Kansai Yamamoto）、三宅一生（Issey Miyake）、Comme des Garçons 的川久保玲（Rei Kawakubo）在内的一批日本先锋设计师用解构式的服装彻底颠覆了法国中产阶级的着装传统。这无疑是时尚界的开山之举——特大的廓型，大部分是黑色；不完全缝合的接缝暴露出须边；袖子的尺寸和大小可能不一样；肩膀部分高高垫起，而且可能垫得并不平整；上衣的纽扣也是不对称的。

圣马丁曾派时尚专业的学生们去巴黎时装周看成衣秀，并要求他们撰写看秀报告。秀场位于卢浮宫的中心庭院，学生们没有邀请函，他们得自己想办法偷溜进去。“我们本来想从后台溜进去，就是模特候场的地方，”利弗莫尔说，“但我们看起来特别光鲜——穿着我们在学校自己裁剪的衣服，很有爱德华七世时代的范儿——于是我们大摇大摆地进去了。”

他们看了 Chloé 的秀，利弗莫尔评价它们“有点俗气”；Jean Paul Gaultier 的秀“令人叹服”；而山本耀司的秀则是“开创性的”，据利弗莫尔的描述，“有吊带、赤脚和苍白的脸——冲击力极强，让人耳目一新。这场秀没有任何故作风雅的东西，服装的剪裁极其精准，挑战了平衡，彻底改变了我们的时装观。”

学生们的灵感也来自 *Blitz*、*The Face*、*i-D* 等英国时下流行的青年文化杂志，它们会发掘一些不为人知的时尚、摄影、音乐、艺术界天才。这些杂志还首开了时尚界的另一个先河——选用不同种族的模特，她们有令人惊艳的外表、非常规的美，拍照也往往在街头取景。

那时对英国时尚专业的学生影响最深的反而是薇薇安·威斯特伍德，这个风格已经完全成熟的设计师。当时，主流时尚的领导者是拉尔夫·劳伦（Ralph Lauren），他重新阐释了学院风格；还有卡尔文·克莱恩（Calvin Klein）和乔治·阿玛尼，他们是新一代的极简主义者，主要采用灰米色调，设计出女性化的权威装，使女性可以在男性世界里竞争，并以此闻名。

威斯特伍德却反对这一切。她复刻历史上的服装，给它们加以诸如金盏花色、朱红色、橘红色、蓝矢车菊色等鲜明的色彩。她设计的是低腰、宽松的裤子，与流行的高腰、合身的裤子截然相反。“我要我的衣服看起来洒脱帅气，反正不是合身的那一种，”她阐释道。

她的服装秀也是如此地激进，1981/82 伦敦秋冬时装周上，她的新装秀名为“海盗”（Pirates）。模特们打扮得像海盗，戴着随身听，穿过干冰烟雾，轻快地沿着天桥走来。干冰生成的背景，仿佛是加农炮喷出的硝烟。这样的新装秀在时尚圈前所未见。

1984 年 3 月，加利亚诺和弗莱特观看了威斯特伍德 1984/85 秋冬系列，这场名为“克林特·伊斯特伍德”的服装秀讽刺了塞尔吉奥·莱昂内（Sergio Leone）导演的意大利式美国西部片。整个系列充满了奇思妙想，包括荧光色的战壕装、对自己 70 年代带束缚带朋克风格裤子的再设计、尼龙夹克、魔术贴腰带等。她的作品与山本耀司、川久保玲的先锋知性主义远远保持着距离，与伊夫·圣·罗兰和于贝尔·德·纪梵希（Hubert de Givenchy）同期在巴黎推出的资产阶级淑女装更是风马牛不相及。出生于加拿大的鞋履设计师帕特里克·考克斯（Patrick Cox）为这个系列设计制作了高水台的鞋子。加利亚诺喜欢这个系列，也喜欢考克斯，并把它们默默地记在脑子里。

加利亚诺开始着手准备自己的毕业作品，设计一个 18 世纪风格的系列——男式长礼服大衣、女骑装马甲、罗曼蒂克的女式衬衫、灯笼裤，浮夸却破破烂烂，松松垮垮。“这是在圣马丁的最后一年了，我得办一场酷毙了的秀。”他说，“但就是因为这些设计太怪了，所以每当我的导师们（除了谢尔丹·伯纳特，他是我唯一的盟友）走近时，我就会把我的设计藏到桌子底下。我在做一种可以正反两面穿的外套，并且我很清楚应该怎么把它做出来，我设想的是让所有纽扣看起来都像是挂在衣服上。但是我该怎么向缝纫老师阐释？我自己很笃定，我做的东西是对的，而且一定是个好作品，但同时我不希望任何人来阻止我，或者告诉我说：‘呃，约翰，那只是一堆旧破布。’”

看过加利亚诺作品的人都被他做的东西震撼了，“每一个细节都无与伦比，就连设计手稿的边缘都用火燎了一下，看起来像古老的羊皮纸卷轴，”利弗莫尔说，“我还记得，他在我们共用的浴缸里拿茶水给衬衫染色。后来浴缸上的那些茶渍再也洗不掉了。”

最后，加利亚诺还是召集了几个同学来帮忙。狄波拉·布鲁伊德负责缝珍珠母纽扣，约翰·麦基特里克则协助他用针织布做筒裙。“布有三卷，我们把这些布包裹在身体上。”麦基特里克说。弗莱特则和加利亚诺一起解决设计、剪裁和缝制上的种种问题，利弗莫尔说：“加利亚

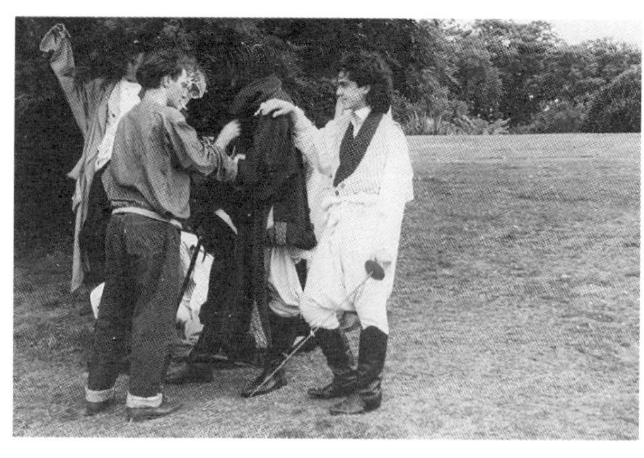

约翰·加利亚诺为毕业服装秀“难以置信”（Les Incroyables）的拍摄设计造型，1984 年。

诺占到便宜啦，弗莱特的剪裁特别漂亮。”加利亚诺的老师波比·希尔森也被加利亚诺的作品深深打动，“达到了仅凭才华就能让大家都甘愿帮助他的程度，他就是拥有这种感染众人的能力。”

虽然加利亚诺也为自己的作品兴奋不已，但在毕业时，他说：“我已经决心做个插画师了。”实际上，他已经在纽约找到了一份做插画师的工作，准备毕业后开启一段新的生活。然而，并不是每个人都支持他的想法，当时的圣马丁时装系主任莉迪亚·凯梅尼（Lydia Kemeny）和谢尔丹·伯纳特都建议“我改个主意，至少再认真思考一下自己到底想要什么”，他说。“他的作品既新潮又精妙，独此一份，无可比拟。他是一个真正的天才，”伯纳特告诉我说，“而且你得支持天才。”

毕业作品秀定在了学期期末，也就是 1984 年 7 月，场地安排在考文特花园的朱比利堂举行。每一个时尚专业的毕业生都有一个简短的 T 台展示，每人大概五六个造型，依次进行。一天分为三个时段，毕业生们按照老师的喜好排序进行展示，最好的作品安排在后面。时尚专业的老师们选择了加利亚诺进行闭场展示。

走秀的模特是加利亚诺召集的夜店小子和同学，有保罗·弗雷克（Paul Frecker）、卡米拉·尼克森（Camilla Nickerson）、罗琳·皮戈特（Lorraine Piggott），以及正在和俱乐部 DJ 杰里米·希利（Jeremy Healy）约会的莉齐·蒂尔（Lizzie Tear）。有个叫 China 的女孩为他们做了妆容——歌舞伎式的白脸，似乎是在致敬巴黎的日本设计师们。“疯狂起来！”加利亚诺嘱咐模特们。圣马丁的学生们、伦敦的夜店咖们早就听说了加利亚诺的这一系列作品，一窝蜂地都赶来了。当波比·希尔森携伦敦布朗斯（Browns）精品百货创始人乔安·伯斯坦（Joan Burstein）与她的女装部时尚总监罗伯特·福雷斯特（Robert Forrest）

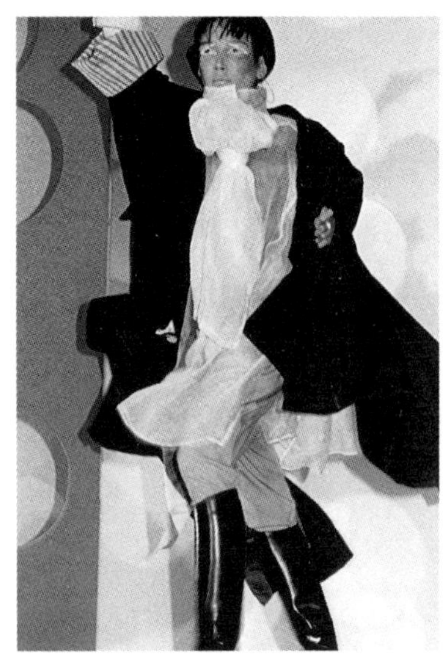

约翰 · 加利亚诺在圣马丁的毕业服装秀“难以置信”，1984 年。

约翰 · 加利亚诺在圣马丁的毕业服装秀“难以置信”，1984 年。

一起来到秀场时，竟然已经座无虚席。希尔森只得要求前排的几名学生给伯斯坦一行人让座。“气氛很嗨！”伯斯坦说。观众们目不暇接地看了二十几个学生的系列作品，嘘声与欢呼声此起彼伏。“有的确实糟糕透顶，”她回忆道，“然后，就在一瞬间，绝佳的作品出现了。”

是加利亚诺的作品。迎面而来的是 18 世纪风格的女式衬衫，搭配着有很多褶边的领巾，下身是马裤与及膝的黑色骑马靴；超大号的浅灰色战壕风衣，肩部到肘部处理成象牙色；柔软、松垮的睡衣套装外披着宽大的和服式外套；解构式的黑色礼服大衣与马甲，内搭高领的修身白衬衫，绑着脂粉气十足的领结。

你可以从中看到加利亚诺对久远的、历史性服装元素的热爱。但这个系列中也闪现出乔治男孩和摇滚乐队“文化俱乐部”才有的刻意而凌乱的造型，以及日本设计师在巴黎所呈现的那些夸大的比例，还有解构。最后，加利亚诺以一些俗气的配饰，比如丝质肩带、系着红白蓝绶带的大勋章、表链等零碎完善了全部造型。走秀时，有些学生快步走上 T 台，在空中挥舞起佩剑。模特们即兴发挥，这在当时的时装秀上可不常见——不仅仅是向观众展示服装，更是骄傲叛逆的法国贵族的鲜活画像。刚开始的时候，“现场一片寂静，”伯纳特说，“然后，忽然之间，在场的每个人都开始尖叫、鼓掌，就像一次滞后反应。”这就是时尚界爱说的，一个瞬间。

“这些衣服太华丽了——好得不得了——而且每件都具有可穿性。”伯斯坦回忆道，“你肯定想要。”

“完全与众不同，它们好像属于另一个星球。”伯纳特表示赞同，“真的是另一个星球的东西。”

秀一结束，几个权威的时尚玩家来到后台，和加利亚诺见面交谈。

“我们全要了，”伯斯坦跟他说，“我可以给你在布朗斯百货设一个橱窗，我觉得你的设计实在是太妙了，妙不可言。”

看起来，加利亚诺打算毕业后搬到纽约做插画师的计划得暂且搁置了。

II

在作品首秀取得巨大成功的第二天，加利亚诺就带着他的服装系列进驻布朗斯百货。他穷得付不起出租车费，所以他把所有衣服都挂在一个龙门架上，推着它在城中穿行，从位于苏荷区的圣马丁出发，到梅菲尔区的南莫尔顿街。“推着它穿过牛津街，”加利亚诺回忆道，“西德尼·伯斯坦[1]应该喜欢这样，我猜。”

拿下布朗斯百货对加利亚诺来讲是莫大的成就。布朗斯百货由伯斯坦夫妇在1970年共同创立，被誉为“时尚界的白金汉宫”。夫妇二人最先开始在英国售卖国外大品牌，比如Calvin Klein、Ralph Lauren、Giorgio Armani、Donna Karan等品牌，他们也长期扶持设计新锐。歌手黛安娜·罗斯（Diana Ross）在橱窗里看到了加利亚诺设计的外套，毫不犹豫地进店买下。“约翰的设计太与众不同了，只能用绝妙来形容。”乔安·伯斯坦说。就这样，这个系列售罄了。

不幸的是，他的毕业系列一卖完，境况就完全不同了：（布朗斯百货里）没有加利亚诺了。“他不能复刻（之前的作品），”伯斯坦说，“但他又没有存货了。”加利亚诺明白，他的人生已经开启了重要的篇章，所以他需要迅速跟上节奏。于是，他立刻开始在父母家中设计、缝制服装。弗莱特和鲍尔斯等朋友帮他在夹克上缝缝扣子之类的。总之，加利亚诺有什么需要，朋友们就帮什么忙。只要加利亚诺完成新的服装，布朗斯百货就能卖掉。“回过头看看，那时候真业余啊，”他说，“天呐！不过那时候真有意思。”

他的秀过去不久，*Harpers & Queen*杂志一个初级时装编辑阿曼达·格里夫（Amanda Grieve），与当时还不出名的秘鲁摄影师马里奥·泰斯提诺（Mario Testino）为拍片在寻找一个巴洛克风格的服装系列。格里夫有一个在琳恩·弗兰克斯公关公司工作的朋友，推荐了加利亚诺。

---

1 西德尼·伯斯坦（Sidney Burstein）：布朗斯百货的联合创始人、共有人。乔安·伯斯坦的丈夫。——译者注

格里夫给加利亚诺打了个电话，邀请他来她只有一个房间的家里喝茶。

加利亚诺胳膊下夹着自己的设计作品集来了。“那次的茶，一喝就喝到了凌晨两点。”格里夫回忆道。次日，她有一个自由职业项目要做：为马尔科姆·麦克拉伦的新专辑“Fans”设计封面。“我忽然意识到，要是没有约翰，我可能做不成这件事。”她说，“他接了这个活，用日文报纸的碎片做出了（封面上）这把绝妙的扇子。他专门去苏荷区找用得上的材料，然后用黄金色和血红色的墨水在上面涂鸦。”格里夫完全被加利亚诺迷住了。

格里夫，气质高贵，一头黑发，身材苗条，有一双灵动的绿色眼睛。和加利亚诺恰恰相反，她接受的是伦敦精英阶层的教育。伦敦摄政公园（Renegent's Park）地区是她成长的地方，父亲阿兰·格里夫（Alan Grieve）是成功的律师，娶了优雅的妻子安妮·格里夫（Anne Grieve），生了三个可爱的孩子。格里夫是家里的老大，从小就喜欢打扮自己。有一次，她把妈妈的一件高级定制礼服剪了，做了一件女巫装。当然，妈妈同意了。她经常和邻居贾思珀·康兰（Jasper Conran），也就是著名产品设计师泰伦斯·康兰（Terence Conran）的儿子一起玩洋娃娃。后来，她考取了牛津大学，攻读英语专业，并计划攻读博士学位。她提交的论文选题是“亨利·詹姆斯和道德破产”。

然而，她与一位风度翩翩的贵族青年坠入了爱河。男生叫弗朗西斯·奥姆斯比-戈尔（Francis Ormsby-Gore），他的父亲大卫·奥姆斯比-戈尔（David Ormsby-Gore）是第五代哈莱克（读为：“Har-leck”）男爵，曾任议员，还在美国肯尼迪和约翰逊执政期间担任英国大使。格里夫的时间一半花在奥姆斯比家族在英格兰中部什罗普郡的庄园，另一半则消磨在他威尔士和伦敦的家，也是在伦敦，格里夫跑遍了各种时尚场合。*Harpers & Queen* 杂志便聘请她担任编辑助理，很快她就被提升为初级编辑。

4 年后，她遇见了加利亚诺。在他身上，她找到了与自己同样的灵魂：他是个理想主义者、浪漫主义者，追求完美，爱做白日梦，恰恰和她一样。他也欣赏她的一切：出身名门，受过良好的教育，一个真正的淑女。还有她的美貌，无一不吸引着他。她被他不竭的创造力、不懈的冲劲和狂野的想象彻底迷住了。于是，他们彻底陷入了一段充满真爱而又渺无希望的柏拉图式关系中。“我感觉到：我不想让他离开，没有他我根本活不下去，”她说，“他让我感受到的一切都像通了电一般奇妙。”

那个夏天的一个下午，一对加纳－丹麦混血兄妹正在南莫尔顿街购物。哥哥十分英俊，名叫约翰·布伦（Johann Brun），24 岁，在哥本哈根开了一家时装店。妹妹布里吉特·布伦（Brigitte Brun）看中了加利亚诺橱窗里的外套，于是二人进店试穿。恰好加利亚诺也在店里和顾客会面。加利亚诺的服装给他们留下了不俗的印象，布伦便问加利亚诺是否可以接受他店铺的订单。加利亚诺礼貌地拒绝了，因为现在他的产量只能勉强保证布朗斯百货的库存充足。当他们离开的时候，布里吉特跟哥哥说：“你可得跟他一起做生意啊。”

几周后，布伦和加利亚诺在贝克街地铁站附近的一个酒吧里见面了，讨论着他们能一起做些什么。“我们显然在同一个频道里。”加利亚诺后来说。布伦提出资助加利亚诺，就在当地生产，但力度不会太大。加利亚诺非常兴奋，马上接受了这个提案。“这就是我们的开始，”布伦说，“没有合同，只有握手，我们便成了彼此的生意伙伴。”他们很快建立了公司，

约翰 · 加利亚诺为“阿富汗拒绝西方观念”秀做模特，1984 年。

注册名为 John Galliano/Brun 公司，但品牌名只保留了 John Galliano。他们的第一家店开在伦敦东区厄尔街上的一个旧仓库里：在一楼，与摄影师汤姆· 曼尼恩（Tom Mannion）共用一个面积 2000 平方英尺[1]的工作室。

加利亚诺的第一个目标就是制作一个 1985 年春夏系列，并在即将到来的 10 月伦敦时装周上发布。他给身在哥本哈根的布伦打了个电话，说他需要 3000 英镑（当时相当于 3900 美元）来制作服装，准备在时装周贸易展上展示，场地在伦敦奥林匹亚会展中心，那座气势恢宏的大厅建于维多利亚时期。布伦同意了，把钱划到了加利亚诺的账上。和毕业秀一样，加利亚诺也给这个系列定了主题和名称：“阿富汗拒绝西方

1　2000 平方英尺约为 185 平方米。——译者注

观念”（Afghanistan Repudiates Western Ideals），灵感来自 20 世纪 20 年代 *Punch* 杂志[1]上的卡通画。画上是一位穿着传统服装的阿富汗人，摆了个用脚踏英式圆顶硬礼帽的姿势。那是一篇关于阿富汗国王阿曼诺拉汗的评论。他在 1919 年到 1929 年执政期间，曾访问伦敦，回国后鼓励他的臣民学习西方的穿着，以此作为他提倡的社会现代化运动的一部分。这场改革引发了保守派的反对，最终导致了他的退位。

于是，加利亚诺给格里夫打了个电话。

“你愿意，你可以，你会来帮我的第一场秀做造型吗？”

“好！”她脱口而出。

格里夫辞去了在 *Harpers & Queen* 杂志的工作，恰好让圣马丁的学生，当时还是实习生的哈米什·鲍尔斯得到了这份工作。在加利亚诺那里，格里夫没有确切的职务，更没有多少薪水，她仅仅是想陪伴在加利亚诺身边，随时帮助他。他们每天都能看见对方，只要有空就谈天说地。

加利亚诺和他的新助理，曾为威斯特伍德工作过的迈克尔·柯林斯（Michael Collins）一起，争分夺秒地制作服装。他在工作室的浴室里手工印染、漂洗面料，亲自裁剪每一件衣服，并在自己身上试穿。“我是完美的 10 号身材。”他自夸道。——10 号是当时英国女装的标准尺码。他还雇了一个女兼职工，专门把旧眼镜分成两半，然后把它们重新粘回去，这个想法象征着人们对改变的抗拒。这一切，他坦诚道：“全都是特别设定的。”

发布会前夜，加利亚诺仍在加班加点。第二天早晨，他、格里夫和布伦到达奥林匹亚会展中心，寻找到他们位于消防出口旁的展位，将系

---

1 *Punch* 杂志：英国幽默杂志，通常译为《潘趣》。——译者注

列的 20 件作品穿在人体模型上。系列中有东方风格的薄纱长袍，用藏红花和咖喱染了色，再混入深红色的水波纹；有乔其纱混搭经典细条纹成衣，采用了东西方风格碰撞的轮廓。“我喜欢穿着两种不同文化的紧张感和浪漫感。”他解释说。格里夫用胶带粘的眼镜和挂着锅碗木勺的腰带为整套服装搭了配饰，或者说是做了“造型”。

“我的衣服反对所有我们去年看到的生硬的米兰式的雌雄同体；反对阿玛尼和其他设计师的简洁廓形，”加利亚诺告诉《纽约时报》(*The New York Times*)，“(它们也）反对我们学校教的东西：颜色以对的方式搭配，布料以对的方式剪裁。你这不能做，那不能做。布料、织物、阳刚、阴柔，我想把它们混合在一起。我们总被灌输有的东西是正确的，而有的东西是错误的。但通常错的东西才更有趣味。”

时尚编辑和经销商们的整个夏天，因为加利亚诺铺天盖地的种种传闻而变得热辣无比。于是，在加利亚诺的展位上，他们蜂拥而至。“(纽约经销商）苏珊尼·巴奇（Susanne Bartsch）曾问我：‘你听说过约翰·加利亚诺吗？他刚刚在圣马丁完成了特别棒的一个系列’，”布卢明代尔百货[1]的时装部副总监罗伯塔·瓦格纳（Roberta Wagner）回忆道。“所以我找到了他。”尽管看到的只是木头模特身上穿的衣服，瓦格纳仍被彻底征服了，“毛衣的颜色是那样精密复杂，像是沙棕色与浅薰衣草紫的结合，令人叫绝。衣服的结构更不用说，当然是无可挑剔。”

尽管加利亚诺看起来有些邋遢——显然，他几天都没有洗澡睡觉了，指甲缝里藏满了染料的污垢。不仅如此，一个访客回忆道，“他身上有味儿。很臭的那种。整个奥林匹亚会展中心都是这种味道。”但如此种种，

1 布卢明代尔百货（Bloomingdale's）：美国著名百货公司。——译者注

经销商们仍狂热地围着他，恨不得扛走他的服装。“我不知道该如何描述当时大家在奥林匹亚会展中心蜂拥着他的景象。”一个经销商说，“每个人都紧张又激动，提出难以置信的优厚条件好让这个系列进驻他们的商店。”这些给他下订单的零售商包括：布朗斯百货、同在南莫尔顿街的芭莎百货、波士顿和芝加哥的 Alan Bilzerian 百货、苏珊尼·巴奇百货，以及准备将订购的服装在纽约旗舰店上架的布卢明代尔百货。

备受尊敬的英国时尚作家科林·麦克道尔（Colin McDowell）曾思考过加利亚诺想要达到的目标是什么，后来，他写了一篇评论，谈到这个系列不仅仅是引发了“从根本上对着装本身的反思”，还包含了“多层次的对社会和服装的颠覆”。他对加利亚诺在离校仅仅四个月就创作出如此“非凡而独特、出色而成熟的作品”赞不绝口。

系列发布后，加利亚诺对布伦说，“我们得找个 PR”——一个负责公共关系的人，专门组织采访，拍时尚大片时寄送衣物。布伦冥思苦想了一阵。“说实话，我从来没听说过公关，”布伦后来才说。“我觉得只要你很优秀，就能得到版面和报道。但约翰跟我说，‘不，不是的。这需要我们来组织。’”

他们请来简·本尼特（Jean Bennett），伦敦时尚界公关的佼佼者。在她的帮助下，加利亚诺的衣服登上了包括英国版 *Vogue* 在内的众多时尚杂志。品牌的一条裤子的零售价大约是 100 英镑（约 130 美元），无内衬棉布外套大约是400英镑(约520美元),这是当时布伦口中的“一大笔钱”。但它们卖得很好，总营业额达到了约 4.5 万英镑（约 66150 美元）。公司推出第一季产品就成功盈利——这在时尚界前所未闻。

加利亚诺不只想要好销量，他还想要声望，所以他十分愿意把自己的衣服放在布卢明代尔百货卖，毕竟那是当时全球最具影响力的百货之一。但这还不够。在安静内向的外表之下，隐藏的是一个雄心勃勃的年轻加利亚诺，他甚至为了达到目标而甘冒风险。他最直率的决定就是，把衣服放到颇有声望的纽约波道夫·古德曼（Bergdorf Goodman）百货去售卖，尽管这意味着他将惹恼布卢明代尔百货。

当时，波道夫·古德曼正进行着一场眼花缭乱的复兴。波道夫·古德曼百货创立于 1901 年；1928 年，迁至第五十七街与第五大道的转角处，建筑宏伟壮观。在波道夫·古德曼百货公司的历史上，它一直都是高端、奢侈品消费的代名词。到了 20 世纪 70 年代中期，波道夫落后于时代了。在这种情况下，波道夫·古德曼百货的新领头羊伊拉·内马克（Ira Neimark）和新任时装部总监道恩·梅洛（Dawn Mello）决定投入 1500 万美元进行革新，包括撤掉奢华的长绒地毯，装上扶手电梯，在第五大道加了新的出入口，邀请全新的时装品牌入驻。内马克和梅洛瞄准了当时还不为人所知，处于上升期的意大利、巴黎和伦敦的品牌，比如 Fendi 和 Jean Paul Gaultier 等。这些品牌有意愿在纽约发售，但因为品牌太年轻或者规模太小而在大的百货公司屡屡碰壁。波道夫·古德曼百货却把争取到这些品牌当作一大任务。“我们用了好几年革新和发展，才能接着走下去。”梅洛说。他们一旦做到，波道夫就成为布卢明代尔的真正对手。

“在零售层面的背后，波道夫和布卢明代尔的激烈竞争也从未停止。”在两家百货都曾担任过时装部总监的安德鲁·巴塞尔（Andrew Basile）说，“布卢明代尔百货以新潮、善于发掘新人才而闻名，但波道夫也独树一帜，努力摆脱了依赖银发夫人的局面，更能跟上潮流了。他们都愿意大手笔地砸钱（去装饰）店铺，还有边边角角以及各个空间。何况，两家百货都坐拥着黄金地段。”

加利亚诺对波道夫·古德曼百货念念不忘，因此他并没有把第一季的衣服给布卢明代尔。他失去了布卢明代尔百货，但他赌赢了：他得到了波道夫。

为了完成日益增加的工作量，加利亚诺又请了几个助手，包括圣马丁的实习生，弗莱特的朋友狄波拉·布鲁伊德；曾专门做针织衫模特的盖尔·唐尼（Gail Downey）；来自曼彻斯特的制版师比尔·盖登（Bill Gaytten），进入时尚界前，他学的是建筑；以及另一个圣马丁校友保罗·弗雷克，他在布莱顿就认识了弗莱特。

最重要的是，加利亚诺找到了缪斯：西比勒·德·桑·法勒（Sibylle de Saint Phalle），一个在巴黎长大的法国贵族，也是伦敦的 It Girl，法国波普雕塑家妮基·德·桑·法勒（Niki de Saint Phalle）的侄女。桑·法勒在高贵的第十六区长大，一路上的都是好学校，十几岁的时候就成了鼎鼎有名的巴黎版 54 俱乐部“Le Palace”夜店的常客。她完成学业后，就自己跑到了伦敦，给帽饰设计师斯蒂芬·琼斯做模特，自然也成为伦敦夜店的常客。加利亚诺遇见她的时候，仅仅一眼，就沉醉在了她的眼波中。她皮肤白皙，娇小玲珑，面如圆月、唇若丹霞，一头白金色的长卷发，像个小仙女。如果说格里夫是加利亚诺创作上的灵魂伴侣，那么桑·法勒则完全是他和格里夫梦想中的样子。

桑·法勒在加利亚诺工作室的角色是模糊不清的。他的一个助手说，“她一般就是来这儿转转，然后就走。”经常是刚从夜店出来，迷迷糊糊的样子。她有些“自命不凡”，这位助手说，但也不难理解为什么加利亚诺这么喜欢她：“她就像一个可爱的洋娃娃，你可以肆意装扮她。加利亚诺就是这么做的。”

尽管多了几个帮手，John Galliano 仍然是一个新生的小公司。“一个煤气灶，熏肉三明治，”盖登回忆道，“什么都得勒紧裤腰带。”整个团队的薪资微薄，甚至没有工资。但每个人都年轻、有趣、充满理想、乐观积极，从用茶水染布料到处理订单，他们什么都做。“那时候还不是电脑时代。所幸我有个朋友在附近上班，便帮我们打印出票据，然后我们再复印、打包装盒，最后寄给波道夫百货。”布鲁伊德说，“寄送的时候，我们才知道要填写报关单这种东西，在圣马丁从来没学过。但邮递员已经在楼下等着了。”

布伦，因为他的名字 Johann 的发音为 Yo-hahn，加利亚诺就亲昵地叫他“YoYo”。他放手公司业务，只充当出资者。每 4 到 6 周，他会从哥本哈根来一次伦敦确认公司的情况。其他时候，他则通过加利亚诺的电话了解各种进展。这样的工作关系很适合加利亚诺：他得到了布伦稳定的经济支持，同时拥有了按自己的意愿经营公司的自由。

出师大捷带来的鼓舞，让加利亚诺决定作更大胆的尝试：他要做一个完整的 1985/86 秋冬系列，在 1985 年 3 月中旬的伦敦时装周上举办一场完全成熟的时装秀。这个系列和此前的两个系列一样，有一个主题：“The Ludic Game”，典故来自古罗马的公众游戏“Ludi”。这场秀的叙事线根据作家安吉拉·卡特（Angela Carter）1984 年出版的《马戏团之夜》（*Nights at the Circus*）改编，这本书讲述了 19 世纪一位长着翅膀的杂技演员苏菲·飞飞的故事。加利亚诺还在设计中混合了凯尔特文化、拉斐尔前派艺术和维多利亚时代的历史元素。新闻通稿将这场秀描述为："犹如勃鲁盖尔画笔下绿茵茵的多塞特郡村庄，人们围着五月柱嬉戏。"

在轮廓上，加利亚诺仍沿着他在圣马丁开创的路子，对服装进行解构，让衣服可以颠倒穿，或者是短裙和夹克能相互替换。"想想满屋子小孩和一箱衣服在一起的画面，"他说。"把鞋子穿到头上，不失为一种天真烂漫的着装方式，简直太妙了。"

灵感无处不在。有一天晚上，加利亚诺和布伦正在天堂俱乐部，看到了穿着一件 20 世纪 30 年代双排扣晚装夹克的保罗·弗雷克。夹克的背部已经被弗雷克改造成了 19 世纪 80 年代风格的褶皱臀垫，酷极了。加利亚诺瞬间就被迷住了，他转头对布伦说："那就是我要的新版型。"

他还重新诠释了一年前法国设计师让 - 保罗·高缇耶（Jean- Paul

"The Ludic Game"秀，1985 年。

约翰·加利亚诺为"The Ludic Game"秀造型的拍摄做模特，1985 年。

Gaultier）提出的“男士裙装”这一命题。但它绝不是传统概念里的裙子这么简单。加利亚诺看到弗雷克还穿着一条山本耀司的裤子，其实是裙子和裤子的混合体。“他让我试穿，叫我把腿从裙子和裤子的中间伸出去，而不是伸进裤管，然后让我来回走动。‘The Ludic Game’裤子就这样闪现出来，”弗雷克说道。“裤子由黑绿相间的条纹布料制成，暗色调又贴身，带有毛茸茸的白色窗棂格纹。从上面看，黑色和绿色的条纹唤起了人们对耕耘后的田野的记忆，而白色绒边的窗格纹则让人联想起了牧场铁丝网上的羊毛。它们的灵感来自乡间女性，送孩子们上学的时候，她们就在睡衣外边披件外套。总之，这些都是令人疯狂的想象，太不可思议了。”

大秀的前一天，化妆师威廉·凯西（William Casey）做出了模特的妆容：日式风格，有深绿色的眼影——“绿得像添加利金酒[1]酒瓶一样，”他顶着苍白的脸和一对黑眼圈说。

关于秀场的配乐，凯西的一个朋友跟加利亚诺说到她最近看的一部意大利恐怖片。“你的开场一定要用这部电影里的音乐，”她说，“一定要！”他试听了一下，然后同意了。凯西，有一对爱尔兰父母，向他推荐了一些爱尔兰的反抗歌曲；楼上工作室的摄影助理尼尔·默什（Neil Mersh），则把配乐与自己的一些作品进行了混音，深得加利亚诺的欢心。“约翰其实不像人们想的那样独断，”凯西说，“每个人都会给出自己的想法，他特别乐意倾听，然后会说，‘好，那就这样，我们赶紧动起来。’他会把好的点子落到实处。”

3 月 15 日是个星期一，下午 6:30，在奥林匹亚会展中心的 Pillar 厅，

1　添加利金酒（Tanqueray Gin）：一种酒瓶为绿色的英式干金酒。——译者注

“The Ludic Game”秀如期举行。由于应邀参加的嘉宾太多，加利亚诺和布伦决定走秀两次。加利亚诺想改变服装展示的方式——制造出一种艺术性的戏剧场景，就像薇薇安·威斯特伍德作的那场“海盗”秀。他让模特们把自己想象成故事书中的角色，跳着吉格舞走上 T 台。开场前的最后一分钟，加利亚诺把布鲁伊德刚从旁边公园摘的常春藤点缀在了模特们的头发上。

这个系列有超过 100 套服装，大秀足足进行了半个小时——台下簇拥的观众们，其中就有薇薇安·威斯特伍德，全程都在欢呼喝彩。造型有一种山本耀司撞上流浪汉的劲儿，出现了许多层层叠叠、歪歪斜斜的超大号服装。闭幕时，走上来一个打扮得像卓别林“流浪小子”的手风琴师，还有一个梳着金色卷发的模特，将真的鲭鱼抛向观众席。其中一个去到了威斯特伍德跟前，另一个则直接坐到了乔安·伯斯坦的腿上。

对这场秀的评价褒贬不一。《新闻纪事日报》（*Daily News Record*）男装版面的理查德·巴克利（Richard Buckley）将加利亚诺封为“伦敦最抢手的时装秀门票”，以及“薇薇安·威斯特伍德风格的继承者”，还补充道：“加利亚诺大胆地打破造型和结构的限制，积极地质疑时尚的社会意义，将不同的性别打成了复杂的结。”

但是比尔·坎宁汉（Bill Cunningham）为曼哈顿下城时髦的男性月刊 *Details* 报道这场秀时写道：“加利亚诺决不能说服我们，他设计服装除了要搞一场年轻人的群魔乱舞之外，还有别的什么玩意儿？他对威斯特伍德语汇的仿效，也令薇薇安的追随者们愤愤不平。希望在加利亚诺这个系列里找到伦敦时尚新方向的人，恐怕要失望了。他们能发现的只是一种超凡的想象力，但这想象力创造出来的服装也许更适合出现在芭蕾或戏剧的舞台上。”

坎宁汉也采访了威斯特伍德对这个系列的看法。

“我从未想到，我的想法可以延伸到这种程度。”她回答。

尽管收到了一些负面评论，加利亚诺在奥林匹亚的销售展位仍是“人山人海”，盖尔·唐尼回忆道。她和加利亚诺一边接订单，一边当模特。布伦说，最终批发销售了 6.6 万英镑，也就是大约 7 万美元，由此开始盈利了。

这些反馈让加利亚诺完全不知所措。“我不知道我是在巨大成功还是在精神崩溃的边缘徘徊，”他说。“我很有可能摔得稀巴烂。”

在伦敦的时候，布伦会在工作室见一些经销商，帮忙做一些发货和邮寄的工作。“约翰其实是个很正常的人，”他说，“他一般会待到晚上 11 点。等其他人都走了，我俩就坐在工作室里，一起喝可口可乐，之后他会把这儿打扫干净。”

而不为人知的是加利亚诺生活的其他方面。就拿布伦来说，他一直不知道弗莱特是加利亚诺的男朋友，直到他们的共同好友提到这件事。“我还以为他们只是好朋友。”布伦回忆道。

加利亚诺在夜店派对的行为举止，布伦则几乎一无所知。“我不喝酒，所以他从不在我身边喝。我也不嗑药，所以他也不嗑，至少，在我面前不会，”布伦说，“但他总是把这些话挂在嘴边——‘哦！我们干了这个，干了那个——’，然后我说，‘我敢打赌，你要是做了这些事情，我一定会被吓死。’”

布伦注意到的是，加利亚诺带有狂躁—抑郁倾向的生活节奏。“约翰的心情像过山车一样，起起落落。”他说，“每场秀结束后，他都会陷入崩溃状态，至少三天。悲伤欲绝。身体和感情都被掏空了，仿佛死人一般。他把自己锁在工作室里，折磨自己，而且绝对不出来。”

有一天，公司的公关简·本尼特告诉布伦：“你听说约翰嗑药的事儿了吗？”

“不，我不知道。”布伦回答。

“我觉得你该知道。”她说。

“我没把简说的话当回事儿，”布伦现在回想道，“因为约翰一直很努力地工作。你不会怀疑一个每天工作到晚上十一二点的人会有什么问题。我的想法反而是，‘人们在制造他的丑闻’。他太敏感了，我也不想让他不开心，所以就没把这件事儿摆到台面上说。”

那个夏天，约翰·弗莱特也迎来了毕业设计。他的设计是一系列宽松的暗色系服装，颇有流浪汉趣味，收获一片叫好声，同时也被好几个经销商看中，这其中就有布卢明代尔百货。然而，他很清楚，他太想有一个属于自己的品牌了。所以，通过保罗·弗雷克，他找到了出资人：迈尔斯·吉尔（Miles Gill），一个布里斯托尔的商人，拥有一家名叫 Elephant 的家具公司，在英格兰有五家门店。

吉尔很快就被卷入了加利亚诺—弗莱特的圈子之中。他们的行为完全震惊了吉尔——他们仿佛是“半神半人，绝不能被质疑”，一个目击者回忆道。

那晚是弗雷克的生日派对，一场盛装晚宴，但是包括弗莱特在内的几位宾客，竟然在桌上公然吸食海洛因，然后轮流去厕所呕吐。

后来，他们开始见谁就骂谁，这才是最糟糕的。“弗莱特和加利亚诺也不是特别好看，但他们却把自己当成美的范式，其他人都是丑陋的，”他们的一个朋友说，“‘丑八怪’是他们眼里最严重的贬义词，但他们老是用它来对付别人。”

加利亚诺的下一个系列 1986 春夏系列，定在 1985 年 10 月中旬的伦敦时装周期间发布，他为这个系列再次选择了后法国大革命时期的主题。“我真的沉迷在了 18 世纪，”他坦诚。“我对那个世纪有着一种亲密感……完全不同的时尚怪癖，人们穿衣的方式，还有他们为什么这么穿。”他决定，将这个系列命名为“堕落天使”（Fallen Angels）。

这个系列的女装飘逸浪漫：面料轻薄，褶边精致，色彩柔和，采用帝国式腰线。男装剪裁很考究，运用了解构手法，袖子颇具特色：整个袖子被剪裁成了巨大的圆形，纽扣则安在了胳膊附近。加利亚诺的许多朋友，还有团队成员，都将这样一个全新的、有趣的设计工艺归功于弗莱特。自从他们生活在一起，二人的创造力明显产生了化学反应。

加利亚诺的天才之处，就在于他可以从各种事物中汲取最原始的想法，比如 18 世纪的法国、薇薇安・威斯特伍德、川久保玲、山本耀司，以及弗莱特，还有法国现代派艺术家马塞尔・杜尚（Marcel Duchamp）的“成衣”。他肆意摆弄它们——用新的剪裁、新的颜色，抑或是有趣的扭曲、反转——最后把它们都变成自己的。这些设计也许不总是新潮的、实用的，甚至不一定是可穿的，但它们，它们的绝大部分，都无疑是加利亚诺的。

而为加利亚诺的作品注入生命的，是阿曼达・格里夫。我们在前面讲到过，她如何引起了他的注意、他们共同编织的故事，或是她曾看过的书和电影。和在她之前的弗莱特一样，她进一步推动了加利亚诺的创造力，拓宽了他的思路。“约翰会说，‘我对这个小条纹套装有这样的想法，’然后我会说，‘嗯，她们是有一定掌控力的女孩，一起上酒吧，身体蹭到了墙上的砖，然后砖块在她们的夹克后面留下了印记。’”有一次阿曼达解释说，“这就是我们一起工作的方式。”

“加利亚诺的想象力十分强大，”曾在 20 世纪 80、90 年代与加利亚诺共事的珠宝设计师维姬·萨奇（Vicki Sarge）说，“但阿曼达也是一个不折不扣的天才，他们分享同样的奇思妙想，如童话故事一般的异想。然后，他们一起把童话故事创造出来。”

“堕落天使”系列即将成形时，加利亚诺找到帕特里克·考克斯，请他为这个系列设计鞋子。考克斯设计出一种圆头靴，长方形鞋底加宽，脚跟处剪空，补了一块白色条纹亚麻布小垫子，好像流浪汉穿的；还设计了另一种大脚指处和脚跟处各剪去一块的圆头鞋。

按照惯例，加利亚诺和他的团队没日没夜地连轴转以如期完成这个系列。新装秀时间到了，位于国王路的约克公爵营房（Duke of York's Barracks）的草坪上搭建起了秀场，加利亚诺立刻全神贯注，掌控了一切。凯西在模特的脸上和头发上抹了白色黏土，把它们梳到脑后来制造光头的造型，那是伊丽莎白时代的样子——这是格里夫的主意。加利亚诺提出，想把他的名字印在模特的前额上，象征着他们被打上了品牌的烙印。所以，凯西就用 Galliano 的品牌标识做了一个橡皮章，用水溶性墨水把标识印在模特们的额头上。

大秀开场前的最后一刻，加利亚诺突然觉得模特们的鞋子都太干净了，于是赶紧让他们去室外的跑道把鞋弄脏。那时正好下着雨，他们便把鞋子踩进烂泥里，再拔出来。考克斯当然极力抗议这样的做法，但加利亚诺却不屑一顾地说："别着急，现在你的鞋子更值钱了。因为，它们沾上的可是设计师的泥土呀，兄弟。"乔治男孩后来回忆起这个场景，说："帕特里克简直欲哭无泪！"

桑·法勒是加利亚诺钦定的开场模特。她就像拉斐尔前派画作中的奥菲利亚，歪歪地穿着一件超大号的黑色短上衣，下身穿着宽松的灰褐色裙子，提起裙边，和穿着黑色军装风长大衣的男模特手牵手，在亨利·普策尔（Henry Purcell）的进行曲 *Lillibullero* 中向前行进。这一次，加利亚诺的模特们可谓"真正的大杂烩"——有黑人、亚洲人和白人，有男有女，有高有矮。他们穿着肥大的外套、背心，还有带灯笼袖的宽松白衬衫，以及让人回忆起老派男式内衣的灰色针织连体裤、性感的象牙色针织紧身连衣裙……闭场时，加利亚诺拿水浇透了模特们全身，用细薄棉布制作的褶皱礼服撩人地紧贴着她们赤裸的身体，前额的墨水顺着脸庞缓缓淌下。这个想法来自加利亚诺读到过的"布衣病"。那是一场于19 世纪早期在法国蔓延的流行疾病。那时候的法国女人，为了看起来像希腊女神，热衷于穿着薄透的、湿答答的裙子，不惜感染上肺炎。"人们认为（浸湿薄薄的裙子）是为了博人眼球，"加利亚诺后来说，"我觉得，那实在太美了。"

但评论家们一点也不喜欢这个系列。苏西·门克斯（Suzy Menkes）为《泰晤士报》（*The Times*）撰写了评论，"就像布鲁斯·韦伯（Bruce Weber）镜头里的《悲惨世界》人物群像"。《纽约时报》的伯娜丁·莫里斯（Bernadine Morris）尖锐地批评："这次发布看着就和国王路上一群梳着刺头、搭着镶铆钉皮衣的朋克一样惹人心生厌烦。"《卫报》

（*Guardian*）的萨拉・摩尔（Sarah Mower）则称其为“一群鬼魂，一帮精神失常的 18 世纪难民”。

最麻烦的，是加利亚诺被责难他抄袭了薇薇安・威斯特伍德，尤其是来自 *Details* 杂志比尔・坎宁汉的诘问。

“约翰哭了好几天，”考克斯说，“但这是事实。”

“好几次，我看到他准备拿去走秀的东西，战战兢兢地告诉他：‘天哪，这完全就是直接抄袭，’”保罗・弗雷克回忆道，“然后约翰就会说，他是受到了威斯特伍德的‘启发’，这都是对她的‘致敬’。‘不，约翰，这叫作抄袭。’他确实无比地欣赏她，但他需要找到自己的声音和信心，可他受别人的影响太大了。”

经销商们在给加利亚诺的大订单面前犹豫了，据芝加哥马歇尔・菲尔德百货（Marshall Field's）时任副总裁兼时装部总监吉姆・格丽贝诺（Jim Griebenow）的说法，“如果服装太过前卫（比如 Galliano 的设计）却又标了个设计师品牌的贵价，就很难卖掉”。已经下单的经销商们也向布伦反映了关于“合穿”的问题。也就是说，Galliano 的衣服对很多顾客来讲并不合身，要么进行修改，要么就卖不出去。加利亚诺仍然以己之身来试衣服；他对女性身体的曲线和轮廓完全不感冒——哪怕是凹凸有致的身材。那会儿，英国时尚作家路易莎・杨（Louisa Young）曾在一个晚宴上坐在加利亚诺旁边。“我们聊了聊乳房，聊得可真不容易，”她回忆道。“‘你不是很喜欢那两个东西吧，对吗？’我问，他看起来有点难为情，然后小声地说：‘是的，它们破坏了线条。’”

“经销商们都说了，‘你一定得重视这个事儿，’”布伦把这个问题反馈给了加利亚诺。然后，加利亚诺的脸立刻就黑了，两人差点吵了一架。

“如果我们有杂志的支持，就可以解决这些问题了，订单也会跟上的。”加利亚诺坚持道。

“但是，”布伦说，“现在订单跟不上的原因是，衣服不合身。我听一个经销商说，‘我订了一批服装，就是因为不合穿，只有两成可以正价售出，其他的都得打折促销才卖得出去。’”

加利亚诺花钱照旧大手大脚，但布伦的预算变得越来越紧。“约翰没什么数学头脑，他对成本一无所知。”布伦说，“他只会给个大概的数，比如说，给他 3000 英镑，能产出 8000 英镑的价值。然后，你就会看到一卷新进的布料。如果那卷料子买错了，他会囤起来，而不是退掉，我们就得为此买单。当然，他总会用到它的——他什么都用——但与此同时，我们必须为这种预算之外的成本买单。”在这种情况下，布伦因为手头紧张的预算，毙掉了加利亚诺一些成本高昂的想法。因此，加利亚诺和他的团队渐渐地开始将布伦视作敌对方。

更麻烦的是，加利亚诺和一些编辑之间也产生了不愉快。“有一次，一个美国时装编辑想要在杂志上刊登加利亚诺的服装，但她和加利亚诺的想法完全不同。”布伦说，“后来那个编辑说，‘这是你的想法，但这里是美国，女孩们要的是看起来美丽又性感。我们都是为了把这个系列卖出去。’再然后，她给我们回电话说，‘我不能给你封面了，我跟波道夫·古德曼百货确认了一下，你这个品牌的销量还不够高。’那时，我们才第一次知道，原来编辑们和零售商们是有微妙的联系的，他们之间会互通消息。约翰气急败坏，非常不满、愤怒。”布伦则更加头疼了，他亲眼看着自己的销量、利润，通通飞走了。

“我现在还不想变得那么商业，”加利亚诺跟布伦说，“再过 20 年，我可以。”

加利亚诺绝不仅仅是脱离了商业运转的节奏。他开始将自己包在自我想象的泡泡里，和大众远远拉开了距离。究其原因，一部分是他害羞内向，一部分是他对工作极度的专注热情，还有一部分，是他日渐滋长的妄自尊大感。他开始迷恋浮夸的噱头。在那段时间，布伦正好在 Long Acre 酒吧办了一场全公司的圣诞派对。由于经费有限，餐食比较简朴。加利亚诺仅仅待了一个半小时就不堪烦闷，转场去了同性恋酒吧——至少有一名助理证实，加利亚诺这样做显示了他对布伦，以及他自己团队的不屑一顾。“约翰可不愿意和陪他一起工作的人开派对，”那个助理说，“毕竟，我们只是他的员工而已。”

多年以来，加利亚诺一直乘坐公交车或火车上下学，他对公共交通深恶痛绝，就算穷得叮当响，他也能想法子支付出租车费。“有天他去考文特花园开会，如果在利物浦街坐地铁，只用五站就到了，”凯西回忆道，“（看着加利亚诺那副不情愿的样子）我就说，‘行吧，约翰，我陪你一起去吧。’当我们走进地铁站的时候，约翰刻意靠墙站着，不希望被任何人注意到。但他却被来往的人们穿着的运动鞋（旅游鞋）震惊了。”

“天哪，人人都穿运动鞋！”

“‘是的，约翰，人们白天东奔西走的时候就会穿。’我告诉他。这对他来说是个全新的启发，因为他白天从来不出门。他只有在去夜店、回家、工作的时候才出门。他有自己的心灵圣地，而现在，别人闯了进来。”

加利亚诺在工作中度过了假期，整个圣诞节都泡在工作室里。待到团队结束新年假期回来工作，他便专注地投入新系列中，也就是1986/87秋冬系列，于1986年3月发布。新系列名为“被遗忘的无辜者”（Forgotten Innocents），和上一季的“堕落天使”一样，女性被描绘为社会虚妄病脆弱的受害者，尤其是男人们对于完美女性的扭曲变态的臆想的受害者。加利亚诺说，这个想法是为了唤起人们对邪恶生猛的孩子,就像《蝇王》[1]中描写的那些孩子,躲在阁楼里玩装扮游戏的情景。采用孩童主题在一定程度上正合时宜，因为那时格里夫正怀着她的第一个孩子，已经六个月了。

在这个系列的筹备期间，加利亚诺接受了时尚界最具影响力的作家之一，《卫报》的萨拉·摩尔的采访。那时，英国的记者们经常在专题报道中插入第一人称的观点和评论——而且并不总是友好的。这种形式在时尚相关的报道中尤为盛行。永远在追逐新奇的时尚作家、评论家们，乐于拥抱、支持冉冉升起的设计新秀，希望发掘，抑或说打造一个新的王者。然而，不过几季之后——出于失望、挫折感或敌意，他们想要攻击设计师，转而公然打压他/她。

现在，轮到加利亚诺承受媒体施加的折磨了。在摩尔的报道中，也反映出媒体和他反目成仇。她写道：“他是英国时尚最好的一面和某些最坏势头反复无常的混合体，他的秀冠以历史主题，带有挑衅性的幻想，故作怪诞，刻意而为制造出戏剧性场景……有人（认为），他不过25岁，已经拥有了过高的曝光率，现在也备受其扰……当人们批评他那些荒诞不经的秀，和常常不知所云的服装时，他身上的刺就竖了起来。”

1 《蝇王》（*Lord of the Flies*）：英国作家威廉·戈尔丁发表于1954年的寓言体长篇小说。小说讲述了一群被困在荒岛上的儿童在完全没有成人的引导下如何建立起一个脆弱的文明体系，最终由于人类内心的黑暗面导致这个文明体系不可避免地被野蛮与暴力所代替。主题是备受争议的人性，个体权益与集体利益的冲突，是当代英文小说中的经典。威廉·戈尔丁也因此获得1983年诺贝尔文学奖。——译者注为了把意思说明白，摩尔提到，她用了整整半小时才弄明白加利亚诺是如何让模特穿上他的“章鱼”腕足般的衣服来配合拍摄的。“(加利亚诺) 说他自己是个服装设计师,而不是时装设计师,”她这样写道。“我觉得他恐怕要打自己的脸了。他这样附庸风雅的所谓艺术，研究生水准的达达主义，最好还是自己闭关探索，而不是以先驱、突破的噱头拿出来大肆宣扬。风头总会过去，加利亚诺会发现，如果他不是时装设计师，他就什么也不是。”

桑·法勒在“堕落天使”系列的走秀照片，1986 春夏系列。

“被遗忘的无辜者”系列模特海伦娜·博纳姆·卡特，1986 年。

批评刺痛了加利亚诺，但他仍然尽最大的努力保持工作上的专注。为了传达“被遗忘的无辜者”年轻的精神，他挑选了几位十几岁的模特，最小的才 14 岁。给媒体的宣传材料上，他让摄影师罗伯特·埃德曼（Robert Erdmann）为一张 19 岁的新面孔拍摄了一组照片，那是心有抱负的女演员海伦娜·博纳姆·卡特（Helena Bonham Carter）。她的头发湿漉漉的，打着卷儿，脸蛋像小天使一样甜。和格里夫一样，海伦娜出身英国贵族，说一口迷人的上流阶层口音——换句话说，正是加利亚诺迷恋崇拜的样子。

加利亚诺和格里夫很愉快地完成了这次造型。模特们梳着长波浪卷发，正像拉斐尔前派的画中人一般，戴上了格里夫用塔罗牌做的小皇冠，还有一些其他的头饰。这个系列是纤巧飘逸的高腰长裙，像维多利亚时代的睡衣，多数为白、棕色调。它们凌乱地包裹着模特的身体，似乎尺寸都太大了，只能系紧了穿。模特们的整体化妆风格简洁清爽，嘴唇却如玫瑰花瓣。凯西说：“（这是）为了让模特们看起来像孩子，像瓷娃娃。”

“很勾魂，”加利亚诺坦言，“但还有一个重点。”那就是，他说，“这打破了关于‘衣服应该怎么穿’的先入之见。”*Details* 杂志的比尔·坎宁汉在疯狂之中捕捉到了他天才的闪光之处。“约翰·加利亚诺只需要展示那件气球廓形的外套，就足以保证他在伦敦设计界高层的稳固地位。”他写道，“请铭记，灰色羊毛面料，编号 05-603。后背的中央被一道鱼尾状的斜行纹路尖锐地破开，这是气球轮廓之父查尔斯·詹姆斯（Charles James）都会称赞的设计……后来，我在巴黎街头看到了一个加利亚诺的模特穿着这件外套，效果甚至比在秀场上还要好。”

而另一边，布伦仍在为衣服不合身的问题抓耳挠腮。他十分担忧，于是亲自到纽约面见了一些买手。“给我看一下销售数据吧，”他说，“一定是哪儿出错了。”但，哪儿都没错。“他们告诉我，一个系列有 60%~70% 的衣服都没卖出去。”布伦回忆道，“我看针织衫卖得挺好，所以我跟他们说‘订针织衫吧！’经销商们照做了。于是，‘被遗忘的无辜者’系列，针织衫就是他们的所有订单了。约翰暴跳如雷。但我告诉他：‘约翰，你知道什么？要不是这样，他们一件衣服都不会进。’”加利亚诺仍然坚信，那些浮夸的杂志报道可以将他们拉出财政危机的深渊。“我能理解约翰的想法，”布伦说，“但我也了解买手。这是在做生意，但约翰根本不懂生意。”

很显然，摆在布伦面前唯一的解决方案，就是关闭公司。他叫来了熟识的律师，律师建议他看好所有的东西——图样、样衣、没用过的布料以及缝纫机——因为这些都是公司的资产，可能需要用于清偿债务。布伦来到工作室，查看了一番资料柜，发现有一部分东西已经失窃。他赶紧找了锁匠，把工作室的锁换好后，就回家了。

1986 年 6 月，加利亚诺和布伦在《新闻纪事日报》发布联合声明，宣布二人的合伙企业正式解散。加利亚诺的发言人称，解散是在双方同意的情况下达成的决定，还补充道，“其实这个决定不会有利于他们任何一方。”据报道，加利亚诺告知部分公司客户，“被遗忘的无辜者”系列产品将在秋季交货。“我们想尽快处理完相关事宜，避免给经销商们带来不便。”发言人说。

加利亚诺来到工作室，发现锁已经换掉了。他想把他认为属于自己的那些资料拿回来。所以他让助理盖尔·唐尼和尼克·迈克尔斯（Nick Michaels）爬上 18 英寸宽的窗台，从一扇没锁的窗户进入工作室，拿走了他们所能拿走的东西。

没过不久，也就是当天深夜，“禁忌”之夜的派对后，加利亚诺和弗莱特、弗雷克，还有一群哥们儿又回到了工作室，攀上狭窄的窗台，再次从那扇没锁的窗户爬了进去,把工作室“一扫而空”。弗雷克说:“我们在窗台上爬上爬下，窗台可真高啊，把衣服一包接一包地往外运，约翰说，‘这是我的作品。’他坚持着，‘它们都是我设计的，所以，它们都属于我。’他对公司运营毫无概念。”——实际上,那的确是公司财产。

后来，有个朋友问加利亚诺，是否有当年在圣马丁没有学到的，但可能对目前的事业有很大帮助的课程。“我当时要是学了和商业有关的一些课程就好了，”他说，“我直接被扔进了茫茫商海，只有飞速学习，才能活下去。”

III

加利亚诺沦落到只能在桑·法勒伦敦的公寓里睡地板，但他的精神并未被击垮。他准备去找一个新的出资人，东山再起。他曾到米兰与乔治·阿玛尼公司有过几次简短的交谈，甚至借用朋友萨拉·利弗莫尔的工作室缝制了一些样品展示给阿玛尼的团队。遗憾的是，双方从未达成协议。后来，他听说一个叫皮德尔·贝特尔森（Peder Bertelsen）的丹麦石油商。贝特尔森在英国长大，有一家时装公司 Aguecheek——这个名字来自莎士比亚《第十二夜》（*Twelfth Night*）中的角色——正在积极寻找年轻的英国设计师作为投资对象。加利亚诺嗅到了潜在的机会："（贝特尔森）是我现在认识的唯一一个有钱人。"

他画了一个服装系列的设计图，带着手稿和商业计划书去见贝特尔森。"我要一个大工作室，还有机工，"加利亚诺所说的机工，指的是专门在缝纫机上工作的工人。"我要尽我所能，做到极致。我想和懂我的人一起工作，这样订单也可以按时交付。我想把这些事情都做得恰到好处。"

贝特尔森看完加利亚诺的手稿后，认真地问自己："我的老婆会穿这样的衣服吗？不会。那我兄弟的老婆会穿这样的衣服吗？不会。"

他告诉加利亚诺："我看不到你作品中的商业价值。你能画点儿商业的东西吗？"

几天后，加利亚诺带着全新的手稿回来了。

"我没有改动我之前的设计，"加利亚诺后来承认。"我只是换了个画法。我清清楚楚地把女人画出来了，留着 bob 头，戴着耳环……专门画给他看的。那是你该为你的银行经理作的画。"

贝特尔森和他的员工们非常喜欢这个新版本，决定起草合作协议。这样的结果，加利亚诺是再满意不过的："我保留了自己的个性，我们真的该各司其职，"加利亚诺说。"但是……有一些做事的方式是我以前不以为然的。和外界对抗并不是什么好事。当你成为企业的一部分，就意味着有更多的眼睛在看着你。你必须做一些他们期望你做的东西，直到最终你能得到回报。总有一天，我会有能力做一个——"他停了下来，长舒一口气，“纯粹的加利亚诺。”

“选择加利亚诺，其实并没那么理智，”贝特尔森坦承。“他是天才，同时也有一定程度的漫不经心。”

1986 年 7 月，时装行业媒体纷纷发布消息：加利亚诺与 Aguecheek 公司达成合作。Aguecheek 公司的发言人强调，这次合约的有效期仅限于一个时装季，也就是只推出 1987 春夏一个系列的服装，新装会在 1986 年 10 月的伦敦时装周上发布。作为交换，加利亚诺承诺，他会收敛那些天马行空的想象。“我的下一个系列会守规矩得多——我必须要改变，”他宣称，“我终于达到了我想要的设计境界，我现在已经学会了控制和驾驭我的创造力。我正在使我的设计更接地气，更商业化。”

约翰 · 加利亚诺与皮德尔 · 贝特尔森，1988 年。

于加利亚诺而言，和 Aguecheek 公司的合作正是他所迫切需要的全新开始，所以他严阵以待。他改头换面，换下 T 恤和粗布背带裤，穿上定制套装和锃亮的皮鞋，又剪短了齐肩的长发，一副传统谨慎的模样。“加利亚诺想享受奢华的生活，他想变得更现实，更商业化，”帕特里克·考克斯说。“他不再试图只是打动他在圣马丁的那 20 个同学，他看准了更广泛的公众，（然后）得到名望，得到所有东西。”

火烧眉毛了，他只有 6 周，充其量 8 周的时间来完成整个系列：设计，找面料，生产；请模特；还要搭秀场。在这么短时间内找到面料并非易事，他需要更多的帮助。于是，他给针织衫设计师盖尔·唐尼打了个电话——亲昵地称她为“多利”——邀请她回归团队。他告诉唐尼，现在他得到了更多的投资，可以承诺给她比在布伦那儿多 60 英镑（约 80 美元）的周薪。工作室暂时设在 Aguecheek 公司仓库的一间地下储藏室，位于伯克利广场。

新系列的灵感主要来自澳大利亚导演彼得·威尔（Peter Weir）刚上映的惊悚片《证人》（*Witness*）。影片由哈里森·福特（Harrison Ford）和凯利·麦吉丽斯（Kelly McGillis）主演，讲述一个阿米什男孩目击了一场谋杀案，而凶手却是一名警察的故事。加利亚诺对这部电影十分着迷，觉得它就像是对自己生活的讽喻。在电影中，男孩和麦吉丽斯饰演的母亲，从宾夕法尼亚的兰卡斯特小城来到费城宏伟的第三十街火车站。他们穿着手织土布做的传统服装，看起来与这个城市格格不入——正如加利亚诺和家人刚从直布罗陀搬来伦敦时一样。

加利亚诺不仅仅抓取了电影的主题，他告诉助手他还想沿用影片中阿米什人的服装风格。“当约翰对新系列有了想法，我们就称之为‘圣言’，”阿曼达·哈莱克说——她前段时间结婚了，改随夫姓哈莱克——

“‘圣言’传达给了整个团队，每一个人都为其添砖加瓦。这个过程永远是最奇妙的。”

为了把想象变成现实,加利亚诺聘请了一个名叫凯伦·克赖顿(Karen Crichton）的戏剧服装师，她曾为英国国家歌剧院工作。他们一起设计出了裙子的轮廓。上衣部分像紧身胸衣一样束紧，圆摆的裙子“从背后拉起”，凯伦说，像放了一个小裙撑。加利亚诺非常满意这种效果，在此基础上，二人又做出了好几个不同的版本。为了传递出更强烈的阿米什风格，加利亚诺模仿宾夕法尼亚荷兰女人佩戴的一种名为 Kapp 的薄纱布帽子为模特做了类似的头饰,帽子两侧悬垂的绳带换成了锁扣。“很多女人不想看起来太具攻击性。”他阐释道，“我设计的东西代表了充满活力的年轻女孩。”尽管这个系列还没有正式命名，但工作室成员们都称其为“证人”系列。

这次的伦敦时装周,看起来总算发展到了“新的成熟”阶段——《华盛顿邮报》(*Washington Post*）的时尚编辑尼娜·海德（Nina Hyde）这么描述道。英国时尚产业每年服装和配饰出口总值大约 13 亿英镑(约 24 亿美元)，主要归功于几个家喻户晓的品牌，比如 Burberry、Aquascutum、Jaeger 等。但更吸引经销商和媒体注意力的，却是规模较小的先锋品牌。参加伦敦时装周的业内人士超过 7500 人，新装秀的组织也愈发务实有效率，大约 300 个设计和配饰品牌在奥林匹亚会展中心的展览大厅参展，并搭建了一个很大的秀场，毗邻秀场还有一个停车场。来宾们发现，和前几季相比，这一季的服装在设计、做工上都有了进步，而且，好卖。

加利亚诺为 Aguecheek 设计的新装发布会定在奥林匹亚后方的英国时装协会 (BFC) 场地，时间被安排在 10 月 12 日，星期天的下午

1:45——对于一个喜欢把时装秀搞成纵情狂欢的派对的设计师来讲，这并不是个“吉时”。正逢二八年华的娜奥米·坎贝尔（Naomi Campbell）是加利亚诺此次秀的模特之一，非常惊艳，她是非洲裔牙买加人，生于伦敦斯特拉森（Streatham），离加利亚诺成长的地方不远。她直接从念书的高中来到后台，还穿着校服。这是她的首秀，考克斯说，“她紧张得要死，根本不敢走出去，怕得浑身发抖。我和约翰只能不停地安抚她，‘你很美，你很美很美。’”

黑暗中，诡异的鸟叫声响起。一个模特穿着轻薄的黑衬衫，隐隐透出精致的乳房，搭配黑色绉绸高腰裙，走了出来，她缓缓地跳跃着，像只金刚鹦鹉。（加利亚诺有一次向记者透露：“穿上我衣服的瞬间，你能感受到飞鸟般的骄傲，也会像它一样雀跃。”）秀场音乐出自杰里米·希利和尼尔·默什之手，混合了摇摆舞曲鼓点的节奏和浩室电音，酷极了。模特们二三成组，鱼贯而出，步伐坚定轻快，身上黑色的阿米什式的裙子窸窣作响。T 台上出现一件 20 世纪 30 年代风格的帅气阔肩套装——这是加利亚诺向他挚爱的灵感源泉，影星玛琳·黛德丽（Marlene Dietrich）致敬；或者一件长款紧身连衣裙，后部装饰着和服腰带式的蝴蝶结，带有几分东方风韵。

他的秀点燃了全场。《纽约时报》的报道中写道：“加利亚诺总算抛却了他那些看起来像从舍伍德森林里走出来的衣服。这一次，在他那仿佛‘爱丽丝梦游伦敦’般的充满仙气的设计中，完美地结合了运动夹克、半裙、简洁的小黑裙，还有一两件朴素的 T 恤，绝对大卖。”

看起来，至少在这一刻，加利亚诺和 Aguecheek 公司合作得很好。

那个秋天，加利亚诺参加了由英国时装协会赞助的纽约之行，同行的其他五位设计师中还有阿利斯泰尔・布莱尔（Alistair Blair）和贾思珀·康兰。飞机还没降落到美利坚大地，这次旅程的基调就已然奠定——加利亚诺已经开始兴奋地在他们坐的经济舱走道上蹿下跳了。

加利亚诺在纽约玩了个痛快。一天晚上，与《纽约时报》时尚评论员迈克尔·格罗斯（Michael Gross）在 Il Cantinori 共进晚餐后，他坦白，去过太多夜店，多得连名字都记不全。

另一个晚上，闹市区的巴尼斯百货正在举行艾滋病慈善系列活动，The B-52's 乐队的歌手凯特·皮尔森（Kate Pierson）正是活动中的“名人时装秀”的模特之一。她走秀的时候，加利亚诺忽然窜到她面前，然后居然把她那顶赤褐色的蜂窝式假发揭了下来！皮尔森吓得原地尖叫。“我看到两名保安从秀场走出去——中间架着晃晃荡荡的约翰。”阿利斯泰尔・布莱尔的时装搭配师利伯特・奥康纳（Limpet O'Connor）说。

旅行期间，加利亚诺——刚和弗莱特分别——迅速和贾思珀・康兰陷入了干柴烈火之中。他们俩的事儿，奥康纳也是意外发现的——有天，加利亚诺在炫耀戴着的袖扣，奥康纳大加称赞，加利亚诺不好意思地回答：“这是贾思珀给的。”

弗莱特深受打击。被加利亚诺甩了之后，他找到原来圣马丁的老师波比・希尔森，告诉她：“你不了解约翰，他是个双面人。你觉得你已经很了解他了，但实际上，你只看到他的一面而已。另一面，是你永远都不会想看见的。”

尽管从筹备到发布只用了短短的两个月，加利亚诺为贝特尔森制作的第一个系列实实在在获得了商业上的成功——以至于贝特尔森与加利亚诺签了 5 年的合约。为了更加顺利地进行工作，加利亚诺聘请罗琳·皮戈特担任工作室主管，这个年轻的伦敦人曾为“难以置信”秀做模特，后来还为威斯特伍德工作。皮戈特壮大了整个员工团队，她带来了原来手下的实习生狄波拉·布鲁伊德作为工作室助理，自由制版师是苏·博特杰（Sue Bottjer），年仅 21 岁的布朗斯百货原销售助理肖恩·狄克逊（Sean Dixon）担任产品助理。狄克逊和加利亚诺是威尔森文法学校的同期生，只不过他比加利亚诺要小 5 岁。

“我记得你在那儿老被欺负。”他跟加利亚诺说。

“是的，”加利亚诺答道，“而且，你知道吗，在同性恋俱乐部，我可发现了不少当时欺负我的人的踪影。”[1]

1987 年年初，加利亚诺和他的团队从 Aguecheek 公司阴暗逼仄的地下室搬了出来。新的工作室位于谢尔顿街，转个弯就是圣马丁，也是由库房改建而成，不过选在了顶楼，宽敞明亮。不仅有了一个完美的工作室，他们甚至还多了一个营业厅。同一个屋檐下同时拥有二者，对这样一个小公司来说，实在是非常奢侈了。就像在伯爵街的老工作室时一样，加利亚诺工作起来刻苦而不知疲倦，特别关注打版师的工作，因为她是在试着将自己复杂绮丽的想象变成可以生产制造的东西。“约翰喜欢这种一对一的互动方式，”狄克逊回忆道，“他喜欢亲力亲为。”

每个人都满腔热忱，有时，一天工作结束，他们会坐在一块儿喝点啤酒——除了加利亚诺，他喝可乐、抽雪茄，大家讲笑话、胡闹，开怀大笑。加利亚诺会开始模仿他认识的人，有些人甚至就在房间里，尽管他模仿得惟妙惟肖，但却不招人待见。这些玩笑往往出于善意，他自己笑得前仰后合。

1　在威尔森文法学校时，加利亚诺曾因同性恋身份受到歧视和霸凌。——译者注加利亚诺也有了一个新家：他搬到了康兰在摄政公园的联排公寓，一个“温暖、舒适、雅致”的地方。据他们好友的回忆，房子最初的装潢风格出自著名室内设计师，也是默片时代的明星威廉·海恩斯（William Haines）。他们俩经常邀请朋友和同事们来家里吃饭——康兰做饭，加利亚诺则负责用他那些玩笑、模仿秀、故事逗大家玩。赶上假期，康兰会呼朋唤友去很远的地方玩，这是加利亚诺以前根本不敢想的事。“贾思珀长大了，”加利亚诺的一个朋友回忆道。“他有了自己的公司，自己的房子，还有一只狗。”

“那段时间，约翰过得很快乐。”另一个朋友说，“真的很快乐。”

但是加利亚诺心里却在不停琢磨着这段关系的真谛是什么，因为他们实在是一对奇怪的情侣。有人说：“贾思珀想变得酷起来，而约翰想成为有钱人。”

加利亚诺一住进康兰的家，朋友们立刻发现他的言行举止有了变化：他变得有礼貌多了，规矩得体，不仅如此，他的南伦敦口音也被某种上流社会同时也做作的腔调取代了。“我当时想，‘他妈的，你怎么过得了这种生活？’”约翰·帕蒂法特说，“但他真的做到了。”弗莱特也发现了加利亚诺的转变，觉得未免荒谬，于是他开始戏谑地称加利亚诺为“公爵夫人”。

康兰疯狂地迷恋上了加利亚诺，觉得他就像小精灵，是森林里跑出来的小仙子，有一颗慷慨的心，不知钱为何物，还带着一种邪恶的幽默感。康兰曾说：“他是我见过的最有趣的人。”有一次他们一起去度假，康兰正躺在沙滩上看书，于是，加利亚诺也决定看本书。康兰一翻页，加利亚诺就翻页。康兰再翻页，加利亚诺也跟着翻页。几番过后，康兰总觉得哪里不对劲，便看向加利亚诺，果然：他的书拿倒了。“你这是怎么了？”康兰问。“这就是为什么我说自己是个完全视觉型人——我读不进去书。”加利亚诺大方地承认。他滔滔不绝地说了十多分钟，倾诉着自己在学校时的沮丧、挫败，诉说着自己如何向他人隐藏自己的无知。听完，康兰又震惊又心疼，问他自己能帮上什么忙。“有你就好了！”加利亚诺声音嘶哑着说，朗声大笑。

加利亚诺和家里人的关系就远没有这么舒心了。他彻底划清了家庭与自己生活的界限，泰晤士河就像是一条清晰的分界线，隔开了他进入时尚圈之前在贫困卑贱的南伦敦的青少年时代和如今在城中心全新的精彩生活。他从未和同事朋友们提及过自己的家人和童年，也从未邀请过家人来自己和康兰的新家，也没有带康兰去过父母家。

只要加利亚诺和康兰出门，不管是去俱乐部还是参加派对，狗仔队总想拍到他们在一起的画面——时尚界的两位 It Boy 居然成了 It Couple！他们想尽各种办法躲避狗仔的镜头，要么分头出入，以免加利亚诺的家人感到震惊，或是尴尬。最后，康兰悄悄跟摄影师谈判：如果登出他们在一起的照片，再配一条图说把他们描绘成浪漫的情侣，加利亚诺没得说会被“赶出”他那虔诚的天主教家庭。狗仔们总算消停了——尽管只是一会儿。

如果说加利亚诺的夜晚被男人包围，那他的白天都献给了女人。他身边围绕着一群美丽、聪慧的女性——助手、缪斯，工作室里几乎都是女性。她们启发他、滋养他、照顾他，并协助他做出非凡的时装。

这其中，对他而言最重要的便是桑·法勒和哈莱克。遗憾的是，桑·法勒与团队的同事们太过疏离，时间一长，皮戈特希望加利亚诺出面处理这件事情："你必须跟她谈谈。她是你的朋友，这成了她待在这儿的理由。"加利亚诺采纳了她的建议，于是桑·法勒决定离开公司。

哈莱克却深受同事们的喜爱，已然成为无可替代的存在：她酝酿新装系列的主题，给予想法；助理们会跑到她在什罗普郡小镇奥斯威斯的山居 The Mount，或是哈莱克家族在威尔士，建于 17 世纪初，名叫 Glyn Cywarch 的庄园找她，请她批准面料、颜色和其他技术层面的细节；她会在系列发布之前，给服装做整体造型，为每套服装搭配好袜子、鞋子、各种配饰。"阿曼达有一双慧眼，"加利亚诺的一个助理回忆道。

哈莱克也常常通过邮件分享一些东西——诗歌、图画、鹅卵石，或是干花——以激发出加利亚诺的灵感，使他迸发出思想的火花。"她在创意生成的过程中，起着至关重要的作用——能给人强烈的灵感启发，"那个助理说，"她堪称秀外慧中。"

加利亚诺爱慕哈莱克的一切：她美丽的外表、她不俗的教养、她的善良大方、她的品位和她的风格，现在，她还嫁给了一个勋爵——有了"勋爵夫人"的头衔。"你知道，她是个淑女，她是个淑！女！"他会一直跟助理们这么念叨。

她的生活体现了波西米亚贵族的生活方式。在什罗普郡的日子，她幸运地远离了伦敦的时髦都市生活。她会和当地的猎人一起骑马，用自家菜园里的丰富食材做饭，在那幢大房子里陪伴、照顾孩子们。老宅的油漆已经褪色，墙纸也剥落了，挂着天鹅绒窗帘，阁楼里装满了美轮美奂的旧时代服装。

威尔士的 Glyn Cywarch，这个石头建成的古老庄园里，四处挂着哈莱克祖先们的画像，有藏满书的书架，还有原汁原味的 17 世纪家具。她会在附近的海滩上和孩子们追逐嬉戏，把她的 Fendi 皮草放进食品冷藏间[1]，就摆在前不久狩猎聚会上收获的死雉鸡旁边。加利亚诺爱极了这一切，常常与哈莱克和她的家人在他们的庄园共度周末，让自己沉浸在这深厚的历史氛围中。他认为他们是共生的："如果我写歌词，那么阿曼达就会谱曲。"

对加利亚诺而言，哈莱克变得越来越无可替代。他自视甚高，还有社交恐惧，这让他成为社会的隐士。他不知道普通消费者是如何穿衣打扮的——上至高级时装下到大众市场，消费者会挑选什么样的衣服，他并不知道——原因如盖尔·唐尼所说，"约翰总是高高在上。他从不逛商店，也不逛街。"他身上几乎从不带钱，总是靠别人结账。一天晚上，他和唐尼一起去到梅菲尔区，他把账单拍给唐尼。唐尼取笑他说："哦，对，国王们都不带钱的，是吧，约翰？"

每一个系列，亦即每一场时装秀，总是有一个叙述内核：初期阶段，加利亚诺惯用历史性主题，或是历史事件，如法国大革命后的社会风潮和 20 世纪 20 年代的阿富汗叛乱。但是自从他加入 Aguecheek 公司，这种创作机制演变成了更具讽喻意味的东西：他锁定"故事"，就如电影《证人》，这些故事让他能够通过服装设计来描绘自己的生活。1988 春夏系列，加利亚诺选择了由伊利亚·卡赞（Elia Kazan）导演的电影《欲望号街车》（*A Streetcar Named Desire*）作为故事参考。田纳西·威廉斯（Tennessee Williams）创作的剧本曾引发激烈的争论。

这个故事完美地契合了加利亚诺的创作主张和情感状态。在这个系

1 皮草在冰箱冷藏，可以达到防止掉毛的保养效果。——译者注

列的服装和秀场上，展现了一个强大的男性形象，这代表着他自己；还有一个敏感脆弱的女性形象，代表他的缪斯。在《欲望号街车》中，男主角斯坦利·科瓦尔斯基（Stanley Kowalski）出身劳动阶层，是波兰移民的后代，酗酒成性，脾气暴烈，一点就着。这个角色在电影和话剧版本中的扮演者都是马龙·白兰度（Marlon Brando）。“约翰可能把自己看成了马龙饰演的斯坦利·科瓦尔斯基，”他的一个参与了这个系列的助手说。

《欲望号街车》非传统地设置了两个女主人公：一个是斯坦利稳重、忠诚、有一头深色头发的妻子思黛拉（Stella），由金·亨特（Kim Hunter）饰演；另一个是思黛拉精神不稳定、借酒浇愁的金发姐姐布兰奇·杜波依斯（Blanche DuBois），由费雯丽（Vivien Leigh）饰演。布兰奇投奔到科瓦尔斯基贫民窟一般的公寓，打算长住，她的出现和疯狂行径让思黛拉和斯坦利之间互相依赖的关系失去了平衡。

哈莱克就像思黛拉，她强大、有才华，迷恋加利亚诺 / 科瓦尔斯基这类有支配力的男性。还有一点也像思黛拉，哈莱克再次怀孕了（孩子的预产期在春天）。桑·法勒则更似脆弱敏感的布兰奇，至少在团队看来，她太自我，是工作室里的一个不稳定因素。在话剧和电影中，布兰奇最终精神崩溃，被关进了精神病院。桑·法勒，则被驱逐出了加利亚诺的工作室。

加利亚诺被威廉斯的剧本和因此改编而成的电影深深地吸引了，他能理解其中的家庭动力学[1]——强悍可怖的族长，屈从于暴虐专横的配偶仍自傲的女人，以及勤劳却被误解的年轻男人，还有酒精泛滥、充满

1　家庭动力学：指以家庭为系统来阐明家庭成员之间的关系如何影响个体出现问题或疾病的理论。——译者注

暴力的残酷环境。

他的设计很大程度上借鉴了布兰奇·杜波依斯的旅行箱，并将她日常穿着的蜡笔色调荷叶边、上衣紧身的连衣裙、雪纺礼服、透明的欧根纱披肩生产出了具有商业可行性的当代版本。设计并不仅仅只有美国内战后的“南方淑女”[1]造型。玛琳·黛德丽也是一个重要的表现对象——加利亚诺喜欢她戴着黑色帽子和网面纱下吸烟的样子，还手绘了她大约在20世纪30年代的模样，作为宣传资料。关于面纱的另一个影响来自爱德华时代的养蜂女，据一位助手回忆，将这一形象混合入设计之中的正是哈莱克。

同时，加利亚诺正计划着与克赖顿创作一系列时尚界所谓的“秀款”（show piece）——这种衣服走秀时看起来非常精彩，且完美契合时尚杂志拍摄的需求，能够起到很好的宣传效果，但只接受特别定制。他和克赖顿梦想中的第一件“秀款”，是后来被正式称为“贝壳裙”的作品。宽大的裙身由几十层珍珠灰色硬质欧根纱构成，就像蛤壳一般层层叠叠，十分壮观。“他的脑中已经形成了这一层层纱的画面，但他的团队却不知道从何下手——他们想可能要用金属线或者是某种结构，”克赖顿回忆道。“于是他们来问我，‘你知道这个怎么做吗？你可以帮我们把它做出来吗？’然后我说，‘这显然不是什么金属线，我很清楚那是什么，因为教过我的剪裁老师以前做过这样的时装。’”

克赖顿在家把裙子做了出来，上身部分只搭配了一个简洁的抹胸。她把裙子带给加利亚诺看，“他简直爱死这条裙子了。”为了装点稍显单

1　南方淑女（Southern Belle）：来源于法语单词 belle，代表美国南方腹地上层社会的年轻女性。《飘》里的郝斯嘉等女性，以及《欲望号街车》中的布兰奇·杜波依斯是文艺作品中典型的南方淑女形象。——译者注

调的上半身，他配了一条欧根纱披肩和丝缎长筒手套。这件设计的整体效果呈现出 20 世纪 50 年代经典的高级定制美学与灰姑娘的浪漫主义，二者相映成趣，令人赞不绝口。

虽然加利亚诺和康兰是情侣，但名门之后康兰和工人阶层暴发户加利亚诺之间，一场不言而喻的职业竞争正在上演。而且在加利亚诺的圈子看来，康兰更想赢，甚至不惜给对方带来巨大伤害。康兰的好奇心，以及对加利亚诺工作室的频频造访让皮戈特担忧——这种担忧不是没有理由的。就在发布会举行前不久，康兰向加利亚诺提出交换办秀的时段。原来，加利亚诺分到的时段要比康兰好得多，而至关重要的是，他的秀被安排在康兰之前。皮戈特发现加利亚诺就这样把自己的时段换给了康兰，气得火冒三丈。加利亚诺解释说，他觉得这没有什么关系。皮戈特说："不，约翰，这很重要。现在，贾思珀要在我们前面发布了。"如果康兰的衣服真的和加利亚诺的设计很像，皮戈特怕局面会变成"加利亚诺在抄袭康兰"——与事实恰恰相反。

不仅如此，康兰还请来了加利亚诺的 DJ 朋友杰里米·希利操刀制作秀场音乐，同时开始预约和加利亚诺一样的模特。在为康兰试装后，模特们回到加利亚诺那里，告诉他康兰的设计和他的设计高度相似。"有的女孩都哭了，说，'早知道是这样，我们绝对不会允许自己接受(康兰的)预约。'"皮戈特回忆道。

更糟糕的是，模特走台时帕特里克·考克斯来到后台交付这个系列的鞋履，无意中拾到了一张节目单，发现在与加利亚诺合作好几季之后，他已经消失在了"鸣谢"之列，不再因为他的辛苦付出而得到感谢。他找到加利亚诺说:“不好意思,这上面没写‘鞋履来自帕特里克·考克斯’。”原来都是会写上的。

“得到报酬的人可没有‘鸣谢’。”加利亚诺怼了回去。

考克斯站在原地，愣住了。加利亚诺付给他的钱，勉勉强强只够皮料的成本，生产过程中产生的其他费用都是考克斯自掏腰包。暴怒之下，考克斯拎着他的鞋子愤然离开，发誓这辈子再也不与加利亚诺合作。

康兰如愿以偿，在 10 月 11 日，星期天接近傍晚的时候于奥林匹亚会展中心后面的华盖秀场发布他的系列。然而，许多观众都对他的作品感到十分疑惑。“贾思珀·康兰以‘戴安娜王妃的裁缝’而为人所知，”考克斯说，“可是突然间，他发布了这些圆形剪裁的东西，所有人都一头雾水，‘这是什么？’那根本不是贾思珀的东西。这与他的市场完全不符，也不是他能做出来的。”

加利亚诺的团队则认为，希利为康兰制作的配乐质量要远高于为他们制作的配乐。然后，他们看到康兰的模特们顶着完全是加利亚诺风格的造型走上 T 台。“每个人都很沮丧，约翰如坐针毡，十分焦虑不安。”一个助手回忆道，“这一刻简直要脱口而出‘他妈的’。那些衣服不是贾思珀的，而是贾思珀复刻的，可怜的加利亚诺对此最清楚不过了。”

两小时后，加利亚诺发布了“布兰奇 · 杜波依斯”系列。与往常一样，来宾与穿着奇装异服的加利亚诺团队构成一幅狂野的时尚画面。大秀开始，背景音乐中马龙 · 白兰度史诗般的一声哭嚎“思黛拉！”划破整个秀场，这显然不是康兰之类的设计师会做出来的事情。衣服的腰线要么高至胸部，要么低及臀部；有露背大摆礼服，有经过克赖顿改造过的下摆不规则裙子，还有欲望号街车式的20世纪40年代充满女人魅惑的荷叶边连衣裙。很多造型还装点了折纸贴花，是加利亚诺找圣马丁学生们做的。

最后，“秀款”发布的时刻到来了：三个穿着贝壳裙的模特沿着天桥徐徐走来。“全场鸦雀无声。我们心里想，‘天哪，完了，大家都讨厌这样的东西，’”克赖顿回忆。然而片刻之后，掌声雷动，观众席爆发了一阵阵欢呼。“观众的喝彩让我非常高兴，我们大家都非常高兴！”（现在，其中一款贝壳裙已经成为维多利亚和阿尔伯特博物馆的永久藏品。）

评论家们赞不绝口。《泰晤士报》的利兹·史密斯（Liz Smith）宣称加利亚诺是“我们毋庸置疑的明星”，并表示他的秀“带来了一个原创设计和精良创作相融合的难忘时刻”。两年前曾尖锐抨击加利亚诺的萨拉·摩尔，则写道，这个系列“力证了他作为一个设计师的国际地位，从他的创造力来看，已经可以成为川久保玲和山本耀司的竞争对手。”

在时装周的尾声，在建于17世纪的白厅宫那奢华的国宴厅里，英国时装协会举行了一年一度的盛会。随着英国设计师们在国际T台上的崛起，有了戴安娜王妃担任行业形象大使，以及撒切尔政府提供的强有力支持，英国的时尚业正收获着前所未有的成功，成为国家第三大制造产业。

真正令人惊讶的是，英国时尚拥有一个顶级的“啦啦队队长”：首相玛格丽特·撒切尔。她在1984年接受英国广播公司（BBC）国际频道采访时谈到了英国时尚业：“显然它需要政府的支持……这是一项巨大的产业。这对商业发展很重要，并且对很多很多其他行业都产生着间接的影响。你知道的，作为一个英国人，我们总是下意识地认为它微不足道，或者说是，认为它充满泡沫、不重要，因为它是‘时尚’。”

晚宴上，国家贸易和工业大臣格拉夫翰勋爵为加利亚诺颁发了“年度英国设计师”奖。加利亚诺像一个衣冠楚楚的年轻商人，穿着裤缝笔直的灰色裤子、裁剪精良的蓝色西装外套和白色衬衫，系着勃艮第红底白波点的领带；光亮的头发整齐地梳到脑后，脸上带着大方又自豪的微笑。他在公开场合非常羞涩，以至于他的获奖感言极其简短：“感谢所有媒体和经销商一如既往的支持。”

“布兰奇·杜波依斯”系列创造了销售奇迹：Galliano 品牌的订单较上一季翻了整整 4 倍。每个人都像在谢尔顿街的工作室时一样，疯狂地不停工作，处理订单，打包衣服，寄送给世界各地的经销商。贝壳裙成为那一季的婚纱大热门：伦敦《星期日泰晤士报》（*Sunday Times*）甚至对 *Harpers & Queen* 杂志 23 岁的作者拉菲拉·巴克（Raffaella Barker）的婚礼故事作了报道。巴克选择了 Galliano 的婚纱，她之所以选择这件婚纱是因为有杂志的时装编辑告诉她，在那一季结婚的人，每个新娘都穿着 Galliano。巴克订购了全套造型，甚至包括丝缎长筒手套和养蜂人式的面纱，共花费 2000 英镑（约 3500 美元）。

遗憾的是，加利亚诺的成功并不足以让 Aguecheek 公司赢利。截至 1987 年年底，贝特尔森在 3 年内损失了 500 多万英镑（约 875 万美元），负债近 1300 万英镑（约 2275 万美元），即便是销售最好的年份，年度销量也不过区区 1190 万英镑（约 2082 万美元）。

加利亚诺的一些员工决定离开。原来的下属接手了他们的工作和职位，其中史蒂文·罗宾森格外引人注目。他是来自诺福克的 20 岁男孩，在此之前已经做了几季的实习生，后来逐渐升到助手。

罗宾森一无是处。他极其羞涩，身材矮胖，金色的头发稀稀疏疏，面无血色，还长满了粉刺，总是把自己装在褪色的超大号马球衫和松垮的卡其裤里。但他工作十分努力，对加利亚诺十分忠诚。“史蒂文对加利亚诺可谓一见钟情，他想让约翰完全属于自己。”当时在加利亚诺工作室的一位助手说道。

下一个系列，加利亚诺将目光转向 20 世纪 30 年代的巴黎——确切地说是《30 年代的巴黎秘密》（*The Secret Paris of the 30's*）。这是出生于匈牙利的摄影家布拉塞（Brassaï）的一本摄影集，是本关于法国妓女、酒吧招待和咖啡馆顾客的群像。加利亚诺迷恋那段时间的颓废和声色犬马，如实地加以再现，包括模特们描着浓重眼线的眼妆、玫瑰花蕾般的红唇，以及夹着发卡的光亮的波浪短发。这个系列被称作“发卡”（Hairclips）系列。

这个系列的主打设计是斜裁连衣裙——加利亚诺爱戴的法国女时装设计师玛德琳·维奥内特（Madeleine Vionnet）于 30 年代发明了这种线条优美的服装轮廓。实际上，加利亚诺并不知道该如何构建它，所以他请求克赖顿帮他制版。为了做出正确的形状和线条的流动性，她采用了古老的高级定制技术，将布料直接铺在立裁人台上，也就是业内所说的“斯托克曼人体模型”（Stockman Dummy）身上剪裁。

杂志编辑们喜欢斜裁：性感，上镜，如梦一般飘逸。但团队里每个人都举双手反对这种剪裁。“很多评论说，‘谁会穿这种斜裁的裙子？没有女人想穿斜裁的裙子！’”史蒂文·罗宾森后来向我解释说，这种紧身的衣服无情地暴露了女性的赘肉。更糟糕的是，他说，“没有工厂愿意生产这种裙子，他们的理由是，‘没办法生产的，不可能生产。’”斜裁时布料会产生拉伸，这就意味着，当它在流水线上通过缝纫机的时候，很容易被扯变形，生产出歪歪斜斜、扭曲的裙子。罗宾森说，最后，“它们只能在工作室里制作。”

加利亚诺的工作压力——不停地创造出比六个月前更富有瑰丽想象力的东西——开始让他疲惫不堪。为了在心理上保护自己，他将自己分为两个不同的人格：一个是“约翰”，是正常、脚踏实地的自我，这个人格用来与合作的高层交涉，并管理工作室的事务。另一个是“加利亚诺的女孩”，一个充满创意的灵魂人物，也可能是戏剧女王。他的工作人员非常喜欢这样分裂的人格，还为此制作了印有“加利亚诺的女孩”字样的T恤。

与此同时，加利亚诺开始大量饮酒，注意力不集中。他的1990春夏系列，于10月15日，星期天下午6:30发布，秀场位于国王路约克公爵营房里的英国时装协会大厅。看完秀后，时装编辑和经销商满脑子疑问。《纽约时报》的伯娜丁·莫里斯将这次发布的服装形容为“巨型毛毛虫般的帽子和纸尿裤”；《泰晤士报》的利兹·史密斯则称之为“条纹夹克上挂着一堆原始部落的臂环，（还有）丝缎拳击短裤配上锃光瓦亮的铜胸甲”。皮德尔·贝特尔森甚至只看了半场秀就走了。

加利亚诺的很多员工和朋友认为，他这次马失前蹄应该归咎于一个人：史蒂文·罗宾森。尽管他的才华远不及加利亚诺，但却在设计过程中产生了莫大的影响。他最大的长处，据曾经共事的人说，或许是“给人洗脑”。不止一个曾经与加利亚诺很亲近的人说罗宾森是个“狡诈的骗子”。

“史蒂文不是什么好人，”加利亚诺的一个好朋友告诉我，“他来到这儿，打的主意就是：不能成为约翰，就要控制约翰。而且，他的方法用在约翰身上十分奏效。”

很快，加利亚诺变得对罗宾森十分依赖，罗宾森成了他的“精神支柱”，一位助理说。加利亚诺团队的成员对他——这样一个始终认为自己的想象和设计毋庸置疑的人——的改变感到震惊。现在，他如果不先征求罗宾森的意见，就无法作决定。

罗宾森也成为诸多工作室内部冲突的催化剂。他的注意力几乎全放在了女人身上，用某人的话说，“一个接一个地挑逗她们”。唯一一个幸免于此的人便是哈莱克，因为她大部分时间在什罗普郡陪伴家人。

加利亚诺的密友们认为，罗宾森抓住了加利亚诺最大的弱点，酒精。于是利用酒精来控制他。“他把一瓶杜松子酒放在约翰面前，”一个目击者说，“每晚一瓶杜松子酒。”

喝醉的时候，加利亚诺有个习惯，会脱掉自己的衣服，一丝不挂，不管身在何处。一位密友说，这是一种“作秀”的方式。“我看见过他光着身子走完整条街，”他的朋友回忆道，“他根本不为裸露自己的身体而感到羞耻，从不。”

终于，加利亚诺的朋友和同事们意识到，他的酗酒问题急需解决。于是，在美国版*Vogue*杂志新任主编安娜·温图尔的支持下，他们发起干预，直面加利亚诺。因为这是强制康复治疗成为潮流之前的事情，他们能做的和所做的一切，就是劝告加利亚诺，真诚地建议他停止——或者至少大幅减少饮酒量。但是，连这种帮助也被罗宾森暗中破坏了。

“史蒂文背地里给约翰带了好几瓶威士忌，”一位朋友说。不出所料，这场干预毫不奏效。

IV

一个多世纪以来，萨维尔街这四个字已成为品位、精致、手艺的代名词。这条小街位于伦敦市中心的梅菲尔区核心地段，是伦敦定制服装业的中心，传统男装业里最著名的几个品牌就位于这里。其中有 Anderson & Sheppard ，它深受电影导演约翰·休斯顿、大亨 J. 保罗·盖蒂（J. Paul Getty），还有汤姆 · 福特等文雅绅士们的喜爱，最著名的是其大衣上精致的“英国褶”——这种廓形“给胸部和肩胛骨留了余地……面料不是服服帖帖的，而是从锁骨处打着柔顺垂坠的波纹轻轻垂下”，作家大卫·坎普（David Kamp）在《Anderson & Sheppard：风格的诞生》一书中写道。品牌前总裁查尔斯·布莱恩特（Charles Bryant）阐释说，Anderson & Sheppard 过去、现在都专为那些想要“看起来周全得体，但又不想让别人看出自己为着装处心积虑”的男士量身定做服装。

和巴黎的女性时装沙龙相比，Anderson & Sheppard 看起来并不像个时髦场所，没有天鹅绒双人沙发，也没有塔夫绸窗帘。你推开两扇朝着街角的厚重大门，就进入一幢新乔治时代风格的多层建筑，前厅镶着桃花心木护壁板，踩着人字形拼花木地板来到一张张长条形裁剪桌前，桌上高高地堆着一卷卷羊毛、丝绸、羊绒、纯棉布料，大多是素净的颜色。《名利场》的总编辑格兰顿·卡特（Graydon Carter）坦诚，“这儿，确实是个肃穆、令人生畏的地方。”

回到 20 世纪 80 年代中期，萨维尔街 30 号的工作坊里，一个圆脸少年正在辛勤地工作。他的名字叫李·麦昆（Lee McQueen），16 岁，出身于伦敦东区一个穷困的工人阶级社区。他穿 T 恤和牛仔裤，而不是长袖衬衫和长裤，说话时带着厚重的东区口音，很难听得懂，因而比他的学徒伙伴多了一些粗俗。

尽管不乏粗鲁，Anderson & Sheppard 的经理们仍迅速地发现麦昆做针线活的天赋。“我们教了他一些技艺，其实他的天赋早已流淌在血液里。”在 1986 年聘用麦昆的约翰·希区柯克（John Hitchcock）回忆道，“你已经没什么能够教给他的了。”

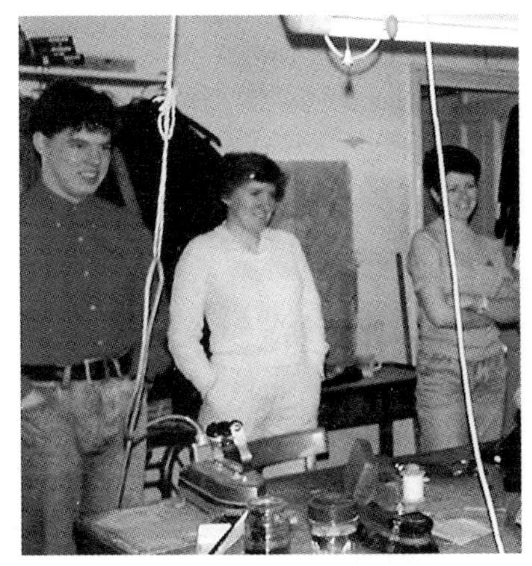

亚历山大 · 麦昆在 Anderson & Sheppard 工作室，1986 年。（德里克 · 汤姆林森 摄）

麦昆出生在传统服务行业家庭：他的父亲罗纳德（Ronald）和其他几位亲戚都是伦敦的出租车司机；他的母亲乔伊斯（Joyce）当过一段时间的老师，也开过花店。1969 年的圣帕特里克节，麦昆出生在南伦敦 Lewisham 医院。他是家里的老幺，有两个哥哥 [迈克尔（Michael）、托尼 (Tony)] 和三个姐姐 [珍妮特（Janet）、崔西（Tracey）、杰奎琳（Jacqui）]。当时麦昆家住在刘易舍姆区（Lewisham）谢福德路 43 号，一座简陋的小房子里。不久，他们暂时搬到了斯特普尼区的伯德特路，这是伦敦东区的一个工人阶级社区。再后来，他们在附近的斯特拉福德安顿下来，新家是比格斯塔夫路上的一栋廉租公房，乏善可陈，里面堆了很多建筑材料。

伦敦东区在历史上一直是这个城市最野蛮的地方，这片城区包围着码头区，因而几个世纪以来都是移民和制造业的中心，反过来也成为卖

伦敦斯特拉福德，比格斯塔夫路 11 号：
亚历山大 · 麦昆儿时的家。

淫、帮派混战、有组织犯罪和极端贫困问题的温床。1888 年，连环杀手“开膛手杰克”正是在这儿出没，屠杀并肢解了 5 名(甚至更多)女性。“象人”约瑟夫·梅里克(Joseph Merrick)因神经纤维瘤病变，导致头部严重畸形，也正是被关在伦敦东区白教堂路上一家商店橱窗的笼子里，供伦敦人围观。弗里德里希 · 恩格斯（Friedrich Engels）将这里概括为“世界上规模最大、最悲惨的工人阶级聚居区”。

麦昆在这儿成长的时候，伦敦东区的境况有所改善，但也没好多少。在第二次世界大战中，东区遭到“闪电战”的严重破坏，此后一直未能真正恢复元气；30 年来，失业率居高不下，当地经济持续下滑，依旧是伦敦的“贫民窟”。当地的学校很糟糕，甚至无法保证安全；家庭环境也是如此，充斥着争吵和家庭暴力。

麦昆家族是伦敦东区的新成员。罗纳德的父亲来自苏格兰第二大岛斯凯岛，乔伊斯的父亲则来自威尔士附近格洛斯特郡的迪恩森林。麦昆的父母都在东伦敦长大。罗纳德有 11 个兄弟姐妹，正如麦昆所说，“让 12 个孩子不饿肚子实属不易。”麦昆回忆，祖父是个“酒鬼”，在罗纳德童年时他最爱采用的管教方式是体罚。“我爸爸小时候常常挨父母的打。暴揍。他哥哥姐姐也对他拳脚相加。”

罗纳德·萨缪尔·麦昆（Ronald Samuel McQueen）遇到乔伊斯·芭芭拉·迪恩（Joyce Barbara Deane）的时候，是卡车司机的助手，帮忙卸货和送货，而乔伊斯的父亲正好是仓库的工人，所以她也常常在那儿活动。1953 年，他们结婚了。“那段日子手头很紧，”他们的儿子迈克尔·麦昆回忆道，“爸爸做卡车司机的时候，早上 5 点就要起床，晚上 9 点才能回到家，一周要工作 6 天。妈妈那时候还是个老师，负责安排家里所有的开销。爸爸特别严厉，相比之下，妈妈要开明得多，也更有创造力。她会坐在餐桌前，画水彩画，还会研究我们的家族史。”在李·麦昆出生的时候，乔伊斯坦诚道：“储钱罐里已经没多少钱了。”

李身材精瘦，一头金色的长卷发，眼睛如加勒比海的海水那么蓝。很小的时候，他就感到了时尚对自己有吸引力。他回忆自己在 3 岁时，在姐姐卧室的墙上画了一件像灰姑娘穿的礼服，完全震住了他的父亲。后来，那个房间被贴上了墙纸，遮住了他的画。他曾问过父亲，能不能把墙纸揭下来，找到那幅画。父亲回答：“如果你把墙纸给揭下来了，你就得再他妈给我都粘好。”

小时候，他在斯特拉福德上卡朋特小学。一年夏天，麦昆全家去康贝金沙滩（Camber Sands）的珀汀斯营地度假。那是位于东苏塞克斯海边的露营胜地，以沙丘闻名，但麦昆说那就是个“带顶篷的停车场”。对他而言，这并不是最愉快的假期。他回忆起他们第一次坐父亲的出租车到营地：“我朝窗外望去……两个男人忽然就出现在我的面前，还戴着那种吓人的面具！我在出租车里吓尿了！真的,真的尿在裤子里了！”另一天，他说：“我转弯的时候正好看见我的两个姐姐和两个男人下车，我以为她们被强奸了，尖叫着告诉了妈妈。结果，我被两个姐姐暴揍了一顿。”

也正是在珀汀斯、大概 6 岁左右，麦昆说，他发现了自己是同性恋。那次，他赢得了“珀汀斯王子”的比赛，“但是我想让那个拿了第二名的男孩赢，因为我喜欢他！”他说，“我只知道，我对男孩子有感觉，而不是女孩子。”他还说，自己是家里的“粉色小绵羊”。

从卡朋特小学毕业后，他进入了洛克比男子综合学校，一所面向所有斯特拉福德的适龄男孩招生的公立学校。洛克比聚集了社区的所有坏男孩，校园霸凌出了名的残暴。

麦昆在那儿没过上好日子。他患有诵读困难症，似乎也饱受注意力缺失紊乱的困扰，在学业上苦苦挣扎；他的成绩单上经常写着他学习注意力不集中的评语。这样一个视觉型、充满创造力的孩子，只有在艺术课上能取得好成绩。麦昆和其他男孩子的关系也同样不好。他说：“学校里都是疯子，我什么也学不到。我上课的时候就一直画衣服。”这让他成为众矢之的，就像加利亚诺在威尔森文法学校时的境遇一样。洛克比的混混们叫他“基佬”，或者“麦基尔”[1]，给他的心灵造成了深深的伤害。“我用了好几年才忘掉这些破事儿，”他说，“忍气吞声，才活了下来。”有一次，他仅仅因为躲闪得不够快，“他们就把我的脸撞到栏杆上……在更衣室暴打了我一顿。”麦昆心里很清楚，他在洛克比

---

1 麦基尔（McQueer）：英文 Queer，指“同性恋者”。——译者注

的这段教育背景一文不值，在学校眼里，“你不过就是另一个无处可去的东区混混而已。”

麦昆并非家族中唯一的“失意艺术家”。据麦昆说，他妈妈年轻的时候上过艺术学校，但为生计所迫，她不得不放弃成为艺术家的梦想，去做一份“合适”的工作——社会科学老师。“她本可以成为不依附于我父亲的独立个体，然而，突然之间，这个过程就中断了。还是挺让人难受的，”他说。“不过现实就是这样。”他的姐姐杰奎琳也上过艺术学校，学的是平面艺术，但她也不得不中途退学，找了一份“合适”的工作——秘书。他的哥哥迈克尔，甚至是个“更牛的艺术家”，然而，现在和他的父亲一样，是个出租车司机。

麦昆的母亲拯救了他。她是个帅气的女人，和麦昆一样，有着一双清澈碧蓝的眼睛。“伦敦东区是个母系社会，”麦昆家的一个邻居解释道，“东区的母亲们到死都会守护自己的孩子，只要是比较纤弱的孩子，都会得到保护。”乔伊斯一直在努力抚平家里老幺的心灵创伤，耐心地教给他基本的礼貌，禁止他说脏话——这条规定他毫无疑问一直遵守着。他在生命中完全顺从的唯一一个人，也许就是母亲。她也非常明白，这个最小的孩子充满艺术气质，内心又脆弱敏感，需要被人悉心爱护。“他总是那么安静，大部分时间都待在自己的卧室里，画画或者做设计，几乎不出门。”麦昆的妈妈说。

如果他答应出去，那一定是去做些他真的很享受的事儿，比如去瑞妮（Renée）姑姑家，花一下午的时间看阿尔弗雷德·希区柯克的老恐怖片录像带；参加少年鸟类学家俱乐部组织的观鸟；还去上柔道课，他后来拿到了“褐腰带”；以及玩英式橄榄球——他担任前锋，因为“喜欢被擒抱拦截的感觉”。

他最喜欢的运动是游泳。他会去社区的公共游泳池，在那里能待多久就待多久。9 岁的时候，他后空翻没翻好，整张脸撞在了游泳池的水泥边上，撞碎了门牙。“所以我的脸这么像平底锅，”他后来打趣道。十几岁的时候，他镶了牙，没有镶好，假牙变色、腐烂。尽管发生了游泳池事故，他依然坚持游泳，并加入了本地的一个花样游泳队，成为 40 个女孩中唯一的男生。有一次表演，他不得不穿上草裙。“我妈妈很尴尬，”他后来回忆说，“她都无法直视我。”想起那个时候，如今他的哥哥迈克尔说：“我那时候就应该意识到他是同性恋的。”

像加利亚诺一样，麦昆的家庭生活也有着黑暗、暴力的一面。麦昆称自己的成长经历是“艰难而恐同的”。他回忆，父亲驾驶着出租车度过漫漫长夜后回到家，对那些他不得不开车把他们从夜店送回家的同性恋大发牢骚。麦昆的姐姐们也是“家庭暴力”的受害者，他说。他在目睹姐姐们受虐，却束手无策中长大。有一次，一个姐姐“几乎要被掐死了。我从没有在电视上看过这样的画面，我就在现场”。

而最惨痛的攻击，却发生在麦昆自己身上：他被一个熟人强奸了，那年他才 11 岁。并不是那次强暴让他转变了性取向——那时候，他已经知道自己是同性恋者了。但性侵从身体到心理都摧毁了他。这个强奸者，麦昆说：“妈的，他偷走了我的纯真。”

为了应对这样的情况，麦昆采用了野蛮的做法——傲慢无礼、横行霸道、言语下流、粗暴好斗。“每个人都有崩溃的时候，”他解释道。15 岁，他成了“光头党”。麦昆说：“我叔叔开在斯特拉福德的酒吧，原来是一个叫城际帮（ICF，Inter City Firm）的臭名昭著的足球流氓团伙的据点。你如果经常去的话，就会看到有人被扎，”他的意思是被碎酒杯或者玻璃瓶割喉。“所有那些该死的斗殴我都见过……他们打起架来就像要吃人，真他妈的是武士。”

与此同时，麦昆对时尚的兴趣也在渐渐滋长。“我是（洛克比）唯一一个看过服装书的孩子，”他说，“我知道乔治·阿玛尼曾经做过橱窗设计师，而温加罗也当过裁缝。”他的笔记本上有一些服装设计的涂鸦，十岁出头，他就给姐姐们做衣服，并提出一些搭配建议。“她们会叫我到房间里帮忙挑上班穿的衣服，”他回忆道，“嗯，你知道的，什么裙子应该配什么开衫，但我总在尝试让她们看起来强大，得到了庇护。”

16岁时，麦昆放弃了洛克比的学业，拿了个艺术课的O等级离开了学校。“我得在那儿画一碗傻乎乎的水果，”他抱怨道。后来，他接着在东汉姆的夜校学艺术，拿到了A等级。

麦昆很看重家庭。他和姐姐珍妮特尤为亲密。和父亲一样，珍妮特也是个出租车司机——那个年代干这行的女性可不多。珍妮特是家里的老大，据她的儿子盖瑞说，对麦昆而言，她“有点像第二个妈妈”。她婚后的家庭也在斯特拉福德社区——盖瑞现在回忆起来，那是个“能感受到忧郁气息的地方”。

当珍妮特出去工作时，麦昆不时会来帮她照顾保罗和盖瑞两个孩子，他们一个比麦昆小8岁，另一个小10岁。“他会带一些恐怖片来，比如《美国狼人在伦敦》，或是《夺命凶灵》。都是些血腥片，”盖瑞说。“我们每次都会看五六部。那时候我特别喜欢这些电影……你还小的时候，恐怖电影可以充分激发你的想象力。这更像是超现实主义的行为，以图逃离这个悲惨的星球。”

在麦昆的鼓励下，盖瑞也喜欢上了绘画。同时，保罗和盖瑞也是麦昆创作的艺术主题。十几岁的时候，麦昆开始对摄影产生兴趣，还买了台相机。有一天，他给男孩们穿上超大的外套，把他们带回斯特拉福德的房子后面，以附近的建筑工地为背景，给他们拍摄了一张优美的、新闻摄影风格的黑白肖像。“你还可以在照片的背景中看到起重机。”盖瑞说。

两个小男孩一开始胡闹，麦昆就会摆出李小龙的功夫动作，盖瑞说：“然后他会追着我们跑，吓唬我们。”有的时候，他也会控制不住脾气，说“你们滚”之类的话，“但下一秒，他就会变回最温柔的那个人。简直是两个极端。”

为了分担家里的经济压力，麦昆决定学门手艺。他进了当地的技校学习，很快便退学了。“爸爸说我得赚钱，”麦昆回忆道。“白天我做邮递员；晚上就在叔叔的酒吧里工作，为黑社会洗杯子。”这么看起来，麦昆似乎一辈子就是个东区小混混了。

他的母亲想帮他争取更多东西。1986 年，她看到了机会：他们俩在电视上看到了一个节目，说的是萨维尔街正缺学徒。

“为什么你不去呢，就去那儿看看也好啊？”母亲问麦昆。

对啊，为什么不呢？他想。

二人都意识到，这可能是走出伦敦东区，逃离由出租车司机、建筑工人、酒吧招待组成的圈子，摆脱贫穷和暴力的车票。于是，麦昆来到 Anderson & Sheppard，和约翰·希区柯克见了面。希区柯克看上了他的真诚和热情，立即决定把他留下。“在伦敦的工人阶级家庭，挣钱是要务。而走艺术路线，从来不是达到这个目的的手段，”麦昆后来说。“但我断然拒绝……我想，‘我不会这么做的。我不会结婚，不想住在那种‘两上两下’[1] 的小房子里，更他妈不想做个出租车司机。’”

1 “两上两下”：指楼下有两间会客室，楼上有两间卧室的房子。——译者注来到萨维尔街 30 号工作的第一天，麦昆照旧穿着他肥大的 Levi’s 牛仔裤、套头毛衣，还有马丁靴风格的鞋子。他领到了一枚顶针和一把大剪刀。和其他学徒一样，麦昆开始了早上 8 点半到下午 5 点（周五是下午 4 点收工）、起始周薪 100 英镑的工作。“他（早早地）离开了学校，跟我一样，”希区柯克说，“只有富裕人家或者天赋异禀的孩子才会去读大学，否则只有做学徒。”

麦昆的裁缝师父是一个严格的爱尔兰天主教徒，来自爱尔兰科克郡，名叫科尼利厄斯·奥卡拉汉（Cornelius O’Callaghan），大家一般叫他“康”。他个子瘦小，穿着一丝不苟，声音充满了威严，是 Anderson & Sheppard 的传奇人物；他算得上是在职裁缝中最优秀的一个，总是被指派去执行一些“特殊任务”，比如制作查尔斯王子的衣服。他也会教年轻学徒们制衣的手艺，是个严格而又迷人的导师。麦昆后来回忆在那儿的工作时，说：“像狄更斯小说里那样，盘着腿坐在长凳上，垫翻领，就这么缝一整天——真好。你永远不会和顾客见面，工作坊有专人在楼下负责招待客人，你只是个在楼上不停工作的小老鼠。”

在康细致入微的指导下，麦昆掌握了粗缝、纸样裁剪、裁布、缝制“坯样”——就是用最少的缝合线制成的上衣，用于试穿——“垫”领子，这道工艺按希区柯克的描述是：“缝上数百条整齐的线让领子定型。这是很难、很精细的工作。这也是我们学徒要做的事情。”麦昆兢兢业业，每天都伏在他的工作台上，用他的小收音机低声放着夜店歌曲，在音乐中裁剪、缝纫。“我用了两个月学会垫领子，用了两年学会了怎么裁剪夹克，”他说。一般来说，学徒掌握制作坯样的手艺需要三年，但麦昆只用了两年。康对此非常满意，允许麦昆为工作坊顶级客户制作衣服，其中包括查尔斯王子的衣服。

麦昆是个害羞内向的人，不喜欢与人交往。但在一段时间后，他变得更加自信，和同为学徒的德里克·汤姆林森（Derrick Tomlinson）建立了良好的友谊：他们会在厨房共进午餐、喝茶；有时下班后在附近的酒吧喝上一杯。“他喜欢与人谈天说地，”汤姆林森说，他们的话题大多关于工作和个人爱好，但很少提到未来或者梦想，“他把未来的打算都放在心里，守口如瓶。”

然而，随着时间的推移，麦昆的伦敦东区叛逆气质渐渐地浮出水面。后来，他向记者们声称，自己在查尔斯王子的上衣内衬里写了“麦昆到此一游”（甚至更无礼的话）。这样，他解释说，“我才能确认，我总是离他的心那么近。”（新闻爆出后，希区柯克说，“我找到王子的贴身男仆问：‘我们有没有机会召回衣服，检查一下内衬？’不过，在拿到衣服并检查过后，我们什么也没看到。这些说法都是虚构的。”）

更糟糕的是，麦昆开始缺勤，导致手头的工作无法按时完成。“他有时候会消失，这会让顾客失望，我们不得不为他说好话，‘对不起，可能得下周才能取。’”希区柯克回忆道，“康十分气恼。他是麦昆的师父，手里有任务要分配给他。对康而言，麦昆纯粹是在浪费他的时间。他需要一个可靠的人，但麦昆显然不属于此类。”

到 1987 年年中，在长时间无故缺勤之后，管理层派人到麦昆位于比格斯塔夫路的家一探究竟。麦昆解释说，这段时间他的母亲生病了，他一直忙于照顾。“如果他跟我们（提前）说明情况，我们会理解他的。”希区柯克说，麦昆同意离开 Anderson & Sheppard。“这确实很遗憾，”希区柯克承认，“因为他真的做得很棒。”

麦昆仍然渴望学习裁缝，渴望做一份与伦敦东区没有瓜葛的工作，于是进入萨维尔街的 Gieves & Hawkes 做裤装剪裁工。但他声称，在那里受到了对同性恋者的歧视。在一次对他的猛烈攻击之后，他说："我直接找到 Gieves & Hawkes 的负责人，对他说这种情况必须改变。但没有任何改变，所以我选择离开。"——离开那天正好是他的 20 岁生日。他在剧场服装品牌 Bermans & Nathans 找到了一份新工作，当制版师，为剧院的顾客服务。"我对技术方面的东西很感兴趣，"他说，"学习这些古老的手艺，比如 16 世纪的制版技术之类的。"他参与了好几个重头剧目的剧装制作，包括伦敦西区的音乐剧《西贡小姐》（*Miss Saigon*）和《悲惨世界》（*Les Misérables*）。

麦昆有多喜欢 16 世纪的制衣工艺，就有多讨厌 Bermans 的工作环境。"（这里）太像一个营地了，要我服务的王后太多了。"

但是，这里的经历至少帮他看清了自己的职业野心。

离开 Bermans & Nathans 的时候，他说："我想清楚了，我想做时装设计师。"

日本设计师立野浩二（Koji Tatsuno），是当时活跃在英国时尚天桥上的青年才俊之一。在 20 世纪 80 年代早期，他便以独立品牌 Culture Shock 而声名大噪。品牌很好地结合了日本的前卫风格和英国的传统制衣工艺，由他和两个朋友，古贺结弦（Yuzun Koga）和珍妮·麦克阿瑟（Jeannie Macarthur）共同运营。80 年代晚期，立野浩二在山本耀司的资助下，在梅宝尼康诺酒店附近的蒙特街开了一家定制成衣店。所有服饰都在店里现场定制，由在萨维尔街受过训练的裁缝制作，立野浩二会亲自为顾客测量尺寸，前来的客人包括斯汀（Sting）、大卫·鲍伊（David Bowie），还有保罗·麦卡特尼（Paul McCartney）。

1989 年的一天，20 岁的麦昆走进立野浩二的店，当然，他是来找工作的。“我不在乎什么简历，”立野浩二说，“我觉得他很有意思，所以就聘用了他。”麦昆最初在店铺地下的工作室做制版师，他感到了莫大的自由——和萨维尔街的古板相比，这里的设计更时髦、更有实验性，也更有趣。在立野浩二那里工作的经历，麦昆说：“对我而言，是一个新阶段，既没有丢掉我裁缝的背景，又让我向设计师的领域迈进了一大步。”

后来，麦昆搬到了楼上，给裁缝们做助手，工作台就在窗前，所以路过的人可以看到他们在下剪刀，在穿针引线。麦昆低调又安静，默默地观察着裁缝们的工作。“他们精湛的工艺深深吸引着李。”立野浩二当时的生意伙伴维多利亚・费南德兹（Victoria Fernandez）回忆道。

80 年代后期的伦敦时尚界涌现出大批年轻的天才，包括加利亚诺，当然，还有弗莱特和康兰。同时，也诞生了很多高街品牌，比如 Red or Dead。这个品牌诞生于 1982 年，原本是卡姆登市场里的一个小服装摊，到 80 年代后期，Red or Dead 已经成长为羽翼丰满的时装企业，由圣马丁毕业的设计师约翰・麦基特里克负责设计工作室，并在伦敦时装周期间作一场新装秀。为了应付额外的工作量，麦基特里克需要找一个兼职的缝纫机工。一个曾在立野浩二店里工作过的助手，向他推荐了麦昆。

“带他来吧，”麦基特里克说。他对麦昆在萨维尔街的经历很感兴趣，并留下了深刻的印象，即刻就决定聘用他。

麦昆对这份工作非常认真。“他敬业称职，按时出勤，不耍小性子，”麦基特里克评价道。就像在 Anderson & Sheppard 时一样，麦昆不爱交际——他从来没谈过自己的家庭生活，除了他有多么深爱他的母亲，还有“他来自一个不喜欢他做时尚的出租车司机家庭”，麦基特里克说。“他是个来自东区的好男孩，希望能安身立命。他来工作，是想赚钱。他得生存。”

1990年年初，麦基特里克从Red or Dead离职，创立了自己的同名品牌，并带走了麦昆。那时，麦昆对时尚行业的兴趣更加浓厚，还有了宏大的梦想。在常去打台球的东区一家酒吧里，麦昆向女招待夸下海口：“我会成为时装设计师，我还会出大名。”由于他没有上过专业的时装学校，只接受过在职培训，麦基特里克认为，麦昆当务之急应该去意大利做学徒。

麦基特里克告诉麦昆，意大利是年轻的助理们在时尚界起步、真正了解行业各个层面运作的最佳去处。“和伦敦、巴黎的工作模式不一样，你不会只是拿着一根针，旁边再放一杯咖啡，”麦基特里克回忆说。“你要真正带着纸笔，去选择颜色、选择纱线，或者亲自去工厂。你会学到面料的知识。”而且，在生产和分销方面，意大利也是顶级水平。

米兰的时装成衣产业相对较新。罗马长久以来才是意大利高级时装的故乡——设计师瓦伦蒂诺（Valentino）和Fendi一直保持着为意大利贵族量身定制服装和皮草的传统；佛罗伦萨则是皮具制造业的中心，Gucci的总部即位于该地区。但是，在长达一个多世纪的时间里，意大利北部都以制造业和纺织业闻名，而非时装设计。到了20世纪70年代，随着新一代设计师的崛起，一切都改变了。这些设计师有乔治·阿玛尼、奇安弗兰科·费雷（Gianfranco Ferré），以及詹尼·范思哲（Gianni Versace），他们决定扎根米兰，它周边有工厂可以为他们的品牌生产服装。

新兴的意大利时尚融合了美式运动装的休闲和意大利剪裁的完美考究。时髦而舒适——像是欧洲版的美国常春藤学院风——与伦敦的怪诞反叛风格、巴黎一丝不苟的高级定制传统、东京的前卫解构风格形成鲜明的对比。“意大利设计师显然更乐于被称为平易近人的时尚领军者，”伯娜丁·莫里斯当年在《纽约时报》上写道，而不是像巴黎同行那样的“暴君”。

意大利人最擅长做生意。由于他们在制造、分销和市场营销方面拥有丰富的经验，因而对于推出各种新的产品线也并不忌惮，推出了男装线、副线、童装线、牛仔线——所有产品线都需要有设计师从始至终地统筹监控。“就业机会是无限量的，”麦基特里克说。

他把这些都告诉了麦昆，并给了他一份可以投靠的联系人名单。于是，麦昆找到他做旅行代理商的嫂子，买了一张到米兰的单程机票。两天之后，麦昆降落在米兰。那是 1990 年的春天，他没有工作，无处可去，只有麦基特里克给他的名单。那上面的第一个名字，便是以新巴洛克风格闻名的意大利成衣设计师，时装经销商罗密欧·吉利（Romeo Gigli）。

吉利与麦昆、加利亚诺在背景上可谓天壤之别。温文尔雅的他出身贵族，在博洛尼亚附近的法恩扎小镇长大。他的家富丽堂皇，摆满了精美绝伦的物什，如云的仆从均穿着制服。9 岁之前，他都是跟着家庭教师在家里学习，之后，他的父母亲自教他艺术、阅读，以及精致的生活方式。

1985 年，他发布了自己名下的第一个成衣系列。“对于米兰时装夸夸其谈的形态来讲，他的服装是一种远离，甚至可以说是一种异议。”

《纽约客》（*The New Yorker*）杂志的霍莉·布鲁巴赫（Holly Brubach）当时写道，“从一开始就能很清楚地看到，他与其他意大利时装设计师的参照框架不一样。”

他的同行们在中规中矩的费埃拉会议中心办秀，吉利另辟蹊径，把秀场安排在他现代主义风格的办公室，地点位于科莫大道（Corso Como）的品牌设计和零售总部。为了更大程度地打破传统，他让模特们直接在平地上走秀，而不是升高的T台；让模特们穿平底鞋，而非高跟鞋；化尽量淡的妆，脸上绝不带笑容，也不转裙摆或是跟观众互动。大秀接近尾声，秀场内响起格雷厄姆·纳什于1971年创作的政治歌曲《芝加哥（我们能改变世界）》的旋律，观众席掌声雷动，吉利却拒绝出场鞠躬谢幕。这在今天看来很正常，但在那时候，是前所未有的。

20世纪80年代后期，吉利的极简主义设计渐渐演变为显著的洛可可风格：柔软、斜肩的廓形，采用织金的锦缎和色彩斑斓的丝绸，以及堆着繁花刺绣的香草色调华丽天鹅绒。他留恋“美好时代”（Belle Époque），崇敬保罗·波烈（Paul Poiret）、马利亚诺·福图尼（Mariano Fortuny），甚至查尔斯·弗雷德里克·沃斯（Charles Frederick Worth）。当时许多时尚界人士认为，吉利和加利亚诺形成正面交锋——二人的风格都是既现代又浪漫——但吉利的品牌远比加利亚诺的更有效益，他设计的衣服都由意大利大型服装制造商Zamasport负责生产和营销。吉利是麦昆唯一一个想跟着工作和学习的人。

到达米兰的第一个清晨，麦昆便直奔科莫大道10号。在那里，他见到了吉利的首席助手，一位名叫丽丝·斯特拉斯蒂（Lise Strathdee）的新西兰人。吉利和他的合作伙伴卡拉·索萨尼（Carla Sozzani）正在开会，于是斯特拉斯蒂和麦昆坐下来，看他的简历。她一边看，不断向他提问。“他彬彬有礼、神情专注，表现得非常真实自然，”她回忆道，“而且他非常渴望在罗密欧身边工作。我对他兼容并包的工作经历很感兴趣：Red or Dead 和萨维尔街，这完全是两个不同的世界。”

最打动她的，还是麦昆在萨维尔街的学徒经历。米兰时尚业的大多数新人都是直接从设计学校毕业的，鲜有接受过严格训练的经历。她认为在作品中融入了古典男装剪裁技巧的吉利，也一定会对这样的履历感兴趣。所以，斯特拉斯蒂记下了麦昆的联系方式，尽管她看出麦昆很失望，还是把他打发走了。

吉利开完会，斯特拉斯蒂跟他说了麦昆的情况，并建议他见麦昆一面。吉利同意了。这时候麦昆刚走不久，斯特拉斯蒂追到科莫大道，发现了正走进加里波第门地铁站的麦昆。她大声叫住了他。当麦昆看见她，绽放出灿烂的笑容。二人迅速赶回吉利的办公室。

吉利浏览了麦昆的档案，用他带着意大利口音但是大方得体的英语问了他几个问题。“我在萨维尔街工作过，一直尝试着掌握男士套装剪裁的精髓，”麦昆回答道。吉利对这个回答十分满意。“我正需要有人帮我做这方面的工作，”他跟麦昆说。“你能明天就来上班吗？”

吉利告诉麦昆，他的工作时间一半在米兰的工作室，一半在意大利阿尔卑斯山脚下诺瓦拉的扎马斯波特（Zamasport）工厂，保证工作室的设计能够被制作团队准确无误地生产出来。

在工作室的时间，麦昆仔细地观察吉利如何使用色彩，如何把细节组合到一起——事实上，观察的是他工作的全过程。

“你是我的师父，”麦昆跟吉利说。“你帮助我在正确的道路上成长。”

效果很明显，吉利现在说：“麦昆对时装态度虔诚，有很强的洞察力——他有很多长处。”

去诺瓦拉工作的日子，他乘火车通勤。他必须很早就动身，要在早上8点半之前到达工厂，因为工厂的生产计划和时间表安排得非常周密。这座工厂由几栋最先进的建筑组成，装有巨大的电动门。他被指派与两名制版师一起工作，以保证生产出来的样品正确无误。偶尔，他会和老师傅们发生冲突。麦昆不大会说意大利语，工厂的人不大会说英语，因此，他们常因词不达意的无效沟通而感到十分沮丧——麦昆不能说服他们应该怎么做，工人们也不能让麦昆理解工厂一贯的工作模式。

有的时候，麦昆会觉得很孤单，渴望回到工作室和伙伴们并肩工作。但他心里也非常明白，在工厂学到的东西是无价之宝——如何工业化地生产成衣。这用斯特拉斯蒂的话说，是“意大利人在时尚领域最擅长的事情——意大利式的方法能百分之百地关照到生产的每个细节，使一切都臻于完美。”日后，到了麦昆要成立自己品牌的时候，他就清楚地知道，自己应该做些什么才能生产出工艺精良的服装。

几周后，吉利把麦昆叫回了科莫大道的工作室帮忙。麦昆非常享受这儿家一样的氛围。每次他们熬夜赶工时，索萨尼都会在旁边的餐馆给他们点一大盘奶酪、火腿、沙拉、意大利面，还有葡萄酒。

吉利并没有凌驾于助手之上。他会在家画完整个系列的设计图，把手稿给助手们，定期来工作室查看工作进度，顺便答疑解惑，然后让他们自己动手完成样品。“吉利会做比较有技巧性的部分，而我们会处理一些比较烦琐的工作，比如画草图和做图纸。”一个墨西哥助手卡门·阿蒂加斯（Carmen Artigas）回忆道，“我们院子里的对面还有另一幢房子，罗密欧请来的裁缝们在二楼工作，李会去那边缝制他需要的物料，然后再回来。”

吉利会点评样衣，并提出修改方案。“那个时候，我正在尝试男士上衣的新廓形，”吉利回忆。“我试着裁剪出新版型，难度很大。麦昆要帮助裁缝们实现这个想法。我第一次看到夹克雏形的时候，说，‘不，这里不对，那儿还得下点功夫。’麦昆就会带着我的意见回去修改。在我第三次看到这件夹克的时候，它还是不尽如人意。我拆开缝线，想看看问题出在哪儿，这时看见里面写着一句话：‘去你妈的！’”吉利现在回想起这件事，还是止不住地笑。

在这段时间里，麦昆仔细地观察了吉利做设计的方法。他并不那么在乎吉利如何剪裁和设计廓形，因为这种欧洲贵族气质与麦昆的世界和他日益发展的审美恰恰相悖。但他确实抓住了“一些更加难得一见的，具有情感张力的东西”，斯特拉斯蒂说，“那是叙事的力量。原型的力量。”

同时，麦昆也在学习吉利经营科莫大道服装店的销售技巧：他在店铺里如何巧妙地用其他设计师的作品来搭配自己的巴洛克风服装。有一天，吉利收到了几件日本设计师三宅一生的褶裙，决定把它们像亚历山大·考尔德的动态雕塑一样挂在天花板上。麦昆非常喜欢这个点子，帮着吉利做这个装置。“他特别喜欢看这些悬浮着的衣服，”吉利回忆道。

随着时装设计行业的崛起，米兰成为创意之都，活力四射的青春文化也发展起来，出现了嘻哈舞蹈俱乐部、聊天茶座，设计师助理、造型师、时装编辑、新一代摄影师，以及为他们工作的古怪精灵的年轻模特们组成了一个趣味十足、文艺风雅的社交圈子。麦昆和其他品牌的助理们也相处得很好，常常和他们一起去城里玩。有天晚上，他邀请阿蒂加斯一起去参加一个 Versace 员工举办的派对。他们约好在街角见面一同前去。那天下着瓢泼大雨，他离开暂时借住的朋友家时，随手拿了一把很大的日本古董纸阳伞。阿蒂加斯看到麦昆在雨中撑着脆弱又珍贵的纸伞，惊呆了，她大喊："这个伞会淋坏的！"麦昆无奈地耸了耸肩。"这种事情很麦昆，"她说。"美得那么不一般的事物，就这样，毁掉了！"

在米兰找到一个安稳的住所，对麦昆来说不是件易事。最后，斯特拉斯蒂邀请他搬来位于窄窄的阿瑞比图街（Via Ariberto）上一栋 19 世纪新古典主义风格的公寓，和自己，还有另外两个吉利的助手，爱尔兰人凯伦・布伦南（Karen Brennan）和荷兰人弗兰斯・安肯（Frans Ankoné）同住。这 4 个室友各有自己独立的朋友圈，虽然按照斯特拉斯蒂的说法是："有时候我们会在厨房碰头，大多数是工作结束后的夜晚，一起喝杯红酒，边聊天边准备晚饭。有一次，我看见李站在灶台前面，把一堆你无法想象它们能组合在一起的食材煮在一锅里，看起来就很难吃——我简直震惊了，居然有人吃这种东西——我马上主动请缨，帮他做饭。他很乐意地接受了。他吃饭还是伦敦人的模式：食物就是身体的燃料。一点儿也不像意大利人。"

斯特拉斯蒂还记得另一个夜晚，大家都在厨房，安肯提到了米兰的夜生活。"李脱口而出米兰所有同性恋酒吧的名字——大部分我都听说过，但有的我完全不知道。"斯特拉斯蒂说，"弗兰斯、凯伦，还有我交换了一下眼神……我暗暗想，'哦，那你肯定是个同性恋了，'这和李平时给我们留下的印象大相径庭，我原来还以为他是个反同性恋者呢。那时候，我意识到，李绝非表面上看起来那么简单，他还藏着很多事儿。"

一天夜里，斯特拉斯蒂回到家，在一片漆黑中，她发现麦昆蜷缩在她的床上。"因为产生的一些矛盾，他感到很难过，需要人安抚。"她说，"过了一会儿，我让他平静下来，试图弄清楚事情的来龙去脉，然后把他送回自己的房间。”

“不久，他就收拾东西搬走了。”她继续说道，“那是一个周日，他什么也没说，看得出来他陷在某种情绪里面。他把公寓的两扇大门大敞开，门在扇动，好像在说‘我要离开这儿了’。这个场景还挺戏剧性的，我当时想。他完全可以凭借自己的气场和情绪来创造并驾驭一个场景。”

7 月末，和大多数意大利企业一样，吉利的工作室准备在 8 月份放假。麦昆把母亲在伦敦东区的地址和电话号码告诉了阿蒂加斯，让她如果有机会去那儿的话电话联系。他偷偷地把工作室里自己做的服装和面料卷起来，然后正式向吉利提出离职。一旦有了这个念头，他必须克制住对这个米兰大家庭的依依不舍，因为他知道，他只能这么做。

“我想开始自己设计衣服，建立起我自己的风格，”他哽咽着跟吉利说，“你是个很好的老师，在你身边我成长了很多。谢谢你。”

吉利再也没有收到过他的消息。

1990 年 8 月，麦昆回到伦敦，重新来到麦基特里克那里做缝纫工和剪裁师。据麦昆说，麦基特里克当时的设计“非常性感，带着浓厚的拜物主义”。麦基特里克为麦昆在米兰这几个月里的飞速成长而惊喜，同时也吃惊于他对时装行业如何运作有“打破砂锅问到底”的好奇心。

“你如何开始设计一个新的系列？”麦昆问，“第一步该做什么？”

“你怎么把这些墙上的照片变成挂着的衣服？”

“你为什么使用这种元素，而不是别的？”

如今提起来，麦基特里克说："李打心底里想学习时装设计，他想学会时装'从无到有'的全过程。"于是，麦基特里克建议他去上中央圣马丁艺术与设计学院，那时这所学校已广为人知。"我知道他没有相应的学历，但当时入学的标准更宽松，可以完全靠天赋进去，比起现在更有职业教育的特色。"他让麦昆去找负责硕士课程的波比·希尔森。

那时，希尔森是（现在也是）伦敦时尚界的传奇人物。她毕业于圣马丁，在20世纪50、60年代为英国版*Vogue*、《星期日泰晤士报》和《观察家报》担任插画师。1953年，她参与了可可·香奈儿（Coco Chanel）的复出大秀，并为其作了插画。1969年，她创立了自己的童装品牌；1974年，她被《泰晤士报》评选为年度设计师；后来她回到圣马丁任教，并在70年代末被邀主持创建该校的时装硕士项目，并担任监管。

9月的一个早晨，希尔森来到办公室，发现一个——用她今天的话来说——"其貌不扬的男孩"坐在门口。

"你在等我吗？"

"是的，"他回答。

她问他有没有预约。

"没有，但我已经来了，我来找你的。"

他指了指搭在胳膊上的衣服。

"好吧，进来。我给你5分钟，"她说，"我时间很紧。"

她审视着这些衣服——大部分是麦昆从罗密欧·吉利那儿偷带出来的，立刻就注意到这是原样。于是，他告诉了希尔森自己的经历。

"一个萨维尔街的裁缝——这个让我很好奇，"她说。"一个萨维尔街出来的裁缝，不去阿玛尼或者其他更注重裁剪的设计师那里工作，反而跟着罗密欧·吉利，真是奇怪了。”

这勾起了希尔森强烈的兴趣，她想了解更多麦昆。

“对了，”二人都准备离开时，她叫住麦昆，“你会画画吗？”

“我一直都在画画。”

“下次带着你的绘画作品来，”她说。“我们再聊。”

几天后，麦昆带着精选的几份草图再次来到希尔森的办公室。

她大致浏览了一下麦昆的作品，深深被打动了。她提出，麦昆可以跳过本科的学习，直接进入硕士课程的学习。麦昆答应了。她抱歉地说，无法为他提供奖学金——奖学金预算已经用完了。麦昆向她保证，他能筹到学费。

麦昆离开后，希尔森来到了时装和纺织系系主任简·拉普利（Jane Rapley）的办公室。

“简，我只是来跟你说一声，这个男孩我要了，”希尔森告诉她。“他什么学历文凭也没有，但我觉得他棒极了。”

麦昆的祖父去世后，他的姑姑瑞妮·霍兰德碰巧来到麦昆在比格斯塔夫的家，“她在（李的）房间里看到他的设计，说，‘他一定要去上大学。’”乔伊斯后来回忆道。在麦昆的印象中，瑞妮姑姑是个讲究格调的女人，是“极会穿衣的人”。当她得知麦昆被圣马丁录取为时装专业硕士但支付不起学费的消息时，立刻借给他 4000 英镑作为首付。

10 月，麦昆去圣马丁时装系报了到。时装专业的另一位硕士研究生，来自伯克郡，24 岁、生性内向的西蒙·昂格拉斯（Simon Ungless）走了进来，一眼就注意到了麦昆。“他看起来好年轻——也就十四五岁的样子，”昂格拉斯说，“他一头卷曲的乱发，长及下巴，穿着破破烂烂的大喇叭裤，还有一件复古款棒球外套。我当时想着，‘嗯，这估计是老师家的小孩吧。我完全没想到他居然是我的同班同学，他看起来实在太小了。’”

在新学年之前的暑期几周里，硕士新生们需要做一个入学项目。开学的第一天，他们就得展示自己的作品，接受同学们的评论。“有一个作品，”昂格拉斯回忆道，“是我看过的最糟糕的东西，真是一塌糊涂。我当时很疑惑：‘这个人怎么会被录取？’”

希尔森看了看这个课题作业，问做出它的学生：“那么，谁是你的顾客呢？”

“凯——莉——”那个学生用软绵绵的声音忸怩地回答，他指的是流行歌手凯莉·米洛（Kylie Minogue）。

“我是同性恋，”昂格拉斯说。“但那人才是真的同性恋。他这么说话，‘凯——莉——’”

昂格拉斯模仿着，停了一会儿，回忆起当时的场景。

“我突然就笑了出来，那个留着长卷发的小朋友也开始笑，我俩笑得停不下来，”他回忆说。“我俩这样太粗鲁了，波比把我们撵出了教室。”

随着相互了解的深入，他们发现彼此有着相近的工人阶级背景——尽管麦昆在城市里长大，而昂格拉斯在乡下。昂格拉斯在东伦敦大学拿到了时尚和纺织品专业的学士学位，随后几年以自由职业者的身份为纽约、巴黎、东京还有伦敦的公司，包括 Paul Smith，工作过。他很看好同样具有专业经验的麦昆，尤其是为吉利工作过的经历。“这大概就是我和李一见如故的原因吧，”昂格拉斯说。“因为我们都没有艺术院校范儿的那种矫情。”

和此前加利亚诺上学时一样，圣马丁的氛围鼓励每一个年轻人打破自己的保护壳，去探索时尚、艺术、当代文化。“我真正喜欢(中央圣马丁)的就是她给了你表达的自由，还有一群志趣相投的伙伴。”麦昆说。

麦基特里克那时刚开始在中央圣马丁教授男装课程。他对麦昆的进步感到惊讶。“他的改变异常显著——他成熟老练了很多，”麦基特里克说。“我还记得有一次在上课路上碰到他，他说话的方式已经和之前完全不同了。比如他会说：‘我正要去看查普曼兄弟的展览。’”

尽管在圣马丁得到了新的成长，麦昆仍然度过了一段艰难的适应期。“他从来没体验过这种学院环境，但其他同学早已习惯了，他们明白怎么面对批评，知道学习的过程，而这些都是麦昆不知道的。所以我猜测，他们会觉得麦昆很烦人，”麦基特里克说。“他喜欢插嘴，发表自己的评论，许多同学认为你不该这样和老师讲话。而他的观点往往很强硬，又很直接，让同学和导师都不以为然。”

为了攒够在圣马丁学习的两年学费，麦昆尽其所能地打零工。除了在麦基特里克那里的兼职，帮同学做衣服，他还有几份其他的自由职业。

其中之一就是帮贾思珀·康兰制作西蒙·卡洛导演的音乐剧《窈窕淑女》(*My Fair Lady*)巡回演出的服装。康兰为这部戏设计了800套戏服，其中几套很是复杂，是为阿斯科特赛马会一场戏中贵族女子设计的。这几套礼服裙棱角分明，颇不寻常，康兰的首席剪裁师百思不得其解该如何裁剪、制作。团队中一个年轻制版师灵光乍现：“我们应该用这个男孩，他是圣马丁的学生，是个很好的剪裁师。他能明白我们想做什么！”

麦昆不仅琢磨出了戏服的裁剪方法，还把它们缝制了出来。康兰激动不已，如释重负。

麦昆的父亲罗纳德，则特别关注麦昆缺钱的问题。“他和爸爸在一起的时候，总是有种紧张的气氛，”哥哥迈克尔说。“李在家做着衣服，爸爸会在他身边打转，说，‘你干吗不给自己找个像样的工作？’”后来，罗纳德默认了麦昆的职业选择，建议他做些裤子放到东伦敦罗曼路市场上去卖。麦昆惊呆了：“他居然想我……居然想让我去摆摊，去市场上摆摊！他看见的全是消极的一面：‘你已经 18 个月都没赚到钱了！’”

但凡麦昆兜里有点钱，他都犹犹豫豫地舍不得掏出去——即使是用来付学费。“简·拉普利跟他要钱的时候可难熬了。”希尔森笑着回忆。当时，学生可以每学期付一次学费，一学期有 12 周。“大概在第 5 周，我找到他说：‘李，你还没交学费，再不交就只能退学了，’”拉普利说。“他就会说，‘我在等着支票呢，我一拿到钱就付学费。’虽然最后他总是能交上学费，但是在圣马丁的这两年，麦昆确实过得不容易。”

第一学年末，一个周三的晚上麦昆和昂格拉斯相约去了几家酒吧，最后在天堂俱乐部玩嗨了。那是他们第一次一起去同性恋俱乐部。事实上，直到那时，昂格拉斯都对麦昆的性取向持怀疑态度。“看看他，”昂格拉斯说，“他一点同性恋的样子都没有。那时候，我们同性恋都是光头造型。”麦昆呢，留着那头长长的卷发，用昂格拉斯的话说，还有着一副“天使般”的面孔，又是硬汉的举止，与同性恋格格不入。

昂格拉斯对麦昆当晚的穿着仍记忆犹新：无袖的羊皮拼缝马甲配 T

恤。昂格拉斯觉得麦昆穿件羊皮衣服酷热难耐，但他就是不愿意把马甲脱下来，因为“他真的对暴露出自己的身体非常不安”，昂格拉斯解释道。麦昆不愿意脱马甲，也拒绝跳舞，“他不想出那么多汗，”昂格拉斯接着说。但那天晚上，麦昆真的很想找个男人搭讪，并且用很露骨的语言去撩拨一个男孩——他说的话实在太下流了，昂格拉斯至今都无法重复说出口——那个小伙子惊呆了，转身逃走。“那时候我才明白他真是个实打实的同性恋，他藏得太好了。但那也许是在伦敦东区长大使然，毕竟那个地方对同性恋太不友好了。”

麦昆和昂格拉斯常常一起出去玩儿，一同出入学校或昂格拉斯位于南伦敦图庭贝克（Tooting Bec）的公寓。大多数时间，他们会聊认识的人的八卦，“摄影，性，音乐，更多的性，”昂格拉斯笑着说。但他们最喜欢的话题还是时装，尤其是巴黎时装圈正在发生的事情。他们喜爱赫尔穆特·朗（Helmut Lang）的作品，这位年轻的奥地利设计师推出的当代极简主义风格的时装引起了媒体的关注；还有在巴黎发展的比利时先锋设计师马丁·马吉拉（Martin Margiela），他从不公开亮相，和川久保玲一样，是解构主义的领头羊；他们也很欣赏阿泽丁·阿莱亚（Azzedine Alaïa），因为“他的剪裁干脆漂亮，细节完美，毫无冗余装饰的痕迹”。他们一起去巴黎时装周，共享青年旅舍的一间房，偷溜进秀场去看朗、马吉拉和阿莱亚的最新作品。

麦昆的最爱，当数法国的女装设计师伊夫·圣·罗兰，尤其是他为凯瑟琳·德纳芙（Catherine Deneuve）在《白日美人》（*Belle de Jour*）中设计的服装。路易斯·布努埃尔（Luis Buñuel）在 1967 年执导的这部影片是超现实主义杰作，讲述了一个性冷淡中产阶级家庭主妇去做高级应召女郎的故事。

当时，圣·罗兰的作品是“吸引我们进入时装业的最初动力”，昂格拉斯说。“伊夫·圣·罗兰是神话般的存在——他的左岸系列（Rive Gauche），还有他的缪斯女神们，露露·德拉法雷斯（Loulou de la Falaise）、贝蒂·卡图（Betty Catroux）、帕洛马·毕加索（Paloma Picasso）、凯瑟琳·德纳芙；以及他的生活方式和人生故事——无一不引人入胜，迷人到了极致。对麦昆来讲，圣·罗兰的形象是如此性感。李常常谈论圣·罗兰，我知道他将来想去 Yves Saint Laurent 工作。”

有两位设计师的作品显然没有对麦昆产生创作上的影响：薇薇安·威斯特伍德和约翰·加利亚诺。尤其是加利亚诺，他早已经成为伦敦夜店和时装界挂在嘴边的名字，以至于“他不再处于时尚界的雷达位置了”，昂格拉斯说。如果老师说“你画得像加利亚诺一样”，昂格拉斯和麦昆就会翻个白眼，大大叹口气。在他们眼里，威斯特伍德和加利亚诺做的并非当代时装。“感觉就像是在上时装史课，”昂格拉斯说。“他们做的事好像和我们没什么关系。”

但麦昆默默地仰慕着加利亚诺的成就。

“加利亚诺一直是李的一杆标尺，”麦基特里克说，“加利亚诺是李要成为的样子——或者说，李要比他更好。”

1992 年年初，一个星期天的夜晚，昂格拉斯准备和朋友、珠宝设计师肖恩·利恩（Shaun Leane）见面，邀请麦昆同去。利恩的长相带着稚气，皮肤黝黑，英俊帅气，衣冠楚楚——多多少少是麦昆的反面。

昂格拉斯记得，“李就穿着一件用罗密欧·吉利那儿顺来的布料做的无袖马甲，特别可怕，脚上是一双耶稣式凉鞋。”尽管彼此相去甚远，这三个人还是很快就成了朋友，一起去探索伦敦隐秘的同性恋世界，相约去各种同性恋俱乐部。

麦昆做毕业作品设计的时间很快就到来了，他选择了一个极其黑暗的主题：开膛手杰克。“我对他有种执念。”麦昆解释道，“我的妈妈是个谱系学家，她发现其中一个被害者曾在我亲戚开在白教堂的小旅馆住过。我已经做好准备去揭开这个血腥的谜团。”

麦昆还借鉴了萨德侯爵（Marquis de Sade）著名的小说《索多玛120天》（*The 120 Days of Sodom*）——一场发生在18世纪法国偏远城堡里的肉欲性虐狂欢——他以此作为灵感。“那本书让我们手不释卷，”昂格拉斯回忆道。他坚称对他和麦昆而言，这本书“真正给了我们启迪——里面的性行为是人们从未想象过的”。

麦昆告诉麦基特里克，他喜欢皮埃尔·保罗·帕索里尼（Pier Paolo Pasolini）改编的电影版《索多玛120天》。在帕索里尼的版本中，第二次世界大战期间，4个富有的意大利法西斯分子绑架了18个当地青年——男孩、女孩各9个——在性和精神上对他们进行了长达4个月的摧残，然后残忍地屠杀了他们。“这部电影让人十分不安。”麦基特里克说。毫无疑问，麦昆童年时遭受过的性侵也成为作品的主题——事实上，这或许是整个系列的根源所在。他后来说，自己的大多数作品都带有自传的意味。

为了进一步探索这个系列的主题，麦昆研究了维多利亚时期的色情作品和恋物癖，以及男装剪裁的工艺史。昂格拉斯说，他开始沉迷于“用过小的裤子来让身体变形，或者拉长躯干。”

亚历山大 · 麦昆在圣马丁的毕业服装秀“开膛手杰克跟踪他的受害者”，1992 年。

所有这些创意的脉络，从某种意义上说，是他从前工作经历的延伸，诸如 Anderson & Sheppard（传统英式剪裁）、立野浩二（复杂的服装结构）、麦基特里克（拜物主义），还有吉利（19 世纪的颓废色彩），并综合了伦敦东区前光头党的暗黑精神。他决定在设计中采用清晰的剪裁、饱满的色调，以及透明的元素。在这个系列中看得出历史的典故和线条——比如传统的男礼服大衣，内衬却是维多利亚时代哀悼时用的薰衣草紫色——但它们看起来绝对是现代的。尽管它们结构怪异——袖子扭曲着，上身部分打着不规则的褶——穿脱时却很方便。

麦昆在做毕业系列期间，希尔森时不时地会来看看他的进度。她发现麦昆用的面料是从苏荷区伯威克街的批发商那儿低价买来的，她说：

“他简直是在虐待这些面料——给它们印花，把它们弄皱，直到它们面目全非。我说，‘你在便宜的面料上是做不出那些效果的！’我给他找到了一些瑞士纺织品公司捐给学校的面料。我知道面料要经受住他的折腾，一定得是好面料。”

麦昆在他的作品中加入了种种奇怪的元素。他在西装式外套和夹克的衬里中使用了人的毛发——这个典故来自开膛手杰克的受害者，19世纪的妓女经常剪下头发来售卖，以多点收入。他把几件衣服划破和做旧，暗指妓女们褴褛的衣衫；还泼上红颜料，来映射她们所承受的血腥暴力。有一块面料——华丽的粉红色丝缎——他在上面印了醒目的黑色图案，本想印出带刺的铁丝网，最终却变成了长长的荆棘条。这个系列在结构上的精髓就是他的剪裁。“在萨维尔街的工作经验就像是打地基。”麦昆说，“在你解构一件服装之前，你得先知道如何建构它。”

和加利亚诺一样，麦昆也召集了同学来帮忙。他要做一条大圆摆裙子，一个纺织品专业的一年级学生帮他做了需要用到的拼接物料；她还用烧焦的杂志内页做了拼贴画，麦昆将它做成了一条带裙撑的长裙。昂格拉斯则把细小的红色玻璃珠串成一长串，麦昆把它们夹在层叠的黑色雪纺绸之间做成裤子。他也剪碎了一些打褶的羽毛，做成无袖的束腰外衣和上衣，还有裤子。

“我记得我俩一起做过一件带腰褶的夹克，腰褶与后背形成了90度夹角——用一叠平布支撑起来。”昂格拉斯说，“有一个导师问，在不系紧的情况下，他准备怎么把这个设计做出来。麦昆说他也不知道。导师觉得我俩都疯了，摇摇头离开。当然，李最后还是把那个鬼东西做出来了，腰褶也是他想要的效果。”

在读 *The Face* 杂志的时候，麦昆注意到了伦敦珠宝设计师西蒙·考斯丁（Simon Costin）的作品，他擅长使用动物素材创作人体雕塑。从 11 岁到 16 岁，考斯丁在国家自然历史博物馆（Natural History Museum）学习动物标本剥制术。大学毕业后，考斯丁开始用头发、牙齿、血液、精液和骨头制作颈饰和头饰。麦昆觉得，他的作品与自己的毕业系列简直是天作之合。

麦昆联系到考斯丁，询问能否为自己的毕业时装秀借用一些首饰。当时，考斯丁正在与某美术馆合作一个多媒体装置艺术作品，好在他的工作室里仍有不少首饰成品。他同意借给麦昆 7 件首饰，包括用兔子头骨作装饰的黑色蕾丝项链；一条串珠发带；一个鸟爪胸针；还有他用小熊爪制作的项圈，那是他从一个被虫蛀坏的标本上取下来的。麦昆去取首饰的时候，考斯丁发现他是个“迷人、粗犷的小伙子，有一种浑不吝的幽默感”。

麦昆向麦基特里克展示了他“开膛手杰克跟踪他的受害者”系列这 10 件衣服。“我看见它们挂在龙门架上，”麦基特里克说。“心想，它们太有力量了。”新装秀场次时间表发布后，麦基特里克很吃惊，因为闭幕的并不是麦昆，他被安排在了倒数第二场。

1993 年，3 月 16 日，是个周一，恰逢 1992/93 伦敦秋冬时装周期间，这天上午，中央圣马丁硕士毕业作品秀在约克公爵营房内的英国时装协会展场举行——麦昆 23 岁生日的前一天。

毕业秀依次顺序进行着——23 个毕业生每人展示 6 套服装，他们要自己做造型，自己选择秀场音乐——很明显可以看出，学生们的设计主题包罗万象：有 Armani 的柔和线条以及米灰色调，有 Jil Sander 和 Helmut Lang 的极简主义，有山本耀司亚洲式的干净纯粹，有 Thierry Mugler 的施虐—受虐皮革造型，还有许多 Galliano 的元素——

尤其是来自“目击者”系列的细节。有的甚至看起来就像是某几个特定品牌的设计选拔赛。

麦昆的毕业系列出场了。在他的创作手记中，他写道，这些衣服可以“从白天穿到晚上……灵感来自 19 世纪在街头拉客的妓女……”并特别鸣谢了他的“赞助人”：瑞妮·霍兰德，他的姑姑；乔伊斯·迪恩，他的妈妈。在酷酷的浩室电子音乐节奏中，秀开场了。最先上场的是高腰紧身暗红丝缎锥形裤，搭配黑色不对称绑兜式上衣和黑色小珠子串成的长绳；接下来是一件透明的雪纺无袖衬衫，内搭一件黑色文胸，下身配黑色双层雪纺铅笔裙，裙摆缀着鹅毛，模特还戴了西蒙·考斯丁设计的用黑色羽毛和骨头做成的颈饰。

紧跟着的是时尚杂志拼贴画带裙撑的半身裙子和黑色丝锻大衣，有着鸭尾巴似的后摆，穿在模特赤裸的身体上，带子松松地绑在乳房下面；一条走起路来沙沙作响的长款半裙，搭配利落剪裁的丝缎夹克；一件血红色和黑色调的无袖上衣，轻软如羽毛，作为迷你裙被穿在模特身上，直接搭配一双被撕破的透明长筒袜；用粉色丝缎做成的男式礼服大衣，上面印着黑色荆棘枝，搭配黑色文胸和丝缎裤子；还有一件黑色丝缎男式礼服大衣，拼了红色丝锻的衬里，则直接穿在模特的裸体上，下着黑色丝锻塔士多长裤，裤腿两侧镶着亮闪闪的红色珠子绣成的窄条；一件轻软的黑色透明无袖上衣，搭配轻薄的臀部洞开的锥形裤；一件剪裁合身，加上三维腰衬的蜂腰型黑色外套，穿在猩红色铅笔裙上，裙面撒着亮晶晶的珠子；还有透明的深红色无袖上衣，装饰着黑色煤玉珠子肩章，瀑布般流淌下来，垂在前襟，下着黑色高腰丝缎锥形裤。

这个系列与主流的商业化元素毫不沾边，也不随和，尽管每一件衣服都很实穿。这也是当天唯一一个让人感到性暗示的系列；它的确非常性感，同时也赋予女孩子以力量，而无须牺牲女性气质为代价。最重要的是，这个系列中有几个廓形，最终将成为麦昆的标志：男式礼服大衣、燕尾服、无袖的束腰迷你连衣裙。这是值得铭记的一个系列，仅仅 22 岁的年纪，亚历山大·麦昆就已经有了自己的声音、自己的轮廓和自己的视野。

V

有了凡尔赛宫廷，巴黎便作为时尚之都而存在于世。巴黎的工匠精神、对原料的精益求精、品牌蕴含的文化传承、处世之道以及生活的艺术，曾经、直到现在都吸引着设计师们。“这里是创意的香格里拉，”帽饰设计师斯蒂芬·琼斯如是说。

加利亚诺渴望成为其中的一员。

"伦敦已死，"他说。"毫无生气。"经济衰退差点儿击垮了伦敦时装周：时装零售商和编辑们的差旅经费紧缩，于是他们总是选择跳过伦敦，直奔巴黎。因此，皮德尔·贝特尔森同意资助加利亚诺在巴黎举办的第一场秀。1989 年年末，加利亚诺向巴黎 1990/91 秋冬时装周官方申请了一个时段。大秀将近，加利亚诺带着他团队的核心成员——狄波拉·布鲁伊德（现在已经成为品牌首席运营官）、销售总监汉娜·伍德豪斯（Hannah Woodhouse）、首席制版师比尔·盖登，以及史蒂文·罗宾森和哈莱克——一行人来到巴黎，共同准备这次发布会。

1990 年 3 月 14 日，周三，卢浮宫方形中庭的秀场，29 岁的加利亚诺带来了他的巴黎首秀。据他所说，这个系列的灵感来自"女骑手——完全掌控自己生活的现代女性"。开场晚了近一小时，终于，希利制作的节奏铿锵有力的背景音乐和舞韵合唱团（Eurythmics）成员安妮·蓝妮克丝（Annie Lennox）的歌声飘进了观众席。本系列作品包括红银拼色丝缎大翻领公主外套；马裤和马甲；剪裁利落的短款夹克和紧身马镫裤；白色的击剑服套装，配着绷紧的养蜂人面纱，好像击剑面罩；以及白色缎面男式无尾礼服和燕尾服。为了加强戏剧性的效果，加利亚诺用水浸湿了模特的身体——正如他在伦敦的"堕落天使"秀那样。闭幕时，加利亚诺出来谢幕，他浑身上下也湿透了。

媒体对这次巴黎首秀给予了好评。伯娜丁·莫里斯称其为"一场令人信服的秀……像日本设计师那样恣意大胆地蹂躏布料"。她还说，"他的服装的创造性和多样性足以抓住国际观众。"《女装日报》（*Women's Wear Daily*）则报道称，那一天"属于加利亚诺"。

巴黎开阔了加利亚诺的眼界，拓展了他的思路，也让他敞开心扉。

"我明白，"他说，"我可以在这儿梦想成真。"

约翰·弗莱特的事业发展就没有这么顺心了。尽管他是加利亚诺口中的“犹太好男孩——他有在时装商业方面的热情，也充满了创造力”；他也像 *Details* 杂志编辑比尔·坎宁汉所形容的“有朝一日要在国际 T 台上实现志向的天选之人”，但他的弹力紧身连衣裙仍然处于滞销状态。紧随着 1987 年股市大崩盘而来的经济衰退，让人们不再愿意花高达 500 英镑（约 830 美元）——那时候的天文数字——来买一件不知名设计师的连衣裙。因此，弗莱特吸食的海洛因越来越多。

弗莱特的朋友们开始怀疑，他情绪的持续走低源于他对自己创造力的不自信——他明白自己“总是活在加利亚诺的影子里”，哈米什·鲍尔斯说。他的另一个朋友则担心弗莱特对加利亚诺的成功产生的嫉妒终有一日会吞噬他。他对海洛因的依赖让他变得难以捉摸，甚至开始从公司偷东西。他的出资人迈尔斯·吉尔决定和他对质，他匆忙逃到巴黎，为 Lanvin 的克劳德·蒙塔那（Claude Montana）短暂地工作了一段时间；后来又落脚佛罗伦萨，在 Enrico Coveri 谋了份设计工作。

1991 年 1 月 18 日，几天后他将与新的意大利投资人签订合同，准备重新发布自己的同名品牌。这天晚上，弗莱特在佛罗伦萨的公寓里半夜里醒来，突发急病。他晕倒在地板上，失去了知觉。他当时的男友努齐奥·卡蓬（Nunzio Carbone）赶紧叫来了医生。医生认为，弗莱特感染了肠胃流感，为他打了一针，给卡蓬留下处方就离开了。卡蓬拿着处方，找到一个 24 小时药房，偏偏那天药房没有营业。当他回到公寓时，看到的是妹妹马萨拉跪在弗莱特身边，紧握着他的手。她说：“他死了。”仅仅 27 岁。正式公布的死因是心脏病发作。

葬礼那天，北英格兰阴云密布，寒风刺骨。琼·弗莱特告诉大家，不要穿黑色衣服出席葬礼。他的一众好友都出席了，包括加利亚诺。那天，加利亚诺穿了弗莱特设计的一条金色亮片短裤，向他致以最后的敬意。

弗莱特的讣告登上了英国的各大报纸杂志，媒体对他不吝溢美惋惜之词。《每日电讯报》（*Telegraph*）称他为“他这一代最有才华、最优秀的服装设计师之一”。

直到今日，朋友们仍然为他的英年早逝而感到万分悲痛。“我总觉得他能做出更伟大的业绩，”鲍尔斯说，“因为他是真正的天才。”

“约翰·弗莱特是时尚界被埋没的无名英雄，”他的另一个老友加了一句，“没有约翰·弗莱特，就没有约翰·加利亚诺。”

贝特尔森对高级时装渐渐失去了兴趣。年轻的英国设计师们实在是不够商业化，于是贝特尔森彻底放弃了他们，只留下了加利亚诺。批评贝特尔森的人，指责他只资助能够迅速赢利的设计师，一旦无利可图，就会毫不犹豫地撤资。

1991 年年初，加利亚诺开始产生一种自己被压榨了的感觉。他不停地缠着贝特尔森，要他同意设计自己喜爱的男装线，但事与愿违，Aguecheek 公司接连推出的是以加利亚诺名字命名的 Galliano Jeans（牛仔系列），以及 Galliano’s Girl（女孩系列）——更低价、青春的加利亚诺品牌副线。用加利亚诺的说法，Galliano’s Girl“更亲民，更年轻，更有个性”，售价约比主线低 30%，最大的市场在日本，然后是意大利，接下来才是英国。牛仔系列要昂贵一些：价格大约 150 英镑，而当时的 Levi’s 只卖 30 英镑。加利亚诺认为就该卖这么贵，他辩解说，“我们的细节异常考究。面料上有创新，用了弹力和粘合面料，还用了 PVC。”

然而，Galliano’s Girl 却在品牌定位上犯了个战略错误，这个失策是贝特尔森手下一个不懂时装的主管造成的，此人以前在运动产品公司工作。运动装并非加利亚诺的目标客户群——30 岁以上，有一定财富积累，对时尚痴迷的女人——想要的衣服。她们爱的是加利亚诺的斜裁礼服和繁复精巧的大衣。正如罗宾森所说，Galliano's Girl“品牌定位不准”。

对加利亚诺最大的打击来了：贝特尔森决定，在 3 月的时装周上，加利亚诺不能设计、发布和生产 1991/92 秋冬的成衣系列；取而代之，公司集中推销 Galliano Jeans 和 Galliano's Girl 两个副线品牌。这个决定让加利亚诺悲愤不已：自打 1985 年夏季圣马丁的毕业秀以来，他从未错过任何一季高级时装周。

为了平复愤怒，他又一次开始借酒浇愁。但他的意志并没有垮掉，每天仍然坚持去办公室，着了魔般地工作，好让公司成功。当年他和布伦滑向破产之际，加利亚诺总认为媒体报道可以拯救这一切。那个夏天，他与老友保罗·弗雷克做了一次深度访谈，准备发表在 *Blitz* 杂志上（遗憾的是，杂志社在这一篇访谈发表之前就关门大吉了，所以加利亚诺从未得到急需的媒体助攻）。在那次访问中，加利亚诺前所未有地坦诚。

当保罗问到时尚是艺术还是生意时，他回答道：“生意。绝对是一门生意。你得把衣服卖出去才行。”他又说，回头看，那段时间他和圣马丁的毕业生们都“没有做好经营公司的准备”，就进入了这个行业。“我们在创造一种需求，世界各地的媒体也和我们一起创造这一需求，但我们却不能实现这些需求，只是因为我们没有商业头脑和产业知识。”

他也反思了他对这份工作的需要。“我完全沉迷其中……因为我太在乎了，因为我对服装有着满腔热血。”他这么形容自己的工作，“日复一日，夜夜无眠，神经紧绷，”话锋一转说，“但这就是我的兴奋点——

永无止境地追求完美。”他说，新装秀之前的一个月，总是“殚精竭虑，看不到尽头”。又补充道，“我觉得，这种状态完全让我上瘾了。一整个月，我的身体都在肾上腺素飙升的状态下运转。我就是尽我所能，想让这些女孩儿看起来美丽动人。”

“我在系列发布之前都会焦虑不安，”他接着说，“就像把你自己切成一片片，毫无保留地展示在世人面前，你的缺点，你是谁，你在想什么，你对女性的态度。你的一切都暴露无遗”

但时装业的节奏步步紧逼。“我想不出还有哪个行业和它一样，每6个月你就要拿出全新的想法，这些想法要经受试验和检测。(这个想法)要能实现，成品要可以干洗、不会缩水。你可以日常穿着，让你觉得自己很漂亮。我真的想不出还有哪个行业可以给你这样的体验。”

截至那时，他最开心的一个瞬间，据他所说，是“走进卢浮宫的方形中庭，第一次在秀场上看见我的名字。我特别为此自豪。”

关于他的职业目标？

“我要看到全世界的人都穿加利亚诺的衣服。”

加利亚诺下定决心，不能再错过下一个季度。于是，他想出了一个权宜之计：找到 Shellys，一家伦敦的鞋履公司，说服他们负担 10 月份在巴黎的新装秀的大半开销。他松了一口气，但在哪里进行设计、谁来为原料买单仍然是棘手的问题。他的朋友，德国的销售代理迪特马尔·斯霍登（Dietmar Schloten）出了个主意：找费萨尔·阿莫尔（Fayçal Amor)，这个出生在摩洛哥丹吉尔的设计师在巴黎拥有和运营着一家成功的法国成衣公司 Plein Sud。

加利亚诺告诉阿莫尔自己正在紧锣密鼓地准备 1992 春夏系列，但 Shellys 只能出资一部分——所以阿莫尔允许他使用 Plein Sud 的工作室，同时为他提供资金支持。加利亚诺通过英国服装企业家约瑟夫·艾德盖（Joseph Ettedgui）认识了巴黎时装设计师阿泽丁·阿莱亚，阿莱亚把他在玛黑区的陈列室辟出一半给他用，以便他向经销商们出售新系列，陈列室另一半由薇薇安·威斯特伍德使用。

几周之后，也就是 1991 年的 10 月 16 日，加利亚诺在卢浮宫的秀场发布了他的 1992 春夏系列。音乐依然由希利操刀，在重新合成的威猛乐队 20 世纪80 年代的热门歌曲 *Everything She Wants* 中，模特们走了出来，她们的卷发凌乱地盘在头上，一副欢爱后的慵懒。她们化着

Galliano，1992 年春夏系列。

暗黑系眼妆，唇妆是深浆果色，脸颊上点着美人痣，穿着高跟细如针尖的卧室拖鞋，像梅·惠斯特那般趾高气扬地走在天桥上。第一个段落就奠定了这场秀的基调：女孩们穿着纯白的文胸、内裤，还有束腹带——有的甚至真空上阵——包裹在透明的白纱中。接下来是大同小异的黑色系列，搭配燕尾服、透明中裤和黛德丽风格的带面纱丝绸高礼帽。

这个系列囊括了18世纪风格的丝锻外套，它们有着柔和的粉红色调，袖口和后部下摆簇拥着繁茂的荷叶边，外套下搭配了蕾丝无肩带文胸和银色缎面三角裤。还有无处不在的斜裁缎面连衣裙，头上戴着宽边帽，像膨起的巨大号蛋白酥；以及黑色长袖斜裁缎子礼服，缀着基督教牧师领——也许他是在向自己虔诚的天主教家教额首致意——紧身的上衣也斜着劈出开口，露出肌肤。音乐开始播放黑人福音音乐组合黝黑之声（Sounds of Blackness）的福音冥想音乐 *The Pressure*（*Part2*），节奏渐渐变缓，走上T台的是合身的男式礼服大衣，内里裸露的身体闪烁着光芒，奶油色紧身胸衣要么被轻微扯破，要么凌乱不整。这场秀很俏皮，很现代，也很惹火。

整场秀观众的口哨声、尖叫声、喝彩声此起彼伏，当加利亚诺穿着破旧的T恤和短裤出场，摆出和平手势简短致谢，台下掌声雷动。“其实这些衣服没理由放在公开场合展示，”伯娜丁·莫里斯在《纽约时报》上写道。“但，加利亚诺先生的秀，除了腻人的甜蜜，还散发着疯狂的魅力。”

《华盛顿邮报》的新任时装评论员凯西·霍林（Cathy Horyn）就没有给加利亚诺什么溢美之词了：“他的衣服……很俗气。它们拉低了女性的格调……现在，不知何故，这些鬼东西居然还广受欢迎，就像在看一个机灵的小孩穿着妈妈的衣服在客厅里跳踢踏舞。也许，经过这么多年的观察，加利亚诺一直处于边缘状态，似乎还只是小本经营、难以为继，我们也就学会了容忍他的放肆。”

然而，评论界的好评和赞誉并不足以挽救加利亚诺的财政危机，1991 年 11 月下旬，不出意外地，贝特尔森向媒体发表了官方公告：贝特尔森将停止投资约翰 · 加利亚诺。“他的东西卖得不够好，”贝特尔森说。“约翰的市场是非常时髦的市场，当经济困难时它也是第一个萎缩的市场。”

Aguecheek 公司将继续生产和贩售 Galliano Jeans。这个子品牌一季的销量约为 10 万英镑（约 17.9 万美元），被授权给贝特尔森拥有一半产权的英国 Tula Ltd. 公司。而 Galliano’s Girl 则被关停了。和布伦合作的结局一样，加利亚诺和贝特尔森的关系结束得不太愉快，加利亚诺的资料文档被扔进了垃圾桶，资产被清算出售。

公告发布的第二天，加利亚诺告诉《女装日报》：“我想，我和皮德尔已经走到我们能一起走的最远的地方了。”他说，“我今晚就要去巴黎，开始寻找新的投资人。”他计划着“避免冲动行事”，又说，“我想作出正确的选择。我还年轻。”

VI

在 1992 年 3 月 16 日上午观看中央圣马丁硕士毕业生作品秀的观众里，有一位娇小优雅的英国贵族，名叫伊莎贝拉·布罗（Isabella Blow）。她时任英国版 *Vogue* 杂志的副主编，把寻找并培养伦敦年轻的时尚天才视为己任。“她就像搜寻天才的猎犬。”朋友哈米什·鲍尔斯说。圣马丁的毕业作品秀对于伊莎贝拉，就像周岁马拍卖会之于赛马主，那是发掘潜在明星的绝佳机会。

因为习惯性地迟到，伊莎贝拉到达秀场时，已经人满为患，她只能坐在台阶上，耐心地看了近 24 个作品展示，从 Armani 式的极简主义到鲜亮明快的沙滩装，但没有一个能特别打动她。接下来，麦昆的展示开始了。“从第一套造型就显而易见看出设计师潜力巨大，天赋异禀，”她后来说。麦昆精准、大胆的剪裁尤其打动她。“没有人发现这一点，”她提到。“他们只是觉得这很血腥，关注上面的颜料，而没有看这些衣服的剪裁！”当晚回到家，伊莎贝拉告诉丈夫德特马・布罗（Detmar Blow）：“德，他的衣服像鸟儿一样灵动。简直是神的剪裁。”

伊莎贝拉是真正的英国贵族——柴郡（Cheshire）约翰・德・德尔维斯（John de Delves）的后代。据说，这位先祖曾在普瓦捷战役期间救了黑王子爱德华（Edward the Black Prince）一命。伊莎贝拉在家族庞大的产业——多丁顿庄园（Doddington Park）长大。遗憾的是，她并不能住在庄园富丽堂皇的主建筑——多丁顿堂——里，而是住在旁边的一幢小房子里——她的祖父，绰号“乔克”的花花公子德尔维斯・布洛顿爵士挥霍了大部分家族财产。后来他被指控在肯尼亚谋杀了第二任妻子的情人，虽然被判无罪，但他最终却在利物浦的一家旅馆注射过量吗啡自杀——小说《欲望城》（*White Mischief*）讲的就是这段丑闻。

伊莎贝拉的奶奶——乔克的第一任妻子薇拉（Vera），也值得大书特书。她是当时广受关注的社交名媛，而她却在 1931 年抛弃了丈夫和家族，和情人私奔到非洲、东南亚、澳大利亚和新西兰去过探险家的生活。

伊莎贝拉拥有她祖母的灵魂，却没有她的美貌：她身材矮小——挺直了后背也就五尺二寸高（约 157 厘米），却有一张长脸，眼睛下垂，下巴短而狭窄，还是龅牙，只能算是气质美女。“我的脸就像金雀花王朝时期的肖像，”她曾这么说。她的脸上还有一种哀伤的神情，这或许来自折磨她的家族悲剧：1964 年，她五岁时，两岁的弟弟淹死在了花园浅浅的池塘里，现场只有她一人。她父亲伊夫林·戴维斯·布洛顿（Evelyn Delves Broughton）爵士生性古板严厉，结婚就是为了延续英国的长子继承制。他伤心欲绝，打心眼儿里认为自己没有继承人了。于是，伊莎贝拉和她的两个妹妹被送进寄宿学校；后来，她们的母亲搬到了伦敦，与父亲离了婚。

鲍尔斯评价她："伊莎贝拉用时尚做保护罩，以此来对抗世界，弥补缺陷，她一直认为自己的身体和外表不完美。时装是她从那些糟心事上转移注意力的一种方式。"随着时间的推移，服装渐渐成了伊莎贝拉·布罗存在的理由：她以最不协调的方式混搭时装，并尽她所能支持创造这些时装的人们。"伊西明白，就文明和文化而言，时尚是非常、非常严肃的事，"她的朋友，作家 A.A. 吉尔说道。"不是每个人都读诗，也不是每个人都听音乐，但是这世界的每个人早上起床，都得穿上衣服。不管你喜不喜欢，你的服装都是关于你本人的表达。"

亚历山大·麦昆与伊莎贝拉·布罗，2005 年。

总能把衣服搭配得浑然天成，是伊莎贝拉的天赋所在：她甚至可以让最奇怪的搭配看起来毫不违和，同时还散发出惊人的魅力。“猛烈且扭曲”，她这么形容自己的外表。通常，她的搭配中会有一件紧身胸衣，勾勒出她丰满的胸部和纤细的腰肢。她也很喜欢穿裙子，因为她有一双美腿；同时，总是——永远都有一双高得令人目眩的高跟鞋，她踩着它们依然摇曳生姿。她的穿着总会有一些幽默和风趣——比如她参加肯特王子迈克尔的王妃举办的晚宴，戴的项链上面写着“吹箫”；又如她赴卡尔·拉格斐的晚宴，却穿着 Givenchy 的橡胶裙，系条油腻腻的链子，拖着它走过卡尔家名贵的欧比松地毯。她在 *Vogue* 杂志的前同事安德烈·里昂·泰利回忆，在纽约时，她作为美国版 *Vogue* 杂志主编安娜·温图尔的助手入职时，“穿件红色织锦缎旗袍，戴一双黑色及肘长手套，一派中国风”。她总是出其不意带来惊喜。

而最具标志性的，还是她的帽子，她不戴帽子就不出门。她的帽子大部分出自青年帽饰设计师菲利普·崔西（Philip Treacy），也是一个学生时代就被伊莎贝拉发掘的人才。1989 年，她在当时工作的 *Tatler* 杂志办公室遇到了菲利普，他来取为杂志拍摄做的帽子。他身材高瘦，在一头耀眼红发的映衬下面色格外苍白。他告诉伊莎贝拉，自己曾在伦敦帽饰设计师斯蒂芬·琼斯那里实习，现在 22 岁，正在皇家艺术学院念硕士课程，是该学院时装系第一个帽饰设计学生。

但那时这些对伊莎贝拉来讲，都无关紧要。她只想看看崔西拿着的盒子里面是什么东西。

他打开盒子，缓缓地捧出一顶 20 世纪 20 年代风格的绿色毡帽，帽边呈锯齿状，就像鳄鱼牙齿。

“我从来没见过像这样的帽子，”伊莎贝拉后来说，“那顶帽子的手工极其精美，还有它翡翠绿的颜色……不，更像是蚱蜢的绿色。实在太精致了，我们把它从盒子里拿出来的时候，就好像我们不应该摸它。”

几周后，伊莎贝拉给菲利普打了个电话，请他为自己设计婚礼上戴的帽子。她的婚礼即将于 11 月举行，还有几个月的时间。她邀请他到位于伊丽莎白街的婆婆家见面，同时受邀的还有马诺洛·布拉尼克和泰利——年轻的崔西完全没听说过这两个人。伊莎贝拉把自己的喜好和想法告诉了崔西：她的婚礼主题是回溯“中世纪的根源”，作为对她曾经拯救黑王子的祖先的致意。

至于婚纱，据伊莎贝拉说，她的首选本是加利亚诺，想请他为自己做一些带锁子甲元素的衣服，但由于种种原因，最终没能实现。所以，她另找了一位不大知名的设计师纳迪娅·拉·瓦利（Nadia La Valle）。纳迪娅为她设计了一件紫色的天鹅绒长袖紧身礼服。布拉尼克则负责婚礼上穿的鞋子：金色尖头拖鞋，脚尖处特别加长。

对她的帽子，崔西提出了金色细丝皇冠的想法，灵感来自塞西尔·比顿（Cecil Beaton）于 1930 年为英国社交名媛黛安娜·库珀夫人拍摄的一张她头戴王冠、装扮成圣母的照片。伊莎贝拉看过这张照片，也非常喜欢这个想法。“我简直不敢相信自己会遇到这样一个人，她竟然不打算用绢网、薄纱和珍珠来做婚礼的帽子，”崔西说。“伊西可以让世界上任何一个人来帮她做帽子，而我只是一个没有来头的学生，但伊西不在乎……冥冥之中，她很信任我。”

当崔西完成在皇家艺术学院的学业时，伊莎贝拉问他：“为什么你不来我家做帽子呢？”崔西欣然接受了这个建议，在伊丽莎白街伊莎贝拉婆婆家的地下室开设了自己的工作室。她一直扶持他，好像那是她的职责，坚持让他去学更多关于艺术、历史、风格还有文化的知识，鼓励他打破陈规，在设计的路上扬帆远航。他做到了，为布罗创造了一个充满奇思妙想的帽子世界，比如一款巨大的橘色透明圆盘形帽子，大得遮住了伊莎贝拉的脸；有顶帽子是用羽毛拼出的单词“Blow”，悬浮在她的头顶；还有顶帽子是用黑色丝缎制作的 18 世纪法国航船微缩模型，船上的绳索一根不少。当然，他最著名的作品，还要数龙虾帽。而伊莎贝拉呢，去哪儿都戴着菲利普的帽子，轻松自如地戴着——“轻松得好像她根本没有戴帽子，而是帽子恰好就在那儿，”崔西说。伊莎贝拉还帮他找到了一份工作，在巴黎担任 Chanel 的女帽设计师。

看完“开膛手杰克跟踪他的受害者”之后，伊莎贝拉决定收李·亚历山大·麦昆做她的门生。那时她任职英国版 *Vogue*。她于 1989 年年底加入这本时髦杂志做时装编辑——她认为自己有话语权和阵地来宣传麦昆，让他得到应有的赞誉。她找到了麦昆在比格斯塔夫路的家里电话，麦昆的母亲告诉她，麦昆不在家。

麦昆回到家，他母亲说：“有个疯女人一直给家里打电话，她说她爱你的衣服。”

麦昆一度拒绝过伊莎贝拉——对他来说，她有点“疯疯癫癫”，但麦昆又说：“（她）不停地缠着我。”最终，他让步了，同意与伊莎贝拉在圣马丁见面。

她来的时候“头上戴着黑色硬纱做的折断的大鹿角”，麦昆回忆道。“我当时就觉得，她简直棒呆了。”伊莎贝拉试了一件上衣，问了问价格。450 英镑，他告诉她。

“对学生作品来讲，这价可不低。”她回应。

但，麦昆在价格上坚决不让步。伊莎贝拉还是把它买了下来。

多年来，布罗一直声称，她以 5000 英镑（约 9000 美元）的价格拿下了麦昆的整个系列，麦昆也从来没有异议。不过昂格拉斯信誓旦旦地说：“她并没有拿下整个系列。”

但可以肯定的是，伊莎贝拉确实买下了这个系列的大多数衣服，都是分期付款。“事实上，这是伊西惯用的手法，”德特马·布罗后来解释道。“她手里的现钱从来都不够她直接买下她想要的衣服、帽子，还有珠宝。”为了拿到结款，麦昆会打电话到康泰纳仕在伦敦的办公室找她，他的衣服就用塑料垃圾袋装着提在手里。然后，两人便就近找台提款机，伊莎贝拉把能取的钱都拿出来，交给麦昆。“李拼命地想从她这儿拿到钱，尽量多拿到些钱，”昂格拉斯说。

伊莎贝拉迫不及待告诉菲利普·崔西她的新发现。“菲利普，我见过这个男孩了。”她甚至有点恍惚。在讲述麦昆和他的衣服时，她的眼睛里像点燃了小火苗，说出的每个字都洋溢着喜悦。崔西明白发生了什么。“我们的合作就像是一场恋爱，”他说。“现在她又有了新的恋情。”

崔西觉得这没什么。不管怎么说，他是做帽子的，和麦昆在创作上不构成竞争关系。只有在伊莎贝拉那里，他俩才是对手。麦昆和崔西相处融洽，但二人的关系算不上真正的“朋友”——至少一开始不是。将他们联系在一起的是伊莎贝拉——她的支持，她的善意，以及她的气度和慷慨——在这个层面上，他们又真诚地尊重彼此。

尽管有了伊莎贝拉的热情相助，麦昆仍希望在业内找一份稳定工作，比如在知名的品牌里做设计师助理。他见了伦敦时尚界猎头公司 Denza 的爱丽丝·史密斯（Alice Smith）和克雷西达·派伊（Cressida Pye）。他还去了巴黎，希望能做他的偶像马丁·马吉拉的实习生。出乎意料的是，他获得了一次与马吉拉见面的机会。二人见面后，马吉拉说，麦昆才华横溢，无须再做实习生，建议他回到伦敦创立自己的品牌。然而，在他去见让 - 保罗·高缇耶时，“前台有个像女王一样的人，说‘你没有预约，’”麦昆回忆道。“于是我说，‘那当我没来过，’回到了伦敦。”

1992 年 9 月，麦昆从父母的家中搬出，搬到昂格拉斯在图庭贝克的房子里，住进了一个次卧。他们的家具基本是在慈善商店淘的，或者是别人家不要的东西，有两台缝纫机，还有几个木头人台，昂格拉斯的画板也是捡的。几面墙是他们巨大的“情绪板”,贴满了各种照片、样品、剪报,挂着一些纱线,还有能够启发设计灵感的一些小摆设。后院则是“危险区”，他们在那儿“用一些化学产品，散发着不堪忍受的异味”。昂格拉斯说，“合成乳胶和树脂是最臭的。”

为了放松心情，昂格拉斯会喝杯威士忌。但麦昆基本不喝酒，如果要喝，也是浅尝辄止。“李一般就喝点苹果酒，”昂格拉斯说，“半品脱苹果酒下去，他就断片了。讲真的，他不适合酗酒。”

他们尽可能地接各种工作，比如为音乐录影带（MV）制作服装，设计面料图样卖给美国和日本的各种客户。昂格拉斯在图庭高街上的旧仓库里建了第二个工作室，专门用来做印花。每周一，麦昆会和他一起待在那边，花整整一天的时间来绘制图案，再印出来。“他总是能做出漂亮的日本锦鲤、鲤鱼和斗鱼，”昂格拉斯回忆道，“多年前有个印花代理商告诉我：‘你们不要做鱼的图案，人们肯定不会买鱼印花，他们不会穿的。’”然而，当昂格拉斯把麦昆的鱼图样放进资料夹中寄给纽约的买家们时，“这个图样是最先被买下的。”

麦昆在图庭贝克静心创作的时候，伊莎贝拉在时髦的伦敦城中心也老是说起他。她甚至设法在当年 11 月刊的英国版 *Vogue* 杂志上安排了几个版面，做了一个图片报道，内容是她与丈夫在格洛斯特郡布罗家族的领地——希尔斯庄园（Hilles）的生活。拍片时，伊莎贝拉首先选的是麦昆的衣服，崔西的帽子。

希尔斯是个神奇的府邸——这是一座工艺美术运动风格的庄园，带有伊丽莎白时代的氛围，由德特马的祖父，建筑师德特马·杰林斯·布罗（Detamr Jellings Blow）设计，于 1914 年建成。房子内部的装潢——挂甲、拉斐尔前派的挂毯、英国皇室和家族成员们端庄威严的肖像，至今保留着落成时的原貌。就像德尔维斯·布洛顿家族那样，布罗家族的财产也所剩无几，希尔斯的房子也破败了。伊莎贝拉和德特马结婚之后，将庄园焕然一新，打造成他们的乡间度假地，邀请他们在时尚圈、艺术界，还有贵族阶层的朋友们，来共度温馨的周末。或者热热闹闹地举行主题派对，比如巴格达盛宴、丐帮聚会。“伊西让这幢房子重获新生，”德特马坦诚。“她给整座庄园注入了生机。她敞开大门，让家里高朋满座，这正是我祖父期待的。”

在 *Vogue* 杂志的大片上，希尔斯庄园、伊莎贝拉和德特马都焕发着别样的光彩——麦昆也一样。伊莎贝拉穿了好几件“开膛手杰克跟踪他的受害者”系列的衣服，包括那件有着鸭尾状腰褶的黑色羊毛猎装夹克，还有粉色荆棘条印花丝缎外套，她为这件外套搭配了菲利普·崔西的黑色高耸的筒帽。

她同时帮助了另一个自己偏爱的设计师，约翰·加利亚诺——在爱德华·伯恩 - 琼斯的挂毯前拍摄的照片中，她穿了一件加利亚诺设计的优雅白色晚装，再混搭一条长长的喇叭半裙。他们最喜爱的一张照片是德特马与伊莎贝拉的合照，都穿着麦昆的新设计：德特马穿着白色长裤和衬衫，一件淡粉色条纹马甲，白色硬纱领巾翻着大波浪在胸前滚动；伊莎贝拉穿着白色礼服，上身是略略透明的欧根纱无袖紧身衣，麦昆还在上衣里塞了人造玫瑰花瓣，而头上戴着的崔西设计的帽子也装饰着大朵浅粉色的英格兰玫瑰。

实质上，伊莎贝拉·布罗就是麦昆的阿曼达·哈莱克：他的缪斯女神，人生导师，啦啦队队长，还是个行走的广告牌。她曾说服当时在美国版 *Vogue* 杂志任编辑的哈米什 · 鲍尔斯来参观麦昆在图庭贝克的工作室。“我去到南，南，南，不能再南的南伦敦，路上就花了几个小时，”鲍尔斯回忆道，“他真是一个吓人的家伙，和我打招呼时口齿不清，看起来糙极了。但他实在是，太有才华了。”

伊莎贝拉还把麦昆介绍给了她的多年老友，露西 · 哈尔莫（Lucy Helmore）。露西做过模特，曾与纽约摄影师罗伯特·马普尔索普（Robert Mapplethorpe）合作过，不久前刚刚嫁给了摇滚组合 Roxy Music 的主唱布赖恩 · 费瑞（Bryan Ferry）。她也是阿曼达 · 哈莱克的好朋友。

一天晚上，在伦敦的一场派对上，露西全新的 Dior 外套被偷走了。

“外套被偷，这真的太气人了。”露西跟伊莎贝拉说。

“好吧，我认识一个很有天分的学生，他也许可以给你做件新的。”伊莎贝拉提出。

于是，麦昆来到了露西在伦敦肯辛顿区的家。

“他看起来就是个东区小混混。”露西回忆道。她向麦昆描述了一番外套大概的样子，面料是红色羊驼毛。“他在本子里几笔就画出幅草图，看起来很棒，”露西说。麦昆告诉她，自己没有钱买面料，露西便给他开了张 300 英镑的支票作为购买面料的开销。二人约好在衣服做成的时候再见面。

到了试装的时候，麦昆把衣服带到费瑞的家里。费瑞很喜欢麦昆：“他很忙，忙得到处乱跑。而且他有一种奇怪的幽默感，很毒舌，但不让人讨厌。他的思维非常、非常、非常跳跃——你必须时刻紧绷神经才跟得上他的节奏……他就像个淘气的孩子。”

他给她讲了自己做学徒时的故事：“我在 Anderson & Sheppard 工作的时候，把我的阴毛缝进了女王卫兵的帽子里。”他笑着吹牛。他谈了自己的创作过程和创作灵感，并把收集它们的剪贴簿拿给她看。

“我打开那个本子，里面满是被凝固汽油弹炸死的孩子们和战场的照片，都是些很可怕的东西，”她说。“我当时目瞪口呆，一时语塞，所以我把本子合上，装作没看到。我只是向他致谢，说，‘等衣服做好了我们再见。’”

她后来意识到，麦昆在向她展示他的极端主义意识——在他的思想王国里，没有什么是禁区。他让她想起了马普尔索普，一个备受尊敬的曼哈顿下城肖像和静物摄影师，他因为拍摄大量硬核同性恋作品而闻名，于 1989 年死于艾滋病并发症。“他们的性格很相似：幼稚，淘气，富有进取心，”她说。

通过伊莎贝拉，麦昆也认识了时尚摄影师理查德·波布里奇（Richard Burbridge），还有他的未婚妻塞西莉亚·西姆（Cecilia Sim）。西姆在家具设计师安德烈·迪布勒伊（André Dubreuil）那里工作。麦昆对西姆颇有好感，因为她不是“时尚圈人士”。她回忆道：“我们会聊些别的，比如他的同性恋取向，他的职业选择，还有他妈妈对他的支持有多么倾力。他喜欢有个像我这样的人在身边——一个想了解他是谁的人。”

波布里奇和西姆决定结婚，西姆问麦昆能否帮她做一件婚纱。

“当然，没问题，”他回答道，“我们这就去砖巷（Brick Lane）淘点丝绸。”

二人来到伦敦东区的印度布料商店，淘到了一些米色、牡蛎色的丝绸。回到图庭贝克的工作室里，他把面料搭在西姆身上，这里那里各别上大头针，拿起他的大剪刀，直接在西姆的身上裁剪起来。

不出几个小时，麦昆就做好了一件 20 世纪 30 年代风格，有不规则领口的双色吊带裙。他用手拧了其中一根吊带，整条裙子没有挂钩和拉链。西姆的披肩，他用两层浅蘑菇灰白色的薄纱制作了一件吉利式的茧形外套，他还用布料做了玫瑰花瓣和蝴蝶，夹在两层纱之间。麦昆也给新郎做了一件马甲，为了和新娘的茧形外套相呼应，也用了一层纱包着玫瑰花瓣和蝴蝶。麦昆没有向这对夫妇收任何费用——这是送给他们的结婚礼物。

尽管有一些工作收入和福利补贴——麦昆和昂格拉斯都在领着政府失业救济金——他们依然囊中羞涩。麦昆回比格斯塔夫路的家探望父母时，他的母亲回忆道：“他太穷困潦倒了，连坐公交车回家的钱都没有。通常都是我叫一辆出租车去接他，再把冰箱里所有的食物清理出来打包让他带回去。他总是饿肚子，因为这样他能省出一匹布料的钱来。”

麦昆和昂格拉斯没有工作的时候，就会一起去城里玩。“我们形影不离，”昂格拉斯回忆——毫不掩饰他们互称对方为“姐妹”。二人的社交活动非常简单，“我们可能会从苏荷区附近的某个地方开始，比如老康普顿街上的同性恋酒吧 Comptons，再串几个酒吧。”昂格拉斯说，“然后，通常会在一些不太正经的地方结束，就比如一个叫‘Man Stink’的夜店。我的天呐！我们爱那里。那儿音乐很躁，客人们也很火辣。”

麦昆身边的每个人——昂格拉斯、布罗、猎头爱丽丝·史密斯——都劝他赶紧成立自己的公司。他不置可否，仍然想在某个时装品牌那里谋得一份“合适的工作”。为了支付账单，也为了打发时间，他不停地做衣服，做各种关于材料、廓形、工艺的实验。昂格拉斯回忆道：“不久，一个新系列开始成形了。”

他的设计部分参考了20世纪70—80年代尼加拉瓜大革命中的桑地诺尼族解放阵线的支持者：麦昆收集了失踪人和被谋杀者的肖像，昂格拉斯把它们在便宜棉布上印成黑白图案。麦昆用这些印花布做了一件溜冰短裙和一件小背心。他还加入了罗伯特·德尼罗（Robert De Niro）在马丁·斯科塞斯（Martin Scorsese）1976年导演的心理电影《出租车司机》（*Taxi Driver*）中饰演的特拉维斯·比克尔（Travis Bickle）的照片——麦昆被德尼罗剃莫西干头[1]的场景迷得神魂颠倒。他们在莱斯特广场附近的一家商店找到了那个场景的海报，昂格拉斯放大了整张图片，把它印在灰色的塔夫绸上，最后被麦昆做成了一件长背心。他把这个系列命名为“出租车司机”（Taxi Driver）。多年后，这个系列被他的朋友们和一些专家解读为对他父亲的致敬。但是昂格拉斯并不同意这种看法：“我觉得这个系列更多地在反映德尼罗那股难以言表的操蛋劲儿。”

麦昆用了很多新材料来进行实验，比如说乳胶，他用这种材料进行包边，来替代传统的锁边方法。在一些衬衫的背面，他把拉链暴露在外面——他从麦基特里克那里学来了这一工艺，又重新进行了改动。他加入了羽毛的元素，昂格拉斯从乡下收集来各种羽毛，鹧鸪的羽毛被夹在透明的塑料浴帘里，做成了一件运动背心；野鸡尾羽则被竖直地粘在一

1　莫西干头：又称“飞机头”，一般指的是头部两边剃光或剪短，头部中间头发留长的一种发型。——译者注

件皮背心的领口，托住脸庞，像伊丽莎白时代的轮状衣领。“这里参考的东西就很多样了，”昂格拉斯坦诚道，“但它们看起来结合得很好。”

最重要的是，麦昆设计出了一种全新的低腰线裤型，命名为“包屁者”，因为露出了臀沟的顶部，这是他认为的“没有被展示出的性感地带”，昂格拉斯说。在时尚界，鲜有人能真正创造出一种新的轮廓。20世纪20年代，可可·香奈儿创造了她柔和、不紧身的轮廓；1947年，克里斯汀·迪奥（Christian Dior）创造了蜂腰大裙摆的新风貌；1958年，伊夫·圣·罗兰则创造了梯形轮廓（也就是今天的A字轮廓）；1960年，玛丽·昆特创造了迷你裙。大多数时装设计师终其职业生涯以试图创造“新东西”，终究壮志难酬。而麦昆，则在毕业后的第一个系列中就做到了。

随着新系列的完成，麦昆意识到，他得为自己的公司取一个名字。伊莎贝拉·布罗一直建议麦昆用自己的中间名，亚历山大，而不是他的名字，李。因为亚历山大听起来远比李要高贵，并且充满力量——“就像亚历山大大帝”。事实上，据麦昆后来说，他想到要用亚历山大作为公司名，是因为他还可以继续用李·麦昆的名义领福利救济金。

接下来，他需要的是商标。麦昆有一个想法：在他的毕业系列“开膛手杰克跟踪他的受害者”中的拼贴裙上，他用了塑料小方块，里面密封着人的体液和头发，以此来代表受害者们的遗体。麦昆决定沿用透明的塑料方块来作为他的商标，在里面放上一绺头发。头发可以呼应很多不同的场景。首先，他说，在维多利亚时代，“妓女会售卖装有她们发束的锁扣，人们买来送给自己的情人。”头发同样也具有纪念意义，比如维多利亚时期的女人会把她们新生宝宝的一缕头发保存在纪念盒吊坠里，戴在身上；美洲印第安勇士会割下俘虏的带发头皮作为战利品；连环杀手也会保留受害者们的头发。在第一批商标里，麦昆用了他自己的头发。

为了打响招牌，也为了争取几笔销售量，布罗带麦昆绕着伦敦城拜访经销商，展示自己的服装。他们的第一站是到布朗斯百货见乔安·伯斯坦。“他带了几件成衣，塞在一个塑料大垃圾袋里，”她说。“我在楼上看到衣服挂到了架子上，说，‘我们来看看衣服吧。’他只是站在那儿，手足无措。那几件成衣的剪裁极其出色。我对伊莎贝拉说：‘这个男孩真的很有天赋。别放弃他，引导他。我现在不能把它们作为一个系列买下来，因为这还不是一个成型的系列。’但这几件成衣，已经定义了他是一个什么样的人。”

伦敦时装周仍然墨守成规。经济衰退使买手们不得不缩减差旅和采购预算；国家贸易和工业部大幅削减补贴；加利亚诺、凯瑟琳·哈姆内特（Katharine Hamnett）、里法特·沃兹贝克，还有威斯特伍德纷纷把新装发布会挪到了米兰或是巴黎。为了重整旗鼓，1993 年年初，英国时装协会宣布他们将邀请 6 个有抱负的设计师，参加 3 月份在丽兹酒店举办的伦敦时装周贸易展，届时将有 60 名专业人士展示自己的新系列。申请者的时装从业时间不得超过两年，并提交设计样品，由英国时装协会成员及媒体委员会进行审核方能入围，麦昆成功入选。

按理说，新人的首秀应该充分展示专业性，应闪耀全场。实际上，至少对麦昆来讲，这更像是一场乱七八糟的闹剧。由于没有钱，他只能把自己的衣服挂在塑料衣架和电线上。而且他从来都是伦敦东区人的做派，穿着漫不经心。破洞牛仔裤、迷彩 T 恤，还有溅满染料的靴子——

就这样面对一群记者和服装销售商们。与此同时，伊莎贝拉·布罗则踩着她的细高跟，在场内跑上跑下，上气不接下气地告诉她见到的每一个人，务必去看一眼麦昆的衣服。

在麦昆展出的十几件衣服中，不乏闪光之作。有一件夹棉银灰色丝质外套式裙装，领口镶有珠宝，设计灵感来自一把安妮女王风格的扣式椅背软垫椅，面料是麦昆从苏荷区伯威克街市场淘来的。外套的前身精致优雅，背后的设计则十分大胆：麦昆将背部的中缝打开，露出穿着者的脊椎。它的正式名称为“红花侠”（Scarlet Pimpernel）外套，麦昆给它标价 800 英镑。《泰晤士报》称它为“专为女王享用的甜点”。

“有很多人拥过来，”在场帮忙的塞西莉亚·波布里奇说。但是麦昆并不很乐意听到他们的反应和问题。“那个时候，人们对麦昆还不太熟悉，”塞西莉亚坦诚。“每当听到人们对作品的评论，他都会产生很强的戒备心。他做了很多研究和思考——他把所思所想都注入到了作品中。他要告诉人们，这并不是一件拍脑门之作，他做的所有东西都有其理由。他希望人们理解这一点。”

《观察家报》的露辛达·阿尔福德（Lucinda Alford）似乎明白了麦昆的意思。在一篇对设计新人来讲篇幅长得很慷慨的评论中，她写道：“麦昆的第一个系列展示了他作为制版师无可挑剔的技巧……包括最有意思的绕切工艺……（而且）执行得一丝不苟……和马丁·马吉拉、约翰·加利亚诺一样，麦昆认为，他的设计更富含艺术性而非商品；他说，他对大批量销售不感兴趣，很乐于给少数经销商供货。”

贸易展闭幕了，昂格拉斯和麦昆把衣服收回塑料垃圾袋里，出去庆功。他们直奔 Man Stink 俱乐部。为了省下存包费，他们把那几袋衣服藏在了俱乐部的大垃圾箱后面。几杯雪利酒下肚，又跳了一会儿舞，他们便跳上出租车回家了。

第二天早餐过后，他们想起了落在巷子里的那几袋衣服。麦昆急忙赶到那里，但衣服消失得无影无踪：收垃圾的人已经来过了，把这里清理得一干二净。

尽管麦昆迎来了碰头彩，但是否要继续做自己的品牌他仍然很矛盾——责任过大，资金短缺，还有对失败挥之不去的恐惧。找一个稳定的助理工作，领一份稳当的薪水，仍是他的当务之急。他一边找工作，一边不停地做衣服，尽可能地卖掉它们。

一个下午，伊莎贝拉·布罗邀请麦昆到她在伊丽莎白街的家里，把他介绍给了英国版 *Vogue* 杂志新上任的初级编辑蒂娜·拉科宁（Tiina Laakkonen）。

“蒂娜，你得让他帮你做衣服。”她说，“他一定得为你做衣服。”

拉科宁很快就喜欢上了麦昆。“他是个很可爱的人，”她回忆道。拉科宁是芬兰人，原来是模特，在巴黎学过时装设计，在 Chanel 做过卡尔·拉格斐的助手，也在 Lanvin 工作过。她一眼就看出了麦昆的潜质。“我看到他作品的那一刻，就想：‘哇，太有意思了，实在是与众不同’，”她说。“如此漂亮、精致、复杂的衣服，出自一个与它们气质截然不同的人之手——至少在表面上看如此。我完全被震住了。”

“你会做得和伊夫·圣·罗兰一样好的，”她告诉麦昆。

“哦，这他妈怎么可能，”他回答。

“我说的是真的，”她坚持。“你一定会是下一个圣·罗兰。”

那天，伊莎贝拉和拉科宁想带麦昆在 *Vogue* 杂志试装，但伊莎贝拉后来解释说，“他们不会让麦昆进 *Vogue* 杂志的办公室的，他的牙齿看起来像巨石阵。”所以伊莎贝拉和拉科宁趁午饭时间其他工作人员不在之际偷偷地把他带到服帽间。

和伊莎贝拉、崔西一样，拉科宁也管麦昆叫“亚历山大”——从来不喊他李。“李是伦敦东区小混混的名字，”她解释道。她会让麦昆帮她定做夹克，麦昆保证“没问题”，但会要求她提前支付 80 英镑的面料钱，而且一般要现金。如果她想要做套装，他会上下打量，琢磨她会穿什么样的套装——但他一句话也不会说，甚至连颜色都不说。有一次，拉科宁抱怨说，试穿时裙子臀部有点紧，他立即拿出剪刀，一刀剪去下摆，裙子转瞬变成了一件上衣。

大约一周后，麦昆在午餐时间又来到 *Vogue* 编辑部，带着一个塑料垃圾袋。“从塑料袋里拿出来的，是我见过的最美的衣服，”她说。有新上衣和连衣裙，风格和颜色都令人惊喜，也有他灵光闪现做出来的、认为适合她的衣服。

回到图庭贝克，麦昆则被圣马丁新近毕业生侯赛因·查拉扬（Hussein Chalayan）的毕业设计“切线流动”（The Tangent Flows）深深吸引了，甚至昂格拉斯都说他“着迷过了头”。查拉扬做了几件丝绸连衣裙，然后把它们埋进后院的土里，用几周的时间让它们自然腐烂。这些裙子在毕业作品展那天震惊了全场，和近十年前加利亚诺的“难以置信”系列一样，也被布朗斯百货收入囊中，在商店橱窗中进行展示。媒体显然喜欢后院土埋衣服的故事，对此大肆进行渲染，伊莎贝拉·布罗也紧紧抓住查拉扬，视其为新的“潜力股”，这让麦昆更加恼火。

麦昆决定借鉴查拉扬后院埋衣让其腐烂的想法，青出于蓝胜于蓝。他把白色雪纺绸搭在人体模型上剪裁，做出了一条美丽的连衣裙。在昂格拉斯的记忆中，那条裙子“实际上非常浪漫”。他们买来一些红色黏土，掺水把它们浸湿，撒在裙子上，把裙子在后院挂了几周。黏土让面料变得脏兮兮的，并在上面干燥、结块、脱落。最后，裙子变成了砖红色,还有一小块一小块的黏土嵌在面料里。据昂格拉斯说,这种效果“非常有《火之战》(*Quest for Fire*)的风格”，麦昆参考了法国导演让－雅克·阿诺（Jean-Jacques Annaud）的这部史前幻想片。

不久，一个系列初具雏形。除了《火之战》之外，麦昆再次参考了萨德侯爵的《索多玛 120 天》。“我发自内心地认为萨德在他那个时代，是一个伟大的哲学家，”他解释道。“人们只觉得他变态，我反而发现了他在激发人们思考方面的影响力。”

薇薇安·威斯特伍德曾经说过，朋克正是植根于“把一切都搞砸”，毁灭一切，以创造新世界。“以破为立的思路对李有强大的说服力，”昂格拉斯说。麦昆开始研究洪水、火灾和干旱等自然灾害如何创造出原始的风景，在这片处女地中新生命又将如何诞生。《国家地理》杂志是他最喜爱的资料源泉：它残酷而真实地描绘出社会、自然、人类的各种图景，这让麦昆十分着迷。一篇反映蝗虫肆虐非洲大陆，千亩谷物毁于一旦，导致大范围饥荒的报道尤其令他震撼。

同时，他也在用塑料保鲜膜做实验。比如他用莎纶牌保鲜膜来保护裙子的形态，防止“湿的泥浆、液体乳胶，还有其他我们想甩到、滴到、涂到裙子上的东西污染裙子”，昂格拉斯解释道。麦昆发现，仅仅用保鲜膜本身就可以创造出一条完美的裙子；他需要做的只是在背后把它裁开，再把拉链缝上去。他这么做了，“真是个美丽的错误，”昂格拉斯说。

麦昆意识到，这是他可以表达自然带来的巨大破坏的方式：他把甲醛处理过的蝗虫盖满保鲜膜做成的直身连衣裙，就像蝗虫正在吞噬穿裙子的人——这个时尚的终极受害者。昂格拉斯的任务是把虫子逐个缝制在衣服上。

麦昆和昂格拉斯在图庭贝克的后院用乳胶做实验。一天下午，昂格拉斯不小心踢到罐子，把它踢翻了，乳胶溢出来，流到混凝土天井的排水盖上。将错就错，麦昆又往那上面扔了一把亮片。那些闪闪发亮的乳胶干燥后，他们把它从排水盖上剥下来，上面便印出了排水盖格栅状的纹路。他们决定把它用在一件衣服的前身。

伊莎贝拉·布罗、波比·希尔森、爱丽丝·史密斯、克雷西达·派伊以及西蒙·昂格拉斯都催着麦昆赶紧办一场真正的时装秀。麦昆同意了，场地定在了切尔西区的蓝鸟车库——这栋装饰艺术风格的建筑由蓝鸟汽车公司于 1923 年建成，曾经是欧洲最大的停车场，可以容纳 300 辆轿车。（现如今，这是泰伦斯·康兰名下的一个餐厅）秀的时间安排在了 10 月 18 日，一个周一的下午。麦昆为新系列命名为“虚无主义”（Nihilism），因为它的主题是反浪漫主义的。

麦昆为模特们做了现代朋克的造型，用泥土抹出青一块紫一块、脏乎乎的样子，眼妆看起来则像是瘾君子，再梳个性手枪乐队贝斯手席德·维瑟斯那样的发型，也就是染成红色的莫西干头。这些造型的灵感来自伊卡，《火之战》中的女主角。

这场秀吸引了 300 多人前来观看——一些是时装编辑，更多的是中央圣马丁的学生们——他们涌进一楼仓库般、响彻着浩室音乐和暴女音乐的场地里。场地里只有几排座位，伊莎贝拉·布罗和麦昆的母亲坐在前排中间的位置，大多数观众只能站着。

秀开场晚了约半小时，DJ 开始播放音乐，有涅槃乐队，有 L7 乐队的歌曲《假装我们死了》（*Pretend We're Dead*）和墓园三人组（Cypress Hill）的《我想嗨起来》（*I Wanna Get High*），旋律中夹杂着寂静无声。模特们爆发出一种强硬的态度，冲过人群。一个女孩一路弹跳着走过 T 台。另一个模特，是圣马丁学生，名字也叫李，外貌看上去既像男孩又像女孩，光裸着上身走了出来，雌雄难辨惊呆了观众。许多模特在走过人群时只是竖起了中指。

麦昆也在秀中植入了一些加利亚诺式的元素——他玩了一些加利亚诺毕业秀中“不可思议的女人”的造型，还用水浇淋模特，让衣服紧贴在她们的皮肤上，就像加利亚诺在“堕落天使”秀上做的那样。只是，加利亚诺对那个时期的解读更具历史感和戏剧性，麦昆的设计更大胆而现代，带有悍然的性感：光滑的象牙色无袖直筒裙胸部设计得紧紧箍住模特的乳房，如“施虐—受虐”的束缚带般充满情欲；用保鲜膜做成内裤；裤子的后腰线剪成低低的 V 字，露出了股沟；还有长裤“包屁者”，是他对电影《出租车司机》的再次借鉴，超低的腰线让模特们必须要在后台先刮掉自己的阴毛。一件 T 恤上，横跨胸部醒目地印有他的标识，叠加的两个血手印抹在整个正面，仿佛暴力杀手在最新的受害者身上留下自己的标记。

如果说加利亚诺是个浪漫主义者，麦昆便是个色情狂，是时尚界的拉里·弗林特[1]。他不相信边界的存在，在他眼里没有出格的事情。一切百无禁忌。他接受人性中的残暴，并不试图压制它。他不想把女性置于神坛之上，奉她们为不可方物、遥不可及的女神。他想为女性助力，帮助她们把自己性别的力量发挥到极致。

“那场秀把我看懵了，所有人都面面相觑，”昂格拉斯说。

“哇，我之前放纵过吗？”在观众爆发雷鸣般的掌声喝彩时，波比·希尔森冒出了这样的想法。

“那是他独特的视野，不是别人的，”希尔森现在说。“他把你带进了他的世界，让你看他的幻象。你好像来到了另外一个世界。”

接下来的几天，为数不多的几个观看了这场秀的记者对麦昆不吝赞美、不惜笔墨，给了他大量版面赞扬他的首秀。“这是本季最后一场秀，为编辑们带来期待已久的英国人那种激进 的时尚态度，”《纽约时报》的时尚评论人艾米·斯宾德勒（Amy Spindler）写道。“但用麦昆先生冷酷无情的眼光看，最出色的莫过于他的爱德华式夹克的剪裁……（麦昆）的秀很难被人接受，但至少它为伦敦时装的身份危机提供了一个解决方案。”

《每日电讯报》的凯瑟琳·塞缪尔（Kathryn Samuel）认为麦昆的秀“沿袭了威斯特伍德和加利亚诺的传统，激发出多少厌恶排斥就伴生出同样多的赞美渴求”。

1　拉里·弗林特（Larry Flynt）：美国出版商，创建了一个色情出版帝国拉里·弗林特出版集团，出版有多本杂志和色情录像带，其中知名度最高的是杂志 *Hustler*（皮条客）。——译者注

“麦昆，来自伦敦东区，仅仅 24 岁。他的作品诉说了伤痕累累的女性、充满暴力的生活、日常生活的艰辛，为了排遣痛苦，她们一头扎进夜店，穿上半裸的服装，靠疯狂的毒品、刺激的夜生活来逃避，”《独立报》（*The Independent*）的马里恩·休谟（Marion Hume）观察到，“因此，他的衣服可能比裙裾窸窣作响的 Valentino 晚礼服更能准确地揭示现实生活。”

然而，大多数英国时尚媒体对这场秀不是视而不见，就是大加抨击。《标准晚报》（*Evening Standard*）的大卫·海耶斯（David Hayes）愤怒地批评，麦昆这些“溅满血的‘魔女嘉莉’式连衣裙，野蛮的朋克头，宿醉后的妆容就像是直接从哈默恐怖片[1]里走出来的。”

而经售商的反应更令人满意：据报道，麦昆的这个系列卖出了 200 件单品。对于成熟的品牌来讲这样的销售成绩并不起眼，但对刚起步的麦昆而言，简直是一笔巨额订单。可惜的是，麦昆没有自己的生产商，所以这个系列的服装都没有生产，订单也并没有完成。

伊莎贝拉·布罗仍在想方设法让麦昆的服装登上英国版 *Vogue* 杂志：在制作 1993 年的 12 月刊时，她的顶头上司，主编亚历山德拉·舒尔曼（Alexandra Shulman）安排她协助美国著名摄影师史蒂文·梅赛尔（Steven Meisel），好让他为杂志的第一次拍摄得以顺利进行——尤其要帮助他给模特做好造型。伊莎贝拉想，如果把她那些贵族表亲、朋友请

1　哈默恐怖片（Hammer Horror）：由英国哈默电影公司在 20 世纪 50、60 年代拍摄的恐怖电影。哈默电影公司创立于 1948 年，自 1956 年开始，连续拍摄了许多低成本的恐怖片，很快便在英、美两国占据广大的市场。其中的代表作是以吸血鬼德库拉和科学怪人弗兰肯斯坦为主题的多部影片。——译者注

来做模特该多酷，他们当中的绝大多数人都没有这方面的经历——这简直就是把电影《光彩年华》（*Bright Young Things*）中的 20 世纪 30 年代情景重新演绎一遍。她邀请了普拉姆·塞克斯（Plum Sykes）、昂纳·弗雷泽（Honor Fraser）、路易斯·坎贝尔（Louise Campbell），还有德文郡公爵夫人的孙女斯特拉·坦南特（Stella Tennant）。坦南特来的时候装扮得极其哥特风，头发乌黑发亮，眼线涂得墨黑，还穿了一个金鼻环。舒尔曼想让她摘掉鼻环，伊莎贝拉连忙解释，这种操作可能需要请医生，舒尔曼才让步。

拍摄时，伊莎贝拉让梅赛尔的造型师乔·麦克纳（Joe McKenna）看一眼麦昆的衣服是否适合。麦昆来了，照旧从塑料垃圾袋里拿出他的衣服，麦克纳惊呆了。“我从纽约过来，那里的时尚都很成熟了，”麦克纳后来说。“我以为他会推着一架子衣服来——至少得套个防尘袋吧。”麦克纳坦率地说，刚看到那些衣服的时候，“我其实不以为然，直到把它们穿在坦南特的身上，你就看到了奇迹在悄然发生。”

“伦敦宝贝”这组照片在媒体和时尚界都大获成功——还在时尚界掀起一股贵族模特风潮，并唤起人们对英国新兴时尚文化氛围的关注。英国设计师安东尼·普莱斯（Antony Price）后来说，“这是上流社会以性感的面貌出现。以前没有人见过他们的这种姿态。（伊莎贝拉）重新包装了他们。”

遗憾的是，“伦敦宝贝”也意味着伊莎贝拉在 *Vogue* 杂志职业生涯的终结。除了坦南特的鼻环事件，这次拍摄的制作费用也很惊人，伊莎贝拉还和麦克纳为争夺权力而大打出手。几个月之内，她被解职，被贬为“特约编辑”，这意味着她成了合同工，偶尔才会有些零活做。本来她就终日担忧自己会破产，尤其是 1993 年 1 月她父亲去世，几乎没有留给她任何遗产。失去这份全职工作加剧了她的忧虑。

麦昆的经济状况更是入不敷出，他和昂格拉斯被迫退掉了图庭贝克的房子。他搬到了姐姐珍妮特在达格纳姆的政府公屋的一楼。公屋位于东伦敦的偏远郊区，必须要搭乘通勤火车才能到那儿。他的一日三餐基本靠快餐果腹。其实，那段时间，他还在吃巨无霸时弄掉了一颗烂门牙。缺牙的豁口让他很是难为情，却也无能为力——他实在是囊中羞涩，补不起牙——这让他看起来更加粗野吓人了。

尽管麦昆的母亲、姑姑和姐姐们都坚定地支持他刚刚起步的时尚事业，但他的父亲依然在催促他去找一份有稳定收入的体面工作。甚至麦昆本人也无法说服自己，是不是走了一条正确的路。新年伊始，他与老朋友约翰·麦基特里克约在东区喝酒，当晚，麦昆一直在反思，态度也十分坦诚。“我从来没有真正想过做一名时装设计师，”他告诉麦基特里克。“我希望自己能做战地摄影师一类的工作。”

然而，时尚是他已然走上的道路，他决定至少在此刻，拼尽全力继续走下去。还在图庭贝克的时候，他和昂格拉斯已经开始为 2 月底的新一轮时装秀准备新系列。麦昆选择了“爱尔兰民间传说，船只沉没，女妖哭泣”作为中心主题，他说，因此他给这个系列命名为“女妖”(Banshee)。

但这是麦昆的作品，一个系列从不只基于一个想法；天上地下、四面八方的灵感一齐涌来，汇合不和谐的噪声，通常还有一丝变态或恐惧的意味，“因为，”他解释说，“我身上有太多矛盾冲突的地方……我不会像芸芸众生那样想问题，我的想法有时候比较变态。”这个系列的一个重要主题是路易斯·布努埃尔的电影《白日美人》，以及压抑的概念——“那些被压抑、孤单的人们发现，突然之间他们生命的一部分关闭了，”他说。

“虚无主义”秀，1994 春夏系列。

朱利安 · 麦克唐纳为 McQueen “女妖” 系列制作的 “把你的奶子亮出来”（Get Your Tits Out）针织衫，1994/95 秋冬系列。

McQueen“群鸟”系列中的保鲜膜服装，
1995 春夏系列。

McQueen“群鸟”系列中的“包屁者”，
1995 春夏系列。

几周过去，“女妖”系列渐渐成型。他们从希腊雕塑中受到启发，用石膏模压制成胸衣；精致剪裁的黑色丝质西服，搭配小精灵般的肩部，长长的袖子，腋下被切开；以及受水手装启发而作的包着金色绲边、喇叭袖的夹克。长裙的上半身为线条简单朴素的紧身胸衣，带帝国式腰线，下身为飘逸的薄纱礼服裙——亦刚亦柔，有束缚也有流动。有些衣服的领子高得像牧师服的领子，有的则是伊丽莎白时代的勺形领口，还有的袖口宽大，胸围线装饰着深 V 字形金穗，像弥撒祭服。

他再次搬出了“包屁者”——仅仅两个系列，这已经成了麦昆的标志，并掀起了一股时尚潮流：其他的设计师也纷纷把裤子的腰线降低到臀部。麦昆对“包屁者”会走红深信不疑，正如他所说：“它（‘包屁者’）露出了人类身体上我真正喜欢的一部分，我认为直男和女人也同样喜欢。”在这个系列中，他开发出了一个新版本，名叫“Cuntster”：只有两条长及股部的裤腿，穿的时候用假发胶带把裤腿粘在大腿上。Cuntster 用来搭配一件长上衣，衣服下摆正好遮住裸露的骨盆部位。

通过伊莎贝拉·布罗，麦昆认识了一个威尔士小伙子，名叫朱利安·麦克唐纳（Julien Macdonald）。他正在上面料专业，此时在麦昆的老东家立野浩二那里做实习生。麦克唐纳善于做针织衫，见到麦昆，他给麦昆展示了几件用透明鱼线新做出来的针织样衣。“李从来没见过针织衫可以用这么不寻常的材料，觉得十分有趣，”麦克唐纳回忆道。“他迅速勾勒出一件毛衣的草图”——那是一件高领套头衫，胸部有透明的长方形镶条，能透出乳房——“他叫这件衣服‘把你的奶子亮出来’，爆发出狂笑。他喜欢令人咋舌的价值观，他还告诉我，这让他想起了前一晚在一家夜店里看到的恋物癖服装。”

麦克唐纳拿着麦昆的草图，回到他在布莱顿的学生集体宿舍。在他的小卧室里，他用家用缝纫机开始制作这件毛衣。他用马海毛、卢勒克斯金银丝线和钢丝制成了毛衣的高领、肩膀、底部和袖子，然后使用透明的鱼线制作可以露出乳房的那部分镶条。他花了一个星期做这件衣服，因为“鱼线总是从机器上滑下来”。麦昆特别喜欢，让麦克唐纳以这个主题再做 3 个不同的款式。

一天晚上，昂格拉斯来到达格纳姆麦昆的公寓，发现他用黑色塔夫绸制作了一件令人惊艳的宽下摆长大衣——昂格拉斯想，这得花好几天才能做出来吧——但麦昆却想让昂格拉斯把树脂倒在上面。昂格拉斯断然拒绝，他觉得这件外套实在太美了，不忍心用树脂破坏它。麦昆仍坚持让他倒树脂，昂格拉斯只得迟迟疑疑、小心翼翼地往外套上洒了几滴树脂。

“不！”麦昆吼道。“泼满！”

于是，昂格拉斯把树脂倒在外套的肩膀处，树脂顺着外套缓缓地流下来，在滴落的同时凝固起来。“看起来就像黑色的玻璃，”昂格拉斯说，“下摆和袖口上挂上了树脂碎片，实在太漂亮了。”

因为麦昆的穷困潦倒，他的新系列和时装秀的开销都是通过社会福利金来支付的。现金则靠麦昆口中的“律师”德特马·布罗接济；还有史黛拉啤酒，一个记者称其为“迫切需要的赞助商”。他很清楚，他需要服装经销商们的订单，同时生产出满足订单的服装，才能继续走下去。“去年，”他说，“我想给伦敦响亮的一击，‘来吧，多搞些新花样。’但这次，会更讲究做工，并且会更适合销售。我的目标是把萨维尔街的工艺和成衣结合起来。”

但他的工作远不止于此，他也深知这一点。比如说一件双排扣、宽下摆的大衣，据他的阐释，“是用 16 世纪的方法剪裁的。这种方法以建筑学为依据，以地平线为基点，这样你就得到了一个可以摆动的平面。我的意思是，在成为时装设计师之前，我得先成为技术专家；在成为技术专家之前，我还要成为施工人员。这就是我工作的方式，就像一个拼图游戏。”

麦昆成为伦敦时装周官方日程表上的 29 名设计师之一。他的秀被安排在 2 月 26 日周六，作为时装周的闭幕大秀——伦敦时装周组委会很清楚，他的秀会是这群设计师中最棒的。

伊莎贝拉·布罗给她所有在时尚界有权势、有影响力的朋友打了电话，坚持要他们出席麦昆的秀。“如果你只看一场秀，”她说，“那一定是麦昆的。”

每一个来帮忙的人——灯光团队、化妆师、发型师，还有模特们，有的是她上流阶层的时髦朋友，另外一部分人，据迈克尔·罗伯茨回忆，则是“不同种族、体型，甚至性别都难以辨认的街头人士”——他们来帮忙都是无偿的。麦昆特别喜欢用女同性恋者做模特，对此他解释道：“如果有人来跟我说她们恨某样东西，这个人一定是个‘蕾丝边’。她们绝对不穿那些不重视性取向的人做的衣服。”

蒂娜·拉科宁，那场秀的模特之一，还记得那天的一切有多么“即兴发挥”：“完全没有试装这个环节。你一露面，他就说，‘我想要你穿这个，我想要你穿那个。’我们还得穿自己的鞋上台，因为他那儿没准备鞋。他完全没有一场‘时装秀’的概念——完完全全是自然状态，是日常的状态。”大秀开始的 30 分钟前，麦克唐纳带着他做的几件毛衣从布莱顿赶到秀场。麦昆的妈妈乔伊斯在后台，端着托盘用自己做的三明治，沏茶招待大家，嘴边永远叼着一根烟。

麦昆要求化妆师给模特们化出像爱德华·蒙克（Edvard Munch）的油画《呐喊》（*The Scream*）一样的妆容。“我们的脸用偏灰调的粉底打得煞白，脸颊上用灰色和棕色阴影粉打出凹陷感，”普拉姆·塞克斯，为他走秀的一个“伦敦宝贝”回忆道，“亚历山大要的就是令人震惊和不安——他说到也做到了。这场秀上的所有女孩都像是时髦而丧气的骷髅架。”

发型师尤金·苏莱曼提议把 McQueen 这个标识用漏字板和金属色颜料喷在模特的头发上。麦昆很喜欢这个想法。“太像在玩时尚版的旋转滑梯，”苏莱曼这么评价与麦昆的共事。“你永远不会对自己做的事感到满意，但这恰恰启发了你，那种不安全感，又交织着害怕和激动。你永远不确定事情会向哪个方向发展……和他工作，你得非常勇敢才可以。但和他在一起，你又会变得更加勇敢。”

当天没有多少时尚玩家出席。除了罗伯茨和伊莎贝拉·布罗，还有马诺洛·布拉尼克，一些日报记者、独立杂志编辑，仅此而已。其他观众是圣马丁的学生和亲朋好友。

秀开始的时候，全场几乎鸦雀无声。一位临盆在即的女模特走出来，穿着黑色的伊丽莎白时代的宽袍，她剃着光头，头颅的一侧印着银色的 McQueen 标识。这个造型来自荷兰绘画大师扬·凡·艾克（Jan van Eyck）1434 年的杰作《阿尔诺菲尼夫妇》（*The Arnolfini Portrait*）。紧随其后的是一件古希腊风格的裙装，制作时用了熟石膏。模特穿着白色长裙，上身部分被风干后又开裂的石膏覆盖，所以当她行走的时候，石膏碎片像风铃一样叮当作响。

新装不断亮相，音乐越来越高亢，越来越有金属感。伊莎贝拉·布罗——头发上同样漏印着 McQueen 的字样——走上台，一个转身，她穿的上衣装饰着史黛拉啤酒瓶的碎片。普拉姆·塞克斯展示了两套服装，第一件是肉色亮片连衣裙，第二件是航海风格的迷你裙，配以巨大的军装式袖口——这套衣服她非常喜欢，后来麦昆送给了她。拉科宁穿的是那件浇了黑色树脂的塔夫绸大衣，在 T 台尽头她退得太猛，树脂戏剧性地被撞碎。

模特蒂泽尔·贝利（Tizer Bailey）则穿了全新的“Cuntsters”，当她停下为摄影师们做定格动作时，撩起上衣，装作把手指伸进了私处，然后轻轻地嘬了一下手指，转身离开[1]。此时秀场响彻一个饶舌女歌手的咆哮：“我是个婊子吗？是！我是个妓女吗？不是！你想做爱吗？来吧！”

“我妈妈当时就坐在前排。她确实被吓到了，但她能理解我背后的意图，”麦昆说。“通常是黑人男性饶舌歌手说，‘来做爱吧，’但这次，是女人说的。”

秀结束后，迈克尔·罗伯茨来到后台。“没有丝毫迟疑，（伊莎贝拉）带我在一排排衣服之间穿梭。它们和日本设计师们第一次席卷巴黎时展示的服装潮一样，与众不同，新奇，难以理解，”迈克尔说。“麦昆过来跟我打招呼。他说话结结巴巴，胖嘟嘟的，一张天真烂漫的娃娃脸应该去给婴儿食品做广告。他让伊莎贝拉替他说话，然后就跑掉了。”

出席这场秀的、为数不多的记者们明白，他们见证了一些极其特别，而且全新的东西——英国同性恋报纸 *The Pink Paper* 的记者马克 · C. 奥弗莱厄蒂（Mark C. O’Flaherty）称“女妖”系列“有一种兼收并蓄的风格，

1 此处作者笔误。做这个动作时蒂泽尔 · 贝利没有穿 Cuntsters，她在倒数第二个再次出场时才穿了这条裤子；定格后，她先嘬了下手指，再将手指假装伸进私处。——译者注

充分渲染了浪漫气息，但又带有侵略性”，以及“德里克·贾曼（Derek Jarman）在最好的电影里也没制作出来的服装”。奥弗莱厄蒂尤为赞赏的一点是，麦昆不像他的大多数同龄人，他们“全盘吸收薇薇安·威斯特伍德的作品，照本宣科”，而他的作品100%是自己的东西。麦昆“已经展示出了自己的个性，到本世纪末，他将取代薇薇安·威斯特伍德，成为英国最伟大的时装大师”。

但是大多数英国时尚界人士并不认同这一观点——尤其是伊莎贝拉·布罗在英国版*Vogue*杂志的同事们，他们认为麦昆一无是处，根本不值得为他浪费时间。结束伦敦的秀和预售工作后，他跑到巴黎时装周观看了几场秀。有一场秀结束后，他和伊莎贝拉、拉科宁一起搭*Vogue*英国团队的便车，拉科宁看到*Vogue*整个团队视麦昆和布罗为透明，为此她大为震惊。

麦昆则以直截了当、粗粝通俗的反应加以回敬。

关于时装设计中的解构主义渐成潮流，他嗤之以鼻：“我能够解构，首先是因为我能建构。对于其他很多人来讲，这只是不需要太多天赋的方式。”

科林·麦克道尔最近在时尚界发起了一场辩论，质疑男设计师是否能够为女性做出好的设计，麦昆猛烈抨击了这位德高望重的英国时尚作家：

“真是一派胡言。他他妈的就是个永远正确的女王。女人的身体和任何身体一样，有赘肉，有脂肪团，你大可以充分利用它。我要让一个女人看起来性感、时髦又漂亮——绝对不会让她们邋邋遢遢。”

他把最严厉苛刻的话留给了英国的媒体，因为麦昆对英国媒体已经深恶痛绝。他们之间交恶的爆发尤其是因为他的坦诚和先见之明：

“我总想把我的观点摔到人们脸上，”他告诉奥弗莱厄蒂。“如果我看到像苏西·门克斯这样的人坐在秀场的第一排，穿着他妈的 Christian Lacroix，那我敢肯定，我的某个模特会让她极为不爽。你明白我的意思吗？这些人可以成就你，也可以毁掉你，他们爱你只是一瞬间的事。我的名字现在可能被所有人挂在嘴边，但这些人也能杀了你。”

纽约时尚公关公司 In The Mix 的老板德里克·安德森，邀请麦昆到纽约再办一场“女妖”秀。这堪称天时、地利、人和：美国版 *Vogue* 杂志刚刚发表了一篇文章，宣称“伦敦又热辣新锐”，开篇即专门介绍了麦昆和“虚无主义”秀。“隐形胶带做的丁字裤、透明的塑胶鞋、喷了银色颜料的双腿、尖刺般竖起的头发，这一切都暗藏了很多观点和想法……这一切终将会出现在其他设计师的 T 台上。”这正是麦昆急需得到的主流媒体的认可。

在纽约期间，安德森给麦昆争取了一个《女装日报》的采访机会——对这样一位年轻的设计师而言，这意味着真正的成功。一开口，他就向记者倒出了他对纽约时尚产业的真实想法，炮轰纽约时装业是由“200 个安娜苏和那个叫托德·奥尔德姆（Todd Oldham）的家伙构成的。”他还谈及对自己作品的看法，认为它们是“带有一丝变态意味的古典主义服装”。

In The Mix 邀请了纽约时装杂志的顶级大咖观看这次时装秀，有 *Allure* 杂志的创意总监波莉·梅伦（Polly Mellen）、*Interview* 杂志主编英格丽·斯西（Ingrid Sischy）和美国版 *ELLE* 杂志的时装编辑康丝坦斯·怀特（Constance White）。她们被眼前所见惊呆了：身怀六甲的新娘穿着黑色、飘逸的带帝国式腰线礼服；有透明的长款上衣和“包屁者”，一位时尚评论家这样描述“包屁者”，“（腰线）剪得如此之低，看起来就只剩下屁股和腿了”；还有装饰着军装元素的礼服式长外套和做工精美考究的西服。在一组造型中，麦昆给模特化了类似瘀伤的妆容，并用透明装箱胶带和麻绳把她缠了起来。“秀场里响起一阵喘息声，”安德森回忆。“英格丽·斯西的心脏病几乎都要发作了。”梅伦肯定地说：“我看到了时尚的未来，那就是李·麦昆。”

“几天之内，每一个重要的编辑都来看了这个系列，”安德森回忆说。“有安娜·温图尔、安德烈·里昂·泰利、哈米什·鲍尔斯（他们都来自美国版 *Vogue* 杂志）；*Harper's Bazaar* 杂志主编丽兹·提尔布里斯（Liz Tilberis）；吉尔斯·本西蒙（Gilles Bensimon）和马丁·霍珀（Marin Hopper）（来自美国版 *Elle* 杂志），他们看了这个系列后都为之疯狂。”各家杂志纷纷要求借服装拍摄；*Elle* 和 *Interview* 杂志都想做麦昆的专访。

但麦昆现在急需把衣服卖出去，这样他才能在时装行业留下来——目前来看，他在这方面做得远远不够。为了帮助他，安德森去拜见销售代理人芭芭拉·克莱默（Barbara Kramer），她在纽约有一间顶尖的时装展厅，看看她是否有可能销售这个系列，或是提供一些建议。她的一位助手当时正在与一位驻伦敦的意大利时装代理商艾欧·博奇（Eo Bocci）合作，这位代理商与让-保罗·高缇耶、比利时设计师安·迪穆拉米斯特（Ann Demeulemeester）等时装设计师有生产协议。安德森到苏荷区的一间展厅与博奇见了面，带了一些麦昆的样衣展示给他看。博奇表示非常喜欢，问麦昆回伦敦后可否安排会面。

博奇和麦昆的见面约在了苏荷区的贝尔陶克斯之家（Maison Bertaux）——就是麦昆庆祝 25 岁生日的法式甜品店。麦昆带着他的老朋友，塑料垃圾袋来了，顺手把垃圾袋放在了脚边的地板上。他们点了一些喝的，麦昆开始谈论他的梦想、他的志愿，还有他的家庭。“仅仅是跟他聊天——聆听他的想法——我就很喜欢他，”博奇现在说。“他的设计很有意思，和我见过的其他设计师完全不同，而且很漂亮。”

聊了两个小时，博奇问麦昆，垃圾袋里是什么。麦昆掏出两件衣服。第一件是红白格子的棉布衬衫，高领，比例夸张；第二件是夹克，“象牙色的雪纺，透明，双层面料，萨维尔街的剪裁工艺，完美的结构，”博奇回忆道。“在两层透明的面料之间，填充着毛发。远看这件夹克就像件平面设计作品。他告诉我那是他母亲的头发，他亲手剪下来的。”博奇以前从未看过这样的作品，他想，这简直太不可思议了。

在准备合同，并正式为麦昆的公司提供担保之前，博奇还想再看一个新系列和它的发布秀。然而，麦昆又没钱了，于是安德森通过西联汇款（Western Union）给他汇了一笔钱，让他去采购物料。伊莎贝拉·布罗认为麦昆在达格纳姆的工作室实在太偏远，便请他住到自己婆婆在伊丽莎白街 67 号的老房子里来，不过那栋房子在邻居翻修的时候遭到了破坏。崔西则搬到了隔壁的 69 号，他的帽子店至今还在那里。

麦昆和他的男朋友安德鲁 · 格罗夫斯（Andrew Groves）一起搬到了这栋破房子里。格罗夫斯比麦昆大一岁，是来自肯特的梅德斯通的年轻时装设计师，有一个自己的品牌 Jimmy Jumble，并用这个名字工作。对于这两位年轻人来说，这是他们第一段认真的亲密关系。几个月前，他们在苏荷区的同性恋酒吧康普顿遇到，一位共同的朋友介绍他们认识。格罗夫斯说：“当时我们喝得太醉了，被赶了出来。”他们坐火车回到麦昆姐姐的公寓，“忽然之间，我就成了他的男朋友和缝纫机工。”

在伊丽莎白街的那段日子十分艰难。“简直就像私占的房子——太可怕了，”格罗夫斯回忆道，“李的工作室在地下室里，像旧农舍的厨房。有窗户，所以有自然光线，但没有热水，电也需要充值才能取电，得定时到维多利亚车站去买电。一楼的前厅堆满了一卷一卷的面料卷，都是（德特马的妹妹）赛琳娜·布罗（Selina Blow）的”——她也是时装设计师，“后面那一小块地方，我们把床垫铺在地板上，就睡在那儿。”因为那里没有做饭的灶具，格罗夫斯说：“我们老是去麦当劳。”

“外面是个乒乓球桌，我们拿它来做剪裁台，”格罗夫斯继续说道，“楼上是积满尘土的老旧木地板，什么都没有，除了一盒一盒菲利普·崔西的帽子。”麦昆随意地使用赛琳娜·布罗的面料——就像他当时用罗密欧·吉利的面料那样。“但是他对菲利普很尊重，”格罗夫斯提到，“他从没动过菲利普的帽子。”

麦昆工作的时候，伊莎贝拉·布罗总会过来，谈笑风生，说个不停。“她其实会打扰到你，但也不是不好，”格罗夫斯回忆道。“我们喜欢叫她卢克雷齐娅·波吉亚[1]”——罗马教皇亚历山大六世在多次婚变后生下的私生女。“她每次来，都像个满口污言秽语的悍妇。她会看看麦昆在做什么，然后说，‘瞧瞧这个！’接着她会脱光衣服，把麦昆做的衣服穿在身上。”麦昆则会停下手看，看得如痴如醉。“他们只是在互相刺激，”格罗夫斯说。

1　卢克雷齐娅·波吉亚（Lucrezia Borgia，1480—1519）：由于家庭原因，她从小受到良好的教育，特别是学习了当时被认为大逆不道的人文学科，由此培养出对文化、艺术的热情。她一生赞助艺术家从事艺术活动，是欧洲文艺复兴运动的幕后支持者。——译者注为了第四个正式系列和第三场时装秀，据安德森说，麦昆“感到了参与这场游戏的压力”。他要证明自己可以和巴黎、纽约和米兰的顶级设计师们媲美。

这个系列的中心主题——最后也是这个系列的名字——“群鸟”，源自阿尔弗雷德·希区柯克 1963 年的同名惊悚电影。电影的氛围阴森恐怖，人物形象却时髦高雅，由蒂比·海德莉（Tippi Hedren）主演，讲述了一群邪恶、疯狂的鸟袭击人类的故事。麦昆小时候跟着瑞妮姑姑看了很多希区柯克的电影，《群鸟》是他最喜欢的一部。从时装的角度看，他被海德莉在电影中穿的铅笔裙迷住了，他形容那是“非常时髦优雅，饱含女人味的 20 世纪 50 年代轮廓”。据昂格拉斯说，他想要把这个形象做得“更加极致”。“影片中，蒂比的衣服让她步履蹒跚，这一效应使她变得脆弱——这个美丽而性感的女人被置于一个要冒极大风险的环境中，但她最后取得了胜利。这一切都十分麦昆。”

其次的主题就是“马路杀手”。这个想法同样来自《群鸟》一片中的场景，在那段情节里，每个人都在开车逃离疯狂的鸟群。对于麦昆来说，这就像蝗虫在“虚无主义”系列中所表现的：“人们面对自然的错乱时，展现出彻底的无序和脆弱。”昂格拉斯说。麦昆决定在衣服上留下轮胎印来阐释这一点——“我想，群鸟、公路、车轮胎，鸟撞在车前玻璃上的啪嗒声！”他傻傻地笑着说，然后让昂格拉斯帮他设计车轮的印花。因为他们已经没钱买物料了，昂格拉斯当时正在圣马丁教纺织品印染，便偷偷到学校的面料库挪用了一些布料。麦昆还挑出“一块难看极了的便宜的夹有金银线的黑色面料，是我们从伯威克街一个推手推车卖布头的小贩那儿买的”，昂格拉斯回忆道。这些衣服一经制成，昂格拉斯就会在接缝和细节处印上轮胎痕迹，“像是一种被压路机碾过的感觉。”

最后，麦昆想用群鸟作为面料上的主题印花。麦昆和昂格拉斯童年时都喜欢观鸟。昂格拉斯还把留存多年的鸟类图鉴拿给麦昆看。“我想要印鹰或者是乌鸦，而李选择了花园鸟类——知更鸟是一个选择。我把几种鸟放在一起，印了出来。太可怕了——就像印坏了的圣诞卡。胖乎乎的小知更鸟和四处乱飞的蓝山雀完全达不到预期的危险效果。”谢天谢地，格罗夫斯走了进来，画出一个飞燕的新印花图案。

这个系列的另一个灵感来自格罗夫斯告诉麦昆的一个故事。这是他几年前的一段经历，格罗夫斯通过一则个人广告认识了一个美国中年男子，他们约在南伦敦郊区一个诡异的地方见面。格罗夫斯到达房门口时，那个男人打开门，穿得像个美国警察。他把格罗夫斯带到阁楼上，阁楼布置得像一个地牢，放着各种古怪的装置。“在我反应过来之前，他就把我从头到脚用（塑料的）包装膜缠了起来。”格罗夫斯说，“显然，我可能会被剁成碎块、被谋杀，但这房子，还有房间里的布置、用品是那么简陋，以至于我完全没有想过会发生这种情况。”格罗夫斯事无巨细告诉了麦昆，麦昆觉得这个故事十分吸引人，还带着某种古怪疯癫。不久之后，二人夜里在伊丽莎白街散步，麦昆在人行道上发现了什么东西。

“包装膜！”他忽然大叫道。“哦！那他妈能做件衣服！”

他拖了一卷包装膜回到房间，把它围在人体模型上，几剪刀把需要裁剪的地方剪开。瞬间，他就把包装膜变成了一条时髦的、透明的无袖直筒连衣裙。

“他认为这太好玩儿了——这是我们之间的小玩笑。”格罗夫斯说。

他惊讶于麦昆能如此快速、轻巧地从无到有地做出一件衣服。“他把一块巨大的丝绸搭在人体模型上，颈部剪出一个洞，周围缠上线，浇上乳胶，后背剪开，安上拉链，说，‘一条裙子好了，’”格罗夫斯回忆道。“像这样的想法，几乎每小时就会有一个。李完全没有意识到他所做的事情这么与众不同。”

他看到的，则是自己的事业开始起飞，这让他非常紧张。大秀将至的前几个星期，他接受了 *Dazed & Confused* 杂志的专访。“我现在脑子里都是……走秀的那天，它一直占据着我的脑海，”他说。“关键是我在做的不是我真正喜欢的，而是大家希望我做的。”

“生活中的一切都随时间流逝，”他补充道，“我一直想去西班牙，去一些荒无人烟的地方，那儿没有时钟……我真的很喜欢整整一周就这么坐着，只做一件漂亮的夹克，但现在不行了，因为我没有那个时间……我有预感，有一天我也许会成为隐士……我有一种感觉，我将失去现在攥紧的一切……”

该定下来在哪儿走秀了，麦昆开始寻找合适的场地。他相中了一座老仓库巴格利（Bagley's），位于当时还很破烂的国王十字路，麦昆和昂格拉斯曾去那里参加过锐舞派对。谣传这个地方是伦敦东区黑帮的地盘。麦昆找到物业经理洽谈租用场地的事儿。麦昆说他需要借用几天来办一场时装秀，他们颇为诧异地看着他。

麦昆一路杀价，谈到了大概 500 英镑，约等于当时一条“包屁者”裤子的价钱。毫无疑问，麦昆如假包换的东区人身份帮上了大忙——他声称自己有一个亲戚曾为大名鼎鼎的东区黑帮克雷双胞胎（Kray twins）做事。

在为秀做准备的同时，麦昆约见了首饰和置景设计师西蒙·考斯丁，

问他借几件首饰给“群鸟”秀。考斯丁同意了,但他也提出了一个要求:

“让我给你做秀场的置景吧,如果我能做这场秀的置景那就太好了。”

麦昆也欣然同意。

因为预算“只有区区 50 英镑”，衣服上还要印轮胎痕，考斯丁说他决定干脆只在黑乎乎的水泥地面上画出虚实白线，就像一条公路。他搭起一块黑色背景板，建了一条短隧道做模特出入口。麦昆还让考斯丁做了一件黑色羽毛领肩饰，把它安在了一件金色的直筒裙上，就像羽毛做的 V 形胸饰。

至于发型，麦昆再次延请了发型师尤金·苏莱曼，并对他提出了自己想要“解构”的造型。苏莱曼领悟到麦昆的意图。他完全没有用《群鸟》中蒂比·海德莉的金色蓬松卷发，因为这“太明显了，如果我这样做，李一定会恨我。”相反，苏莱曼决定把模特的头发拉直，但在发尾那里他将做出蓬松的泡芙似的小卷。如此一来，当女孩们行走时，头发就像云朵一样飘浮起来。化妆由瓦尔·加兰（Val Garland）操刀，妆容素净，苍白的肤色上突出了娇柔的橙红色双唇。“我们看起来像是一群危险的天使。”再次不计酬劳为麦昆走秀的拉科宁说。

然而，最令人震惊的效果，来源于几周之前麦昆的突发奇想：他想让模特带上不透明的白色隐形眼镜。他从青年英国插画家理查德·格雷（Richard Gray）那里得到这个灵感。麦昆和昂格拉斯多次在伦敦的酒吧和俱乐部看到他戴着全黑的隐形眼镜。麦昆渐渐迷上了这种造型——他认为它可以抹掉模特的个性，让她们看起来像克隆人一般。他在伦敦找到一位配镜师帮他的秀制作隐形眼镜。当然，这会花去一大笔钱，麦昆是付不起的，他只好致电在纽约一直支持他的安德森，安德森便给他汇了更多的钱。

麦昆手头多了一位新的造型师：凯蒂·英格兰（Katy England），负责为模特们设计、分配造型和服装。凯蒂是英国人，在 *Dazed & Confused* 杂志任时装总监。“我在巴黎的很多场秀上见过她，她每次的造型都特别漂亮。”他说。所以，他请求凯蒂来协助他做整体造型。

英格兰帮助麦昆完善了整个系列，加入了几件她找来的单品，比如皮夹克等。开场前的后台，英格兰让助手特里诺·维卡德（Trino Verkade）到外面去把她车上的一个轮胎卸下来。随后，英格兰把整个轮胎蘸上墨，滚过模特们的裸体，这样就能在夹克或手臂上看到轮胎的痕迹。拉科宁说：“我喜欢这种将极度性感的寓意和这样超现实的暴力结合在一起的方式，还有女孩们戴着隐形眼镜的样子，这些超现实的女性。但这绝对不是以牺牲女性为代价，比如：‘我试图贬低女性。’我从来不觉得亚历山大有把女性刻意表现为受害者的意思。我在他的作品中从未感受到这种意图。”

一如既往，麦昆的母亲乔伊斯守在后台，用她亲手做的三明治和茶招待每个人。谈到乔伊斯，格罗夫斯说，是“一个真正的东区母亲，一个十足的女族长，一头白发，让人望而生畏。她不会跟你闲聊，一般不说话，只是偶尔喊一声‘李！’”她在场让麦昆感到安心，也让他的工作伙伴更放松。“他母亲在身边的时候，他会摘下面具。”安德森说。

“他感觉被她保护着。”格罗夫斯附和道。

据麦昆的公关顾问金·布莱克（Kim Blake）回忆，场外的情况堪称“疯狂”。由于没有钱请安保人员，布莱克只能在外面看门。“有人给我找了个桶，我把桶翻过来站上去，这样我就可以看到发生了什么，”她说。

观众主要包括一帮俱乐部常客和时装专业的学生；时尚记者和经销商只有寥寥数人——其中大部分是伊莎贝拉·布罗劝来的。“没有安娜·温图尔，整个第一排的观众名单很难堪，”格罗夫斯说。麦昆因此深深地受伤了：“伦敦他妈的给我的就是这些。”他说到自己家乡的时尚产业，“要是他们给我再颁一个年度青年设计师奖，我会火冒三丈——他们根本就不在乎我。”

离预定开场的时间已经过去一个半小时，人群越来越焦躁不安。麦昆准备开始了。灯光熄灭，全场一片寂静。

突然间，黑暗中响起刺耳的电铃声，划破寂静，一道强光从隧道尽头射出。第一个模特逆着灯光走出，那个剪影就像史蒂文·斯皮尔伯格执导的影片《第三类接触》（*Close Encounters of the Third Kind*）中那个外星人从宇宙飞船上下来的高潮场景。她穿着维多利亚风格的修身长款西装式夹克，敞着怀，露出棕色的赤裸肌肤，下身搭配九分裤长的“包屁者”；在夹克的背面，蝴蝶骨中间，是麦昆的商标：两英寸见方的透明塑料片，里面夹着一缕头发。

接下来是一条20世纪60年代风格的直筒连衣裙，看起来像是用塑料浴帘做的——麦昆的朋友坚持认为这是参考了希区柯克电影《惊魂记》中的谋杀场景。透过裙子，能看到模特的乳房和她穿的少女风格纯棉内裤。炽热的灯光让模特雾蒙蒙的白眼睛闪着诡异的光。

“这些女孩看起来像僵尸！”博奇仍心有余悸。

“她们看起来像被群鸟袭击了，还有那些隐形眼镜，就是这样，”苏莱曼回忆道。“这就是这场秀酷的地方。”

音乐的节奏渐强，转换成强劲的电子乐，走出来一件气质锋利的白色宽肩权力套装，翻领和袖子上都印着轮胎痕迹，裙子非常紧以至于模特只能像学步的婴儿一样走过 T 台；有朱利安 · 麦克唐纳做的白色短款深 V 领长袖毛衣；印着黑色飞燕的橙色西服式铅笔长裤套装，由普拉姆 · 塞克斯演绎。紧身的直筒连衣裙则更加性感：黑色塑料裙上印着白色轮胎印；橘色的尼龙裙子上印有红色车胎印；鲜亮的南瓜色渔网连衣裙下，纯棉内裤也是般配的同色；他顺来的塑料包装膜做成无袖连衣裙，透出里面的黑色高衩内裤。

秀结束了，人们跳到凳子上，跺着脚。“每个人都彻底疯了，”安德森说。麦昆拘谨地穿着蓝色的牛津衬衫和卡其裤走出来，向欢呼喧闹的人群挥手致意，冲到坐在格罗夫斯旁边的母亲身边，给了她一个大大的拥抱，随即害羞地躲回后台。后来，麦昆得知他的父亲没有打招呼就来了，静静地站在人群后看完了他的秀，然后一言不发地离开了。

接下来的日子里，对“群鸟”秀的评论铺天盖地而来，大多都是阿谀奉承。《纽约时报》的艾米 · 斯宾德勒将麦昆称为当下“最具有话题性的设计师”，并称赞他那些西装式夹克“完美无瑕”。

《女装日报》称，这个系列“充满了原始的性感——这应该有助于重振伦敦街头时尚的声誉”。这家报纸又说：“感谢亚历山大 · 麦昆，能让我们在未来一段漫长的时间里，持续关注大洋彼岸的这位表兄。”

“‘群鸟’系列是一个重大的转折点，”如今德里克·安德森这样说。“这个系列把李封为了冉冉升起的新星。在这之前，他只是颗冉冉升起的新星。但在‘群鸟’秀之后，他成为必须要关注的那个人。”

VII

加利亚诺需要找一个新的出资人，再一次。这回，他想要一个“有生产基地的”，他说，“可以给我提供市场和分销渠道的人。”

最重要的是，他想留在巴黎——不只是在那里办秀，还要常年在那里工作和生活。他爱巴黎——爱那儿的文化、那里的美人和那股待人接物的调调——而且，他发现在巴黎做个穷人都更容易一些，少了考文特花园流浪儿的寒酸，多了波西米亚人的不羁。

他轻轻松松便融入了法国人的群体；他既懂他们拉丁人的性情，又懂他们资产阶级的繁文缛节；从某种意义上来说，他西班牙式的成长背景和英国文法学校的教育经历在巴黎发生了碰撞。巴黎正对他的感觉。

他向费萨尔·阿莫尔倒出了他的困境，阿莫尔同意提供帮助。“我说，‘来巴黎吧，看看我们能做些什么。我们去找一些资金，但你必须做一个系列出来。如果你没有新作品，如果你再错过一季的话，你就会被遗忘。’”

阿莫尔在巴黎最古老的玛黑区圣殿老街（rue Vieille du Temple）给加利亚诺租了一间公寓，并且在 Plein Sud 的公司总部给加利亚诺提供了工作区。加利亚诺有了一间小办公室，和处心积虑终于成为他首席助手的史蒂文·罗宾森共用。哈莱克则一副云淡风轻的样子。她在什罗普郡家里的时候，罗宾森填补了工作室在创意上的空白。罗宾森随时能跟上加利亚诺天马行空的想法，给哈莱克留下了深刻的印象，“约翰说‘珍珠’，那史蒂文会接上说‘海玻璃’，他们就这样不断地创作出草图，”她说。

阿莫尔决定暂时资助 Galliano，直到加利亚诺找到稳定的合作伙伴。1992 年 8 月他们向时装行业宣布了这项合作：阿莫尔的公司 Société Amor 将资助 Galliano 的主线成衣系列和副线 Galliano's Girl ；贝特尔森的 Aguecheek 公司将保留生产副线 Galliano Jeans 的权利。

令人惊讶的是，阿莫尔在对加利亚诺的商业事务做尽职调查时发现，他竟然从来没注册过自己品牌的商标。“我说，‘约翰，你怎么能工作 10 年了都没注册自己的商标呢？太难以置信了！’”阿莫尔回忆道，“所以我决定在全球范围内注册他的商标——是我支付的费用——商标权我们各自拥有 50%。”

加利亚诺把他伦敦的整个团队带了过来。阿莫尔把制版师比尔·盖登加入了薪资编制。哈莱克只是来为秀做造型，带了“一帮伦敦的美人——学生们——来帮忙”，阿莫尔说。系列名叫“海盗”（Filibustiers），一出冠以海盗名义的时装秀。故事具有典型的加利亚诺风格：一队美丽的女巨人遭遇海难，被海盗劫掠走了船上的宝藏。穿着英国国旗图案夹克的士兵们赶来，赶走了盗匪，救下了女人们。

加利亚诺和阿莫尔订了瓦格拉姆大厅（Salle Wagram）作为秀场，那是一座1865年建成的宏伟的洛可可风格舞厅。时间定在10月14日，周三晚上9点。在预定开始的时间，大家都准时到场，然后等待，等待，还是等待。“等了103分钟，屁股都坐疼了，大脑也被循环播放的（奥利弗·斯通的电影）《刺杀肯尼迪》配乐轰干了。”《华盛顿邮报》评论家凯西·霍林在她的秀评中抱怨。

总算到了11点，灯光转暗，在观众们的大叫和欢呼声中，踩着希利制作的俱乐部音乐强劲的节奏，模特们大踏步走了出来。她们戴着用洗碗布纤维做成的乱蓬蓬的假发，像颠倒的大写字母T，宽得像她们穿的解构式拿破仑风格外套上的流苏肩章。她们穿着薄薄的不对称迷你睡衣风连衣裙、有超大袖口和扩展型袖管的礼服式大衣款款而来，烟视媚行，有股荡妇的性感。还有用褪色的美国国旗做的连衣裙，裙裾的褶边挂在剑鞘上；还有一件透明的黑色礼服夹克，下摆裁成圆角，燕尾悬在半空，像被施了魔法。斜裁礼服用色彩柔和的欧根纱制成，层层叠叠，有的上身搭配着做旧的丝缎紧身衣和巨大的羊腿袖。这是“不可思议”系列的再现，在积累了10年的经验过后，他拥有了更多技巧高超的裁缝，也有了更充足的预算。

接下来是一组用红色、黑色丝缎制作的紧身、性感的旗袍，面料闪烁着金色的微光，背景音乐重新合成了坂本龙一为《末代皇帝》写的萦

Galliano“海盗”系列，1993 春夏系列。

绕心头的配乐。有的旗袍无肩带设计，胸部呼之欲出；有的意味深长地在上身部位划开一道；有的绣着龙，件件都喷薄出炙烈的欲望。这是加利亚诺对欧洲 19 世纪末盛行的中国风潮首次做了浓墨重彩的演绎，他在后来的设计生涯中完全采纳了这一思潮的元素。

这场秀展示出了加利亚诺广阔无边际的创意，这些创意大部分被解构了——正如《女装日报》所言，“纳尔逊上将[1]走在酸屋[2]里”。那时候，

1 纳尔逊上将：霍雷肖·纳尔逊（Horatio Nelson，1758—1805）：英国 18 世纪末及 19 世纪初的著名海军将领及军事家，在 1798 年尼罗河口海战及 1801 年哥本哈根战役等重大战役中带领英国皇家海军胜出，特别是他指挥英国舰队在特拉法加海战中大败法国和西班牙联合舰队，阻止了拿破仑入侵英国，并确立了英国长达百年的海上霸主地位。——译者注

2 酸屋（Acid House）：也叫迷幻豪斯音乐，是一种用电子乐器演奏的高音量舞曲。——译者注

大部分时装浸泡在极简主义的沉闷色彩中，不外乎海军蓝、米色和灰色几种色调，加利亚诺如一道闪电划破长空。“看这些天马行空的衣服真的很有趣，”《纽约时报》的伯娜丁·莫里斯在这个系列的报道中写道，“即便它们有些古怪。”

尽管加利亚诺收到了一堆好评和经销商的订单，他和阿莫尔仍然很难找到一个长久投资人。为了帮加利亚诺达成目标，阿莫尔决定教加利亚诺成为一名真正的巴黎女装设计师，教他一些他缺乏，而投资人们恰恰很看重的工艺技能和给服装锦上添花的诀窍。“业内对英国时装设计师的评价是不够精准，不够精通高级时装，技术水平也有欠缺，”阿莫尔说。“这一点我早就跟约翰解释过了。‘如果你来巴黎，那一定是为了成为伟大的女装设计师。你可以做 Dior 的设计师，但你就不能做那些破破烂烂的东西。你的创作必须更加奢华，而不是垃圾。你可以做垃圾，但它必须是工艺设计复杂的垃圾，而不是学生们想当然剪出来的垃圾，就像你在圣马丁做的那些。法国时装是一种精神，从剪裁、缝制，到最后的完成，都是手艺。这是一套完整的教育，也是我们的诀窍。’”

阿莫尔带着加利亚诺参观他的高科技工厂。工厂位于法国中西部的沙托鲁（Châtellerault），离普瓦捷不远，加利亚诺把它比作 007 电影《诺博士》里科学狂人的神秘实验室。“我从来没看过这样的东西，”他说，“这些机器真不一般。有装了电子眼的缝纫机，可以把拉链缝得像上帝做的一般毫无破绽。”

“我从费萨尔那里学到了很多，”加利亚诺后来认可道，“他特别明智。”

1993 年 3 月，加利亚诺并没有发布他的成衣系列。官方理由是，他希望在 7 月的高级定制时装周再办秀，其实真实原因是，他的钱不够了，于是他再次缺席高定时装周。空闲的当儿，他开始同富有的社会名流交好，和比翠丝·德·罗斯柴尔德（Béatrice de Rothschild）、圣·斯伦贝谢成为朋友，最重要的是，他开始与 *Vogue* 杂志的编辑安德烈·里昂·泰利相熟。

在时尚界，泰利是个人魅力和权力声望兼具的人物。作为一个狂热的亲法分子——他从小就看 *Vogue* 杂志，看美国公共广播公司（PBS）播出的朱莉娅·柴尔德（Julia Child）的《法国厨师》烹饪节目，培养起了这份热情——毕业之后，泰利的第一份工作便是做传奇时装杂志主编黛安娜·弗里兰（Diana Vreeland）的志愿者助手，那时弗里兰是大都会艺术博物馆服装协会的特别顾问。弗里兰不仅是泰利的导师，她还被泰利亲昵地尊称为他“在时尚界的代理母亲”。

1983 年，泰利被美国版 *Vogue* 杂志录用——最开始做时尚新闻编辑，后来做创意总监——任职期间，他因扶持不出名但却有天分的年轻人而闻名。他第一次见加利亚诺是在伦敦的一个派对上，当时加利亚诺正和贾思珀·康兰约会。“他们两个都穿得像方特勒罗伊小爵爷（Little Lord Fauntleroys），”泰利后来回忆道。

几年后，泰利和他当时的助手伊莎贝拉·布罗前往威尔士主持美国版 *Vogue* 杂志在塞沃奇山谷对哈莱克的报道和拍摄。在 3 天的拍摄中，他对哈莱克衣柜中几件漂亮的衣服大加赞赏，有“一件上衣设计得非常用心，用的是黑色透明欧根纱，在薄纱之中是银色的亮片，像儿童在玩万花筒，翻上转下，里面闪闪发光的东西就会漂浮起来，”他回忆道。“实在不同寻常。”哈莱克告诉泰利，这些都是加利亚诺的作品。

加利亚诺开始在巴黎办秀时，泰利悉数出席。加利亚诺在巴黎安顿下来后，两个人渐渐地从泛泛之交成了知心好友。“我们星期天下午会一起视频马拉松，”泰利回忆道，“我住在第七区，一个风气保守的资产阶级社区，一个下午……我们在看凯瑟琳·赫本和弗雷德·麦克马雷主演的电影《寂寞芳心》（*Alice Adams*），电影里哈蒂·麦克丹尼尔（Hattie McDaniel）尖叫：‘蒂娜上菜了！’这部电影我们反复看了三遍，在她喊‘蒂娜上菜了。蒂娜上菜了’的时候，我们坐在沙发上，约翰便开始朝窗外的院子大喊‘蒂娜上菜了！蒂娜上菜了！’我想邻居们恨不得把我撵走。”

秋天到来，加利亚诺开始准备自己的新系列：1994 春夏系列。他的灵感来自一篇讲述沙皇家族骸骨被发现与爱丁堡公爵有基因联系的文章。他和哈莱克由此虚构了一个故事——一个沙俄王室成员卢克雷西娅公主遭到了强暴，为了躲避国内的危险逃到了苏格兰。“她的皮肤异常苍白——你几乎可以看到她前额上蓝色的静脉，”加利亚诺说着他虚构的女主角。“她还有一头乱糟糟的深红色头发，干园艺活把指甲里塞满了泥土。她是个极其感性的女人，要完全掌控自己的命运。”

据加利亚诺的阐释，这场秀会在“安娜·卡列尼娜逃出俄罗斯”的氛围中开始，接下来切换到现代的苏格兰——他给这一段命名为“苏格兰高地舞”——在那儿，他说，“公主偶然遇到了疯疯癫癫的公爵夫妇。她还赌博。她参加了高地运动会的比赛。她喝了杜松子酒”。最后，他说，“她邂逅了她的王子，坠入爱河，然后她穿着斜裁裙子，回去重写这段历史。”

米兰时装周结束后，泰利回到巴黎。一个深夜，他来到加利亚诺的工作室，想看看他的朋友在干什么。泰利看了看加利亚诺的薄亚麻——

凯特·莫斯（Kate Moss）为加利亚诺的“卢克雷西娅公主”系列走秀，1994 春夏系列。

这个系列的面料样品。再听到加利亚诺和哈莱克描述的对这场秀的设想，泰利惊呆了。

“太震撼了！”他喊道，“我想，这是我在时尚界这么多年来见过的最美妙、最浪漫的东西之一。于是我直接找到了安娜·温图尔，说，‘这就是你要的。’接着我又去比翠丝·德·罗斯柴尔德那儿，说，‘你一定得去看看这个。’最后，我告诉圣·斯伦贝谢，‘你也得来’。”

10 月 8 日，加利亚诺在位于卢浮宫方形中庭的时装周官方场地举办了服装秀。这场秀的大部分费用由费萨尔·阿莫尔承担。此外，社会名流圣·斯伦贝谢、多迪·罗斯康兰斯（Dodie Rosekrans）和露西·布坦（Lucy Boutin）也伸出了援手。

一位现场观众说，当场光熄灭，“人群中发出一阵剧烈的震动。”突然间，狼的咆哮声传遍了黑暗得似乎无边无际的空间，一个模特从背景板后走出，穿着丝缎紧身上衣和巨大的装着裙环的裙子——就像新近上映的简·坎皮恩（Jane Campion）导演的电影《钢琴课》（*The Piano*）中的女性角色穿的那样——她狂奔上 T 台，并回头看，好像在逃命。她的后面跟着好几个模特，她们的长发，不管是辫子还是卷发，一律凌乱毛糙，撒着灰色和薰衣草紫色的粉末，她们在 T 台上疾速地走着“之”字路线，舞会裙随风鼓起来，眼里充满了惊恐。

戏剧性的开场之后，妖妖冶冶走上台的是已经成为加利亚诺标志性廓形的一组服装：紧身合体的 18 世纪风格夹克，这一回搭配的是沙沙作响、又轻又薄的苏格兰格纹迷你裙，或镶着荷叶边的比基尼短裤；勾勒出曼妙曲线的不对称斜裁连衣裙的裙摆打着手帕做的荷叶边；晚礼服的上半身是紧身胸衣的款式，压得胸脯似乎喘不上气。模特们抽着烟，妖妖娆娆，掀起她们穿着的苏格兰格纹小迷你裙，露出比基尼短裤遮住的小屁股，躬身对着摄影师。观众席里爆发出雷鸣般的掌声。在巴黎，在伦敦，不管在哪儿，从来没有过像这样的时装秀。加利亚诺用狼的长啸和公主的奔逃改变了游戏规则。

一方面加利亚诺的团队奋力地推销他的衣服，另一方面阿莫尔和加利亚诺也在努力寻找稳定的投资人。“每个人我们都见了，”阿莫尔说。“每一个人的回答都是，不。我和伯纳德·阿诺特，那时他是 LVMH 的总裁，见了一面，他委婉地回绝说，‘我们对这种类型的创造者不感兴趣。’”

二人身上背负的经济压力慢慢地吞噬着他们。就像之前的布伦和贝特尔森一样，阿莫尔给加利亚诺的公司投入了一笔“可观的资金”，回报充其量只能说微乎其微。“我的秀和系列里的所有衣服都是手工制作的，”加利亚诺说。“接下来我们必须要把这些衣服投入工业流水线生产，这几乎不可能。”

更糟糕的是，经销商们下的订单也无法按时交付，正如巴尼斯百货时任女装总监朱莉·吉尔哈特（Julie Gilhart）所说，这个问题对设计师来讲，是“死神之吻”。推迟交货，在打折季到来之前，经销商们可以全价售卖的时间就要缩短，这就是业内所说的“从总代理销售给下级代理，直到终端零售商的销售流通过程”会被压缩。如果零售商们不得不减价促销才能卖出衣服，那么下一季给这个品牌的预算就会相应缩减。

和以往两次与投资人合作的情况一样，形势越严峻，加利亚诺就越焦躁不安，越有攻击性。据《女装日报》的报道，因为“邻居们对他疯狂派对的投诉”，他被物业从阿莫尔为他租的公寓里赶了出去。考虑到巴黎的租户优先的法律条文，被赶出公寓对加利亚诺着实是个打击，他沦落到了在史蒂文·罗宾森家打地铺的地步。“他全身都不听使唤，甚至说不出话，”泰利回忆道。“一直哆嗦颤抖。”

“我实在坚持不下去了，我向约翰如实说了情况，”阿莫尔说。“我给安娜·温图尔女士写了一封邮件，‘你了解我，你知道我有一个服装品牌，我一直扶持约翰，同时我也一直支持你，但我现在无力再帮他了，因为我再也负担不了了，恳请你介绍可以提供帮助的人。’”

“她从来不回复我的信件，”阿莫尔说，“也从来不给我打电话。”

但是，温图尔邀请加利亚诺前来纽约。

温图尔一直都是时尚界发号施令的人物：她不仅能通过选择谁出现在她杂志版面上来成就或毁掉他的职业生涯，她还会建议设计师该设计什么，或去哪儿就职，并向公司的决策层提议应该聘用什么人。这是她自己涵养出来的一种力量。在她于 1988 年就任美国版 *Vogue* 杂志主编之前，主编就是主编，只需专注于做好刊物就行；当时，媒体和商业之间就像教会和国家那样，有一道模糊暧昧的分界线。安娜・温图尔彻底打破了这个界线，她直接与公司、品牌的 CEO 对话，充当了顾问、牵线人的角色，面对设计师她又是职业导师——当然她把所有这些事务都与 *Vogue* 杂志联系在了一起。“这是证明她强大力量的一种积极方式，”旗下拥有 Gucci、Stella McCartney，以及 Alexander McQueen 等品牌的开云集团（Kering）CEO 弗朗索瓦·昂利·皮诺如是说。“她让你明白，她想要让你做的事你做不到，那也没关系，但你一旦做到了，她和她的杂志就会全力支持你。”

温图尔能够达到位高权重的地步，部分原因是关系网的提携，另一部分则要归功于她坚定的意志和勤奋实干。做媒体是流淌在她血液里的基因。她的父亲查尔斯・温图尔（Charles Wintour），以报社记者起家，后来担任《标准晚报》的主编，备受尊敬，甚至令人望而生畏；他对编辑部员工们的态度非常苛刻、严肃，因此得了个绰号“冷血查理”（Chilly Charlie）。

20 世纪 60 年代中期，15 岁的安娜・温图尔在父亲的帮助下，得到了一个在 Biba 时装店工作的机会，这个品牌在那个“摇摆的伦敦”年代极富创新精神。后来，她参加过哈罗德百货的培训计划，并为一家叫 *Oz* 的地下杂志工作。70 年代，她正式进军时尚报刊业，最初在 *Harpers & Queen* 杂志担任编辑助理，后来到了纽约的 *Harper's Bazaar* 杂志做初级时装编辑。1983 年，她作为创意总监加入美国版 *Vogue* 杂志。当时的主编格蕾丝・米拉贝拉（Grace Mirabella）问她，想在杂志收获什么，温图尔说出了那句著名的回答：“你的职位。”在英国版 *Vogue* 和 *House & Garden* 杂志做了一段时间的编辑之后，温图尔得到了她想要的工作。

众所周知，温图尔的管理方式和她父亲一样冷若冰霜——于是她赢得了“原子弹温图尔”的外号,并成为小说和电影《穿普拉达的女魔头》（*The Devil Wears Prada*）的原型。但她很明白自己在 *Vogue* 杂志的潜在影响力——她不仅是一个主编，而且在一个不断发展的全球性行业中拥有领先的话语权和能力。

时间来到 1993 年年末，正好加利亚诺需要她的影响力，而她也十分乐意帮忙。她给加利亚诺买了张飞纽约的经济舱机票，将他安顿在菲利普·斯塔克（Philippe Starck）设计的时髦的美仑酒店，并且在时装协会为黛安娜·弗里兰特别展举办的开幕式宴会上，让他坐到了 *Vogue* 杂志的桌上。“我认为约翰的职业生涯到了一个节点，他需要增加曝光度,需要被人看见。出席这种活动是有帮助的,”温图尔后来告诉我。“从 *Vogue* 杂志的角度来看，这样做也很有意义。我觉得他是个有远见的设计师——优秀的设计师——我只是尽我所能帮助他摆脱困境，帮他认识更多的人，因为他需要资金上的帮助，也需要媒体的报道。”

加利亚诺说，纽约之行他每到一处，“我都会一开始告诉人们我的梦想——未来要创立一个时装屋，以及我很想打扮女性……帮助女人得到她想要的……我被邀请参加很多超赞的派对，不停地告诉每个人我的梦想。”其中一个聆听者便是凯蒂·玛龙（Catie Marron），*Vogue* 杂志的一个特约编辑，瑞银普惠集团（Paine Webber）主席唐纳德·B. 玛龙（Donald B. Marron）的妻子。在时髦的上东区餐馆，莫蒂默为泰利举办的晚宴上，凯蒂·玛龙被他吸引住了，让加利亚诺送她一盘秀的录像带。泰利第二天就照办。她和丈夫一起看了录像带，可惜她丈夫并不感兴趣。她想普惠国际集团的主席约翰·布尔特（John Bult）可能会感兴趣，因为布尔特和他的合伙人马克·莱斯（Mark Rice）正在寻找投资项目。

于是，泰利把录像带又寄给了布尔特。他有些拿不准——时尚并不是他的专长——所以他把录像带转交给了莱斯。莱斯看过后，跟布尔特说他们应该去巴黎见加利亚诺一面。布尔特的秘书给泰利打了个电话，把会面安排在了二人下榻的布里斯托酒店。第二天下午，当身材魁梧的泰利、不停出汗的史蒂文·罗宾森，以及穿着沙丽的加利亚诺出现在酒店大堂时，礼宾部接待员给布尔特和莱斯打去电话，幽默地说："你的朋友们已经到了。"

这 5 个男人在酒店大堂的酒廊落座，加利亚诺向他们阐释了自己想要做的，以及为了实现这些想法所需要的东西。泰利迫切希望他们能达成某种协议。毕竟，加利亚诺不仅仅是自己设计出了伟大的作品；他已经开始引领潮流，甚至对时装业顶级人物产生了影响：Chanel 的卡尔·拉格斐、克里斯汀·拉克鲁瓦（Christian Lacroix）都在 1 月的高级定制时装秀上采用了加利亚诺的廓形。

会面之外，布尔特和莱斯还去见了他们的法国律师让 - 皮埃尔·杜克洛（Jean-Pierre Duclos），商量合作的可能性。大约一周之后，布尔特和莱斯乘协和飞机又回到巴黎，请加利亚诺到杜克洛的办公室来听他们的想法。泰利仍然陪伴着加利亚诺，这一次他的穿着端庄多了：黑色 T 恤、长裤，以及海军外套。两个人都不是一般的紧张。布尔特和莱斯告诉加利亚诺，他们的投资公司 Arbela 将为他的秀提供资金，如果一切进展顺利，他们再进一步坐下来讨论是否要为他成立一间公司。这让他们如释重负。这些都没有合同，只是达成了口头协议。尽管泰利付出了很多努力来促成这桩交易，但他并没有因此从中得到一分中介费，或是从 Arbela 公司那儿拿抽成。Arbela 公司对新装秀的总投资大约是 5 万美元——不是什么大数目，尤其是对挥金如土的加利亚诺而言。

泰利和加利亚诺坐着的士在巴黎城里转悠，寻觅可以办秀的场地。泰利突然想起来，圣・斯伦贝谢有一栋 18 世纪的宅邸，就在左岸，离卢森堡公园不远。这栋房子长期待售，现在正空置着——因此，按理来说，应该不需要付场地费。

于是，他们邀请这位年长的社交名流到波琳家餐厅共进午餐，提出了他们的想法。

“圣,天下没有免费的午餐,”泰利说。“我们要做一件非比寻常的事：我们想在你的老房子里办一场秀，它真的会棒极了，人们会从世界各地来看秀！更妙的是，你可以随意订购你想要的所有衣服！”

“当然，你们可以用我的房子,”她回答。“我要做的只是把它小小地翻新一下，只是小小翻新一下而已。”她轻轻地笑出声来。

加利亚诺仍然需要与阿莫尔合作生产出这个系列，但阿莫尔早已达到了自己的极限。“(加利亚诺) 都把他弄破产了,”一位朋友说。“所以他只是说，‘我不想做这个,’便转头离开了。”据美国版 *Vogue* 杂志的发言人说，泰利和温图尔“一直在鼓励费萨尔・阿莫尔，希望他在加利亚诺卢浮宫 1994 春夏秀之后不要断了对他的经济援助。”阿莫尔默许了，允许加利亚诺继续在他的工作室工作，并根据他的需要提供裁缝和助手。他还向加利亚诺建议：“不要把你 50% 的股份给卖出去，要保持独立。”

这个系列只有 18 套造型——按照巴黎时装周主办方法国时装协会和巴黎高级时装联合会（Chambre Syndicale）对设计师办秀的要求，加利亚诺交上的服装仅达到要求数量的三分之一。但加利亚诺仍然通过了审核，因为，据他的解释，“我们没有时间做更多东西了。”

因为预算紧张，加利亚诺和罗宾森买了一卷便宜的黑色合成绉缎，同时使用了光滑面和颗粒面，形成对比的感觉。这个系列的重要主题是“日本主义”（Japonism），即欧洲人对日本传统服饰的浪漫诠释。“40 年代的剪裁手法与日本歌舞伎的融合，”加利亚诺这么形容它。

他告诉投资人，这个系列的故事是卢克雷西娅公主历险的延续：战后，她回到了巴黎，成了寡妇，她的爱人在战斗中牺牲——因此，第一个造型，她会穿着一件长军大衣。由此，这场秀描绘了她在 20 年代的巴黎，作为一个精致的夜行生物的生活，将会出现睡衣、和服、短皮草，以及钻石。珠宝是在 Harry Winston、Fred，以及 René Boivin 借来的。

一个下午，莱斯在办公室察看了加利亚诺这场秀的预算表，问道：“你需要什么？你想要什么？”他回答，“我想要一个自己的时装屋。我想要一个像 Dior 那样的时装屋。”莱斯翻了个白眼，说：“好吧。好吧。我问的是你这周五之前要什么？”

那段时间，泰利在米兰报道时装周，他每天都会从米兰打来电话，反复推敲嘉宾名单和走秀模特。20 世纪 90 年代早期的超级名模们，比如凯特·莫斯、娜奥米·坎贝尔、克里丝蒂·特林顿（Christy Turlington），以及琳达·伊万格丽斯塔（Linda Evangelista）——她们的费用都是创纪录的，但都同意分文不取为加利亚诺走秀。她们知道加利亚诺请不起她们，但她们却像他的团队一样，相信他的才华，而且她们也知道自己的出场会帮他获得他需要的关注。

泰利从米兰回来后，和加利亚诺、罗宾森一起分配秀场的座席。由于这座宅邸是由大大小小的会客室和走廊组成的迷宫，所以座位数量仅限于 200 个——这只是大牌设计师们在卢浮宫新的现代地下展览空间——卡鲁塞勒商廊办秀座位数量的一小部分。为了弥补这一损失，加利亚诺决定举办两场秀：上午 9 点半和下午 1 点各一场。

哈莱克和她的团队开始布置场地。他们沿着房间里镶着橡木护壁板的墙壁，摆放了两三排精致的镀金椅子，其间点缀着维多利亚式的天鹅绒双人座椅和被称作“博尔内斯”（bornes）的小圆沙发，创造出高级时装屋的环境——客人们可以近距离地欣赏衣服。为了给这栋被遗忘的破败老宅营造出浪漫的氛围，她们把枝形吊灯放到了地板上，四处乱撒上树叶，喷洒戏剧感十足的灰尘，在桌椅上留下情书，并用了几个风扇吹出干冰烟雾，产生朦胧的光晕。在巴黎跳蚤市场，加利亚诺和他的助手们买了 500 把生锈的钥匙，和邀请函一起寄送了出去。

3 月 5 日，星期六，大秀上午场——加利亚诺的团队推迟了大约两个小时举行。据《独立报》马里恩・休谟的报道：“上午 10 点 45 分，我仍然可以看到一名裁缝在后台疯狂地帮娜奥米・坎贝尔调整一件太过紧身的斜裁丝缎裙。”

而嘉宾们都很准时到场。观众有光鲜的明星，也有时尚界人士，包括社交名媛圣・斯伦贝谢、比翠丝・德・罗斯柴尔德、多迪・罗斯康兰斯，以及伊莎贝尔・多纳诺（Isabelle d'Ornano）；巴黎时装屋主人伊曼纽尔・温加罗（Emanuel Ungaro）的妻子劳拉，鞋履设

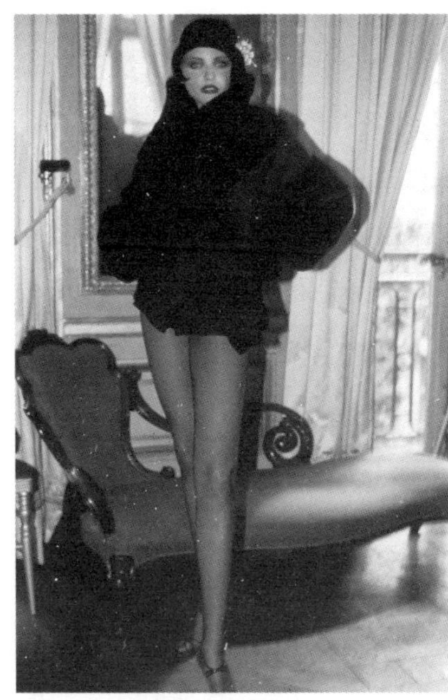

娜嘉·奥尔曼为加利亚诺的圣·斯伦贝谢系列走秀，1994 年。

计师克里斯汀·鲁布托（Christian Louboutin），安娜·温图尔，还有 Christian Dior 的创意总监奇安弗兰科·费雷。泰利帮忙引导所有尊贵的嘉宾入座，并把他们介绍给布尔特和莱斯。

一如往常，当希利制作的电子音乐响起，观众们都满怀期待地坐直了身体。卡拉·布吕尼（Carla Bruni）走了出来，她穿着一件宽松的黑色丝缎露肩裹身裙，露出臀部，下半身除了 Manolo Blahnik 的高跟鞋就什么都没有了，头上仅有一顶斯蒂芬·琼斯设计的、用黑色塑料带子做成的雕塑般的帽子。娜嘉·奥尔曼（Nadja Auermann）的服装是一件短款水貂毛领皮衣，琼斯为她设计的黑色钟形毡帽上装饰着一枚大大的 Harry Winston 花朵钻石胸针；海伦娜·克里斯滕森（Helena Christensen）则穿着紧身高领毛衣，一件宽松的黑色皮草反穿在毛衣外，长长的黑色丝缎长裙特意在她的臀部开衩；米歇尔·希克斯（Michele Hicks）身穿透明的迷你和服，胸前系着玫瑰刺绣浅黄色丝质和服宽腰带，腿上套着黑丝袜，看得见袜边和黑色吊带袜；凯特·莫斯穿着一件浅粉色透明迷你和服，系黑色丝质宽腰带；琳达·伊万格丽斯塔穿了一件和服式的黑色丝锻喇叭袖燕尾服；克里丝蒂·特林顿穿的是一件紧裹着身体的粉色抹胸缎子礼服，裙摆底部堆积着巨大的褶边，再披一件黑色水貂披肩；娜奥米·坎贝尔则穿了一条脚口略带喇叭型的丝缎踢跶短裤,搭配奢华的水貂皮草披肩。其他不那么知名的模特们穿皮质战壕装，或黑色丝缎套装，以及黑色丝缎和服袖礼服外套。

妆发造型是 20 世纪 20 年代的飞女郎风格，Blahnik 的鞋跟又高又细，琼斯的帽子简洁又摩登。模特们徐徐穿梭在一个又一个房间，拉长了整场秀的时间。约莫用了 20 分钟，18 套造型展示完毕。闭场时，加利亚诺害羞地走了出来，穿着黑色 T 恤和牛仔裤，短发梳到一边，安静地向人群颔首致意，微笑着。

“也许周末的几场秀,要数约翰·加利亚诺的最精彩,”《华盛顿邮报》的凯西·霍林写道。“虽然只有 20 套[1]造型,有的甚至在大秀前夜才完工,加利亚诺成功地传达了一种邪恶的优雅感……辉煌而又杰出。”伦敦的《星期日泰晤士报》称这场秀“尽可能地趋近于完美”。

他们在圣·斯伦贝谢的宅邸设置了陈列室，订单源源不断：美国的波道夫·古德曼百货、萨克斯第五大道精品百货、内曼·马库斯百货、马格宁百货（I. Magnin）；伦敦的利伯提百货、彼得·琼斯百货、哈罗德百货；巴黎的 L’Eclaireur 精品店、玛瑞拉·路易莎精品店、老佛爷百货，

1 凯西·霍林的原文如此。——作者注

以及米兰的 Cosi。销量一路走高，布尔特和莱斯因此决定组建一个公司，成立工作室，来组织生产和分销。他们委托杜克洛来完善合同的细节。但在签订合同之前，布尔特和莱斯需要确保他们可以合法使用 Galliano 这个品牌。他们把阿莫尔持有的那一部分股权买了过来，并还清了加利亚诺欠阿莫尔的未偿债务。加利亚诺不顾阿莫尔的反对，把自己的股份也卖给了 Arbela。“约翰把全部身家都交给了约翰·布尔特，他根本不听我的，”阿莫尔说。“在我把约翰的 50% 股份交给他后，我就再也没见过他了。”

这一次，杜克洛起草了正式合同。公司名称是 John Galliano SARL，法国式的有限合伙企业。Arbela 占有 75% 的股份，加利亚诺拥有 25%。布尔特、莱斯和加利亚诺达成一致，一旦 Arbela 收回投资的成本，加利亚诺便可以拥有自己的品牌。

他们聘请了杜克洛的妻子雅基（Jacqui），一个精通法语的美国人，担任公司的总裁；加利亚诺的朋友罗伯特·费雷尔（Robert Ferrell），在巴黎做模特经纪的美国人，任商务总监。Galliano’s Girl 副线被正式叫停——所有人一致认为，便宜版 Galliano 是个烂点子。他们在巴士底广场旁，一条名叫白马巷的鹅卵石小巷尽头，找到了一座不起眼的 17 世纪建筑，在里面成立了一个工作室 / 办公室。那时候，选择巴士底社区是很勇敢的——那里有抢劫和毒品交易，在当时的巴黎是很罕见的——但这个社区也被认为正在崛起。

布尔特和莱斯给加利亚诺开出了大约 25000 法郎（合 4470 美元）的月薪——足以让他在巴黎过上舒适的生活——他在工作上的所有开

销都可以报销。

皆大欢喜，甚至包括安娜·温图尔。她约了布尔特、莱斯、泰利在丽兹酒店共进午餐，像嫁女儿的爸爸一样问他们和加利亚诺的合作和意向，他们的计划，他们如何把公司运转起来。他们一一详细回答后，她赞赏了一番，并给予了祝福。

几周后，布尔特坐在桌前给阿莫尔写了一张小卡片："谢谢你为约翰做的一切。"

阿莫尔回复道："祝你好运。"

VIII

艾欧·博奇认识到，“群鸟”系列是麦昆不成则败的时刻，他挺身而出，帮了麦昆一把。他起草了两份合同：第一份承诺包销麦昆的时装 15 年；第二份是生产协议，他以中间人的身份，为麦昆寻找合适的工厂生产服装。“麦昆瞬间就明白了我的意思，”博奇说。

麦昆签字了。

与博奇签的这两份合同，麦昆视为秘密，没有透一点儿口风。“你以为他会说‘哦，我终于签了 3 年的合同，拿到了多少个点的股份、分红’之类的话，”安德鲁·格罗夫斯现在说。“并没有。他什么也没说。只是突然之间，就有钱了。”

和加利亚诺一样，麦昆把工作和生活截然分开。但他并没有像加利亚诺那样，向家人隐瞒自己的同性恋身份，抑或是向时尚界支持者们遮掩自己的工人阶级出身；恰恰相反，他公开承认自己是同性恋者，同时为自己的伦敦东区血统感到骄傲。他之所以把工作和私生活划分开，是不想让那些自认为和他亲近的人知道太多信息，于是就导致了他和别人的冲突。“他可是个挑事儿的高手，”昂格拉斯说。就好像他永远需要裹挟着他那种东区出身的火爆气息，在一片安宁祥和中他可活不下去。

格罗夫斯经常得忍受麦昆的突然轰炸。比如，在伊丽莎白街的某个下午，麦昆转向格罗夫斯，煞有介事地说：

“我得去一趟肯辛顿宫，戴安娜王妃要跟我说说时装周的事儿。”

格罗夫斯愣在原地，目瞪口呆。

“你现在才提这事儿？”

他回答，“你不觉得这很激动人心吗？”

麦昆只是耸耸肩，晃晃悠悠去了肯辛顿宫参加派对。没带格罗夫斯。

还有一次，格罗夫斯和麦昆去维多利亚和阿尔伯特博物馆看一个街头时尚展，展览上有一条格罗夫斯的连衣裙。麦昆在包里装了什么东西，然后他们直奔博物馆。格罗夫斯上厕所时，麦昆去过安检；格罗夫斯跟他会合时，麦昆已经勃然大怒。

“他妈的王八蛋！我他妈的不去了！”麦昆咆哮着，“他们搜查了我的包，我包里有个假阳具。”

“你包里放那玩意儿干什么？”格罗夫斯深吸一口气。

麦昆没有解释，只是大叫“不去了！我们不去了！”于是他们就走了。

在社交方面，麦昆要么是跟西蒙·昂格拉斯和肖恩·利恩出去，要么和格罗夫斯，以及朋友尼古拉斯·汤森德（Nicholas Townsend）玩，后者化名特丽克西从事表演行业。或者去希尔斯和布罗家族在一起。他从来不把他们搅和在一起。

和格罗夫斯与特丽克西在一起的夜晚极其狂野，他们常常妖娟夜蒲。一天晚上，他们去了位于兰卡斯特广场的马克西姆夜店，特丽克西把赤条条的麦昆和格罗夫斯用电工胶布缠了起来——格罗夫斯被缠成好像穿上了迷你裙和背心；麦昆则像个木乃伊。“没有涂脂抹粉，”特丽克西说。“他们看起来就像是一对包着电工胶布的坏小子。”回家的路上，他们穿过了几个街头集市，麦昆一下扯掉了格罗夫斯下体的胶布。“他光着屁股当街就傻了，”特丽克西微笑着回忆。

但麦昆的造型不总是这么荒唐。仍然是兰卡斯特广场，他和格罗夫斯、特丽克西去 Kinky Gerlinky 夜店，依葫芦画瓢，照着一张拍有 John Galliano 服装的照片，穿了一身套装。他硬生生挤进了 Galliano 的粗羊毛呢女士套装，当然，是从伊莎贝拉·布罗那里借来的，再穿上一双链条露跟女鞋，戴上用缠着本色羊毛线的硬纸板锥筒做成的三角帽，就像加利亚诺的“海盗”秀里的造型。这身打扮十分惊人，同时又让人觉得心痒痒。当然，这也非常令人不适：因为套装的面料太过粗糙，麦昆的乳头都被磨出了血。

“和李在一起，你看不到事情有任何细微差别，”格罗夫斯回忆道。“他说什么都是‘那个’‘那个’的。”

他是一个公开的无神论者，也坚定地反对君主主义。“他对人的看法非常鲜明，比如麦当娜，”格罗夫斯说。“他甚至都不知道这人是谁。但如果说她为艾滋病做了些什么事儿的话，麦昆就会痛骂，‘哦，她根本不在乎这个活动，也根本不在乎这些人，她只是在媒体公众面前作秀而已。'”他还有一套非常高的道德标准，去评判每个人应该做什么，不应该做什么。

比如说脏话。

据格罗夫斯说，一次在比格斯塔夫路与乔伊斯、麦昆用过下午茶后，他因为一些事情被“骂得狗血淋头”。

“你他妈的不要在我老娘面前骂人！”麦昆大吼。

他最失控的一次和他自己有关。据格罗夫斯说，一天晚上，出人意料地，“李对我谈起他遭到性虐的经历，他没有说这是谁干的，只是说是家族里的某人；也没说是一次，还是很多次。他难以自抑地哭泣了半个小时，仅此而已。之后，他再也没有提过这件事。”

麦昆依然没有完全被伦敦时装圈接受，伊莎贝拉·布罗很清楚个中缘由：他的社会阶层。但在纽约，美国的媒体赞美麦昆和他的作品，他们根本不在乎他的出身、粗鲁的谈吐、没礼貌和坏习惯。对美国零售商和媒体而言，唯一重要的只是作品要好，就麦昆而言，他的设计的确是上佳之作，好卖，还在乎别的干什么呢。

但联合王国过去是，现在还是一个由阶级制度统治的国家。麦昆的背景——多年混迹于伦敦东区——对当时的英国时尚界权威人士来说，简直是太要命了。他们喜欢——他们爱——加利亚诺，因为他修饰了自己的口音，有体面的西班牙家庭出身，对手握大权的人总是彬彬有礼、毕恭毕敬。而麦昆则顽固地保持着他的工人阶级大老粗的做派。他态度生硬。他执意不改掉他那满口脏字儿的伦敦土话。他剃莫西干头，在文身流行之前就文身，穿旧得褪色的 T 恤和破洞牛仔裤，还有，掉了一颗门牙。英国时装圈一点也不喜欢他，暗暗地希望他再也别出现。

伊莎贝拉·布罗来自上流阶层，她也尝试着把自己的一些教养传递给麦昆。她带他去看艺术展，去高雅的餐厅，出席重要的活动。她邀请他来希尔斯，在那里给他介绍贵族和他们的生活方式。她一了解到麦昆痴迷于观鸟，就雇了一个人专门教他放鹰狩猎——这是一项用受过训练的猎鹰来狩猎的绅士运动。他把周末的下午消磨在希尔斯的田野上，和雄壮美丽的鸟儿们待在一起，让它们降落在自己戴着厚厚护具的手臂上；而伊莎贝拉全副盛装，鞋跟深深地陷进湿润的泥土里，骄傲地看着麦昆。她试着创造一个多才多艺的、不那么吓人的男人——一个英国主流媒体最终可能会接纳的男人。麦昆意识到，她在扮演希

亚历山大·麦昆在希尔斯，1994 年。

金斯教授，而他是她的伊丽莎·多利特尔（Eliza Dolittle）[1]。他说布罗“像得了病一样——无药可救的病，她做的每件事都让人不胜其烦”。

英国时装协会意识到，麦昆秀场的门票是时装周日程上最炙手可热的，邀请麦昆在设于自然历史博物馆草坪上的协会官方秀场办秀，而且把两个场地中较大的一个给了他，并提出承担所有费用。尽管对麦昆而言，官方场地可以想见有多刻板无趣，但免费办秀终究是免费，也就欣然接受。“对我来说，在这么大的场地办秀确实很有压力，”他坦诚道。

一个早晨，鲁蒂·达南（Ruti Danan），一位娇小的以色列女士来到工作室见麦昆。她从丽兹酒店的“出租车司机”秀就开始注意到他，并一直关注着他的职业进展。她在骑士桥（Knightsbridge）的一个时装工作室工作，其中一个同事还是麦昆在圣马丁的同学。达南听说这个消息后，问那个女孩能否联系得上麦昆。女孩给了她麦昆在比格斯塔夫路的电话号码。她打了过去，接电话的是乔伊斯。

“我想为你的儿子工作，”达南告诉她，“能给我他的电话吗？”

而乔伊斯只把麦昆的地址给了她。达南到工作室的时候，麦昆恰好不在。她决定等到他回来。一小时后，麦昆怒气冲冲地出现了。“他特别生助手的气，也很紧张，因为助手没完成麦昆布置下去的事情，”达南回忆。

1　这个典故来自萧伯纳的著名戏剧《皮格马利翁》，讲述的是一位名叫亨利·希金斯的教授教一个讲伦敦土话的年轻卖花女伊丽莎·多利特尔如何讲上流社会语言的故事。伊丽莎在社交界取得了成功，爱上了希金斯教授。该剧被成功地改编成音乐剧和电影，改名为《窈窕淑女》（*My Fair Lady*）。萧伯纳的剧名取自一个古老的希腊故事，讲的是一位名叫皮格马利翁的艺术家热恋上了自己创作的雕像。（自《牛津英美文化词典》商务印书馆 / 牛津大学出版社）——译者注

鲁蒂·达南在霍克斯顿广场，1995 年。

他转头看到了达南。

“你他妈的又是谁？”

“我真的很想为你工作，”她回答。她递上了自己的作品册子，他很喜欢。

“好，”麦昆说，“你可以留下来。”

随后，他转过头，看着助手：

“你他妈可以滚蛋了。”

麦昆对新系列有了一个新想法：以他所了解到的英格兰对苏格兰的多次入侵，以此做设计。他父亲的家族流着苏格兰的血液，麦昆曾经读过苏格兰叛乱、18 世纪发生的高地清洗的历史，以及 19 世纪时英格兰人强制让高地居民搬到海岸线地区生活——手段不乏粗暴血腥——为主要由英格兰贵族所拥有和经营的牧场和其他农业项目扫清障碍。这一次次瓦解了苏格兰氏族的杀戮和征服，被一部分历史学家称为种族清洗，麦昆则认为这是“英格兰对苏格兰的强暴”。他对薇薇安·威斯特伍德和约翰·加利亚诺手里“浮夸的苏格兰服装”感到厌恶，认为这些服装实在是无趣、俗套、矫揉奢华，不管是和苏格兰还是和当代服装都毫无关系。他打算制作他认为能真正反映苏格兰历史的服装，要设计得适合女性在当代日常生活中穿着。他给这个系列冠名为“高地强暴”。

麦昆还在德国作家帕特里克·聚斯金德（Patrick Süskind）所著的《香水：一个谋杀犯的故事》（*Perfume*：*The Story of a Murderer*）中汲取灵感，这部获奖小说讲述了一位 18 世纪香水学徒的故事，他生来就没有体味，为了寻找完美的香味，他跟踪并杀死了多个处女。

麦昆新系列的最后一条主题线源于其个人内心深处的体验。达南说，麦昆曾告诉她，在他小的时候，他生活中的一个女人被强奸了。那一幕的恐怖刻骨铭心地影响了他。“他的所有系列都是自传性质的，”达南说道。

这个系列主要选用的布料是麦昆家族格子呢——一种炽烈的红色和松木般的绿色格纹，中间交织着一条细细的好似阳光的黄线。由于麦昆无力支付面料费，德特马·布罗便替他付了。麦昆在传统苏格兰服饰的基础之上，用这种格子呢制作出了复杂的裙装，有的带裙撑和臀垫；还有摩登廓形的西服，开着深深的大 V 字领口，搭配“包屁者”或裙子。在每一个接缝处，无论裁剪多么复杂，麦昆都确保格子完美对接。

另一个基本元素是蕾丝。伯威克街集市上有个“巴里的货摊”，是一个专卖布头的老木头推车摊档，麦昆在这里以每码 1.5 英镑（约 2.5 美元）的价格买到了蕾丝。为了赋予蕾丝不同的色彩和肌理效果，麦昆将它们喷上了汽车用的金属喷漆。“他想用贵点的面料，但他买不起，”

达南说。“所以，他只好用这些便宜料子，但却让它们看起来价格不菲。简直有魔法。”

麦昆爱威廉·莫里斯（William Morris）的一切。他是19世纪的纺织品设计师、艺术家、拉斐尔前派艺术家群体的一员。伊莎贝拉·布罗鼓励了麦昆对莫里斯的热爱，因为希尔斯庄园是由德特马的祖父设计的，他是莫里斯的信徒。昂格拉斯在他的独立作品集里面，有一幅莫里斯风格的印花设计，是一片绚丽的花朵，麦昆赞不绝口，问他能否用在新系列里。昂格拉斯同意了，印了一幅黑底子金色花朵的面料，麦昆用这匹面料做了一件无袖修身直筒连衣裙。昂格拉斯还把它清晰地印在苏格兰格子布上，麦昆用来做了一件夹克和一条短裙。

比起以往，麦昆这次用了更多样的颜色，有宝蓝色、浅紫光蓝色、古铜色、常春藤绿色、薰衣草紫色。他用薰衣草紫色丝绸和电工胶布做了一条“包屁者”半身裙，长及小腿肚——怀念他与格罗夫斯和特丽克西的狂野之夜(后来,他把它送给了特丽克西)。他把一条藏蓝色“包屁者”的裆部做了漂白，让它看起来像是在一次性侵中被撕破的样子。

他再次找到了朱利安·麦克唐纳来做针织衫。他们讨论这个系列时，麦克唐纳发现麦昆的手臂流着血。麦昆说，他在裁布料的时候意外划伤了自己。他们决定以他的伤口作为针织衫的起点：猩红色纱线和透明渔线织出长袖套头衫，看起来身体仿佛被撕裂成好几块——划过赤裸身体的猩红色像是一道道伤疤——悬垂的针脚像是滴下的鲜血。

麦昆也找来了几个新帮手，他的朋友肖恩·利恩负责制作珠宝饰品，如吊在裆部的银链子等。麦昆还带来了凯蒂·英格兰的助手特里诺·维卡德，一个酷酷的红发英国女孩，二十多岁，曾学过时装设计和市场营销，可以担任“会计、媒体发言人，以及私人助理”，她自告奋勇。他又聘请了金·布莱克公关公司的助理凯伦·马赫（Karen Maher）协助处理媒体事务。

布莱克说，和加利亚诺一样，麦昆在塑造个人的品牌形象时亲力亲为到令人难以置信的地步。“他把控着公司的方方面面：邀请函的样式，谁那里可以借到衣服，借什么衣服。”有时候，他的较劲让人很混乱。“他会在深夜我睡得迷迷糊糊的时候打来电话说：‘我刚刚想到了一件事’，”布莱克回忆道。“我会说，‘好……好……好的。’但他的电话总是值得一接，他从来不会说废话。”

布莱克可以看出，麦昆和英国媒体较上劲了。英国版 *Vogue* 杂志的主编亚历山德拉·舒尔曼最近表示对麦昆的“包屁者”不屑一顾，称其“纯粹为哗众取宠”。媒体普遍认为麦昆很难搞，因为他拒绝出镜，要么坚持把脸挡住——为 *Sky* 杂志拍片时，他戴着电工胶带做的面具；他录制 *The Clothes Show* 电视节目时，给镜头的是他的背影。对此，他解释说，这样做是因为自己仍在领取社会福利金，所以不想被政府官员认出来而失去福利。

这时，一个重大的转机出人意料地来临了：《国际先驱论坛报》（*International Herald Tribune*）的时装编辑苏西·门克斯致电金·布莱克，托她和麦昆约个时间见面。布莱克订了一辆车，二人动身前往东区。据布莱克回忆，当他们推开工作室的大门，“一个可怕的地方”。麦昆礼貌地自我介绍后，和门克斯聊了一会儿。然后，他让凯蒂·英格兰穿上了“包屁者”。正当英格兰展示这条裤子时，门克斯趴在了地上，让英格兰转过身来。“哦，好吧，我知道你做的是什么了，”她说。接着，她又向麦昆细细询问剪裁、做工的细节。“在那之后，”布莱克说，“苏西就成了麦昆的支持者。”

独立的报刊也支持麦昆。麦昆在他们面前要求少得多，因为他知道福利官员肯定不会看这些杂志。开秀的前几天，麦昆在工作室附近一个肮脏的社区酒吧接受了 *The Face* 杂志的记者采访。一品脱啤酒下肚，他表现出前所未有的坦率。但如果这次采访是为了帮助他挽回“时装界恶犬”的臭名，显然没有达到目的。

“我被 *Vogue* 杂志的一些女人称为‘下一个圣·罗兰’，但这他妈的是什么意思？”他咆哮道。“这听起来也太风骚了。说到底，衣服就是衣服，我做的可是好衣服。”

他驳斥了那些称他的作品为“高级定制”的批评者。他坦诚：“你得有我的金刚钻才能揽我做的瓷器活儿……我是一个裁缝，我剪裁布料是为了赋予它真正的轮廓。”他还坚称自己的服装是“成衣”,轻蔑地说，“高级定制什么的，就都留给约翰·加利亚诺吧。”

“高地强暴”系列定于 1995 年 3 月 13 日发布，在英国时装协会的场地。T 台上撒满了干燥的石楠、苏格兰蓟花、树叶和苔藓，大多数是维卡德从花商那里免费要来的。邀请函是一张彩色照片，照片上是人体的一道 5 英寸长的棕黄色伤口，布满缝合过后结痂的疤痕。这场秀是属于伊莎贝拉·布罗的，因为麦昆说了，它非常“伊西”——有点儿恐怖、浪漫、戏剧化、精明、诚实。

为了填上这场秀的窟窿，他从一个匪夷所思的渠道获得了一笔资助：英国健康协会发起了一项“让吸烟不再流行”的活动。为了得到 10000 英镑（当时约 7000 美元）的报酬，包括麦昆在内的几位设计师都同意设计一套反吸烟的造型，并在自己的秀上展示。该协会似乎毫不介意麦昆本人就是杆大烟枪。不幸的是，麦昆却把这事抛之脑后，根本就没动手。发布秀当天，他的一个助手在后台猛然想起了这回事。一阵“他妈的，完蛋了！”的咆哮和责备过后，麦昆灵机一动：他把胶水抹在一件乳胶热裤上，然后把一烟灰缸的烟蒂直接倒在了上面。问题完美解决（麦昆后来告诉昂格拉斯，迈克尔·杰克逊买下了这条短裤）。

模特们穿好衣服后，麦昆对一部分服装做了最后的改动。“那么漂亮的蓝色蕾丝裙，他就用他的大剪刀在那儿剪，”他母亲乔伊斯在后台说。“我都哭了，‘别，别把它们糟蹋了。’”

最后一笔，便是有色隐形眼镜了，这一次是血红色。“模特们看起来跟外星人似的，”达南回忆道。开场前，麦昆给模特们打气时说：“给观众们比中指，粗鲁一点。别害怕。把你们的屁股亮出来，胸露出来。”

秀场外的景象一片混乱。“我从来没见过那么多想进来看秀的人，”昂格拉斯回忆道。金·布莱克坐在一个棚子上，试图引导人群，可她却没有任何安全装备，没有耳机，没有专业时装秀所配发的津贴。她在人海中发现了哈米什·鲍尔斯这些重头编辑，赶紧把她们拉了进来。

秀场里，每个座位上面，都留了一张麦昆手写的纸条，内容是：“苏格兰高地过去一直给予众多设计师巨大的灵感启发。但它们被过度浪漫化了。的确，苏格兰有着一块又一块格纹呢，但那只是为了抵御凄风冷雨。事实证明，这个世界上，很多地方很多时候，仅靠格纹呢的保护是不足以抵抗士兵们的暴行的。”

随着呼啸的风声和叮当的铃声在秀场响起，模特们跌跌撞撞走了出来，她们看起来惊慌失措，遍体鳞伤，惊恐万分。她们的发型由柯林·罗伊（Colin Roy）设计，乱成一团，好像“被 T 台两边的干蓟刷过一道”，有观众注意到，服装要么被撕破，要么歪歪斜斜，就像有人要扯开它们。

帅气的西装上衣领口开得非常低，露出模特赤裸的乳房。有的连衣裙用轻薄的打着褶的黑色雪纺或是撕破的蕾丝制成，似有似无地遮住女孩们赤裸的身体和臀部。女孩们踉踉跄跄走台的时候，利恩做的银裤链发出当当声。T台上散发着令人不安的色欲。

结束后，布莱克说："李被团团围住了。我的意思是他被围攻了。"她不得不护送他去参加政府主办的时装周庆功派对，两人都穿着汗湿的衣服和运动鞋。"到了派对会场，我们看起来像格格不入的两条狗，"她笑着回忆道。但麦昆却是人人都想见到的那个人，"从那时候开始，他成了超级巨星。"

"高地强暴"系列之所以能够让麦昆一举成名，不是因为服装的美——尽管它们美得摄人心魄，也是纯粹的原创作品——而是因为这个系列的名字和秀场展示时引发的暴力联想。昂格拉斯和拉科宁在麦昆上台致谢的时候，就能感受到观众席里不满的骚动。"人们感到愤怒和震惊"，拉科宁说。"他们认为他实在是可憎。"

《纽约时报》的艾米·斯宾德勒似乎明白麦昆的意图，称这个系列为"一次明显的挑衅策略……充满了躁动不安、激动人心的灵感，是伦敦这一季迄今为止最优秀的一个系列"。

大多数媒体讨厌这个系列。"强奸受害者穿着胸部被抓烂的连衣裙蹒跚而行，简直是令人作呕的笑话。那些针织衫，（大众连锁品牌 Marks & Spencer）的针织连衣裙都能做得比他好，价格却不知低了多少，"《独立报》的马里恩·休谟和塔姆辛·布兰查德（Tamsin Blanchard）写道。"承认不喜欢他的这个系列，等于承认自己假道学。

所以，我们承认喜欢……这场秀是对女性的侮辱，也是对他才华的荼毒。”《卫报》的萨利·布兰普顿（Sally Brampton）对这个系列嗤之以鼻：“正是麦昆这个厌恶女性、荒腔走板的品牌，才让时尚界背上了恶名。”

“大家都傻了吗？他们以为我在拿女性被强奸做文章？”麦昆予以反击，“高地强暴指的是英格兰对苏格兰的强暴。”他接着又说，尽管媒体“为此把我钉在十字架上，我仍然很庆幸自己做了这个系列。为了被英格兰人屠杀的家庭、孩子、一切。这样的事情可能会发生在世界上的每个人身上——现在就发生在克罗地亚，第二次世界大战时曾发生在男女同性恋者身上”。

格罗夫斯则认为，这是麦昆的生活在秀场里的又一次演绎。麦昆的作品“是他的故事，讲他是怎样一个人”，他解释道。“‘开膛手杰克’是关于他的家庭，‘出租车司机’讲的是他的父亲，‘高地强暴’则关于他本人。这也是他对人们误读这个系列如此愤怒的原因。因为这都是他自己啊。”

“高地强暴”系列极大地提升了麦昆的知名度，他接到了许多为大品牌做自由身份顾问的邀约，包括 Calvin Klein。但没有一个邀请得到兑现。加上这个系列里也仅有寥寥数件被生产出来，销售了出去，麦昆再次穷到一文不名，甚至连工作室的租金都付不出来。最终，房东把锁换掉了。达南一早就有不好的预感，所以她提前赶过去，把能拿的东西都拿走了：草图、一匹匹面料、样衣。而其他的东西——缝纫机、工作台、人体模型——都被扣下来抵偿欠下的租金。

麦昆和达南在东区来回转悠，寻找一个新的工作和居住的地方。他们穿过一个公园，再过了一条马路，在霍克斯顿广场找到了一间地下公寓。麦昆觉得这个地方还行，尤其是房租还非常便宜，当场签下了租约。

他楼上的邻居叫米拉·柴·海德（Mira Chai Hyde），是个生于菲律宾、在美国长大的自由发型师。“麦昆来我们这户打招呼，我说‘进来喝杯茶吧！’”她回忆道。当她说到自己曾为一些时装拍摄和秀做男模特的妆发时，麦昆立刻问她是否愿意为他的下一场秀工作。

下一个女装季——1996 春夏——正在迫近，麦昆的作品再次被英国时装协会作为闭幕秀安排在自然历史博物馆的官方场地展示。本系列的主题，他选了自己喜欢的两部 20 世纪 80 年代的恐怖电影：保罗·施拉德（Paul Schrader）的情色惊悚片《豹妹》（*Cat People*），讲述的是娜塔莎·金斯基（Nastassja Kinski）扮演的年轻女郎在情欲高涨时，会变身为一头残暴嗜血的黑豹；以及托尼·斯考特（Tony Scott）1983 年的《千年血后》（*The Hunger*），一部性感的吸血鬼电影，由凯瑟琳·德纳芙、苏珊·萨兰登（Susan Sarandon）以及大卫·鲍伊联袂出演。

麦昆让达南来协助他，但是他知道自己还需要更多帮手。他给塞巴斯蒂安·庞斯（Sebastian Pons）打了个电话。庞斯很年轻，来自马约卡岛，也是圣马丁的学生，曾上过昂格拉斯的课，他和麦昆通过朋友介绍在酒吧里认识。麦昆约庞斯到霍克斯顿的工作室面试。庞斯到的时候，麦昆正在摆弄几个宜家的包装箱，里面装着新的工作台。“你的第一个工作就是把这两个桌子拼在一起，这样我们就有工作台了，”他对庞斯说。

他们装好桌子，然后开始制作一幅带有荆棘刺的长枝条新印花。“他在白纸上画的，”庞斯说。“他真的很清楚自己要什么——荆棘应该出现在哪里。”他们完成设计后，麦昆对庞斯说：“好吧，明天见！”

和其他帮麦昆工作的人的情况一样，庞斯也没有报酬。“我从来不找他要钱，因为我知道他没有，”庞斯说。“这并不容易。但我知道自己参与了一项大事业——长远来看，我会得到回报的。”

亚历山大 · 麦昆和塞巴斯蒂安 · 庞斯，1995 年。

麦昆更喜欢在夜里工作。“那是安宁清静的时刻，”达南说。“他在做事的时候，不喜欢工作室人来人往。”她在麦昆的身边工作，不只是她的助手，也充当了试装模特。就像安德森和其他在麦昆圈子里的人，她被麦昆高超的技艺震惊了。“他会像个小老太太那样坐着，手里的针线活不停。这就是他的心理治疗方法，用手缝衣服。”

达南很快从他那儿学到了一些小窍门，比如在衣服里填充马毛可以得到正确的廓形；或者在下摆缝进重物，这样挂衣服时能又直又顺。麦昆还告诉达南，他很担心自己的父亲——他刚刚确诊患了癌症，正在接受治疗；还有，他家族里的大多数人，都认为麦昆是个“怪胎、混蛋，因为除他之外的家族成员都有一份普通但稳定的工作”。

博奇意识到，和麦昆签了合同的意大利制造商根本无法大规模生产麦昆复杂的设计时，决定去找一个更大的、更高效的工厂。他和位于意大利奇维塔诺瓦-马尔凯市的 M.A. Commerciale 公司就接下来两季的生产和分销达成了协议，同时与 Bus Stop 达成了日本市场分销协议。Bus Stop 是日本服装巨头恩瓦德工业株式会社（Onward Kashiyama）旗下的一个日本零售企业。这给了麦昆更多创作的自由，也带来了更多国际销售量。

作为恩瓦德工业株式会社协议的一部分，麦昆要设计部分男装。他想到一些像自己这样的年轻男性可能会穿的衣服：剪裁考究、前面无褶的长裤，用皮革或者男士西装面料制作；20 世纪 50 年代风格的短袖组扣衬衫；皮西装；当然，他的标志性设计“包屁者”，在“千年血后”主题中也出现了。

庞斯回忆，麦昆给了昂格拉斯和他一种从意大利采购来的漂亮的针织面料，他们用一种“烂花”工艺对面料进行了处理，得到一种“麦昆很爱的酷酷的效果，就像剥落的墙纸”。他们在男士 T 恤上印了关于拳击的“粗鲁涂鸦”，庞斯说，还做了一条连衣裙和半裙，上面划开一条裂缝，像女性的阴部。他们还将一张拍有潜行猎豹面部的摄影作品转成印花，麦昆用它做成一条性感的直筒裙。

这个系列里有很多 20 世纪 80 年代鲜明风格的西装上衣，大部分是皮料；还有合身的黑色、米色长袖针织连衣裙，被麦昆划得这一道那一道。这些切口也是他自残行为的一种反映：“李很喜欢割伤自己，”达南说，“自我毁灭，”昂格拉斯悲伤地说。“他习惯了以某种方式伤害自己。”

其中一条连衣裙，麦昆想在透明的胸衣中装满蠕虫。达南说：“他对死亡很着迷——他认为死亡是一种浪漫——所以他老把虫子、腐烂之类的事情挂在嘴边。”他雇了一个模特，以她的身材、下垂的乳房和身体其他部位的尺寸，用两层厚的透明塑料做了件紧身胸衣。他在鱼贩子那里买了一些虫子，秀开场前两小时，在胸衣的底层铺满了蠕虫，再把上一层盖上去——“就像一个三明治”，达南说。模特穿上它，搭配红色高腰塔夫绸半身裙，一条链子横跨裆部，上身是一件合身的有红色丝绸装饰的银灰色和服袖外套。从远处看，这套造型时髦又性感。然而一旦你走近看，并意识到那些弯弯曲曲的线条是什么，你立刻会像那些被活活封住的蠕虫一般竭力想挣脱出去。这个造型完全关于麦昆自己：他想让观众感觉到不适，质疑传统美，尊重自然，直面死亡的可能性。

庞斯正在跟进一条连衣裙，它将使用金属线制作，与之搭配的是菲利普·崔西设计的无脸面具——这是麦昆和崔西的第一次合作。崔西来工作室试装的时候，麦昆猛然发现并没有合适的模特，但崔西需要在将来戴这个面具的女孩身上进行试装。麦昆看向凯蒂·英格兰，然后说：“面具就是你的了。”她同意了。“没有人会知道是我，”她说，“因为我的脸会被全遮住的。”

针织衫的工作，他再次找到了朱利安·麦克唐纳。

“哦，我有个想法，”麦昆告诉麦克唐纳，“我想你用我妈妈的狗毛织一件针织衫。”他拿出一个塑料袋，给麦克唐纳看那些狗毛。“我现在已经收集了很多。”他说他还会继续收集下去——从家具底下、吸尘器里——直到他觉得足够拿给麦克唐纳做出一件绝妙的作品。

麦克唐纳认为这个主意太极端了——“太过分了，”他笑着说——但他也愿意尝试一下。

几周后，大秀将近，麦克唐纳问麦昆：“那包狗毛呢？”

“我找不到了！”麦昆回答。

其实，麦昆已经把那袋狗毛给了面料顾问金·哈斯勒（Kim Hassler）。哈斯勒织出了一件毛衣，上面搭了一条脏辫儿似的围巾。

公关助手凯伦·马赫开始安排秀场的座位，麦昆对此兴趣盎然。他还记得“高地强暴”后那些令人不快的评论——伤口仍未痊愈——现在是报复的时候了：他把至少一位伦敦时尚评论界的权威人物从她坐习惯了的前排座位撵走了，向后移到了该死的第三排。有的名字还被麦昆直接从名单上划掉了。

这一次的 T 台会是纯白色——没有任何装饰。尤金·苏莱曼的发型设计直接受到《千年血后》中 20 世纪 80 年代新浪漫主义风格发型的启发：设计了锥形的莫西干头和鲻鱼头，略带一些红色或者是漂成白金色。瓦尔·加兰做了相似风格的妆容：尖锐的眉形，猫样的眼睛。乔伊斯照旧在后台，“带着两壶柠檬汽水和白面包做的黄瓜三明治，”苏莱曼回忆道。

在这场秀中，麦昆决定将男装和女装混合展示。他的模特团队是个大杂烩，有职业模特，有非时尚行业的普通人，还有一些英国名人，比如鼓手兼贝斯手戈尔迪（Goldie），他正在和冰岛歌手比约克（Björk）交往；朋克乐队 Sham 69 的吉米·普西（Jimmy Pursey）；还有走光乐队（No Bra）的主唱苏珊妮·奥博贝克（Susanne Oberbeck）。麦昆再次指示他们去冒犯观众——比中指，扮怒目金刚，咒骂——当他们走台的时候，节奏感强劲的电子音乐竟然以猿猴的嚎叫开场。

上半场以纯黑色、白色、藏蓝色、铁灰色和砖红色的西装上衣为主，女性真空穿着线条剪裁锐利的夹克，这样她们就可以尽情甩动乳房，而

“包屁者”上垂直撕开的口子则暴露出她们的臀部；男人们穿着相对更随意的上衣和前面无褶的长裤或“包屁者”。下半场服装的线条更加流动柔软，有划开口的针织裙，有花朵和羽毛印花的直筒裙，以及铅笔长裙。一部分模特穿着肉色紧身连体衣，撕破的蕾丝策略性地包住一侧胸脯和骨盆，又绕到臀部，垂向地面，拖曳在身后。最令人瞠目的是一件金属丝编织的连衣裙和一套上衣加长裤套装，都配有无脸面具；斯特拉・坦南特穿的是那条潜行豹的直筒裙，还穿了那件装着蠕虫的塑料紧身胸衣套服。当麦昆顶着漂成金棕色莫西干发型走出来谢幕时，他脱掉了自己的裤子挑衅观众。

迄今为止，“千年血后”是麦昆最商业化、最成熟的一个系列。经销商们下了 40 万英镑的订单，公司首次实现盈利。不过，媒体却对麦昆的坏男孩做派感到厌倦了。伦敦《泰晤士报》的伊恩・R. 韦伯（Iain R. Webb）写道：“亚历山大・麦昆肯定是令人兴奋的，他的确是一位非常聪明的设计师。但他的创意似乎和他的愤青姿态捆绑得过于紧密了。这群兴妖作孽的模特展示的……是真正独一无二的剪裁技巧和一种全新的视角。只是看他的秀能不受那么大伤害就好了。”

尽管如此，麦昆的设计风格开始在整个时尚界流行起来。“（麦昆）在每一个秀场上都给出了最诡异、最具有恋物癖特质的服装，”《纽约时报》的艾米・斯宾德勒指出。“但极端的总是强大的，这就是为什么如此多由麦昆想出的创意在其他地方得到了更商业化的利用——从他本季再次使用的撕烂的蕾丝，到超低腰线的裤子——再低一两英寸就没法看了，这些全欧洲都看得到。”

伦敦时装周闭幕的几天后，《星期日泰晤士报》杂志专栏作家科林・麦克道尔写下一篇重要的文章，分析了英国时尚界令人惋惜的低迷状态。

McQueen“高地强暴”系列，1995/96 秋冬系列。

McQueen“千年血后”系列，1996 春夏系列。

McQueen“但丁”系列，1996/97 秋冬系列。

“返祖主义永远不可能成为创造力的基础，”他认为。“这就是为什么，尽管约翰·加利亚诺和薇薇安·威斯特伍德收获了那么多成功和对他们创意的赞誉，但我却常常希望他们没有一厢情愿、一门心思地滑入他们虚无缥缈的浪漫仙境，从而回避 20 世纪 90 年代的时尚应该是什么样子的问题。”英国时装协会刚刚再次向加利亚诺颁发了年度设计师奖——这是他第三次拿这个奖了——麦克道尔觉得既难堪又可笑。

麦克道尔认为英国唯一一个在设计、制作当代服装的设计师，就是 26 岁的亚历山大·麦昆——这对他而言，也是英国媒体界的一个重大认可。

“麦昆与曼·雷（Man Ray）和马格利特（Magritte）有共同之处，他们的才思使他们能够在别人懵懂之时，便能立足于当下而投眼于未来。这就是他的优点……（他）明白新女性主义是竖起中指的霸气，而不是像 20 世纪 50 年代穿着盛装高跟鞋的社交新贵那般矫揉造作。”

“千年血后”秀后不久，昂格拉斯到麦昆霍克斯顿广场的工作室串门，发现麦昆正在制作一件单边袖、前片与后背反穿的夹克，这和另一个伦敦年轻设计师欧文·加斯特（Owen Gaster）几周前做的几乎一模一样。维卡德赶紧将昂格拉斯拉到一边，耳语道：“你说点什么吧。”

昂格拉斯走到麦昆身边，唱道：“你能做到的，我都能做得更好！”

麦昆突然大笑起来。

伊莎贝拉·布罗仍然在继续带着她认为能帮麦昆提升知名度的人到霍克斯顿广场来参观工作室。其中一个瘦削的 25 岁黑发女人名叫安娜贝尔·尼尔森（Annabelle Neilson），是伦敦的交际花，当时正和银行

18 岁的索里卡 · 达南（Soulika Danan）在摩洛哥菲斯，1940 年。

McQueen“但丁”系列的头饰，1996/97 秋冬系列。

麦昆为 Givenchy 高级定制系列复刻的“但丁”系列骷髅头饰，1997/98 春秋系列。

业豪门公子、绰号“纳特”的纳撒尼尔·罗斯柴尔德约会。她和麦昆一见如故，很快就把大把时间消磨在工作室里。

为了送自己一件圣诞礼物，麦昆到切尔西狗狗中心领养了一只杂种狗。麦昆用英国中量级拳击冠军阿兰·敏特尔（Alan Minter）的名字，为小狗取名“敏特尔”。“这只小狗仔会在夜里陪着李，因为工作室实在太冷了，”达南说。

新年到了，麦昆必须着手准备下一个系列——1996/97 伦敦秋冬时装周近在眼前。新系列的主题，麦昆想再次以某种方式运用照片印花。他和昂格拉斯讨论了各种主题，麦昆瞄准了一个深得他喜爱的作品：英国获奖摄影记者唐·麦库林的战地照片。他和昂格拉斯查阅了麦库林的战地摄影集，他的全部作品与 19 世纪法国艺术家古斯塔夫·多雷（Gustave Doré）为但丁的《地狱》绘制的令人过目不忘、时常萦绕心头的插画遥相呼应。

大约在同一时间，达南告诉麦昆，有一位在以色列从事编舞的朋友根据但丁的《地狱》创作了一段舞蹈。麦昆承认自己从未读过这本书，达南便给了他一本，并给他看了舞蹈作品的照片。他大感兴趣，决定给下一个系列命名为“但丁”，并将《地狱》作为主题。麦昆将这些线索编织在一起，他有了一个灵感，“关于 14、18、19 和 20 世纪的战争与内心和平”。

麦昆联系到麦库林的图片经纪试图获得使用许可，但遭到了拒绝。他告诉昂格拉斯，无论如何他都要用这些照片。于是昂格拉斯把它们印在了 T 恤、连衣裙、夹克、短裙和裤子上。麦昆还找到了美国摄影师约珥 - 皮特·维特金（Joel-Peter Witkin）的一张照片：被钉在十字架上的女孩，他也想用在新系列中。西蒙·考斯丁曾和维特金一起在米兰的一个博物馆办过展览，于是给了麦昆当时的目录。维特金的照片比麦昆最黑暗的作品还要黑暗——完全超出了正常尺度。昂格拉斯找到维特金，希望拿到复制权，同样吃了闭门羹。于是麦昆比对着照片，用银制作了照片中女孩的微缩模型，将其放置在黑色强盗面具的额头上。

麦昆对摄影和新闻摄影的热情不乏真挚，他仍然对格罗夫斯倾诉他对时尚的矛盾心理。“就比如说一个人意识到他真的非常、非常擅长做某件事，但那件事并不是他想要擅长做的，这一定很让人沮丧，”格罗夫斯说。“正如一个想打网球的钢琴演奏家，讨厌自己被赐予的天赋。”

让麦昆坚持下去的是他对成功的渴望。“李有成为有史以来最棒的时装设计师的野心，”格罗夫斯说。“他想比任何人都更优秀——比加利亚诺优秀，比威斯特伍德优秀。他天生好胜心强，那就是他的动力。我觉得，这让他意识到，他纯粹是为了成功而追求成功。为了取得更大的成功。”

博奇试图在麦昆的公司里建立秩序，比如，他提出了一个建议，将艺术感浓郁的“一次性”服装作为“走秀”系列，而更加商业化、对零售商更具有吸引力的则作为“售卖”系列。但麦昆不能接受这个方案。“这就是疯了，”格罗夫斯说，“我们根本没有计划去分：这是走秀系列，那是售卖系列，况且，这样我们得做多少衣服？”

麦昆新系列的样品会在意大利的工厂制作，制造商需要设计图来制版。在博奇之前，“从来没有设计图这种东西，一切都在李的脑海里，”格罗夫斯说。麦昆亲自为成衣制版。但由于他买不起正规的服装图样纸，于是用报纸；他最喜欢鲁珀特·默多克办的小报《太阳报》的第三版，这个版面专门刊登无上装女郎的照片。最终，博奇建立了一个系统。在系统中，麦昆将画出设计图稿，意大利的制版师照此制版，并做出样衣。但问题是，据博奇说，“麦昆并不擅长画画——他一般就用 Bic 圆珠笔在 A4 纸上潦草地画几下，仅此而已。”

为了让这个系统顺利运转，麦昆和达南每月去一次意大利，这样麦昆就可以跟制版师阐明自己想要的东西。一旦衣服做出来，他就会在工厂就地试装。“他会修正样衣，”达南说。“他会把它们修正得恰到好处。”

在这一趟趟旅程中，麦昆和达南对时尚产业有了更深入的了解。“你才知道，在这些小村庄里，有一大批技艺高超的人，他们每个人都只专注于做一件事——做鞋、包或是织毛衣，”达南说。“艾欧知道麦昆的设计很复杂，所以他必须网罗到所有这些专业的匠人。当你看到他们能为你的系列做些什么，你甚至会更有灵感。”

晚上，麦昆和达南会同睡一张床——“他就像我的哥哥，”达南说。有时，他会在凌晨叫醒她。“我们去沙滩散步吧。我们坐船出海吧，”他会告诉她。“我得有个人陪着。”

与博奇的合作，开始似乎前途一片光明，但很快便开始变质。麦昆无法忍受他要在零售层面被迫作出妥协，也就是他必须做能卖得出去的服装。“他总是抱怨：‘这就是我在做的事情，我是个艺术家，我不想讨论生意这种脏事儿，’”格罗夫斯回忆道。“这是视角不同的问题。”

“他和意大利人相处得很不好，”达南证实。“这是他第一次参与生产，他对他们做事的方式并不满意，因为他们让麦昆的设计看起来太普通了。他在设计上独具优势，他花了很长时间来训练他们理解自己的想法和设计。”

“但丁”系列，金·布莱克出乎意料地给麦昆找到了一个财大气粗的新赞助商：美国运通。对麦昆而言，这是一次巨资注入——将近六位数的资金——意味着他可以买得起更好的材料，请得起更多的帮手。“做‘群鸟’系列时，我们只有 4000 英镑和一个让我在秀场外站着的桶，”布莱克回忆道。“和美国运通的合同完全是转折点。”

薇薇安·威斯特伍德和马尔科姆·麦克拉伦的儿子约瑟夫·科雷（Joseph Corré），新近推出了一个内衣品牌 Agent Provocateur，为麦昆提供了闪亮的氨纶文胸和内裤，它们在蕾丝和雪纺的映衬下闪闪发光。Erickson Beamon 珠宝设计公司的维姬·萨奇用黑玉做了一条鸟爪形项链，并搭配了一对鹰爪形耳环。麦昆做了一个鹿角头饰，在上面缠上黑色蕾丝——造型的灵感来自一张老照片，照片上达南犹太裔的妈妈索里卡戴了一件西班牙式样的高耸的连披肩的头纱。尽管整个系列的一切都达到了更高、更加专业的水准，昂格拉斯却感到他们失去了早年间在图庭贝克那种自由自在的感觉。他说，现在“有了生产商，有了一整个团队，我们却没有了那么多时间像过去那样做一些真正的实验”。

一个晚上，大家都在工作室里制作“但丁”系列，格罗夫斯说:“李拿出了一些可卡因。”

“这是什么？”他尖锐地问麦昆。

“哦，这是用来帮助大家缝衣服的，”麦昆回答。

在那之前，麦昆曾涉猎一些社交毒品，比如催情气体 poppers 和迷药。他不太喝酒——一般只喝苹果酒、雪利酒和冰啤酒——酒喝高了或者抽烟太多的时候，他会时不时冲昂格拉斯大喊大叫。

可卡因的突然出现不仅震惊了格罗夫斯，昂格拉斯也感到诧异，因为他们没什么钱买这玩意儿。麦昆的社交也有了改变，只是大家还没有注意到，直到昂格拉斯和他去参加在巴特西发电站举办的一场派对时，才幡然发现。“看到李突然认识那么多人，几乎和每个人都很熟，我惊呆了。他还和戈尔迪、比约克这些人在一起玩，”他说。“我突然意识到我不认识这个人了。”

昂格拉斯问麦昆吸食可卡因是为什么，他回答说，这能缓解他反复发作的背痛。“李的背一直不好，老是疼。”他说，“不清楚这个伤病的源头在哪里，但长时间地弯着坐在缝纫机和制版台前加重了病情。他第一次吸可卡因的时候，告诉我这个让他的背不那么痛了，让他感觉自己的脊柱被洗干净了一样。”

麦昆想要找一个合适的秀场，既要有历史感，还要有特点。他选定了一间教堂。他说："我认为世界上每一场战争都是由宗教引发的。"他选定的是位于伦敦东区斯皮塔菲尔德的一座基督堂，属于英国圣公会，当时已荒废了，其实它是 18 世纪建筑师尼古拉斯·霍克斯穆尔（Nicholas Hawksmoor）的杰作。他说，她的母亲在研究家谱时发现这座基督教堂是"我祖先在 1790 年受洗的地方，我的许多亲戚也葬在了这里"。巧合的是，开膛手杰克最后一个已知的受害者玛丽·珍·凯利就住在教堂所在的同一条街上——这场秀和麦昆的毕业发布秀就这样联系在了一起。

灯光方面，麦昆叫来了西蒙·肖杜瓦（Simon Chaudoir），一个南伦敦人，时装秀制作人萨姆·金斯堡（Sam Gainsbury）的长期合作伙伴。麦昆说，他对以往几场秀的灯光不满意，这一次，他想要柔和的感觉。肖杜瓦和他的团队花了一天半的时间搭起了一个轻型钢十字架，将其悬挂在教堂的横梁上，并在十字架上吊了 70 个灯泡。

这场秀定在了 3 月 1 日，星期五，晚上 7 点——再一次作为伦敦时装周的闭幕大秀。麦昆在邀请函上用了但丁的画像，维卡德说服利伯提百货公司——麦昆服装的一个分销商——负担请柬的印刷费和邮递费。随后，他又交代考斯丁去找一具骨架。考斯丁在一家医疗器械供货商那里找来了一具塑料骨架，把它喷成了金色。麦昆把它放在了第一排的椅子上，就在英国最受尊敬的时尚记者们的座位旁边。"因为，对他来说，"博奇说，"英国媒体早就死了。"

一如往常，后台是个疯人院。一个超模因为没有香槟而大发脾气。"我已经干了半年了，你他妈一夜之间就要把它搞砸了！”麦昆吼她。眼看二人就要打起来了，麦昆的工作人员凑了一些钱，派一个人冒雨到卖酒的商店给她买了一瓶。这还是没能平息麦昆的焦虑。他满脑子都是可卡因，以至于精神恍惚，疑神疑鬼。

就在秀开始前不久，伊莎贝拉·布罗冲进来看麦昆。“我要去喝一杯了！”她用欢快的语气对麦昆说，她戴着菲利普·崔西的高帽，上面的羽毛随着她的话音轻轻颤动。“布莱恩·费瑞在等着我呢。”直到她带着费瑞回来，麦昆才让秀开始。

瓦尔·加兰领导的化妆团队把肖恩·利恩精雕细琢的金色荆棘用睫毛胶粘到模特的脸上，做出一种脸被不经意刺穿了的效果。发型师博纳比则给模特做了打了结的莫西干头，有的模特背后垂着长长的、拧得弯弯扭扭像粗麻绳一样的长辫子。还有的模特的莫西干发髻中冒出了利恩做的造型邪恶的银色尖钉，这对模特有危险，麦昆不得不购买特种保险。

秀场外的场景一如既往的混乱。“当时有 600 个人想要进场。”格罗夫斯回忆道。《女装日报》描述那是“一场有生命威胁的拥挤”。秀场里，每一个座位上都有一张节目单，封面印着麦昆和敏特尔的可爱照片。教堂内一片漆黑，只有烛光在摇曳，耳堂传出飞机起飞的轰鸣声。灯光亮了，强劲的打击乐鼓点响起，模特欧诺·弗雷泽率先走了出来。她穿着黑色长裙，裁剪得像牧师的袍子，胸前拼嵌着透明的倒 V 字；脸上戴着黑色的面具，被钉在十字架上的银色女孩模型正落在她的鼻子上，耳朵上悬荡着黑色鸟爪耳环。观众爆发出欢呼喝彩。

跟在她后面的模特，穿着剪裁合身的炭灰或黑色羊绒、针织连衣裙、毛衣和长裤，上衣或者袖子上也有透明的斜纹。音乐转为了宗教合唱，夹杂着打击乐、直升机螺旋桨声和枪声。这个系列有皮草饰边的战壕装、金色天鹅绒长罩衫、驼色羊绒轻便外套、细条纹“包屁者”，以及优雅的鸽灰色直筒连衣裙和套装，一部分装饰着西蒙·考斯丁做的羽毛和骨头颈饰。男装的设计则非常简洁：模特们看起来像《西区故事》里 20 世纪 50 年代的拉丁裔黑帮成员，有的穿着被漂白剂染花了的牛仔外套和牛仔裤，有的穿着剪裁精良的黑色羊绒大衣，有的穿着前面无褶的长裤，还有的穿着“包屁者”。所有模特在麦昆的这场秀上都相对稳重：没有粗鲁的手势，也没有咒骂和漫无目的的挥舞。毕竟，这是在教堂里。

至此，冲击力最强的一个部分，是印着唐·麦库林黑白摄影作品的合身夹克、T 恤、毛边迷你连衣裙，以及安娜贝尔·尼尔森穿的上身为紧身胸衣式连衣裙。但最漂亮的那件，要属用淡紫色的丝绸和蕾丝制作的连衣裙，上面搭配镶有金色绳扣的军装风格大衣。

这场秀以欧诺·弗雷泽演绎的拼接喇叭牛仔裤，搭配薰衣草紫色贴有黑色蕾丝的紧身衣作为结束，她的腰围被紧紧箍到仅有 18 英寸（约 46 厘米），一步三摇、蹒跚着缓缓走完展示台。当麦昆出场谢幕，观众纷纷起立鼓掌。他收到了两大束鲜花，转而把花分别送给了母亲和伊莎贝拉·布罗。

在“但丁”系列中，麦昆似乎终于找到了商业性和秀场感的完美平衡——并从中获得了一片叫好声。“亚历山大·麦昆来到教堂，成了伦敦时装周的救世主。”《女装日报》写道，“（他）创造了这座城市一种真正的时尚……（而且这）比围绕他的宣传炒作有更多内涵。”

本周早些时候，菲利普·崔西也举办了一场秀，伊莎贝拉·布罗为他做造型。崔西的秀同样得到了起立鼓掌和评论家的叫好。但将两场秀总结得最好的，还要数艾米·斯宾德勒，她认为麦昆和崔西的秀是“伦敦本季最具力量的两场秀”。伊莎贝拉·布罗对他们的扶持栽培得到了回报。“我们的成功就是她的成功，”崔西告诉我。

经销商们爱“但丁”系列。博奇对销量进行了限制，以便把最优质的款式只给特定的商店，包括美国的内曼·马库斯百货。剩下的三分之二卖给了全球 31 家商店，包括波道夫·古德曼百货、巴黎 Charivari、纽约的 Linda Dresner、洛杉矶的 Maxfield、波士顿的 Alan Bilzerian、芝加哥的 Ultimo，以及日本的伊势丹百货。据报道，这个系列收到了超过 3100 万英镑的订单，其中一半来自日本。

麦昆的影响力在巴黎、米兰和纽约的 T 台上都是显而易见的：“高地强暴”系列的撕破蕾丝裙和“千年血后”系列中犀利的西装——“尖领、收腰、长款”，马赫说——随处可见。“这是一种更有力量的女性着装方式，”她说。就像 20 世纪 70 年代的伊夫·圣·罗兰一样，麦昆希望用自己的服装赋予女性力量。尽管他很不情愿，但他正在成为新的圣·罗兰。

可可·香奈儿喜欢说：“模仿是最高形式的恭维。”麦昆并不认可。看到其他设计师和大众品牌对自己作品的剽窃和重新阐释，他大为震惊，尤其是当他们宣称自己才是首创的时候。

随着嗑药量的增加，他的脾气变得更加暴躁易怒。圣马丁一名学生在苏荷区的一家同性恋酒吧背着麦昆嘲笑他，有天晚上他偶然撞见麦昆，得到了教训：麦昆把一个玻璃烟灰缸敲在了他的脸上。“但丁”秀过去几周后，他的前助手路过工作室，给他送来一张生日贺卡。

“操她妈的，”麦昆咆哮道。“我不想看见她。”

“我在想：‘这到底怎么了？’”格罗夫斯说。“你总不能一辈子都告诉别人滚蛋吧。”但麦昆却越来越觉得自己可以这么做。

德里克·安德森决定把“但丁”秀搬到纽约，就像两年前的“女妖”秀一样，为没有报道伦敦盛况的北美媒体重演一遍。然而，麦昆并不打算单纯地照搬伦敦的秀，他打算有所改进。他请菲利普·崔西专门为此做一顶帽子。崔西做出了一个数字8形状的黑色蕾丝帽。安德森在下东区的诺福克街找到一座废弃的犹太教堂，如今这里是安赫尔·奥伦萨斯基金会（Angel Orensanz Foundation）艺术中心。理由很简单：那儿虽然没有供暖和电力，但它与斯皮塔菲尔德一样阴森可怖，弥散着哥特风。

这趟旅程，麦昆带上了随行人员：有特里诺·维卡德，目前已经成为麦昆的总协调人；凯蒂·英格兰，负责造型和模特选拔；以及伊莎贝拉·布罗和蒂娜·拉科宁，为他提供精神上的支持。对安德森在In The Mix公司的团队而言，伊莎贝拉·布罗源源不断地抖着喜剧和焦虑包袱，尤其是在麦昆和她之间的关系处于越来越消极对抗的时候。“我记得麦昆站在德里克的办公室，说：‘把电话拿起来给安娜·温图尔打过去。你不是给她工作过吗，打她电话！’”一位员工说，“伊莎贝拉哭着吼回去：‘你得明白，是她炒了我！所以安娜并不喜欢我！让我看看露西（费里）在不在纽约，她能打。’他还在喊，‘哦！快点儿！给她打电话！’他在办公室里兜圈子，她则不停掉眼泪。”

有的时候，伊莎贝拉来办公室又是完全不同的状态。她从头到脚打扮得一丝不苟，来到In The Mix公司位于西百老汇的办公室，跌跌撞撞进了门，身子一软靠在门框上，娇喘吁吁地说：“我要水！我要水！我从 26 号街走过来的！”她这种极具戏剧性的行为让大家无所适从，“简直忍不了，”其中一位回忆道。“你忍不住会在心里想：‘如果她能静静地坐下来，哪怕坐一分钟都好。’”

麦昆在纽约纵容着自己的所有坏习惯。“他对性兴趣浓厚，他想知道纽约所有性俱乐部都在哪儿，”In The Mix 公司的一个助理回忆道。“我告诉他之后，他说，‘我们今晚去吗？今晚去吧！’”麦昆几乎把夜晚全泡在了性变态者酒吧，会玩到凌晨 4 点——“你能想象的最肮脏下流的地方，”安德森说。麦昆还找到了一个可以卖给他可卡因和迷幻药的贩子。安德森提到，令人震惊的是麦昆的性瘾和毒瘾“从来没影响到他的工作。没有什么能妨碍他的工作。他在方方面面都是个完美主义者。”

除了吃东西的时候。安娜·温图尔带他去 Forty Four 餐厅吃午饭——“那段时间她最钟爱的餐厅，”安德森说——麦昆点了一个龙虾，张大嘴巴，狼吞虎咽把这个珍贵的甲壳动物吃了下去，融化的黄油顺着下巴流下来——他还一边畅谈着自己的雄心抱负。据说，温图尔当时被吓坏了。

这场秀定在 4 月 2 日晚上，麦昆列了一张单子给 In The Mix 公司，需要他们一一完成。首先，他们需要去预订超模，包括凯特·莫斯、朱迪·基德（Jodie Kidd）、海伦娜·克里斯滕森和卡拉·布吕尼——最好能免费请到。另外，麦昆需要 15 个包头巾的锡克教男孩站在 T 台周边，制造“氛围”，同样地，他不想为此付钱；最后，In The Mix 公司的工作人员找来 6 个带着刺青的拉丁裔男孩，麦昆同意了。

秀场外乱成一锅粥。那天，纽约时尚圈重要的时装编辑和经销商们都去苏荷区参加托德·奥德海姆的秀了，一堆混夜店的年轻人、学生和麦昆的粉丝拥在场外，他们没有邀请函，有的拿着伪造的想混水摸鱼溜进场。“现场一片混乱，”当时住在纽约，麦昆长期的支持者、朋友塞西莉亚·波布里奇说——人多到把消防警察都招来了，他们恐吓说要取消这场秀，把所有人都撵回家。

后台兵荒马乱。没有暖气，照明全靠五金店买来的提灯接在小型发电机上发出的光亮。超模们各自找个角落换装，没有造型师协助，也没有吃的——当时也别想其他更多的福利。媒体团队没有配备对讲机，于是他们只能在混乱的场外和后台之间跑来跑去，传递最新情况。不知是谁把座位表弄丢了，In The Mix 公司的工作人员只能坐在第一排的位置上，给重要的编辑、经销商和 VIP 占住座。麦昆从伦敦寄来的背景音乐录音带和音响系统也不匹配。麦昆就穿着一件套头衫和牛仔裤在后台走来走去，逮谁吼谁。

当编辑们纷纷从奥德海姆的秀场转移过来时，场面变得超现实起来。门口站着夜店保镖似的门卫，旁边是公关助理，指认谁是重要程度够格进入秀场的人。就在那时，安娜·温图尔在下着雪、湿漉漉的黑暗中出现了，人头攒动，挤起来毫不留情，大家不得不把她抬起来，抬过一辆出租车和隔离带，才进了秀场。“安娜走进来的时候，全场爆发出热烈的掌声，因为所有人都知道，秀要开始了，”安德森说。伊莎贝拉·布罗和她的朋友，南斯拉夫王子迪米特里（Prince Dimitri），还有拉科宁一起坐在人群上方的一个小阳台上。她戴了一顶崔西为她做的亮橙色羽毛帽，名字叫“南瓜”。从下向上看，布罗就像是坐在她皇室包厢里的女王。

后台，麦昆换了一身三件套西装，戴上了黑色的隐形眼镜。“他看起来像个吸血鬼，”一个助手回忆道。管风琴乐曲的背景音乐响彻秀场，枪声不停响起。超模们沿两边摆着蜡烛的伸展台，趾高气扬地走了出来，穿着印有麦库林照片的服装、撕破的蕾丝裙、划出口子的连衣裙，戴着鹿角头饰和崔西的黑帽子。金发蓬松的凯特·莫斯穿的是“包屁者”；海伦娜·克里斯滕森在黑色蕾丝和雪纺连衣裙外穿着军装外套；欧诺·弗雷泽穿了一件蕾丝紧身胸衣。“这个 T 台上展示出来的创意，比纽约整季所有秀加起来还要多，”斯宾德勒写道。“（麦昆）把这儿的设计水平提高了整整一个档次。仅仅 27 岁，有了他，或许‘后麦昆时代’将会更加闪耀。”

5 月份，麦昆和 Gibo，也就是恩瓦德工业株式会社在意大利的子公司签订了规模更大的生产和分销协议。为了签约，他独自去了一趟日本：他坐的是飞机经济舱，住普通酒店。Gibo 负责麦昆男装和女装系列的生产，并在全球范围内分销。协议最初为两年，并可续签三年。“这对我而言，是跨出了一大步，”他又说。“日本人想让我留在伦敦，因为他们意识到，我是那儿最大的人物。如果在巴黎和米兰，我只能是微不足道的一粒尘埃。”

当麦昆的事业顺风顺水的时候，他的个人生活却陷入了重大危机：和格罗夫斯的关系正在土崩瓦解。麦昆的朋友们都悄悄地松了一口气，因为没有人喜欢安德鲁·格罗夫斯——朋友们都见证了二人激烈的争吵和哭闹。“在李的坚持下，我们去看了心理咨询师，”格罗夫斯说。“但一点用都没有，我们还是老吵架。这段关系是不正常的，我认为需要接受帮助的人是他，因为他把所有童年的心理包袱都带到了这段感情里，而且有一半的事情我甚至完全不了解。”很显然，这段感情已经到了无药可救的状态。

在公众面前，麦昆倒显得很克制坚忍。“每个人在世界上都有属于他的那一半，”他告诉《卫报》。“我得再耐心一点，等他来到我身边。通常我不是一个看重外表的人。我需要与对方心气相通。肉体上的吸引力只能持续到第一次上床，在那之后，你总要和对方能聊得来。”

但在私下，麦昆被这次分手击溃了。不久之后，麦昆和达南一起去意大利出差。他低落消沉，向达南坦白说想以自杀来了结自己。

IX

1994年6月21日，为了庆祝夏至，同时也为了庆祝新香水“花”（Flower）[1]的发行，在巴黎创立了个人品牌Kenzo的日本时装设计师高田贤三（Kenzo Takada）于巴黎的心脏地带举办了一场声势浩大的活动：他用32000盆五彩斑斓的秋海棠、40000盆蕨类植物，以及2000盆常春藤，将巴黎最古老的桥梁——新桥装饰得蔚为壮观。黄昏时分，数百名巴黎市民在桥上

1 此为作者笔误。这一天Kenzo品牌发布的是香水“樱花颂”（Kashâya de Kenzo）。Flower发布于2000年。——译者注

参加了香水发布香槟酒会。人群中，天性开朗的理查德·西莫南（Richard Simonin）——LVMH 集团旗下两大重要品牌 Kenzo 和 Givenchy 的法籍首席执行官——笑容满面，喜气洋洋。

西莫南满意的，不仅仅是这场巴黎有史以来最炫的香水发布会。他还终于想出了一个棘手问题的解决方案：那就是由谁来接替德高望重的法国服装设计师于贝尔·德·纪梵希的位置。纪梵希很快将从 1952 年自己亲手创立的时装屋退休。

奢侈品时尚行业正经历着转型的痛苦，由迎合小圈子客户、创始人运营的小型公司转为公开上市的全球型企业，而领导这些大公司的商业大亨们此前与时尚行业毫无瓜葛。这场运动的先驱便是伯纳德·阿诺特，一个来自法国北部的地产商。20 世纪 80 年代后期，他通过巧妙的策略收购了当时正处于 35 年来最低谷的 Christian Dior。

以此为起点，阿诺特开始创建自己的奢侈品牌集团。他先是秘密说服了 Patou 的设计师克里斯汀·拉克鲁瓦在没有预先通知的情况下跳槽，并为他投资建立自己的品牌，打了 Patou 一个措手不及。接下来阿诺特收购了 Céline 的大部分股权，那是一个已有 40 年历史的法国传统女装品牌，并向创始人承诺，他们可以留下来。然而，几个月之内，他们便悉数被赶走。

1988 年，他发起了一场对 LVMH Moët Hennessy—Louis Vuitton 集团的恶意收购。这个法国奢侈品牌集团囊括的品牌有 Louis Vuitton、Kenzo 和 Givenchy。长达 15 个月的董事会斗争——以“LVMH 夺权事件”为大众所熟知——事无巨细地被法国媒体加以报道。当阿诺特终于成功控制了整个集团，路易威登家族的部分成员不得不含着泪水离开公司总部。

阿诺特重组集团后，决定启用更年轻的设计师来振兴这些暮气沉沉的品牌，带它们走向全球，让它们更加具有“民主性”，以迎合不断壮大的中产阶级消费者市场。这是一个激进的想法：在那之前，奢侈品时尚一直是绅士们的事业，即便是 Chanel 和 Yves Saint Laurent 这些最著名的品牌，规模都很小，由创始人或者是创始人的家族经营。阿诺特用资本的玩法彻底改变了奢侈品行业，这是他 20 世纪 80 年代初在纽约那三年磨炼出的手段。法国企业界被他不择手段的做法和对利润坚定不移的追逐震惊了，因此，他被法国媒体称为“披着羊皮的狼”。

1989 年 5 月，阿诺特作出了第一个重大改变。他突如其来地解雇了为 Dior 服务多年的女装设计师马克·博昂（Marc Bohan），让意大利成衣设计师奇安弗兰科·费雷接替了他的职位。费雷学建筑出身，设计的服装有缜密、简洁的线条，因此被称为“时装建筑师”。费雷的使命是将 Dior 带回 20 世纪 50 年代的巅峰，那时它还由同名创始人执掌，被誉为“时装界的通用汽车”。对费雷的任命震惊了法国时装界。“我吓坏了，他们竟然找不到一个法国人来坐那个职位，”Yves Saint Laurent 的董事长，也是巴黎服装工会学院校长的皮埃尔·贝尔热（Pierre Bergé）说。“我不认为向外国人和意大利人敞开大门就是尊重法国的创新精神。这让我很为阿诺特先生和 LVMH 集团担忧。”

但阿诺特恶意收购 LVMH 已经证明了一点，他根本不在乎那些老派的法国企业家怎么看待他大胆的美国式手段。44 岁的费雷会把 Dior 直接推向一个更年轻、更国际化的人群，意味着带来更高的销量。

阿诺特改造清单上的下一个重点目标，就是 Givenchy。这个时装屋有传奇性的历史，创始人于贝尔·塔芬·德·纪梵希伯爵出身法国古老的贵族世家，曾在雅克·法思（Jacques Fath）、吕西安·勒隆（Lucien

Lelong)、艾尔莎·夏帕瑞丽（Elsa Schiaparelli）那里做过学徒，还师从过众多时尚界人士眼里史上最伟大的时装设计师克里斯托巴尔·巴伦西亚加（Cristóbal Balenciaga)。谈到 Givenchy 的首秀，一名记者说："这些礼服让你想起第一个香槟酒杯。" *Harper's Bazaar* 杂志驻巴黎记者玛丽 - 路易斯·布奎特(Marie-Louise Bousquet)称他为"法国时装的未来"。纪梵希最为人熟知的一点，是为好莱坞宠儿奥黛丽·赫本的许多角色设计了服装，包括《龙凤配》《黄昏之恋》《甜姐儿》《蒂凡尼的早餐》《谜中谜》以及《巴黎假期》。阿诺特想让时装屋重拾往日的荣光，所以他把任务交给了西莫南。

西莫南提出了一个激进的计划：关闭高级定制部门，因为它每年亏损约 2000 万欧元，将公司打造成一个以成衣为核心、具有高级定制风格的法国生活方式品牌。他说，他选择设计师的标准很简单：要年轻，知名度要高，可以为新一代渴望成功的消费者提供出色的成衣。

西莫南带着他的新战略向阿诺特汇报，然而，阿诺特一口回绝。"理由如下，"他解释道。"如果我说我要停掉 Givenchy 的高级定制时装，法兰西共和国的部长们甚至总统都会向我问罪，说我在牺牲法国奢侈品业的圣物，在毁掉法国高级时装工艺的历史。一年 2000 万欧元，我就能免受这些愤怒的指摘。所以，我不会停掉高定线的。"

西莫南找到法国版 *Vogue* 杂志的时装总监珍妮·卡皮坦（Jenny Capitain)，问她谁是接管 Givenchy 的人选。

"约翰·加利亚诺，"她说。"你应该去冒个险，约翰是会带来一场革命的人。"

从圣·斯伦贝谢秀之后，加利亚诺对时尚界和媒体就有了支配权。纽约设计师黛安·冯·芙丝汀宝（Diane von Furstenberg）因为穿着一件圣·斯伦贝谢秀中的日式和服宽腰带礼服，去白宫参加了克林顿夫妇招待日本天皇夫妇的国宴，引起了轰动。5月份，加利亚诺在波道夫·古德曼百货顶楼，古德曼家族空置已久的公寓里，将圣·斯伦贝谢秀再次搬上T台，他又收获了一大波媒体报道。当天的钻石由 Van Cleef & Arpels. 提供，包括布尔特和莱斯在内的约 120 名嘉宾出席。随后大家享用了香槟早午餐，庆祝他的店中店开幕。“约翰了解女人，知道女人想穿什么，”波道夫·古德曼百货时任总裁道恩·梅洛说。“没有什么人在做他做的事。他做得出类拔萃，并且很超前。”

在纽约期间，加利亚诺接受了几个记者的采访，其中有 *Interview* 杂志的记者哈尔·鲁宾斯坦（Hal Rubenstein)。他们的见面从一开始就不太顺利——加利亚诺睡过了头，错过了他们的约定。“约翰把自己锁在房间里，锁了 3 天。他根本不接电话，”雅基·杜克洛回忆道，“约翰·布尔特已经怒不可遏了。我一直在跟史蒂文说，‘这不正常，这不正常。’史蒂文只是说，‘他是个天才，天才就是这样的。’”

第二天，鲁宾斯坦在美仑大酒店的大堂给加利亚诺的房间打电话，重新约采访时间，加利亚诺又上床睡觉了。“我有个想法，”睡意蒙胧的加利亚诺对鲁宾斯坦说。“为什么我们不这样采访呢，电话采访？”鲁宾斯坦犹豫了一下，告诉加利亚诺他已经在楼下了。加利亚诺回答道：“那你上来吧！我们可以听录音。”鲁宾斯坦拒绝了，坚持让加利亚诺下楼，按原计划见面。“10 分钟后，”鲁宾斯坦写道，“一个小妖精似的家伙咧着嘴，穿过美仑大酒店的大堂阔步走来，笑容殷勤得他笃定能把 Versace 的二手美杜莎包卖给我。他自己深知这一点。”

他们谈到加利亚诺最近一次的纽约行。鲁宾斯坦说，“你和安德烈·里昂·泰利在 Sally's II 一直玩到停止营业”——位于曼哈顿中城的一家热门变装俱乐部。鲁宾斯坦问加利亚诺是否在约定采访的前夜出去玩了，认为这也许能解释他的嗜睡症。“我们和娜奥米还有凯特（莫斯）一起去的……当时……哦，我不能告诉你。你会把这些都刊登出来，那我就麻烦了。”接下来，加利亚诺脱掉了自己的鞋袜，露出他涂着深红色指甲油的脚指甲。鲁宾斯坦接着问到时装行业中商业和艺术之间的冲突。“但我不是艺术家，”加利亚诺坚持说。“如果是，也只是小写的艺术家。”

西莫南对加利亚诺的报道一直有关注，他也很看好卡皮坦直截了当的建议。“约翰有设计师的精神，相对年轻，名气却足够大，是个公认的天才，”西莫南当时告诉我说。最重要的是，“他有非常现代的视野，并不是典型的高级时装屋风格。”西莫南安排了一系列和加利亚诺、罗宾森、哈莱克的见面，决定用即将在 10 月份做的新装秀来作为对他取得这份工作的实力考核。

定于秋天举行的时装周渐渐近了，加利亚诺和他的团队开始创作新的系列。想超越圣·斯伦贝谢秀绝非易事。但这一次，他有 20 万美元的预算，所以他有办法做得更好。加利亚诺计划只发布 28 套服装。“我想保持专注和集中，”他解释道。“现在，对我来说重要的只有我的服装。我要每天工作到半夜，直到一切都尽善尽美。”

到目前为止，他最成功的系列都散发着 20 世纪中期的迷人魅力——那些浪漫主义剪裁的造型，如今已经成为他的标志。和“布兰奇·杜波依斯”系列一样，他希望新系列能捕捉到“白兰度电影中的冷酷和坚韧，来让女神们更坚强，更女性化”。他决定以伊利亚·卡赞 1954 年的电影《码头风云》(*On the Waterfront*)为灵感，白兰度在片中饰演一个过气的拳击手，退役后做了码头工人。这部电影与他用秀来隐喻自己和个人生活的喜好非常吻合。在电影中，白兰度饰演的角色特里与码头上腐败的黑社会势力展开了较量，在自私和正直之间挣扎，拷问自己和他人的忠诚。影片最后，泰瑞成了孤胆英雄。

一场更大规模的秀需要更多帮手，现在加利亚诺手里有了更多资金，请得起更多人。但请来的大部分工作人员，仅仅是因为她们漂亮，并且有广泛的社交关系网，比如艺术家巴尔蒂斯漂亮的小女儿晴美·克洛索夫斯科娃·德·罗拉（Harumi Klossowska de Rola）来做了实习生；而凡妮莎·贝朗格（Vanessa Bellanger）是法国版 *Vogue* 杂志出版人加德纳·贝朗格（Gardner Bellanger）的女儿，是有美国国籍的法国人，身姿婀娜，一头金发，担任罗宾森的助手。

加利亚诺不时和哈莱克有联系，她还是长住什罗普郡陪伴家人。他们会在电话里交流想法，她再深化主题，优化色版。发布秀的几周前，她会来到巴黎“把所有单品搭配在一起”，杜克洛回忆道。“尤其是秀场布置。她有一双慧眼，审美一流，极具个人风格。”她通常会住在工作室旁边，是泰利说的那种“破酒店”。有一次她被抢，钱被洗劫一空。

在巴黎，布尔特和莱斯会与哈莱克一起共进午餐或晚餐，渐渐地，他们开始理解并感恩她的付出，并对她的才华肃然起敬。所以，当发现加利亚诺和罗宾森起草的工资名单上没有哈莱克时，他们惊呆了。他们不同意这份名单，提出至少应报销她来巴黎的差旅费。他们明白，如果失去她，对公司将是巨大的打击。

刻意与哈莱克拉开距离的原因，部分工作室成员略知一二：史蒂文·罗宾森从中作梗。他对加利亚诺的痴迷已经到了病态的地步。白天他们并肩工作，晚上罗宾森有时就睡在加利亚诺卧室的地板上。“史蒂文是个看门狗——简直了，”当时的一位团队成员说，“他就是马基雅维利——一个彻头彻尾的阴谋家，会耍手腕，擅长制造事端，并且控制它的走向，由 A 点到 B 点，他一清二楚。”事实上，加利亚诺鲜少再亲自上手做设计了：“他会说：‘我要这样的，这样的，这样的，’仅仅如此。”原来的实习生说，“我从来没见过他在布料上比画……史蒂文才是掌管一切的人，是早上 10 点就会在工作室给我们开门的人。”

罗宾森对自己的控制，加利亚诺一无所知。“约翰的想法就是，‘我已经把史蒂文训练得很好了，这就是我的作品，’而不会反过来想，”一位消息人士说。“但我认为加利亚诺的这种想法很奇怪。有人把你和其他人隔绝开来，你却认为你还掌控着一切。这是把关的问题：谁能把关。因为史蒂文把住了关口，就掌控了一切。”

1994 年 10 月 6 日，加利亚诺匆匆赶到伦敦的自然历史博物馆，领取了英国时装协会颁发的年度设计师奖。然后马不停蹄回到巴黎，监督即将在一周后举办的发布秀工作。日期定在了 10 月 12 日，星期三的晚上，作为当天所有秀的高潮。起初，加利亚诺在巴士底狱附近的圣安托万郊区街预订了一个车库作为场地，但据哈莱克说，由于安保原因，“在最后一刻，我们不得不去找新的场地。”他们去看了 Pin-Up 工作室，在第十四区的一个综合摄影空间，深受时装摄影师们的青睐。加利亚诺很满意。“约翰看着我说，‘换到这里吧。’”哈莱克说，“这大概是我做过的最刺激，也是最可怕的事情了吧。”

哈莱克想到这个系列的“码头风云”主题，它根植于工人阶级，结合 Pin-Up 所处的是曾受到压迫的巴黎社区，她有了想法。“我想让人们感受到贫瘠困窘环境中的汗水、非凡的激情、美丽、庄严和高贵，”她说。“我想找一种特别的瓦楞金属墙板。我们最后找到了，这是全体团队的努力，这个过程约翰全程参与了。这不是他说：‘阿曼达，去布置场地’的问题……有时他会陪着我，我会穿着 T 恤，把一些东西贴到墙上，或者撕掉墙纸，好达到我想要的效果。这时他会说，‘我们往浴缸里放点玫瑰花瓣吧。’这才是约翰。能够与一个不阿谀奉承你，给出积极建议，推动你前进的人共事，实在是上天的恩赐……他想要的更多。他需要一定的诚实。”作为点睛之笔，哈莱克用一条晾衣绳穿过场地，并把她的内衣晾在了上面。“是为了创造一种情绪，”她说。

邀请函的制作，加利亚诺和他的手下在跳蚤市场买了 800 本皮面装帧的旧书，在巴黎批发商那里买了 1000 朵玫瑰。他们在每本书的封皮上都贴了一朵玫瑰，把邀请函夹在书页中间，用麻绳把每本书都捆好，再寄给被邀请人。

其实，工作室的一个痛点，是谁该收到邀请函。加利亚诺拒绝邀请所有为他制作服装，把他的创意变为真实的工作人员和工匠来看秀。“这些人工作特别勤恳，”杜克洛说。“我们好几周都是一天 24 小时连轴转。我得跟约翰打一架，就为了能让他们来看秀。”

然而，最伤人的还是加利亚诺的毒舌。他在背后嘲笑贝朗格，说她是溺爱孩子的老大妈。当有人告知他，长时间支持他的《国际先驱论坛报》记者苏西·门克斯要来看他，他转头就跟杜克洛说：“老枕头脑袋来了。”讽刺门克斯标志性的大背头发型。然后他走出去，像好久不见的老朋友那样拥抱门克斯。他骂那些全力支持他、颇有影响力的时尚杂志编辑是“废物点心”。“没人逃得过他的嘴，”杜克洛说。“这和亲近程度没关系，他总是这么负面。他至今都认为自己是最棒的，其他人不过是一坨屎。”

10 月的这个夜晚，天气出人意料地温暖。人群开始涌进场地，他们发现了时装界前所未见的场景。装饰风格的椅子和旧天鹅绒双人沙发环绕着几个不同的场景：一张锻铁床上，身材健硕、带着刺青的男模特横躺在床单上，只穿着一条 Calvin Klein 的内裤；一个旧爪足浴缸，挂着蕾丝浴帘，玫瑰花瓣浮在乳白色的水面上；一个古董鸟笼；撕毁的书页被漆在瓦楞金属壁板上；一个梳妆台上放着香水瓶、化妆刷，还有干花；一辆锃亮的从当地汽车博物馆租来的 20 世纪 50 年代的奥斯莫比尔（Oldsmobile）老爷车；还有一条晾衣绳，上面挂着哈莱克的丝绸内衣。

每个座位上都放了一张小卡片，上面的介绍显然是哈莱克写的。卡片上说，这个系列讲述的是一个叫米西亚女神（Misia Diva）的故事。“她像一只东方的云雀在陈列着油画和中国白色大理石雕塑，弥散着艺术歌曲的沙龙里，吟唱着爱情和友谊。她是爱德华时代的东方女人。”灵感一部分来自可可·香奈儿的好朋友米西亚·塞特（Misia Sert），卡片上还讲述了这个虚构的女性角色对普鲁斯特、加吉列夫、德彪西、科克托和毕加索等艺术家的影响；讲述了她的数段婚姻，她的丈夫有“年轻拳击手——身材健美的白兰度，他给了她神秘又阴森的美，有带给她怀疑和绝望的詹姆斯·迪恩……她粉碎了我们的看法……她贪婪却美丽，挥霍无度却慷慨大方，是一个狡猾的偷心大盗，一个甜言蜜语的骗子，一个经历过言辞之伤、享受化妆刷每一次扑面的温柔以及每一道相机闪光灯亮光的女神”。

在观众席中，坐着西莫南和他的妻子——西班牙版 *Vogue* 杂志的时装总监，以及伊丽莎白·坎（Elizabeth Kan）。坎是个年轻的美国女人，毕业于哈佛，时任 LVMH 集团的主管，协助西莫南进行 Givenchy 的人员换血工作。但无人注意到他们。所有眼光都集中在那些明星和社交名流身上，比如法国女演员阿丽尔·多贝索（Arielle Dombasle），她玉体横陈躺在了床上那个近乎赤裸的男模特身边。我看见麦当娜和摄影师史蒂文·梅赛尔并肩坐在一张双人沙发上。服务生端上一盘又一盘的香槟酒，帮助宾客们缓解等待的烦闷。但等待的时间太长了，最终麦当娜还是等不下去离场了。

终于晚上 9:45——距离原定开场时间过去了整整一个半小时——发布秀终于在希利制作的音乐中开始了，节奏感强劲的背景音乐中穿插着白兰度在《码头风云》中著名的“竞争者”演讲台词：

“我本可以获得社会地位。我本可以是个竞争者。我本可以是有头有脸的人，而不是现在这样的一个流浪汉。”

模特们摇曳着身姿走了出来，20 世纪 50 年代的迷人魅力扑面而来。她们的发型是由 Julien d’Ys 梳成的高髻；妆容——弯月眉，重眼线，樱桃红唇——出自史蒂芬妮·马莱斯（Stéphane Marais）之手。她们和那个小白脸男人一起倒在床上，爱抚浴缸边的拳击手，斜靠在奥斯莫比尔老爷车的引擎盖上，挑逗地踩着 Manolo Blahnik 的尖头细高跟鞋，妖妖冶冶，双眼朦胧，就像在 El Morocco 夜店里消磨了漫长的一夜。

这个系列服装参考了 50 年代设计师雅克·法思和克里斯汀·迪奥的风格。以沙漏形轮廓为主，西装上衣搭配铅笔裙或丝缎长裙。面料是黑白犬牙纹、银色云纹绸，以及黑色、白色、米色的光面丝缎。不乏趣味十足的剪裁细节：西装的翻领下半部融进了前片；层叠的弗拉门戈荷叶边；一大块面料裹住模特，绕过上身在臀部用别针固定住；以及在白色皮革上打出万花筒涡状图形的洞眼。

凯特·莫斯穿着白色短袖铅笔裙套装，一条黑色细腰带勾勒出她纤细的蜂腰；克莉丝汀·麦克梅纳米（Kristen McMenamy）穿着一件黑色斜裁亮片细吊带裙；娜奥米·坎贝尔穿一件镶有白色荷叶边的紧身胸衣，搭配紧裹着双腿的黑色丝缎长裙。盛大的闭幕造型由琳达·伊万格丽斯塔演绎，有着白金色头发的她穿着一件淡黄色羽毛抹胸，搭配巨大的水仙黄色薄纱裙。短短 20 分钟，这场秀就结束了。加利亚诺穿着剪掉了袖子的黑色 T 恤、蓝色皮裤向观众致谢，麦克梅纳米把他和一些模特推倒在床上，他们狂笑起来。

全场爆发出热烈的掌声和欢呼声。当狂欢的氛围终于冷静下来，宾客们仍难掩激动，喋喋不休地说着这场秀有多么美妙。

第二天早上，西莫南下定了决心。

加利亚诺在 Pin-Up 工作室的发布秀，1994 年。

“我决定这么做了，”他告诉妻子。

对加利亚诺和他的团队而言，接下来的 48 小时是一场旋风。评论不乏溢美之词：《独立报》的马里恩 · 休谟爱这样的“高贵合体的铅笔裙，克劳黛 · 考尔白愿意穿着这样的裙子和克拉克 · 盖博共进午餐。而那些蕴含东方之美的和服，格洛丽亚 · 斯万森会穿着它们懒洋洋地躺在美人靠上……（这些衣服）让你愿意相信浪漫”。

门克斯称之为“工艺绝佳的高级时装”。唯一的问题，她指出：“他本应发布成衣系列。”

经销商们蜂拥而至，蝗虫般挤在白马巷的工作室，订单雪片般飞来。加利亚诺唯一的严重问题，和约翰 · 布伦时期的问题一样：“他的衣服并不实穿。”波道夫百货的道恩 · 梅洛告诉我。就像 20 世纪 80 年代的伦敦，今天的法国服装生产商们并不能大规模生产加利亚诺复杂精细的设计，或者是斜裁工艺的服装，所有流水线的东西看起来都不尽如人意。但消费者似乎并不介意。“这些衣服的设计总是那么漂亮，每个人都喜欢，”梅洛说。“哪怕不合身，我们也能卖得出去。因为顾客们自己会去改。”

两天后，我来到白马巷采访加利亚诺，我将为《华盛顿邮报》写一篇关于他的专访。在约定的时间过去半小时后，他终于现身了，看起来仿佛神游太虚幻境——尽管我不知道是什么原因：嗑药、酗酒，还是狂喜之后的精疲力竭？

我首先问他，在现代社会中，这种复古风格是否还有生存空间。

“有的，”他回答，吸了一口烟，“运动装有多大空间，它就有多大……我认为复古回潮是一种需要。在解构主义之后，前进和现代化的唯一途径就是建构，（但）要有轻盈的格调，不能厚重呆滞。毕竟运用现代化的面料工艺，你已经不再需要穿束腰紧身衣。”

“我认为女性和男性一样，已经厌倦了躲在这些没有型的衣服下，他们想回归到有结构的服装里。要有腰，有臀，有胸，”他继续说道。“我更倾向于认为我的衣服是一种需要体验的感官享受，而不是喋喋不休的空谈。这种感受体现在剪裁方式、面料选择，以及被展示或是被悬挂的方式之中。（感官享受）和吃美食、喝美酒一样重要，这种感官享受带来的愉悦往往被视为理所当然的，因而被忽略，这让我们错过了本来可以好好享受的美好。”

接下来，我们谈论了他沙龙式的新装秀，以及他的新出资人——“多年之后，能被人认真对待是一件幸运的事情，”他坦诚。——接下来，我问他是否担心自己江郎才尽。

“啊，一个系列的结束就是另一个系列的开始，”他结结巴巴地说。“这就像一种进化。一件事导出另一件事。你想出了一个东西，然后这个东西又变成了另一个东西，就是这样。”——他停顿了一下——“我们也是这样。”

来巴黎出差期间，布尔特和莱斯——就像之前的约翰·布伦和皮德尔·贝特尔森一样——并没有发现加利亚诺没完没了的派对生活。他们看见的，只是一个兢兢业业、年轻专业、加班加点、确保一切都做到位的设计师。他有过大汗淋漓、浑身发抖的时候，但他们以为那只是工作太累、精疲力竭的表现，没有在意。他事无巨细要求完美，他们认为他仅仅是强迫症。

有一次来巴黎，有员工告诉他们加利亚诺“精疲力竭”“非常焦虑”，他们也相信加利亚诺很快就会好起来——有一个好医生在照看他，必要的时候会给他开处方。事实上，在同事们的眼里，加利亚诺已经对派对上瘾，并开始影响工作。他会因为酗酒不来工作室，安排好的预约也不露面。Pin-Up 秀之后，麦当娜说要来白马巷工作室看看这个系列的作品（因为她当天没等到秀开始就走了）。她到了以后，哪儿都找不到加利亚诺：泰利倒是在场，替加利亚诺展示了那些衣服。

没有人会说什么。这不是他们的地盘。这应该是罗宾森的分内事，但他也一言不发。在加利亚诺团队看来，很显然这是罗宾森控制加利亚诺的另一种方式。

西莫南继续与 Givenchy 谈判，希望聘用加利亚诺。为了不走漏风声，布尔特和莱斯邀请西莫南下班后来白马巷和加利亚诺见面。

一切似乎都进行得很顺利，直到一枚重型公关炸弹投了下来——偏偏投到了文学周刊《纽约客》上。作家希尔顿·阿尔斯（Hilton Als）要为时任 *Vogue* 杂志创意总监的泰利写一篇人物侧记，陪着他和加利亚诺去了位于曼哈顿西 46 街的欢乐剧院（Gaiety Theatre），看一出全部由男演员演出的裸体歌舞剧。当一个舞者浑身上下只穿着牛仔靴出场，泰利无法自已。“你能怎么办？”他喃喃自语，“有了这些小浪蹄子谁还能把持得住？”

“演出结束前，泰利带着加利亚诺进了剧院一侧的一个房间，那里还有好几个男人在等舞蹈演员，”阿尔斯写道。“确认安德烈·里昂·泰利就是‘那个电视上的时尚圈男人’之后，一个穿着奶油色吊带领三角背心和牛仔裤，头发朝上梳，坐在一个年长白人眼镜男腿上的黑人‘变装皇后’，说：‘宝贝儿，这就是我想要你给我的感觉，让我像一个白种女人。从你的奔驰车上下来的白种女人，走进 Gucci 店去给我买几条新内裤，因为你把它们撕坏了。妙极了。’”

LVMH 集团的高管们知道加利亚诺很喜欢泡夜店和派对，如果他行事谨慎，谁会反对呢？在法国文化里，私人生活和工作有着明确的界限，隐私得到高度尊重，并受到严格的法律保护。但加利亚诺已经不仅是行为轻率了，LVMH 集团一部分保守的高管们认为西莫南根本不该让这样一个堕落放荡、离经叛道的人来执掌一家受人尊重、高雅体面的高级时装屋。

加利亚诺的救赎？对 Pin-Up 系列阿谀奉承的报道像洪水一样席卷了时尚媒体，与萨拉·摩尔——她在 1986 年拯救了加利亚诺——发表在 *Harper's Bazaar* 杂志上的评论如出一辙：“你得去现场看看。这样才能了解发生了什么……要去捕捉时装的魔力，你得身临其境……任何人看见从秀场涌出的人潮，或者在餐馆和酒吧听到关于加利亚诺 1995 春季发布秀的对话，都有权利认为观众被加利亚诺下了药，或者被灌醉了。在某种程度上，我们确实被下了药，被灌醉了。”

LVMH 集团的高层不断向西莫南施加压力，要求他不能聘用加利亚诺。这其中，集团人事部门主管、阿诺特长期信赖的副手孔切塔·朗西奥（Concetta Lanciaux）反对得尤为强烈。朗西奥一直为自己能给每个职位找到合适的候选人而感到骄傲，阿诺特往往也很乐意接受她的建议。

她对加利亚诺做了尽职调查，发现了一些她不喜欢的东西。她给阿诺特和 LVMH 集团其他高层写了一份备忘录，正式建议他们不要聘用加利亚诺。原因还是众所周知的那些，比如酗酒过度、在公共场合不得体的行为。西莫南为此大发雷霆。但阿诺特驳回了她的建议，告诉她这件事与她无关，而是西莫南的任务。

加利亚诺明白，如果他想让这份工作落袋为安，就得在下一场秀玩出花活儿。他让置景师让 - 卢克 · 阿杜安（Jean-Luc Ardouin）在一座老厂房里重现了歌剧《波西米西人》里的场景——有烟囱、天窗、风向标，以及 29 吨人工雪花，仿若冬日仙境。“我们花 10 万法郎租来造雪机，”杜克洛叹了口气回忆道。“事后，清理又花了一大笔钱。”

这次，虚构的缪斯是一个西班牙女人，名字叫多洛蕾丝，她爱上了风度翩翩的杰米；这场秀的邀请函是一封多洛蕾丝写给他的情书，写在“阿尔罕布拉宫的玫瑰”酒店的信纸上，随函附上封着她一缕头发的盒式吊坠。

这个系列的衣服似乎是从多洛蕾丝的行李箱里拿出来的：细吊带裙、西装夹克、黑色长礼服式大衣，还有点缀着花瓣的透明雪纺礼服。还有一件秀款，是一件象牙色的绉纱斜裁礼服，背部用的是丝缎面料，点缀着黑色乔其纱制成的康乃馨，整件礼服的缝合褶和包边都是隐形的。

可惜的是，在圣 · 斯伦贝谢秀和 Pin-Up 秀之后，这场秀显得平淡无奇——现在回看，加利亚诺和他的团队不知道的是，他显然已经到达了创作的巅峰时期。即便如此，这一次媒体和观众仍难掩沮丧。“如果说加利亚诺先生的上一场秀是一次永不散场的派对；这场秀的感觉就是通宵狂欢后，黎明粗暴地来临，香槟酒死气沉沉，妆容糊成一片，模特们只想安全回家，”艾米 · 斯宾德勒在《纽约时报》上写道。“不知怎么的，那些漂亮又耐穿的贵族风格服装，在上一季不乏清新，但这一次观众多少也有点厌倦了。”

这个系列卖得很好,仍不足以让布尔特和莱斯收回他们的投资。“约翰·布尔特没有赚到钱，”杜克洛说。“他已经快忍到极限了。约翰每场秀的花销超过100万法郎（约20万美元）。现在看可能不算什么，但在那个时候，这已经很多了。我尽我所能控制支出，但他对布尔特的钱一点也不在乎。基本上，他想干什么就干什么，就像个被宠坏了的淘气鬼。”

终于，阿诺特告诉西莫南：“好吧，我想见见那个约翰。”

西莫南在奥什大街的LVMH集团总部安排了这次会面。

接到这个通知，据杜克洛回忆，加利亚诺如坐针毡。“罗伯特·费雷尔借给他一套正装，因为他没有这样的衣服。他把自己收拾得整整齐齐，但仍然十分紧张。”这次谈判仍然很低调，加利亚诺只能掩人耳目，悄悄行事。西莫南派LVMH集团配给他的专车去接加利亚诺，然后护送他从地下停车场坐上直达阿诺特会议室的电梯。“非常詹姆斯·邦德，”加利亚诺这么形容这次见面。

西莫南静静地看着加利亚诺拿出他的剪贴簿，里面有设计草图、布样、照片和其他灵感来源,向阿诺特推销自己。加利亚诺认为阿诺特“优雅，克制，安静，仿佛一切尽在掌握”；而他自己，则紧张得开始出汗。

二人聊了大约一个半小时——阿诺特大大地破例了，他的30分钟高效会议在LVMH集团可是人尽皆知的。“（阿诺特）的主要顾虑是，我要怎么样保持现在的趣味。”加利亚诺后来告诉我。阿诺特还问加利亚诺，一旦开始为Givenchy设计新系列，他能否收敛自己过于突出的设计风格——“就像让贝多芬弹莫扎特的曲子，”加利亚诺说。“我能做到吗？”他当然相信自己可以做到。

日子一天天过去，西莫南没得到阿诺特的回音。他继续与加利亚诺沟通和谈判，完善着合同条款。他精心设置了一系列对 LVMH 集团有利的条款：如果加利亚诺决定卖掉他的公司，那么 LVMH 集团拥有优先购买权；拥有对加利亚诺品牌香水和配饰的优先购买权。

终于，西莫南忍不住了，问阿诺特：“所以，你觉得怎么样？合同已经准备好了。你想让我签他吗？”

“好吧，行，”阿诺特说。“我授权你把他签下来。”

“但如果在于贝尔·德·纪梵希的最后一场秀之前走漏了任何风声，我就炒了你。”

为了让这场谈判保持低调，西莫南只准备了一份合同，在纪梵希告别秀举行的前两周，加利亚诺在上面签了字。根据 LVMH 集团的消息，加利亚诺的年薪大约是 250 万法郎（约 50 万美元），如果成衣系列销售成绩突出，他还可以得到奖金。他可以随心所欲地做高级定制系列，只要在管理层给的预算之内——或者不要超过太多——他们都可以接受。但是，对于成衣系列，加利亚诺则需要给他的诸位老板们提交创意提案，管理层拥有最终话语权。

合同里还有一项关于哈莱克的条款。“我们谈过这个问题，”西莫南当时告诉我。“他们合作了很长时间，所以我们准备让她到 Givenchy 来配合加利亚诺，协助他实现灵感，并且能够提出秀的概念和秀场设计。”

合同甫一签好，加利亚诺、罗宾森和哈莱克就着手第一个系列的设计，同时他们极为谨慎，不敢泄露蛛丝马迹。至少西莫南是这么想的。一天上午，于贝尔·德·纪梵希打来电话，大发雷霆。《女装日报》的出版人约翰·法乔德（John Fairchild）听说了加利亚诺签约的消息，转头就告诉了纪梵希本人。

“所以，你们已经决定由谁来替代我了？”纪梵希单刀直入。

“你说过你对这件事情不发表意见的。”西莫南回答道，“那就是一桩交易。”

幸亏，阿诺特并没有兑现当时的狠话——西莫南没有被炒鱿鱼。

7 月 11 日，星期二的上午，纪梵希发布了他的最后一个高级定制系列，高定秀在格兰德酒店的洛可可舞厅举行。第一排坐着响当当的时尚圈人士：克里斯汀·拉克鲁瓦、菲利普·维内特（Philippe Venet）、森英惠（Hanae Mori）、高田贤三、让－路易斯·谢勒（Jean-Louis Scherrer）、帕科·拉巴纳（Paco Rabanne）、瓦伦蒂诺、奥斯卡·德·拉·伦塔（Oscar de la Renta）、伊夫·圣·罗兰以及皮埃尔·贝尔热……这个系列是经典的纪梵希风格：轮廓简洁干净，肩膀宽得恰到好处，腰线优雅地拉高，通常用腰带或者饰带来强调，裙边恰恰好落在膝盖之上。

落幕时刻，在热烈的掌声中，纪梵希和一位穿着泡泡糖粉色礼服的新娘一起走下 T 台。在他身后，是他的缝纫工、试装工匠和裁缝们，他们穿着传统的白色工作服。全体鞠躬。“那个场面太感人了。”当时的美国驻法大使，Givenchy 的忠实客户帕梅拉·哈里曼（Pamela Harriman）告诉我，“他们是那样热爱他。”

在后台，纪梵希接受了朋友、同事们的祝福。那么多同行来向他告别，令他十分感动——“尤其是圣・罗兰，他的新系列还没有完工，”纪梵希说，“却抽出时间来给我这样的致意，实在是太好了。”

纪梵希谢幕后一个小时，Givenchy 媒体办公室便宣布了加利亚诺接任品牌创意总监的消息。记者和评论家大多对这个任命表示赞赏。泰利欣喜若狂：“这是他职业生涯中最关键的一步，当然他会尽全力做好。他完全有能力接任这个职位，他会做得非常出色。我知道他可以，”他告诉我。“10 年前，穿着打扮像约翰・加利亚诺这样的人是不可能拿到这份工作的。但世界在变化，并且变化得越来越快。全球市场是面向年轻人的。这个任命完全正确。”

并非所有时尚界人士都认为这是明智的决定。“他确实有丰富的想象力，但我不确定在技术上他是否对如何做一件衣服了如指掌，”瓦伦蒂诺说。

“约翰是个天才，”詹尼・范思哲说，“但他需要控制。”

“他真的是个混蛋，”一个从 20 世纪 80 年代就认识加利亚诺的人说，“他的平衡感已经消耗殆尽了。他现在完全在公众面前失控了，我简直无法想象伯纳德・阿诺特能有控制得住他这样员工的智慧，约翰需要的是各个层面的控制。”

对这件事情最反应平平的，是亚历山大・麦昆。

“你听说约翰・加利亚诺要去 Givenchy 的事儿了吗？”约翰・麦吉特里克问麦昆。

“太无聊了。”麦昆答道，“他怎么会想去一个这么无聊的时装屋？”

几天后，我来到加利亚诺在白马巷的工作室对他做一个关于新工作的采访，为《华盛顿邮报》写一篇相关报道。

加利亚诺一根接一根地抽着万宝路，言语之间显露出极端的傲慢自大——这是我以往从未注意到的。他告诉我，他为品牌设计的所有东西，官方名称都是“John Galliano for Givenchy”，而且他一点儿也不担心一年要多设计 6 个系列会增加他的压力——2 个高级定制系列，2 个度假系列（早春系列和早秋系列），以及 2 个走秀系列——加上他自己品牌的 2 个系列，总共 8 个系列。“当一种压力施加在我身上时，它也会释放出相应的能量，”他一边说一边吞云吐雾。“只要我们安排好，并且保证 Galliano 和 Givenchy 的身份是分开的”——各有其独立的品牌形象——“那就没问题。那可是个大品牌。在这儿（加利亚诺的工作室），我们有 6 台机器。在那儿（Givenchy），他们有 60 台。那是个完全不同的世界。”

“我会和我的创意总监阿曼达·哈莱克、助理史蒂文·罗宾森一同前往 Givenchy，（史蒂文）几乎负责所有部门，”加利亚诺接着说。“（史蒂文）知道我喜欢什么，他能够作出决断。他知道我走进陈列室的时候不喜欢看到烟灰缸里的烟头满得溢了出来，知道花要怎么放我才喜欢。他真的很认真，而且很懂我。”

我告知加利亚诺，我刚刚采访了纪梵希，当时他正在修改前一天走秀展示过的一条裙子。加利亚诺闻之，嗤之以鼻：“他就不该把它拿到秀场上去的。”

“Givenchy 对你来说意味着什么？”我问。

“是高级时装的精神和载体，”加利亚诺回答。“是优雅和时髦的真谛。”

“你觉得你能让 Givenchy 的老客户满意吗？”

“我不想取悦他们，”他向空中吐了个烟圈。“我来这儿，不是为了讨好他们的。很有可能，他们当中的一大部分会离开。但我会带来更大数量、更年轻的客户群。”

我还想知道，这个老品牌留下的传统和档案——他打算尊重这些东西吗？

“他的作品真正让我有触电感觉的是奥黛丽·赫本时期，”他说。“每个和我聊过天的女人，都想像奥黛丽·赫本那样。那是个魔法时刻。还有来自巴伦西亚加的影响——那是很早、更早的时候，他想找到高贵的线条，纯粹的线条——那些是真正发挥魅力的瞬间，我认为。把笨重的鞋子和傻乎乎的帽子拿走，它们都太沉重了，就得到了强有力的、纯粹的线条。所以，是的，只有这两个时期让我真正觉得兴奋。其他的都无所谓。”

我问到他的梦想。

“现在，我很确定自己想要一个冠名 John Galliano 的高级时装屋，”他说，“我是永不知足的。我会（在 Givenchy）待多久？谁知道呢？谁知道明天会发生什么？”

我又问他怎么看他给公众留下的派对动物，以及享乐主义者的名声：

“嗯，是的，我还年轻，而且这确实是我灵感的来源之一：要活着，”他说。“有时候，我画设计稿会画到凌晨 5 点。有时候，我跳舞也跳到凌晨 5 点。这些都是灵感，这些都是我工作的一部分。”

最后，我告诉他，并非所有人对他的评价都是好听的。

“我并不是为被爱而生的，”他回答。

X

40 多年来，于贝尔·德·纪梵希像掌管一个高贵体面的贵族家庭那样，经营他的公司。在工作室（Studio）和工作间（Atelier）之间，有着严格的划分。工作室指的是纪梵希先生和助手们的场地；工作间则是 60 名工人做固定、剪裁、缝纫等工作的场地。和所有老牌时装屋一样，遵循传统、讲究礼仪，尊重等级制度在 Givenchy 占据了主导地位。

而这个水管工的儿子打破了这一切。他告诉每一个人，包括工作间的工匠们，叫他“约翰”——在纪梵希先生的时代，这是不可想象的。他入职的第一天，就溜达进了公司餐厅吃午饭，让普通员工惊掉了下巴。纪梵希先生从来不会考虑和手下人一起吃饭。“60 个人，和盘子里的小扁豆，还有鱼，直勾勾地盯着我，”加利亚诺回忆道。

在白色的工作服里，纪梵希总是无可挑剔地穿着西装，打好领带，头发一丝不乱地梳到脑后。而加利亚诺来上班则是一头脏辫，穿着跳蚤市场买来的背心和睡衣短裤，便投入到了工作中；老员工们目瞪口呆，无计可施。偶尔，加利亚诺需要用法语跟 Givenchy 的员工沟通，令人震惊的是，他居然用了日常的“tu”（你），而不是像纪梵希先生那样用正式的“vous”（您）。他把服装送回工作间时，会附上一张纸条，写着“紧一点，小一点；再紧一点，再小一点；更紧一点，更小一点”，据一个目击者回忆，女裁缝们“惊呆了”。

“他们的组合有点吓人。约翰顶着一头疯子似的头发；阿曼达，一个英国贵族；史蒂文，那个大胖子，一副掌控着全世界的姿态，”罗宾森的助理凡妮莎·贝朗格笑着回忆道。

“大家都人心惶惶，”一个 Givenchy 的助手说。“图样和轮廓都完全不同了。纪梵希先生的轮廓是给中年女性设计的，往往用大大的金扣子。而约翰的轮廓很瘦，袖子细窄，肩部圆润，缝合得很小心。于贝尔·德·纪梵希是个来自法国北部的男人，风格素净。约翰则是地中海风格：温暖，多彩，性感，热情。在这里工作了很长时间的老太太们，都忐忑不安。”

年轻员工则为他发起的“城堡革命”——有人这样形容——暗中感到宽慰。“约翰太棒了。终于能呼吸到新鲜的空气了。”他把在伦敦时最喜爱的帮手悉数带到了 Givenchy，包括做珠宝的维姬·萨奇，做帽子的斯蒂芬·琼斯，负责媒体事务的西比勒·德·桑·法勒，他们都为Givenchy的高贵奢华激动不已：技术高超的能工巧匠，无限供应的布料和针线，“拥有这样一个俯瞰乔治五世大街的白色巨大工作室，”贝朗格说，“简直就像提前过圣诞节了。”

加利亚诺说得更加言简意赅：“我的春天到了。”

尽管加利亚诺目前的生活稳定了下来——白马巷的John Galliano品牌拥有坚实后盾；自己有一份Givenchy的稳定薪水；甚至有了接送他在两个公司之间来回跑的专车和司机，以及大量的帮手，但他仍然像脱缰的野马一路狂奔。

和以前一样，他的财务状况一塌糊涂。杜克洛建议他存些钱，用于缴纳年末的税款，但他听了就如耳边风。“他有一个银行家，在他没有透支的时候对他态度很好，”杜克洛说。“但约翰总是透支。”

他依然不舍昼夜地泡在派对里。据一位同事说，只要他结束了夜生活，都会“暴跳如雷”，而且“可能一天都不进工作室的门”。一旦露面，也是脾气乖张，喜怒无常。有一次，他和面料主管布鲁诺·巴比尔（Bruno Barbier）爆发了激烈的争吵，巴比尔愤而离开了公司。珍妮·奥斯特豪特（Jenny Osterhoudt）为加利亚诺的事业奉献良多，甚至曾为他洗过衣服，也无法再承受这般辱骂——杜克洛称之为“奴隶般的”待遇——含泪离开了公司。“他们既没有得到感谢，也没有得到足够的报酬。突然，他成功了，而对他们仍然既无感谢，也无报酬，”一个前实习生说。“他开始相信自己是个神话。”

在加入Givenchy之前的时期，哈莱克说，“我们都为约翰工作，是因为我们爱他，爱这份能启迪我们生活的工作。而一旦有了高薪，谁能得到职位，谁得不到；谁又得到了服装，谁得不到，就会引起怨念和不满。我记得有一段时间，无论大家工作了多久，都没人有一句怨言。当一场秀结束的时候，有的只是愉悦和难以置信。‘我们居然做到了！’”

那样的时光，现在看来，已经结束了。

加利亚诺的虚荣心也日渐膨胀。他会把整个下午他都泡在水疗中心，享受按摩，用蜡去除体毛，还让杜克洛把他的脚趾甲涂成红色。“他非常在意人们对他的想法和评价，”杜克洛回忆道。“他最喜欢拍照——他让英国摄影师斯诺登勋爵（Lord Snowden）在工作室给他拍肖像，阵仗铺得就像在给太阳王[1]工作一样。”

他在 Givenchy 的第一场秀，同样也是他第一个真正意义上的高级时装系列，加利亚诺决定打安全牌。他翻遍了过往的档案，准确找到了品牌的几大标志设计：贝蒂娜衬衫，这款白衬衫的衣袖下部有多层荷叶边，像弗拉门戈舞裙的袖子；大裙摆蓬蓬裙；蝴蝶结。就像拉格斐进入 Chanel 后做的那样，加利亚诺也想采用这些被时装业所熟知的品牌“密码”，围绕它们来构建整个系列。他得到了 Givenchy 工作间主管科莱特 · 马塞特（Colette Maciet）和凯马尔先生（Monsieur Kemal）的悉心指导。马塞特负责“flou”柔软面料，曾为可可 · 香奈儿工作过；凯马尔先生则负责成衣工艺，在巴伦西亚加那里受过训练。加利亚诺给予

1　斯诺登勋爵即安东尼·阿姆斯特朗 - 琼斯（Anthony Armstrong-Jones），英国著名摄影家，与英国女王伊丽莎白二世的妹妹玛格丽特公主有过一段婚姻（1960—1978）。离婚后他仍然是英国王室的座上宾，并为王太后、女王拍官方肖像。太阳王指的是法国波旁王朝的国王路易十四，他热爱豪奢生活，建造了凡尔赛宫，在他的扶持下，法国奢侈品文化开始萌芽。作者在这里将两位真实人物相提并论，春秋笔法意味深长。——译者注

这些前辈极高的尊重，称他们为“活着的历史”。

尽管刚到 Givenchy 的头几个月，他掀起了一场革命，但到了系列进入试装阶段，他已经掌握并能得心应手地运用老牌时装屋里的礼仪来指导员工，而不是亲自动手示范。“没有设计草图，不上手剪裁，没有用大头针固定过衣服，没有踩过缝纫机，”一个原 Givenchy 的员工说。“连大头针我都没见约翰拿过。从来没有。他会告诉大家要做什么。他有不俗的品位，但他从来不动手。史蒂文才是实际动手的人。”

这场秀，加利亚诺想加一点自己标志性的戏剧元素，但又不想加太多——他不想在他的第一个高级定制秀上做得太过火。他没有选择巴黎市中心高级的格兰德酒店的洛可可舞厅作为场地，那是当时巴黎大部分高定设计师会选的地方；而是在新建成的法兰西体育场订了个大厅。法兰西体育场有 8 万个座位，位于巴黎北郊贫穷的圣但尼区。负责巴黎时装周日程安排的巴黎时装公会把 Givenchy 的时间安排到了周日的下午很晚的时候，阿诺特为此勃然大怒，因为这意味着 Givenchy 的秀不会出现在收视率很高的法国电视网周日晚间新闻中。

通常，秀前的准备阶段是最忙碌的时候。雪上加霜的是，加利亚诺不仅仅要设计 1996 春夏高级定制系列；他还必须制作出 190 件 1996/97 早秋系列服装，这是更加商业化的成衣系列，零售商们会在来年 1 月份的巴黎高定时装周上对它们进行评估和订购。所有工作，加利亚诺和他的团队仅有短短两个月时间来完成。

1996 年 1 月一个寒冷的下午，900 多名记者、经销商、富有的社交名流来到了被归为底层社区的圣但尼——大部分人坐着豪华轿车和出租车而来——在又大又深的体育场里找到了自己的座位。第一排坐着一大帮大名鼎鼎的人物：除了理查德 · 西莫南和伯纳德 · 阿诺特之外，还有女演员琼·柯林斯和马里莎·贝伦森（Marisa Berenson），后者是艾尔莎·夏帕瑞丽的外孙女；帕洛玛·毕加索，巴勃罗·毕加索的女儿；马尔科姆·麦克拉伦、蒂娜·特纳，以及一众时装设计师，有阿泽丁·阿莱亚、高田贤三、奇安弗兰科·费雷、伊娜·德拉弗拉桑热（Inès de La Fressange）和詹尼·范思哲。他们和纪梵希先生以往花了钱买时装的客户群大相径庭。

后台是一片悦目的混乱。助手们忙得团团转，而模特们已经穿戴好了全套加利亚诺引以为傲的作品。许多亲手制作它们的裁缝都流下了眼泪。“大家都用了他们 35 年来从未接触过的工艺，”加利亚诺告诉我。“这就像他们突然之间活过来了一样。他们说，‘这是我们第一次被推动着做这些东西。’”

秀只晚了半小时就开始了。开场是“豌豆公主”的场景：两位模特穿着体积庞大的 17 世纪风格塔夫绸礼服，坐在一堆床垫上，把玩着丝带和珍珠串。这场秀总共 50 套造型：修身的圣·罗兰风格燕尾服；和服式的歌剧大衣[1]；亮橙色和红色的类似沙丽的紧身罩衫；装饰着蝴蝶结的日常装；以及一件大礼服：上身部分是蕾丝做成的紧身胸衣，下为丝硬缎做的大摆裙，拖裙长达 12 英尺（约 3.7 米）。

这一切似乎迷失在了广阔的秀场空间里，与高级定制时装的初衷背道而驰：每款只此一件的高级时装在亲密的环境中展示，这样才可以让客人们近距离欣赏无与伦比的工艺，正是加利亚诺在圣·斯伦贝谢秀上传达的那种极致的感觉。现在，他有了大量资金，有了源源不断的支持，

1　歌剧大衣（Opera Coat）：一种长及脚踝或及地的宽松式外套，用天鹅绒、锦缎或硬缎等奢华面料制作，可以穿在晚礼服或男士燕尾服外面。它更像是一件带袖子的斗篷，不像通常的大衣那样剪裁合身。——译者注

他的排场越铺越大——太大了——评论认为这场秀是一场失败。掌声很快归于一片寂静。范思哲眉头紧皱。麦克拉伦告诉我，他认为开场“有点矫揉造作”，而整个系列又“非常英伦风，甚至有些庸俗”。琼·柯林斯讽刺道:“这些衣服真伟大,真有个性,如果你去演《欢乐梅姑》（*Auntie Mame*），穿它们就更合适了！”关于那些印度风格的礼服，《时代周刊》一针见血指出:“会有人去巴黎买沙丽吗？”

门克斯称之为“错过的时尚时刻”，又补充道，“这场秀并没有把高级定制时装推向下一个千年，也没有为该品牌树立新的形象。”就连支持加利亚诺的萨利·布兰普顿也在《卫报》上批评，有时这就像“盯着一本历史书在看”。

无论如何，在公司里，有两个人很喜欢这个系列。

“太棒了！”阿诺特在看完秀后说，“难以置信啊。这是不是一次明智的投资？几年后见分晓。”

“我说过，我正在期待一次复兴，”西莫南说。“现在，复兴开始了。我很确信这是一次良性投资，但还需要时间。来日方长。”

唯一一个同时掌管多个品牌的创意设计的设计师，只有不知疲倦的卡尔·拉格斐。多年以来，他为 Chanel 工作的同时，还在巴黎兼任 Chloé 以及自己同名品牌的艺术总监，并在罗马为 Fendi 作顾问。《女装日报》称他为“时尚界的恺撒大帝”。加利亚诺能和卡尔大帝比肩吗？Givenchy 和 Galliano 的秀都能和以往 Galliano 的发布会一样精彩吗？他能设计出足够漂亮的礼服，同时制作出两个成功的系列吗？能做到 Galliano 就是 Galiiano，Givenchy 就是 Givenchy 吗？

哈莱克坚信他可以圆满完成所有任务。“我们知道约翰需要做两个系列，”她说。“这不是说他能做两个系列的意思——而是他需要两个系列。要把他所有的想法加以充分表达、尽情拓展、彻底解决，一个系列满足不了他的需求。在之前，所有想法都只能被压缩在一个小小的空间里。”

然而，哈莱克很清楚，目前 Givenchy 的成衣设计流程还没有理顺，尤其在涉及她的角色时。“他们做决策时似乎总是否定我的立场，因为（执行层）会请一家广告公司来提出一个概念，比如，T 台上的女孩们，这时约翰会说，‘不行，除非我死了’或者‘这不是本系列要传达的东西’。然后他们就会说：‘这一定得对中美洲小姐有吸引力’，还有‘这是广告驱动’的。因此，做艺术的人被穿套装的经理人控制了。一次开会，我站起来说：‘你们请加利亚诺来，是因为他有想法，那你们必须听他在说什么，听他想要什么。’那段时间太艰难了，完全是一场战争。”

谢天谢地，加利亚诺在白马巷还有自己的品牌。在那儿，加利亚诺有完全的自由，毫无疑问他还需要哈莱克的支持。哈莱克回忆，加利亚诺同名品牌的秀，时间就在 Givenchy 秀后两天。“约翰走进工作室说，‘印第安人——美洲的土著。’”就像巴黎迪士尼乐园的“野牛”比尔西大荒表演[1]。哈莱克本能地明白了他的意思。“好！好！好！”她哭着说。

随着加利亚诺对 Givenchy 的新工作越来越得心应手，他的成瘾问题重新浮出水面。“我亲眼看到约翰喝到断片，”一个工作室助手回忆道。

1 “野牛”比尔西大荒表演（Buffalo Bill’s Wild West Show）：“野牛”比尔是威廉·科迪（1846—1917）的绰号。他是美国西部边疆居民，为了向修建堪萨斯太平洋铁路的工人供应野牛肉，他杀死很多野牛，从而得到了这个绰号。作家内德·邦特莱因以他为主人公创作了多部售价十美分的廉价通俗小说，使他一举成名。19 世纪 70 年代，“野牛”比尔组织了自己的西大荒表演，赴美国各地及欧洲巡回演出。（《牛津英美文化词典》商务印书馆 / 牛津大学出版社）——译者注

“他把所有能找到的东西——比如消炎药、可待因——混进酒里喝下去。为了获得快感，他无所不用其极。”据 Givenchy 的消息人士称，在 3 月的成衣秀之前两周，加利亚诺人间蒸发了。Givenchy 的经理人们睁只眼闭只眼，罗宾森则介入进来，才使得所有工作按时完成。

但罗宾森也露出了自己的真面目。他的言行举止粗鄙不堪，负能量败坏了整个工作室的氛围，Givenchy 的员工们无不为之惊骇。“史蒂文很卑鄙，”一个助手回忆道。

周四晚上，位于巴黎西郊布洛涅森林公园的一个室内马术场里，加利亚诺的秀如期举行。加利亚诺说，这次他的缪斯是“一个身材娇小，端庄，坐在墩座上做针线活的美洲土著女子”。也就是哈莱克所形容的“切罗基族[1]宝贝”。

为了营造氛围，他用巨大的帐篷、成捆的甘草、带着美洲印第安标志涂鸦的旧车、生锈的油桶、中古的冰箱、厚软的椅子和沙发装饰了铺满沙砾的马术场——就像在拉尔夫·劳伦西部幻想里的跳蚤市场。“有布满灰尘的‘索尼娅·德劳内地毯’[2]吗？”斯宾德勒在《纽约时报》上抛出一串问题，“有人会穿着足球衣在场地里骑马穿梭吗？时尚界的人都将应邀前来吗？我们会在前排见到丽莎·明尼里[3]吗？”所有问题的答案都是“是的！”

模特堪称大杂烩，她们装扮成霍皮印第安人、温莎公爵夫人，还

1 切罗基族（Cherokee）：北美原住民，最早居住在阿拉巴契亚山脉周围，现在主要生活在俄克拉何马州。——译者注

2 索尼娅·德劳内地毯：索尼娅·德劳内（Sonia Delaunay）设计的地毯。她是一名出生于乌克兰的法国艺术家，以运用强烈的色彩和几何形体绘画而闻名，艺术创作涉及绘画、纺织品设计、舞台布景设计。——译者注

3 丽莎·明尼里（Lisa Minnelli）：美国娱乐明星。她 1946 年出生于洛杉矶，父亲是著名导演文森特·明尼里，母亲是曾出演过《绿野仙踪》的朱迪·嘉兰。她是一位全方位演员，在百老汇音乐剧、电影、电视主持、歌唱、舞蹈等领域均有很高成就，获得过奥斯卡奖、托尼奖、艾美奖、格莱美奖。——译者注

有约翰·福特的西部片《搜索者》中的娜塔莉·伍德（Natalie Wood）。模特们的脸上抹着土著人出战前会涂的油彩，服装风格多样——剪裁考究的苏格兰格子呢裤搭配纳瓦霍族[1]风格的毛毯式大衣；绣着细小珠子的流苏麂皮直筒低腰连衣裙；以及温莎公爵夫人式的套装——腰间带荷叶边装饰的上衣配铅笔裙。最后，加利亚诺和哈莱克奔上T台，如彼得·潘和老虎莉莉[2]般放声尖叫。

《女装日报》评论道："这个系列精致、丰富、充满浪漫的想象，甚至让人忘了时装原本应有的样子——至少在那一刻。"《卫报》的苏珊娜·弗兰科（Susannah Frankel）将其称为"本次时装周迄今为止最成功的秀"。

但谁会穿这些衣服呢？

加利亚诺的秀已经成为时尚界"标杆"——正如好莱坞电影公司每年夏天和圣诞节推出的超级英雄大制作电影，靠巨额的票房收入和周边产品的利润就足以"支撑"起整个产业，或者平衡其他方面的资金支出。阿诺特对 Givenchy 正是采用了这种商业模式——只是周边商品换成了手袋、口红、太阳镜和香水。门克斯建议布尔特和莱斯也这样做，她写道："Paine Webber 公司的投资者最好注册更多的产品许可证，或者找到香水合作伙伴，以充分利用加利亚诺不断高涨的浪漫想象力。"

两天后的 1996 年 3 月 6 日，在偏远的圣但尼区拉普兰广场的一个电视演播室里，加利亚诺发布了 Givenchy 的成衣系列。这个系列的主题是"西班牙"，尤其是在海明威笔下无比浪漫的中世纪时代西班牙；

1　纳瓦霍族：纳瓦霍族是美国西南部的一支原住民族，为北美洲地区现存最大的美洲原住民族群，人口据估计约有 30 万人，拥有现今美国面积最大的印第安保留地。——译者注

2　老虎莉莉："老虎莉莉"是彼得·潘在梦幻岛上遇到的印第安酋长的女儿。——译者注

明星斗牛士多米尼克和艾尔·科尔多瓦；他母亲年轻时所浸润的，以及滋养他成长的伊比利亚文化。秀前，我来到后台，发现地上到处扔着大写的伯瑞香槟（Pommery）空瓶子，未免让我感到惊讶——这是少有的不属于 LVMH 集团的重要酒类品牌。西莫南告诉我，和前一季相比，早秋系列的销量翻了一倍，而来自美国的经销商数量是原来的三倍。原计划开场的时间已经过去 45 分钟了，模特们都穿戴完毕，一切准备就绪。

但加利亚诺仍然不打算开始。

西莫南问他延时的意图何在，加利亚诺答道：

“卡尔·拉格斐延迟 45 分钟开场，所以我要延迟一个半小时。”

西莫南试图劝加利亚诺尽快开场，但他断然拒绝。接手这份工作还不到 6 个月，只做出了一场算是失败的高级定制时装秀，而他俨然是不可一世的女王姿态了。

发布秀总算开场了。开场音乐，杰里米·希利取了一段《窈窕淑女》中的电影原声，奥黛丽·赫本字斟句酌地朗声说道：“西班牙的降雨大多落在平原。”[1] 这是向于贝尔·德·纪梵希和赫本多年友情的致意，但《窈窕淑女》却是赫本演员生涯黄金时代里为数不多的纪梵希没有操刀服装设计的电影。

这个系列的日装，加利亚诺设计了帅气的灰色斗牛士套装，装饰着金色的肩章；白色贝蒂娜荷叶袖衬衫；高腰礼服裤；灰色法兰绒抹胸连体裤；以及装饰华丽的披肩。晚装，有着一组色调柔和的雪纺鸡尾酒裙，点缀着银币大小的波尔卡圆点；还有他标志性的斜裁礼服，用了红色雪

---

1 西班牙的降雨大多落在平原（The rain in Spain stays mainly in the plain）：在电影《窈窕淑女》中，教授教给卖花女的话。英文中，降雨、西班牙、平原的结尾字母都是“ain”，而读起来却不尽相同，有着美妙的韵律感。——译者注

纺。模特们都梳着干净利落的马尾辫，20 世纪 50 年代风格的细长弯月眉、血红嘴唇，虽然干净却富有戏剧感。希利还制作了麦当娜主演的《贝隆夫人》的一段配乐，此时距离电影正式上映还有好几个月——加利亚诺因为帮麦当娜做这部电影的戏服而得到的优先权利。

和他同名品牌的秀一样，媒体认为这场 Givenchy 的秀，正如其中一位记者说的“大获全胜”。《费加罗报》的珍妮·莎美（Janie Samet）宣称：“这是一场胜利！”

门克斯评论这个系列的设计“新鲜，青春，好穿”，并补充道，“加利亚诺和纪梵希的联姻，如果不能被称为天赐良缘，也能成为一段成果颇丰的合作。”

经销商们的订单也突破了纪录。纽约的萨克斯第五大道精品百货宣布将首先在北美销售这个系列，并提供共计 500 平方英尺[1]的销售场地和橱窗展示。“这个系列一定能大卖特卖，”萨克斯第五大道百货的总裁罗丝·玛丽·布拉沃（Rose Marie Bravo）说。

对 Givenchy 的员工，加利亚诺的苛责和挑剔有增无减——西班牙式的礼节正在让位于坏男孩的恶意——并利用他和阿诺特看起来很亲近的关系作为威逼的工具。“如果你不按我想的来做，我就打电话给伯纳德，”他威胁道。

1996 年 5 月，加利亚诺受到英格兰女王的邀请，赴白金汉宫参加为法国总统雅克·希拉克（Jacques Chirac）举办的国宴。他和希拉克

1 500 平方英尺约为 46 平方米。

恰好乘坐同一辆欧洲之星到达伦敦。然而，他却住在酒店，而非回到佩克汉姆的家。国宴当晚，他没有现身——也没有提前告知白金汉宫礼宾办公室，说明他不会出席。

这个新闻被法国媒体曝光之后，加利亚诺一方给出的官方理由是：受到偏头疼困扰，他只能待在酒店休息。哈莱克女士被派出来向公众传达他诚挚的歉意。“约翰感到十分难过。”她说，“他一直非常期待能见到女王。”

后来，加利亚诺向《纽约时报》道出了实情。“我患上了急性焦虑症，”他说。“我已经穿戴得整整齐齐了——哦，我真的希望你能看见我穿戴好了，上衣太好看了，还有很多珠宝——突然，我感到极大的恐慌。我想，‘天呐，约翰，你这可是要去和女王共进晚餐。你准备好说什么了吗？’”他最终还是给女王寄去了一封亲笔道歉信。

阿诺特似乎不太在意这些失礼行为。6 月中旬，距离 Givenchy 新一季高级定制发布秀仅剩两个星期，他突然叫西莫南到奥什大街的 LVMH 集团总部开临时会议。阿诺特给了匆匆赶来的西莫南一个惊喜——庆祝他对加利亚诺的任命大获成功。

“你当时坚持了，你是对的。”阿诺特说。

西莫南简直不敢相信自己的耳朵。他加入 LVMH 集团这 5 年，从未得到一次肯定和赞扬——只有大骂、指责、怪罪，没有安抚和鼓励。这一次他不由满腹狐疑。

“阿诺特先生，这次会议到底是为了什么？”他问道。

“加利亚诺能登萍渡水[1]。”阿诺特说，“对 Givenchy 来说，他大材

1　登萍渡水（walks on water）：典故来自《圣经》，指耶稣水上行走的神迹，比喻能力超群非凡。——译者注

小用了。我要把他放到 Dior 去。”

把 Dior 的费雷换下来，这个想法已经在阿诺特的脑海里有一段时间了。费雷执掌的 Dior 已进入疲态，销售业绩也无法达到阿诺特的期望。来年 2 月刚好是品牌的 50 周年庆；为了纪念这个重大时刻，大都会艺术博物馆服装协会准备举办一场盛大的 Dior 回顾展。在阿诺特眼里，“浪漫”的加利亚诺有足够的创造力带领 Dior 进入全新的时代，而他备受媒体瞩目的发布秀，有助于 Dior 成为称雄全球的品牌。

西莫南懵了。

“如果你这么做，Givenchy 会完蛋的，”他反驳道。“如果按你说的做，你要砸进去大量的钱，至少再过 10 年，Givenchy 才能够恢复今天的元气。”

“不，不，”阿诺特说。“Givenchy 会安然无恙的。”

西莫南给他的老朋友，也是人生导师，时任 Christian Dior 首席执行官的弗朗索瓦·博菲（François Baufumé）打了个电话。

“你为什么不说一声就把加利亚诺从我这里挖走？”

“不是我的主意，”博菲断然否认。“约翰不是我选的，我向你保证。”

阿诺特把加利亚诺请到 LVMH 集团总部，告诉他 Dior 的工作任命，加利亚诺说：“我的头发乱成一团，脚指甲油颜色也不对。”当然，他激动不已，毫不犹豫地接下了这份工作。

加利亚诺把这个消息透露给了罗宾森，但并没有立刻告诉哈莱克和桑·法勒。

哈莱克告诉我：“直到几周后，我们去纽约（参加 Givenchy 的活动），我才知道这件事。”他们乘着豪华轿车穿行在曼哈顿时，加利亚诺突然爆出了这个消息：

“到手了！”

“什么到手了？”她问道。

“我拿到了！”

“拿到什么了？”

“我拿到 Dior 了！”

“我的天！”她尖叫道，“我太为你开心了！那是你的梦想！”

然而，哈莱克的生活犹如驶上了一段下坡路，而且刹不住车。几年来，她的婚姻濒临破碎边缘，尤其是有一天深夜她的丈夫由于醉酒驾车、私藏大麻、非法持有一支半自动步枪在什罗普郡被逮捕，更令他们的关系雪上加霜。有一天 8 岁的女儿问哈莱克，为什么有其他女人睡在爸爸的床上，这成了压死骆驼的最后一根稻草。“我不想离婚，”她后来说，“但当你的孩子被卷进去，你就必须挥刀斩乱麻了。”

对于哈莱克的艰难处境，加利亚诺既没有耐心也缺乏怜悯。在白马巷，他对杜克洛说：“你知道女人都是什么样的。她疯了，又凶又难伺候。”

在加利亚诺和 Dior 的谈判过程中，哈莱克越来越清楚的是，自己也许在 Dior 得不到一份工作——独自养育两个孩子、经济拮据的单亲妈妈，此刻急需的工作。

哈莱克向泰利坦诚了自己的忧虑。“阿曼达被视如草芥，”泰利说。“她的境况听起来太可怕了。我说，‘你是在开玩笑吧。’因为我看过她生机勃勃的时刻——她捡来一些玻璃碎片，把它们放进盒子里寄去巴黎，然后为约翰的秀写故事。我看到她在试衣间一套套试造型，就算是史蒂文在旁边，她也坚持自己的立场。”

“我想，‘好吧，不能这样。我得帮阿曼达做点什么。她得生活，’”泰利接着说道。“她有两个孩子，离婚了，有一堆账单要付。”

在 7 月的高级定制时装周上，泰利让卡尔·拉格斐邀请哈莱克来观看 Chanel 秀。拉格斐同意了。之后，泰利带着哈莱克到后台去见拉格斐。泰利说，她当天只穿了一件“简单的小黑裙”，就让拉格斐迷上了她。

“去时装沙龙吧，喜欢什么买什么。”拉格斐打了个响指，告诉她。

“哦，不，我不能，”她回答。

“你就去吧，”他坚持。“和安德烈一起，想要什么就买好了。”

哈莱克接受了这番好意，挑选了一件黑色羊毛及地长外套。

这时，时尚媒体人开始追一个新动向，斯宾德勒在《纽约时报》上戏称为“窥探阿诺特”。费雷被踢出 Dior 的新闻终于不胫而走——关于继任者的谣言满天飞，威斯特伍德、高缇耶、拉克鲁瓦和马克·雅各布的名字都在此列。阿诺特故意告诉门克斯，他尚未找到合适的继任者，正在“苦思冥想”该用谁。

为了挖出真相，在阿诺特旗下的品牌发布秀和 LVMH 集团赞助的活动中，时尚记者们细细观察坐在第一排的阿诺特。比如，在拉克鲁瓦的秀上，他三次鼓掌。在时尚圈看来，这无疑是一个迹象：拉克鲁瓦是 Dior 位置的有力竞争者。一个阴沉的雨天，在法兰西体育场举行的 Givenchy 发布秀上，阿诺特笑容满面。但他没让任何人知道，这是加利亚诺在 Givenchy 的最后一场发布会，他已经成为 Dior 的接班人。

“但丁”系列在伦敦和纽约都取得了辉煌，之后亚历山大·麦昆的工作室和个人生活遭受了一次全面洗牌。经过两年高强度的工作，拿了两年极低的薪水，鲁蒂·达南决定离开。为了填补空缺，昂格拉斯向麦昆推荐了他在圣马丁带的二年级学生萨拉·赫德（Sarah Heard)。一头金发的赫德来自柴郡麦克莱斯菲尔德，个性沉静，做事高效、热爱时装。和麦昆相比，她的成长环境要“中产阶级”得多，也更传统守旧。她有4个兄弟姐妹，父亲做会计，母亲是音乐教师。进入圣马丁后，昂格拉斯是教她纺织品印花课的教授。

“我的很多学生总是来找我，问我，‘你能帮我在McQueen那里拿到实习机会吗？’有时，看到我和李在苏荷区溜达，他们便会故意引起我们的注意——‘你好！你好！’——我都不为所动，”昂格拉斯说。“但当萨拉找到我问这件事，我已经见到了她的责任感，她一直在默默做事。所以我跟李说：‘你知道吗，有一个姑娘非常优秀。’于是他决定和她见一面。”

在霍克斯顿广场的工作室，麦昆对赫德进行了面试。麦昆问她：“你相信UFO吗？”维卡德想知道她能不能做牛仔服装。“我当时一头雾水！”赫德后来坦白。她胡说一通，就被录用了。

赫德结束面试回到圣马丁，昂格拉斯和她坐下来进行了一次真诚坦率的谈话。他听过太多麦昆实习生的可怕经历——不乏有人从霍克斯顿工作室夺门而逃——所以他想让她明白自己将面临何种挑战。

“听着，”他告诉她，“你可能会被要求清洗旧的假阳具。”

“没事的，”她坚持道，“我真的很想跟他一起工作。”

麦昆把她照顾得很好。“他教我怎么在雪纺上剪裁出S形，怎么缝拉链，这些我原来都不会。”她说，“（而且）他常提起罗密欧·吉利。”

昂格拉斯深知，赫德会成为麦昆团队的得力助手——有了这样一个好帮手，他认为或许自己该去开辟其他专业领域了。旧金山艺术大学时装系系主任格拉迪斯·培林特·帕尔默（Gladys Perint Palmer）邀请他，在夏季班上讲课。麦昆想到昂格拉斯要跑到大半个地球之外去，就很不高兴。但昂格拉斯很坚决，说这只不过是几个月的时间。

随着夏天的过去，麦昆对自杀的恐惧日渐消散——主要归功于他的新情郎，默里·阿瑟（Murray Arthur），一个 25 岁的苏格兰男孩。7 月中旬，他们在东区的一个派对上认识。阿瑟喝太多，吐了，麦昆听到动静，关切地问："你还好吗？" 虽然这样的开始并不美妙，但爱情开始了。

见到麦昆之后，阿瑟几乎是立刻搬到了霍克斯顿广场的公寓，并开始在工作室工作，后来负责行政管理和会计。麦昆需要他的男朋友每时每刻陪在身边。

麦昆和阿瑟的关系充满和风细雨。"默里是个癫痫患者，"他解释说。"所以我特别照顾他。早上他发作时，我会在他身边。我紧紧抱着他，努力控制住他的抽搐，看到他的面色变得毫无血色，我再轻轻抚摸他的头。我是来救他的。我想世界上没有第二个人能这么做。"

麦昆爱慕阿瑟——在他眼里，阿瑟"非常睿智，很有条理"——他深信二人会相伴一生。麦昆会带阿瑟一起去希尔斯与伊莎贝拉·布罗夫妇共度周末。对他而言，希尔斯是他的"避世胜地"——他有一个自己的房间，在那儿，他能完全放松。

那年夏天要结束的时候，阿瑟邀请麦昆到苏格兰阿伯丁去见他的家人。那是麦昆第一次来到祖先的故土。"感觉太不真实了。一下飞机，我感觉我就属于这里。"他说，"就像我这辈子都生活在这儿。"

1996 年 7 月底，Givenchy 8 月份的休假之前，西莫南把总裁的工作交接给了 40 岁的法国人乔治・斯皮策（Georges Spitze），这样他可以专注于 Kenzo 的事务。整个夏天，LVMH 集团都在公开寻找加利亚诺在 Givenchy 职位的接班人。但没有一个合适的。

休假归来，斯皮策重新拾起找人的工作——这一次的目标是伦敦。斯皮策和我说："这一年半，一直有人跟我说：'注意麦昆。'"于是，在麦昆新装秀即将发布之前的一个周一上午，斯皮策给麦昆在霍克斯顿广场的公寓打了个电话。电话进来的时候，麦昆和阿瑟还在睡觉。

"我联系他的时候，他吃了一惊，"斯皮策说。

"我以为他们想让我设计手袋或者别的东西，"麦昆告诉我。

当斯皮策提出，他们想和他谈谈出任 Givenchy 创意总监的事宜时，麦昆以为自己听错了。

他先感谢了斯皮策提供的机会，说他会认真考虑，然后挂断了电话。

关于 LVMH 集团将何去何从的谣言依然在时尚界满天飞——加利亚诺也在其中推波助澜。9 月初，他来到纽约的萨克斯第五大道精品百货，亲自推介他为 Givenchy 设计的服装系列。据《女装日报》的报道："加利亚诺肤色黝黑，胸前戴了一堆金链子，头上包着印花大手帕，穿着宽松的格子裤，脚指甲涂着指甲油，上身搭配了一件透明的白衬衫。当加利亚诺走出纽约上东区的酒店，穿过街道时，不夸张地说，他真的阻碍了交通。"

接受媒体的访问时，他们聊到了巴黎 Givenchy 精品店最近的翻新工作，也谈到了他的眼镜，以及他多年来做足部专业护理、给脚指甲染鲜艳指甲油的癖好。谈到这里，加利亚诺一本正经地说："如果你想了解你的顾客，你得知道她在做什么。"

接下来，《女装日报》的记者抛出了阿诺特置换设计师的问题，说出了最新的爆料：加利亚诺要接管 Dior。

"我现在正忙着做 Givenchy 接下来的系列，"他面无表情地说，"去 Dior 工作，任何人都知道这不可能。"

麦昆集中精力在准备即将发布的 1997 春夏系列"玩偶"（La Poupée），灵感来自 20 世纪 30 年代的德国艺术家汉斯·贝尔默（Hans Bellmer）所拍摄的一组关节可肢解的少女娃娃照片，这组摄影作品令观者极为不适。这场秀于维多利亚火车站附近宏伟的装饰艺术风格的皇家园艺大厅（ Royal Horticultural Hall）举行。

为了完成理想中的发布秀，麦昆再次找到西蒙·考斯丁寻求帮助。"李给了我 [艺术家理查德·威尔森（Richard Wilson）] 在萨奇美术馆做的装置作品的照片，"考斯丁说。"那是一个细长的三角形空间，就像一个齐腰高的水槽，里面充满了黑色的发动机油，你可以沿着一条通道走进这个机油槽。由于槽的地板是混凝土，没有震动，完全静止，看起来就像一块巨大的黑色玻璃。李问，'我们怎么才能做到那个样子？'"

考斯丁到秀场，做了一个测试：他拿着一个黑色托盘，到厕所装满水，然后"上下跳动，看看地板有多结实"。水没有泛起涟漪。他说："我想我们或许可以侥幸成功。"

他找来了一个巨大的塑料浅水池做 T 台——长约 150 英尺，宽 20 英尺，高 2 英尺。为了让模特的出场更具戏剧性，麦昆和考斯丁决定在 T 台入口设置一个小型舞台，从那里走下十几个台阶就可以走进水池。麦昆的团队拉来了添加利金酒做赞助商，负担了支出。头饰方面，麦昆找来了威尔士雕塑家戴·里斯（Dai Rees）。他毕业于圣马丁和皇家艺术学院，从 20 世纪 90 年代中期开始创作笼状的头饰雕塑，用的是他所谓的“秃羽毛笔”——鹅毛剥去翎毛只剩羽管的样子——那是他在伦敦北部的一个湖边发现的。

一位朋友建议里斯把翎管笼子给时装造型师看一下，于是他带着它们找到了 *Dazed & Confused* 杂志的凯蒂·英格兰。她认为这些小玩意儿很有意思，便将里斯引荐给麦昆。里斯来到霍克斯顿的工作室时，伊莎贝拉·布罗也恰好在场。“我把盒子打开，给他看里面的东西。他和伊莎贝拉当然都很喜欢，”里斯回忆道。“他们都在巨大的全身镜前试戴起来。”

“你可以多做点儿吗？”麦昆问里斯。

“可以，当然可以了。”

“那你用皮革做过吗？”

“没有。”

“试试吧，看看你能做出什么，”麦昆说道，然后委托他做 15 件。

里斯创作了几个小笼子，其中一个镀了银，一个刷上了红色并点缀着银色亮片，还有一个覆盖着咖啡渣，他说“看上去像铁锈”。他也做了几个皮质的作品——项圈、头饰，还有类似摔跤运动员穿的肩带——并用光秃秃、彩色的翎管装饰它们。作品完成后，里斯由衷地说，它们看起来“相当咄咄逼人”。麦昆对最终的结果很满意。“李与当时其他设计师的不同之处在于，”里斯说，“他在寻找配饰设计师这方面，有独到的眼光。这些配饰设计师总是走在潮流前端，都不走时尚的寻常路。”

黛布拉 · 肖为 McQueen“玩偶”系列走秀，1997 春夏系列。

“玩偶”系列中最具颠覆性的作品是麦昆委托利恩制作的一个方形金属框架，框架的每个角都有一个镣铐，套在模特的上臂和大腿上，将模特有效地约束成一个方框。麦昆问非裔美国模特黛布拉 · 肖（Debra Shaw），是否愿意穿着这个框架做这场秀的开场模特。

“好吧，”她回答，“不过，它的历史背景是什么？是在影射奴隶制吗？”

“天哪，不是的，”他强调。

他向她介绍了贝尔默：他策划玩偶拍摄计划的部分原因，是为了反抗德国法西斯的优生学和雅利安人种美学；他的作品后来被纳粹贴上了“堕落”的标签，本人也被迫逃往巴黎，在那里，他受到超现实主义艺术家的欢迎。麦昆说，这个金属框架是对这一切的阐释：约束、雅利安美学、超现实主义，以及他眼中时尚界的法西斯式独裁——他认为是迁腐无聊的资产阶级那一群人确立了品位的原则，以及可以被接受的种种标准。

在那时，米兰品牌 Prada 是时尚界一股横行霸道的力量。它的轮廓和整体风格由缪西娅·普拉达（Miuccia Prada）设计——缪西娅的外祖父是公司的创始人，号称“米兰的婆罗门”。Prada 的服装因为有时髦的制服式风格，常被时尚观察家称为“法西斯主义”。麦昆在时尚界做的一切，都与 Prada 体现和宣扬的一切直接冲突。美，在麦昆眼中，与“合适得体”没有半点关系。

肖听完麦昆关于贝尔默和超现实主义者的解释，认真思考了良久。她明白了，如果那个框架代表的是奴隶制，那镣铐应该绕在她的脚踝和手腕处，而非大腿和肱二头肌，并且镣铐应该是用铁链链接，而非置于一个框架上。她发现，麦昆的设计意图并非野蛮专横，而是更具艺术性。

“好的，”她说，“那就这么办吧。”

她现在回忆，试装的时候，“我觉得我的身体被框在一个画框里了”，她并没有奴隶那种被铐住的感觉。“我为我的血统和种族自豪，”她坚持道。“我永远不会做任何带给我耻辱感的事情。”

发布秀当天，考斯丁用了 5 个小时把塑料水池灌满黑色的水。灯光师西蒙·肖杜瓦则在背景的幕布后安置了几块破碎的镜面，灯光被镜面反射到天花板上，出现涟漪泛起的效果。“人们进场时，水面是静止的状态，所以人们会以为这只是一个巨大的有机玻璃 T 台，这正是李想要的效果，”考斯丁说。因为维多利亚·贝克汉姆和大卫·贝克汉姆迟迟未到，所以秀也不能开场。最后，麦昆咆哮道：“我他妈的不等他们了。”发布秀就这样开始了。当第一个模特沿着阶梯走下来，步入 T 台，涟漪泛起，观众们倒吸了一口气，看呆了。

模特们穿着透明塑料高水台高跟鞋走过黑池，溅起小花，好似从水面漂过。这个系列有时髦的白色套装；深 V 领的露背连体裤；水蓝色紧身直筒无袖连衣裙；不对称透明连衣裙搭配比基尼短裤；波光粼粼的直筒低腰连衣裙，长长的流苏在膝盖处摇曳。许多模特都戴上了戴·里斯的翎管饰物——有的像曲棍球面具一般围在头部，有一个模仿摔跤运动员头盔的样式，帽带上射出一根根翎管，仿佛胡须。

作为中场的标志，肖穿着黑色渔网直筒低腰连衣裙和金属框架走了出来。当她走到入口处时，突然发现自己需要走下几级阶梯才可以到达 T 台。“我踌躇了一下，想，‘我不能怕，我必须走下去，’”她说。“我走到最后一级阶梯的瞬间，听到观众们‘耶’的呼声，然后响起了掌声。但那一刻我又开始想：‘我要怎么在 T 台上走一圈？’你总不能转个身就走回去。所以，在最后一刻，我拖着双脚，像一只螃蟹那样滑着走了下去。”

回到后台，肖要求立刻把金属框架拆下来。“我闭幕的时候不能再穿这个走了！”她坚定地告诉麦昆。

他表示理解。

穿着霓虹粉锦缎长裤的模特出场了，她的头部和裸露的上身被罩在一个有多个棱角的笼子中，笼子里还飞舞着数十只蛾子，全场气氛达到了高潮——这个笼子由考斯丁的雕塑家弟弟安东尼创作。麦昆形容它“像个茧子……用钢筋做的……像三维立体的星星……包着玻璃纤维的面料，所以里面可以看得一清二楚……女孩在里面，但所有的蛾子都围绕着她飞……她把它们从半空中捡起来，让它们落在自己手上……这是完全属于女孩自己的环境……我在想象未来的新世纪，想着你也许会像蜗牛一样随身带着自己的家。这真的很美妙，让很多人赞叹不已。”

但肖佩戴的金属框架却引起了轩然大波，人们指责麦昆剥削黑人女性，像奴隶一样束缚她。

尽管饰物千奇百怪，这个系列的服装却精致漂亮，而且相当传统，至少对于麦昆而言。“这是为了把 Alexander McQueen 品牌打造成畅销商品，”他解释说。“我并不打算创造那种虽然称得上奇迹却不能穿的作品……这一季的主题是要把所有棱角都磨平。”

LVMH 集团继续在争取麦昆——他们甚至寄去香槟和鱼子酱来引诱他。他们迫切需要为 Givenchy 找一位设计师，原因不仅是加利亚诺将离职去 Dior。LVMH 集团在时尚这一块的销售数据让人失望，Christian Dior、Givenchy 和 Kenzo 的香水销售也急剧下跌：1996 年上半年，仅有 7000 万法郎（约 1370 万美元）入账，不及去年同期 [3.8 亿法郎（约 7500 万美元）] 的四分之一。

对于 LVMH 集团抛来的橄榄枝，麦昆犹豫不决。“李打电话告诉了我们这一切。我们都说：‘你能相信吗？李？ Givenchy？’”波比·希尔森回忆道，“你知道，Givenchy 有多么庄重体面，而他在伦敦的秀只能用狂野来形容——他认为这真的是个笑话。我不觉得他有多想去 Givenchy，他只是不敢相信对方居然找到他，他可是英国时尚界的野小子。他们之前找了约翰，但和麦昆比起来，约翰真不算什么。”

麦昆把 Givenchy 的招聘告诉了母亲，她十分惊讶——在她眼里，这就是“天方夜谭”。但他仍未下定决心。“我很感激他们提供的机会，但这件事，我可以接下来，也可以推掉。”他说，“我不认为时尚是一种稳定职业，你不能一直依靠它。你随时有可能从高位跌落，就像当初你一夜蹿红那样。”

两边仍在就此事商议，麦昆拿到这份工作的消息已经在英国传媒业和整个时尚界传开了。而麦昆依然不能确信自己真的想要这份工作。“他们还没最后决定，我也没有，”他在伦敦准备自己品牌的发布秀时说。当被问到，他是否能应对一年设计 10 个系列的工作量——如果他接受 Givenchy 的工作，同时继续运营自己的品牌，那么这就是他将面临的要求。他说：“我想象不出有谁能做到这一点。我首要考虑的一定是 McQueen。Givenchy 会给我很多钱，但我不是很喜欢。此外，巴黎对我来说什么也不是。”

“如果我接下了这份工作，”他继续说道。“我将把它看作完全独立的实体，与巴黎发生的其他事情完全不同。Givenchy 用我的话，他们也是雇用了 Alexander McQueen。最终，我要对自己诚实。”

“本质上，”他总结道，“这些大公司根本不把你当作一个人。对他们而言，你只是一件商品，一件衣服，仅仅和你的上一个系列一样好。”

加利亚诺聘请卡拉·布吕尼的男朋友、法国律师阿尔诺·克拉斯菲尔德（Arno Klarsfeld）来处理他和 Dior 的合约问题。克拉斯菲尔德的父母巴特和谢尔盖·克拉斯菲尔德（Beate & Serge Klarsfeld）都是法国纳粹捕手，他曾协助成功起诉纳粹战犯克劳斯·巴比（Klaus Barbie）和莫里斯·帕蓬（Maurice Papon），而一举成名。虽然合同事务不是他通常的业务范围，克拉斯菲尔德还是很愿意帮忙。“约翰人很好，这件事儿没太多麻烦，”克拉斯菲尔德说。“而且他对我父亲表示出极大的赞赏，我很喜欢。”

然而，如何安置哈莱克的问题仍然没有得到妥善解决——主要是因为，她的合同问题是罗宾森在与 Dior 执行官谈判。那些从伦敦开始就一直跟在加利亚诺身边的老伙计们，都看清楚了眼下的形势：罗宾森正试图彻底摆脱哈莱克，就像他摆脱其他人一样，这样他就可以把加利亚诺完全掌握在自己手里。“阿曼达——她从一开始就和加利亚诺在一起，她是关键人物，关键中的关键，”有人说。“怎么会有人愚蠢到想把阿曼达赶走呢？”

伯纳德·阿诺特和弗朗索瓦·博菲找哈莱克来开过一次会。“他们想强迫我签一份合同，”她说。“这份合同很严苛，约束性非常强：如果你去（阿拉伯）联合酋长国，你能得到两天的报酬，在品牌精品店购物也能享有更好的折扣价。是一份非常严格的合同。”

不仅如此，给她的薪酬还低得可怜。正如哈莱克所说：“我还以为少了个 0 呢。”

“是少了好几个 0 吧，”参与了这次谈判的哈莱克密友说。

“我有两个孩子，婚姻也破裂了，我需要安全感，”哈莱克说。“我认为 Dior 的人并不理解这一点。这太可怕了。我在歌剧院工作的朋友说：‘你为什么不用我的律师？’我这一生从没用过律师。他说：‘让他们帮你提出你的要求。’”

后来，哈莱克向 Dior 提交了自己的财政要求。“他们认为我的财务单打错了，”她告诉我。他们拒绝了她的诉求，而加利亚诺一言不发。

巴黎时装周从未有过如此高的新闻价值。1996 年 10 月 7 日，周二，奇安弗兰科·费雷发布了他在 Dior 的最后一个成衣系列，主打紧身裤搭配胸衣式上装、珠光宝气的鸡尾酒裙和露背晚礼服。

加利亚诺则为他的同名品牌打造了“艾娃·加德纳”（La Ava

Gardner）系列，灵感来自电影《赤足天使》中艾娃·加德纳扮演的角色。在巴黎东区一间破旧的酒窖里加利亚诺举办了一场吉卜赛马戏团风格的发布秀。秀场外布置成一个动物园，在这个寒冷的黑黢黢的秋夜，一大群加利亚诺迷拥在入口，试图挤进秀场。安娜·温图尔穿着一件波尔多红毛领皮外套来到秀场，这件衣服是加利亚诺为了感谢她的鼎力支持，让助手赶在最后一刻做好送给她的礼物。人们不知道的是，博菲和他的副手西德尼·托莱达诺，悄悄地溜进了秀场。

秀场设计一如既往由让-卢克·阿杜安担纲，充满种种戏剧化的元素——熊熊的篝火、走钢索的人、杂技演员，还有吉卜赛的手风琴演奏家。系列的主题和秀场的装饰风格延续到了服装上，囊括了吉卜赛风格的刺绣套装和百褶裙、荷叶边碎花雪纺裙，还有流苏披肩。一切都那么美丽又风趣，但苏西·门克斯也毫不讳言地指出，这让人感觉加利亚诺"总是在耍同样的把戏"——一套精心设置的秀场布景，以及一件件由最迷人的模特穿过一次就绝对不会有人再穿的"秀款"服装。

他在 Givenchy 的最后一场秀，在巴黎第十六区的奥特伊艺术空间（Espace Auteuil）举行。他在 Givenchy 的收官之作参考了简·奥斯汀笔下的 19 世纪女性形象、奥斯曼帝国和法国外籍兵团——这些和 Givenchy 品牌的历史、"符号"毫无关系，但他完全不在乎——他马上就要走人了，决定随心所欲，不出所料，这个系列被广泛认为是一场彻底的失败。

多亏了泰利，同一天早晨，阿曼达·哈莱克在 Chanel 高调亮相。因为她在 Dior 尴尬的处境，泰利一直为她揪心，他又一次致电拉格斐："你知道的，事情本不该如此。阿曼达竟然被人如此嫌弃，这种情况必须有所改变。她是这么好的人，我无法袖手旁观。"

“亲爱的，亲爱的，亲爱的，带她去我们的店，把她打扮得漂漂亮亮的，带她来秀场，”拉格斐说。

泰利又给哈莱克打电话，让她做好准备。她随手抓起一顶斯蒂芬·琼斯的帽子，蹬上一双 Manolo Blahnik 的高跟鞋，泰利用 *Vogue* 杂志的专车接上她，匆匆来到位于康朋街的 Chanel 时装店。他们冲进去，飞速挑选了一件珠宝饰扣的灰色套裙，只用了 15 分钟就冲回车上直奔秀场。哈莱克的座位在第一排，穿着 Chanel 套装的她美丽动人，时尚精英们都注意到了她。

发布秀之后，泰利和哈莱克到后台向拉格斐表示祝贺。拉格斐一见到哈莱克，就把她拉到一边，悄悄邀请她来和自己共事。接下来，他大声地告诉她，故意让身边所有记者都听见：“如果 Dior 给不了你想要的，我这儿有份好工作等着你。”

不出所料，第二天早晨，他们的邂逅就出现在了各大媒体上。

麦昆对 Givenchy 一职摇摆不定的态度也屡屡登上行业媒体的头版头条。在谈判过程中，LVMH 集团提出收购麦昆自己的品牌，麦昆断然加以拒绝。“于贝尔·德·纪梵希的遭遇足以警示我，”他说。

10 月 7 日，周二，他依然认为自己不想接受这份工作。但周三早晨，他又一次改变主意，去了巴黎。合同定于 10 月 9 日，也就是周四签署——再过一周，LVMH 集团将正式发布这一任命。为了获得精神上的支持，麦昆叫上了伊莎贝拉·布罗同行，就像崔西第一次去 Chanel 面试需要她陪同一样。“我们需要她，”崔西说。伊莎贝拉不仅为他们摇旗呐喊，还能抚慰他们，把他们从焦虑的泥潭中拉出来。

当然，伊莎贝拉得戴顶合适的帽子。她请崔西特别为此行做一款。崔西从系列中给她挑了一顶猩红色圆顶礼帽，装饰着相配的鱼鹰羽毛，总之，这顶抢眼的帽子足以撑得住这一个重要场合。

会面时，阿诺特、斯皮策和他们的手下衣冠楚楚，穿着保守的灰色西装和锃亮的皮鞋，与伊莎贝拉的猩红色帽子、麦昆粗野的举止形成鲜明对照。瘦高、文雅的阿诺特尤其让麦昆大吃一惊。“我以为会见到一个叼着雪茄的大胖子，”麦昆说。“看到他，我感觉自己是刚从精神病院跑出来的，他是那么平和安详。”

尽管阿诺特散发着沉静的磁场，麦昆仍然一次又一次站起来，大飙脏话。

“搞明白点，”麦昆的律师劝自己的客户冷静下来。“他们是马车，你是唯一拉得动他们的马。”

“我他妈的才不是他们的马！”麦昆咆哮着，转向阿诺特。

“我他妈的不需要你！”他爆发了，吼道。

然后他暴风般冲出办公室。

然而，在出去的路上，他一副无事发生的样子，对高管们说他要去厕所。

最终，他还是回来了，并且在合同上签下了自己的名字。尽管如此，麦昆还是对接受 Givenchy 的工作心有戚戚——他的合同期只有两年，据媒体报道年薪 16 万美元。这与传说的加利亚诺在 Dior 100 万美元的年薪相去甚远。但麦昆似乎对此并不介意。“钱从来不是最重要的，”他说。“我的意思是，我喜欢随意舒服的生活。”话是这样说，但从他的过往来看，他并非视金钱如粪土。

Givenchy 的管理层很清楚，麦昆就是他们一直寻找的那个人。“他是个崭露头角的天才——毋庸置疑、显而易见的天才——他现在还不太成熟，所以他可以和公司一起成长，”斯皮策当时这么跟我说。

而麦昆的反应呢？

“Givenchy 能拥有我真他妈的太幸运了。”

20 世纪 90 年代中期，奢侈品时尚经历了一场从创意产业向噱头产业的巨大转变。时尚的可穿戴性已经退居次要地位，媒体覆盖度才是至关重要的，而且不只局限于被时尚版块报道。商业收购和董事会争斗的新闻、精明的首席执行官和时装设计师的个人专访、对分析利润和销售额飙升的商业报道，这些占据了报纸头版、周刊杂志封面，还有电视新闻，掀起了一场针对中端市场消费者推销香水、配饰等高利润商品的狂潮。

这股狂潮在 1996 年 10 月 14 日到达一个高峰。这一天 LVMH 集团正式宣布加利亚诺将执掌 Dior，麦昆进入 Givenchy。这是奢侈品行业进入空前繁荣时代的开端，在加利亚诺和麦昆的帮助下，伯纳德·阿诺特将成为时代的开路先锋。

“(阿诺特)最在意的就是媒体的关注，”泰利告诉《纽约时报》的记者。“是那些香水和手袋”——创下了最高的零售纪录——“如何保持媒体的关注就是一种市场战略了……这都要靠大肆炒作和宣传。他可以找来威尔士王妃做设计师，让所有人皆大欢喜。”

不出预料，法国时尚界的权威人士们都对这次任命颇有微词，媒体犀利地批评阿诺特雇了两个英国混混，而不是法国设计师来领导两个巴黎高级时装屋。还有业内人士抱怨，浮夸的宣传最终让时装都相形见绌。“发布秀占的比重太大了，”伊夫·圣·罗兰说。“他们正在杀死时装。”

伯纳德·阿诺特对这些批评不屑一顾。“我选择英国设计师，是因为在法国我们没有同一个水准的创造力。我们培养不出那种水平的设计师……有现代意识，有创造力，有好品位，”他坦率地说。

相反，这对英国人是振奋人心的消息。英国时装协会终于把年度设计师奖颁给了麦昆。伦敦是那样时髦，以至于《新闻周刊》的一篇封面文章称它为“地球上最酷的城市”。甚至连英国保守党政府的首相约翰·梅杰（John Major）都开始追赶潮流：1996 年 11 月 11 日，他在市政厅举行的市长晚宴上发表演讲，也提到了英国最近取得的成就：“我们的国家正在占领巴黎的时装 T 台。”

“他是这么说的？”麦昆听说后大为光火，“太他妈的官僚作风了！你努力做事的时候，他们不会提供任何帮助，当你真成功了，功劳就全让他们抢走了！去他妈的！”

麦昆决定带凯蒂·英格兰和塞巴斯蒂安·庞斯一起去 Givenchy，但他对伊莎贝拉·布罗没有任何交代。多年来，她一直支持着麦昆，哪怕在她父亲剥夺了她的继承权，让她陷入严重的财务危机的情况下，都从未中断对麦昆的帮助。每一次谈判，她都紧握着麦昆的手，而且她是——至少她以为自己是——麦昆最好的朋友。她深信，就像加利亚诺对哈莱克一样，麦昆会在 Givenchy 为她留一个顾问的职位。她想要这份工作，她也需要这份工作，而且身边的许多人——朋友、同事——都认为她应该得到这份工作。

然而，麦昆留给她的是冷漠的背影。“她是个赞助人，”他残忍地说。“她不可能成为我的缪斯。她是个时尚发烧友，喜欢的设计师有一大把。不管怎么说，如果你认为某种衣服应该是什么样子，你就把自己也限制住了。”

对于这样的责备，她也猜测到了一些。虽然是个直来直往的人，她也没有直接和麦昆谈起这个话题。“她从来不是个会直截了当要职位和钱的人，”崔西说。“但她希望麦昆可以把自己带在身边。她希望。”

说她心烦意乱，都是轻描淡写了。

“完全被击垮了，”她自己这么形容。

“她的心碎了，”朱利安·麦克唐纳证实。“她几乎把全部生活都用在支持李，买他的衣服，给他钱，到了最后，他一脚把她踢出局。他终于有了钱，有了可以回报她的机会……但他却不想要她了。”

“问题也许出在伊莎贝拉总是像一只蝴蝶吧，”麦克唐纳继续说道。“她飞来飞去，结交了太多人，为他们搭上了太多时间，你也看到了，她把他们推出去，接下来又去寻找下一个新人。而李总想让她只属于自己。所以他们之间的关系，可以说是又爱又恨吧——真是一种让人疯狂的关系。她真的很爱他。哦，她愿意为他做任何事。”

巴黎时装周一结束，哈莱克就返回什罗普郡的家，思考下一步应该怎么走。她邀请泰利和她一起回英国。她彻底迷茫了：她很爱加利亚诺，但拉格斐仍然热诚地向她发出邀约。时装周过去一周后，她受邀出席拉格斐在左岸酒店举办的晚宴。她穿着加利亚诺设计的雪纺礼服到场，一位在场的人看到后说，“她像是在两个爱人之间举棋不定。”拉格斐并没有因为哈莱克的犹疑而却步。“我认为阿曼达是 20 世纪 90 年代最时髦的女性之一，”他说。“我喜欢她的个性，喜欢她看待事物的方式，喜欢她的鲜活明亮——她的一切。”

她向泰利和其他知己好友吐露了自己所有的怀疑和困惑，包括她年少时的朋友贾思珀·康兰和安娜·温图尔。所有人都劝她以自己和孩子为重。“我一无所有。”她决定孤注一掷，哭着给加利亚诺打去了电话：“别这样对我！我现在真的很需要经济独立！”

尽管如此，加利亚诺没有任何留住哈莱克的意思。这让泰利目瞪口呆。“约翰本应该叉着腰说：‘看吧，看吧，她还是得跟我在一起，’”泰利说。“但他没有。这才是让人震惊的。”

在和 Chanel 的谈判过程中，哈莱克的密友们建议她除了工资和差旅经费外，还应该要一间丽兹酒店的永久套房。酒店和 Chanel 总部仅隔一条街，那也是可可·香奈儿生活过和去世的地方。

这些事宜前前后后商谈了一个星期后，一份合同终于出现在哈莱克的传真机里。开出的条件十分慷慨，并且满足了她要丽兹酒店永久套房的要求。

“喏，”拉格斐对她说，“去 Dior 吧，如果他们能认真对待你的话。我很希望你为我工作，但我也尊重你和约翰特殊的关系。这就是 Chanel 能给你的，拿着这份合同去找 Dior 吧，告诉他们：‘必须给同等的条件。’”

她照着去做了。后来，她回忆道，“Dior 给我回电话说：‘这是个玩笑吧？’”

哈莱克仍然无法接受，她与加利亚诺的时光真的要画上句号了。她告诉泰利，她想等一年再加入 Chanel——或许加利亚诺会摆脱罗宾森的控制，像骑士一样凯旋，重新回到她身边，把她带到蒙田大道 30 号的 Dior 总部。泰利认为这只是个不切实际的幻想。“没有人会原地踏步等你一年的，”他告诉哈莱克。“他们现在给你工作，你现在就得去！”

11 月的最后一周，哈莱克来到巴黎，在拉格斐的家里签下了合同。“我不想把她从约翰身边夺走，因为我也喜欢约翰，”他说。“但我感觉 LVMH 集团并不在乎她，所以，她现在自由了。”

这条消息爆出后，《女装日报》称哈莱克加盟 Chanel“或许是鲁道夫·努里耶夫[1]1961 年在奥利机场奔向自由之后，巴黎发生的最大的叛逃事件”。

哈莱克说，加利亚诺认为她的离开是“一种背叛”。

“我们本来能解决这个问题的，”加利亚诺后来告诉我。“阿诺特先生完全准备好了解决这个问题……（但）有一笔快钱出现在阿曼达面前，她奔着钱就去了。”

1　鲁道夫·努里耶夫（Rudolf Nureyev，1938—1993）：努里耶夫出生于西伯利亚，毕业于列宁格勒芭蕾舞学校，后进入基洛夫舞剧团。1961 年，努里耶夫随基洛夫舞剧团赴欧洲巡演，在巴黎奥利机场他挣脱克格勃的监视，成功叛逃。努里耶夫是 20 世纪最伟大的芭蕾大师之一，他弥合了古典芭蕾与现代芭蕾的区隔，并扭转了芭蕾舞中男舞者仅作陪衬的现象，提升了男舞者的地位。——译者注

XI

进入 Givenchy 后，麦昆的工作量增加了三倍：现在的他一年要设计 10 个系列——Givenchy 的 6 个系列（每年 2 个季前系列、2 个女装成衣系列和 2 个高级定制系列），在伦敦完成 McQueen 的 4 个系列（2 个男装系列和 2 个女装系列）；每年做 6 场秀；还要在伦敦和巴黎之间通勤。

他说，之所以接受这份工作，原因是“我需要将这笔高薪投入自己的公司，我需要招纳更多的员工。Givenchy 的职位给了我业内的信誉，也给了我所需的资金。”

麦昆的银行户头里一有了钱，就决定好好犒劳自己，回报他所爱的人。他还清了瑞妮姑姑借给他上圣马丁的学费，补好了牙齿。他还为自己在伊斯灵顿买了房子，并添置了电视机。“这是我一生都在等待的房子，”麦昆说。他告诉父母，希望为他们购置新房产，在一个更好的社区，甚至可以到乡下买。母亲乔伊斯很抗拒，“我们在这里住了这么久，认识这儿的每一个人，”她说。“走到市场上，有人冲我喊：‘我又在报纸上看到（你儿子李）了！’这种感觉真好。”

父母终于接受了儿子的职业，麦昆深感欣慰。“我父亲现在对我非常尊重，”麦昆说。“我只是希望一开始我就有这样的支持，因为我喜欢有人和我在一起，像我姑姑那样，百分之百地和我在一起。”

Givenchy 的高层们为麦昆在巴黎玛黑区贝尔街找了一套公寓，离加利亚诺的公寓只隔几个街区。这套公寓有 70 平方米（约 750 平方英尺），位于三楼，没有电梯，相当破旧。Givenchy 的一个助理如今回忆，直说“不是人住的”。而麦昆还得与他伦敦的团队共用，麦昆住在主卧，他在 Givenchy 的助理凯瑟琳·布里克希尔（Catherine Brickhill）睡次卧，塞巴斯蒂安·庞斯住客房。只要凯蒂·英格兰从伦敦来，庞斯就要把房间让给她，自己睡沙发。考斯丁也常常在这儿借宿。

这么安排更像是大学宿舍，而不是公司化的员工住所。“有时晚上，他会瘫倒在沙发上看电视，”庞斯回忆。“第二天早上，哈根达斯冰激凌盒里都是香烟头，恶心透了！到处是用过的纸巾。乱七八糟，乱七八糟！他的衣服总是皱巴巴，乱糟糟，要么就一股霉味。”这就像他在米兰吉利公司的日子,麦昆很享受这种“群居”生活。“他喜欢有人在他身边,”庞斯说。“不过我们也不和别人交往，就我们几个天天待在一起。”

在 Givenchy，麦昆管理着一个 60 人的团队，其中很多人曾经和加利亚诺一起共事过，他们选择留下来。其中一人是桑・法勒。像对哈莱克那样,加利亚诺撇下了她。“他从未向我发出邀请,从来没有说过:‘来 Dior 吧！’”她后来告诉我。

麦昆立即投入高定系列的创作中，好参加来年 1 月中旬的高定时装周。为此，他想要推翻加利亚诺所建立的一切。毕竟，加利亚诺在 Givenchy 期间的设计“加利亚诺”烙印太深,几乎没有延续品牌的历史。相反，麦昆决定用纯白色，像一块洁净的帆布，这样可以突出金色的希腊风格的品牌标识 G。“他想回归 Givenchy 的简洁，回归它的实穿和干净,”庞斯解释道。

贯穿整个系列的线索是古希腊神话——这是另一个与品牌标识有关的词——中的“伊阿宋和阿尔戈英雄”。这个神话故事讲了英雄伊阿宋立志找到金羊毛，金羊毛长在一只有翼的公羊身上，象征权力和王位。于是，麦昆为这个系列命名为“寻找金羊毛”(The Search for the Golden Fleece)。

以往，纪梵希先生会用毡制粗头笔将整个系列先画在白纸上，再将这些图稿送去工坊，用坯布在人台上做出造型。这是大多数高定设计师的传统工作方式，拉格斐、拉克鲁瓦、瓦伦蒂诺和圣・罗兰都是这么工作的。但麦昆的绘画功底不好，所以他更喜欢在人台上工作。也因为这种方式，麦昆得以完成精美绝伦的繁复设计。但很快，他就与时装屋的工匠们产生了沟通障碍。“当我将这些设计拿给工匠们时，他们惊呆了，说太复杂了,”麦昆回忆。“我说，亲爱的，这才是高级定制，你们应该有能力做到。”

一些工匠被麦昆的无礼吓了一跳，他不仅没有像纪梵希先生那样对他们用“您”等敬语，甚至不打算学着说法语。“这给人一种他不打算长干的印象，”当时 Givenchy 的公关总监玛丽亚·赫雷拉（Maria Herrera）回忆道。但麦昆饱含激情的动手方式让老前辈们深感意外，他把一台缝纫机搬到自己桌旁，以便可以直接缝制衣服，这一举动赢得了他们的心。“他是个全才，他会缝纫，他会跪在地上去修改裙摆的设计，”赫雷拉称赞道。“他的才情和个性吸引了所有人。”

“起初，我们并不看好他（麦昆），”工坊负责人凯瑟琳·德隆德（Catherine Delondre），这个在 Givenchy 工作了 34 年之久的老手，早些时候承认。“但当我们看到从工坊里拿出来的成品，我们想这是真正的高级定制。”她补充说，“他是个真正的工匠。”

这种钦佩和欣赏是相互的。麦昆说，“我们很幸运高级定制的传统至今仍存在，工坊里的每一个人都值得珍惜。”

1996 年 10 月，加利亚诺入职 Dior 的第一天，和 700 名员工一一打了照面。“他们分三批站到大厅里，我才得以见到所有的人，”他说。加利亚诺向员工们保证，他们将一起制作全世界人都想穿的衣服。

和麦昆一样，加利亚诺面临的任务十分艰巨。Dior 目前的状况不容乐观。包括时装和配饰，1995 年的销售额为 1.56 亿欧元，1996 年是 1.87 亿欧元，只能说表现平平。“当时只有 10 家 Dior 门店。”斯蒂芬·琼斯回忆道。“拿下品牌经营许可证是关键。日本甚至已经有了 Dior 牌电饭煲。”

为了完成任务，加利亚诺和罗宾森都认为，最好尽可能地去了解迪奥本人和Dior品牌。10月下旬，他们来到让古戎路（rue Jean Goujon）18号拐角处的Dior档案馆，拜访档案馆馆长斯瓦兹克·普法夫（Soizic Pfaff）。档案馆狭长而黑暗，这是为了保护资料免受阳光直射。馆里藏满各种物品，有一个巨大的衣橱里装满了Dior的古着，有客户捐赠的，也有从古董商店、拍卖会上购得的原作，一些比较新的服装则是根据设计图稿制作的复制品。书架上堆满了资料，包括图纸、布样、照片、客户记录，基本上，这就是品牌的全部历史。

第二次世界大战后，一位名叫克里斯汀·迪奥的富家公子创立了Dior。他来自诺曼底，年纪轻轻，身材圆润，讲究仪表，和加利亚诺一样，他崇拜自己的母亲，对20世纪初期那个美好年代（Belle Époque）充满了浪漫化的记忆。迪奥的家庭环境极其优渥,家中大宅里仆从如云，他们教会了他做缝纫活。从巴黎政治学院毕业后，迪奥便和音乐家埃里克·萨蒂（Erik Satie）、弗朗西斯·普朗克（Francis Poulenc）和艺术家萨尔瓦多·达利（Salvador Dalí）、马克斯·雅各布（Max Jacob）、胡安·米罗（Joan Miró）打成一片，浸润到20世纪20年代的巴黎艺术氛围中。他慷慨解囊，购买了大量艺术藏品，并开了一家画廊。

在希特勒入侵波兰后不久,迪奥应征入伍。在第二次世界大战初期，他大部分时间都在法国南部挖战壕。法国停战后，他复员回家，1942年成为时装设计师吕西安·勒隆的助手。在法国被纳粹占领期间，勒隆坚持营业，并继续担任法国女装协会主席。他认为与其屈从于纳粹的淫威，不如保障工人的工作机会，维护法国高级女装业的骄傲。

战争一结束，迪奥便决定独自创业。他与法国最大的纺织品生产商马塞尔·布萨克（Marcel Boussac）合作，于1947年开设了自己的高级定制时装屋。作为时装屋的掌门人，迪奥并不突出。虽然勒隆夸赞他“天赋异禀”，但是正如美国*Vogue*杂志编辑贝蒂娜·波拉德（Bettina Ballard）回忆的那样，“这个有着婴儿般丰满的粉嘟嘟脸蛋的男人仍然带着近乎令人绝望的羞怯。”这一点他就像麦昆一样，当然行为举止要优雅得多。在被可可·香奈儿、艾尔莎·夏帕瑞丽等大人物长期统治的时尚界，迪奥的羞涩和胖乎乎的身材无疑对他不利。

不知何故，迪奥努力战胜了自己的害羞，至少有勇气设计和生产出一个系列，并敢于在公众面前展示。为了激发创作灵感，迪奥打开他亲爱母亲的衣柜，悉心研究那些美好年代的紧身胸衣，设计出现代版本的沙漏廓形。“纳粹占领期间的服装风格实在是太糟了，我迫不及待要改进它，”他说。“我要重现女人的丰胸、蜂腰和削肩。”——大约50年后，加利亚诺在描述自己的作品时，几乎一字不落地重复了这段话——“雕塑出女性身体的天然曲线。这是一场回归优雅的怀旧之旅。”

1947年2月，一个寒冷的冬日早晨，大约100名记者、经销商和穿着皮草的社交名流依次走进蒙田大道30号的Dior新总部，顺着气派的楼梯，走进珍珠灰和白色为主调的沙龙里，坐进精致的椅子或是双人沙发。房间里摆满了蓝色的飞燕草、粉红色的甜豌豆，以及迪奥的幸运花——铃兰，空气中花香氤氲。秀非常准时地开场了，司仪唱出150款服装的名字和号码，天鹅般优雅的模特便缓缓飘过房间。

这一天发布的新装，有“酒吧”套装（Bar Suit），上衣用象牙色山东绸做成，腰部有装饰褶；与之搭配的大摆散褶半裙足足用了10码（约9.2米）的黑色羊毛面料。这套服装由当时还尚不为人所知的迪奥先生的年轻助手皮尔·卡丹缝制；有“甜心”（Chérie），一条海军蓝塔夫绸鸡尾酒裙，紧身的上装勾勒出丰满的胸部，纤细的腰线之下是用多达

13.5 码面料制成的剑褶喇叭裙；有 Passe-Partout，一套海军蓝绉纹呢套装，由无领外套和铅笔裙组成；有“非洲人”（Africain），一条豹纹印花的麦斯林纱礼服；以及“花冠”（Corolle），一条黑色羊毛日礼服，前襟钉有五个大纽扣，下身为打褶的大摆裙。

按照当时的惯例，这场气氛欢快的新装秀持续了两个多小时，当最后一套衣服展示完毕，人群发出欢呼，喝彩“太棒了！”*Vogue* 杂志的贝蒂娜·波拉德称迪奥为“时装界的拿破仑，亚历山大大帝，恺撒”。*Harper's Bazaar* 杂志的主编卡梅尔·斯诺（Carmel Snow）则称，忍受了数十年松弛且平直的服装线条、战时沉闷板正的套装和物资匮乏，Dior 精雕细琢的轮廓简直是令人耳目一新的“新风貌”（New Look）。

经历了战争年代的物资匮乏和苦难，Dior 华丽丰饶的设计是令人愉悦的解脱。法国——事实上，是整个欧洲——都准备好了要穿上盛装，回归原来的生活。拥抱美好时代的欢乐和轻浮也让法国人消除了通敌的羞耻，至少在社会的肤浅层面是这样的。

迪奥和布萨克带领公司取得了空前的成功：在 Dior 首次亮相两年后，品牌的出口量占法国时装出口总量的 75%，法国出口总量的 5%。他们提出了与其他行业合作生产、销售 Dior 贴牌产品的想法。第一件衍生品是 Dior 的袜子。到 1951 年，迪奥已经把品牌许可业务扩展到了手袋、男士衬衫、手套、围巾、帽子、针织品、运动装、内衣和眼镜。依然胖乎乎的他登上了《时代周刊》封面，还获得了法国荣誉军团勋章（Légion d'Honneur），根据盖洛普的一项民意调查，他是世界上最著名的五个人之一。

1957 年 10 月中旬，迪奥决定去意大利蒙特卡蒂尼的一家水疗中心接受治疗，表面上是为了减肥。进入水疗中心的第 10 天，饭后玩了一把卡纳斯特纸牌游戏，他突发心脏病身亡，年仅 52 岁，而他的公司刚刚成立 10 年。

他的首席助手伊夫·圣·罗兰接替了他的职位。21 岁的圣·罗兰是一位身材纤细的法国人，在阿尔及利亚的奥兰长大。他为 Dior 做的第一个系列就博得了满堂喝彩：其中最引人注目的是“秋千裙”(Trapeze)，一款 A 字轮廓的连衣裙，线条俊逸，在身体两侧撑开。“亲爱的，”一位嘉宾冲另一位喊道，“法国得救了！”《洛杉矶时报》（*Los Angeles Time's*）的时尚编辑迈瑞罗·卢瑟（Marylou Luther）写道：“先王驾崩。吾皇万岁！”

两年后，圣·罗兰应征入伍，参加与阿尔及利亚的战争。但在新兵训练营进行了 19 天训练后，他精神崩溃，被送到巴黎的一家精神病院。他在 Dior 的职位被同事、法国时装设计师马克·博昂取代。1961 年，圣·罗兰和皮埃尔·贝尔热创立了自己的品牌，博昂继续担任 Dior 的设计师，用他高品位、优美的时装打扮第一夫人和贵妇们，直到 1989 年毫无预兆地被阿诺特炒了鱿鱼，由奇安弗兰科·费雷取而代之。今天，轮到了费雷被阿诺特抛弃，取而代之的是更年轻、更时髦的加利亚诺。

加利亚诺花了整整一周时间仔细研究档案，又把更多的资料、过往发布秀的录影带带回家，周末的时候看了更多。“他太激动了，”普法夫说，“他什么都想看。旧剪报、杂志，还有每一个小细节。”最重要的是 1947 年和 1948 年的制作手册，里面事无巨细地记录了那两年发布的系列中标志性服装的制作过程。读了服装的资料后，加利亚诺着手对服装实物进行研究。然而，并不是所有时装瑰宝都能在档案馆找到，很大一部分在纽约大都会艺术博物馆服装学院，那里即将做一场 Dior 设计回顾展。

加利亚诺还潜心钻研了《克里斯汀·迪奥的识别标志》（*Les Signes de Reconnaissance de la Maison Christian Dior*）。这是一本日记式的鸿篇巨制，记录了品牌的方方面面，可以看作品牌掌门人的手册。在这本书中，他注意到一张塞西尔·比顿拍摄的引人注目的照片。照片上是一个时髦的中年罗马尼亚人，名叫杰曼·“米扎”·布里卡尔（Germaine “Mitzah” Bricard），她穿着黑裙子和豹皮外套，头戴豹纹无檐帽，搭配黑色渔网面纱、钻石手镯和珍珠项链。迪奥曾说，米扎是“为数不多的以优雅作为生存理由的人”。

对她了解得越多，加利亚诺和罗宾森就越欣喜若狂。米扎的爱人不乏非比寻常的人物，为她戴上珍珠项链的俄罗斯王子就是其中的一个。她将丝巾绑在手腕上，来掩盖自杀未遂留下的伤痕。她鄙视那些交际花的廉价、轻浮：“她们会为了一杯奶油甜露酒就跟人上床。”她建议女人：“当有男人想送你花的时候，告诉他们：‘我的花是从卡地亚买来的。’”她不仅是迪奥的缪斯女神，也是他的助手。

加利亚诺和罗宾森一致认为：米扎也会成为他们的 Dior 缪斯。他们开始围绕她建构整个系列，同时在 Dior 男装系列中也添加了她的元素。灵感来源还有美好时代的画家乔瓦尼·波尔蒂尼（Giovanni Boldini）的肖像作品，以及肯尼亚和坦桑尼亚的马塞部落。马塞部落的想法完全来源于加利亚诺：他看到一张由著名插画师勒内·格鲁瓦（René Gruau）为迪奥创作的标志性插图——一只优雅的女性的手抚摸着豹爪。“这让我想到了非洲和马塞部落，”加利亚诺说。“研究那个部族的照片时，我发现他们看上去是那么自豪骄傲。我们想，‘天哪！这真是美好年代[1]——廓形都是一样的！'”整个11月，他和罗宾森形影不离地工作，把他们的想法变成了时装。

不出意料，阿诺特决定把加利亚诺调到Dior时，也动了买下Galliano的心思——就像他想收购麦昆的个人品牌一样。当时，Gallinao的运营良好：在约翰·布尔特和马克·莱斯的悉心管理下，公司已经准备好把品牌许可业务延伸到眼镜、香水。同时，成衣的销售量也在大幅度增长，在他们的第一大市场——美国表现尤其好。

尽管如此，这家公司还是让布尔特和莱斯亏了一大笔钱——投资Galliano三年来，他们共投入近500万美元——这让他们的情绪犹如坐上了过山车。时尚行业风云变幻，尤其是新星的不断涌现，这一切都是无情的。于是，他们接受了阿诺特的提议，将公司的大部分股份（62.5%）出售给了Dior。他们保留了12.5%的股份，剩下的25%的股份仍然为加利亚诺所有。布尔特和莱斯成了最小的股东，将管理权交给了阿诺特的副手。阿诺特立即宣布，Dior的首席执行官弗朗索瓦·博菲兼任Galliano的负责人。同时，他们请来曾在Jacques Fath任职，年轻精明的法国职业经理人瓦莱丽·赫曼（Valérie Hermann）出任Galliano品牌的总经理，管理公司的日常运营。

几年后，布尔特和莱斯将剩下的股份一并出售给阿诺特。最终，加利亚诺也这么做了。

1　美好年代（La Belle Epoque）：这一法语词汇是用于形容法国历史上的一段时期，也泛指整个欧洲的美好年代。在这期间，整个欧洲都享受着一个相对和平的年代。该年代开始于1871年，法兰西第三共和国建立，结束于第一次世界大战爆发的1914年。这个时期的主旋律是和平与发展，经济环境良好，在乐观的氛围之中，科技与文化都有了长足的长进。——译者注

只要有可能，麦昆就会回到伦敦——他不喜欢巴黎，也不喜欢法国。奢侈品行业头号人物的生活方式和作品，在他看来荒唐可笑，不堪忍受。“不，根本不配得到尊重，”当被问到对法国设计师作品的看法时，他说道。“什么鬼，在一堆五颜六色上加一些锁子甲？我在纽约 *Vogue* 杂志举办的派对上见过这帮人，他们就像在演迈克尔·杰克逊的 MV《颤栗者》。这些老朽自以为是，还不知道要活跃多久，简直就是一群僵尸在群魔乱舞。”

对于阿玛尼，麦昆说：“他离死不远了。我的意思是，没人想穿他那些用上等羊毛做出来的软塌塌的套装——这个男人就是个该死的橱窗设计师。他知道什么？”他也不怎么看好范思哲。“我不觉得（阿玛尼和范思哲）各自作为品牌存在有什么意义，”他咆哮道。“其实，他们应该合并，两家成一家，如果你能想象莱茵石钉在这两个品牌中任何一家的解构套装上的话。”

麦昆的一些同行不留情面地回击了他。

伊夫·圣·罗兰说麦昆是“毫无天赋的暴发户”。

薇薇安·威斯特伍德讽刺麦昆“唯一的用处就是评判某人的才华为零。”

麦昆这么喜欢回伦敦，还有其他的缘由。在伦敦，他有一个名叫阿奇·里德（Archie Reed）的爱人。和麦昆一样，里德也在伦敦东区长大。他们最早认识是在斯特拉福德，那时他们都是孩子，里德 9 岁，麦昆 15 岁，是当地“反思”（Reflections）酒馆的打工仔。“他看上去非常害羞和紧张，”里德回忆说。“我们叫他‘苍蝇’，因为他总是忙碌地跑来跑去。”

1996 年，在托特纳姆路的“尽头”酒吧，他们又重逢了。里德的母亲原来是时装模特，父亲是零售商。他是个白皮肤、金头发的漂亮男孩，精瘦而英俊，碧蓝的双眼炯炯有神。“我们去了他家，通宵未眠，彼此拥抱着，吸了大麻。我立刻意识到我们是灵魂伴侣，”里德回忆道。“第二天，因为斯特拉·麦卡特尼（Stella McCartney）要来，他就把我赶了出去。就在那时我意识到他是个大人物。”虽然，当时里德已经结婚了——妻子叫亚历克西斯·里德（Alexis Reed），是名歌手——她似乎对里德和麦昆的亲密关系并不在意。

而默里·阿瑟还被蒙在鼓里。

由于麦昆经常去巴黎，伦敦团队员工的职责也随之发生了变化。维卡德成了大总管兼麦昆的私人助理。“她成了我们和麦昆之间的一堵墙，”庞斯说。“我们不太喜欢她。”庞斯则成为麦昆在伦敦和巴黎的首席助手。一位叫阿米·威顿（Amie Witton）的年轻职员在伦敦负责媒体事务，Givenchy 的媒体业务则由桑·法勒负责。英格兰穿梭于两地的工作室之间。赫德鼎力相助，使品牌的许可业务扩展到了日本，她直接向维卡德汇报工作。而伊莎贝拉·布罗，尽管被正式排除出去，她仍然在麦昆身边转悠，给他打电话，约他见面，邀请他来希尔斯。迈克尔·罗伯茨说：“她原谅了他做的一切。”

12 月初，麦昆在巴黎为他的 Givenchy 高级定制系列做试装。几个星期前，他就给菲利普·崔西打电话，问他是否有意为发布秀设计帽子。他们聊了聊本次的主题和参考文献，接下来，不像加利亚诺和斯蒂芬·琼斯，麦昆把工作全权交给崔西。他百分百地相信崔西。

这并不是说麦昆没有自己的想法，其中一顶帽子的灵感，正是来源于伊莎贝拉·布罗在希尔斯养的珍稀品种绵羊的卷曲羊角。布罗同意帮助他实现这个想法。一个冬日的周一清晨，她拎着一个大塑料袋，从希尔斯直接来到伦敦崔西的设计室，把她刚割下的羊角——底部还在滴答着血肉——“啪”地墩在工作台上。“这是你要的角！”她发出爽朗的大笑。

发布秀前几天，崔西带上帽子，乘坐欧洲之星来到 Givenchy。到打开包装，露出帽子真容的时候了，麦昆让每个人都围过来，保持安静。崔西慢慢地打开每个盒子，各式各样的帽子一一呈现在众人面前。除了适当的赞美，大家都非常配合地保持安静——麦昆称之为“帽子揭幕仪式”。

发型方面，英格兰请来了备受好评的法国发型师尼古拉斯·尤恩杰克（Nicolas Jurnjack）。麦昆向他阐释这个系列：“女武士。”尤恩杰克回忆道：“他想讲一种神话传说，但没有给我任何具体的想法。只是简单地问我：‘你会做什么？’我当时很惊讶，因为我已经准备好了这样回答：‘做这个做那个。’他又说：‘每个模特都有她的风格，你做的发型必须适合她们每一个人，展现出每一个人的个性。我不想这 30 个人看起来是一样的’”——而这是当时时装界的常态。“现在你为麦昆工作，我们要的是个性。”

为了有足够的空间制作假发，尤恩杰克在巴黎北部的美丽城（Belleville）租了一个巨大的工作室，并且请了 10 个助手来帮忙。接下来一段时间，他都没得到麦昆或是英格兰的任何消息。直到有一天，他们路过工作室，走进来看他的成品。“李看了一顶顶假发，把手伸进口袋里，拿出两三百现金，跟我说，‘等等。先休息一会儿。这实在太惊艳了，出去庆祝一下吧。’”

12 月 9 日，戴安娜王妃乘坐协和飞机从伦敦飞到纽约，参加大都会艺术博物馆服装学院举办的 Christian Dior 回顾展的开幕庆典。这场盛会安排了晚宴，共有 900 人参加，每人收费 1000 美元；接下来的舞会共有 2000 人参加，每人收费 150 美元。主持人是 *Harper's Bazaar* 杂志的执行主编丽兹·提尔布里斯和 Dior 的老板伯纳德·阿诺特，本次开幕派对也是服装学院的大型年度筹款活动。

戴安娜王妃并不仅仅是大都会艺术博物馆慈善舞会（Met Gala）的主宾，她还是约翰·加利亚诺在 Dior 的第一位官方客户。他为她设计了当晚的礼服：午夜蓝色的斜剪裁细吊带连衣裙，饰以黑色蕾丝。加利亚诺和他的团队三次前往伦敦，在肯辛顿宫为她试装。王妃为这件礼服搭配了她最喜欢的一件首饰：一条珍珠项圈，上面镶嵌着一枚巨大的蓝宝石胸针，这枚胸针曾属于伊丽莎白王太后。

鸡尾酒会和晚宴在装饰着 5000 朵白玫瑰与 10000 朵铃兰的大厅举行。王妃的魅力倾倒了一众贵宾们：前顶级模特伊曼、法国女演员伊莎贝尔·阿佳妮和艾曼纽·贝阿，社会名流比安卡·贾格尔和伊凡娜·特朗普，以及 *Vogue* 杂志主编安娜·温图尔，还少不了伯纳德和赫莲娜·阿诺特夫妇、加利亚诺和费雷。可是舞会刚开始，因为飞行时差，戴安娜王妃的身体已经支撑不住，只得提早离场，坐专车回到下榻的卡莱尔酒店套房休息。“我花了这么多钱，最后身边都是些无名小卒，”得知戴安娜王妃不辞而别，一位社交名媛震惊不已，高叫道。第二天早上出版的《每日星报》（*Daily Star*）头版大标题赫然写着：“我再也不穿 Dior 了。”

有不少人猜测，戴安娜王妃匆匆离开，是对自己的着装感到尴尬：她的裙子被认为是一大败笔。很多时尚评论人都认为它了无生气，不是为王妃设计的独一无二的高级定制礼服，其更像是一条平凡无奇的吊带

1996 年 12 月，约翰 · 加利亚诺、丽兹 · 提尔布里斯和戴安娜王妃穿着加利亚诺正式供职 Dior 后的首个系列服装，与伯纳德 · 阿诺特夫妇参加大都会艺术博物馆服装学院慈善晚宴。

连衣裙。英国媒体大惊小怪地说，我们未来国王的母亲，用《卫报》路易莎·杨的话来讲，居然“在服装学院的舞会上游荡……穿着她的睡衣”。

《每日邮报》（*Daily Mail*）也煽风点火：“问题是，实在是令人难以启齿，就是……她没有穿文胸……一个身材像戴安娜王妃的女人需要更多的支撑物。而且，不可否认的事实是，细吊带连衣裙最适合那些还不到十几岁的孩子。”

到 12 月中旬，麦昆已将高级定制系列准备得很完备了，他立即着手 Givenchy 的早秋系列，以便在 1 月的高定时装周期间向经销商们展示并出售。走秀系列也将在 3 月份的巴黎时装周上发布。同时，他还要兼顾自己同名品牌的设计，新系列计划在 2 月底举办的伦敦时装周上推出。这相当于在 6 周之内，麦昆需要做出 4 个系列和 3 场秀。英国时尚作家林恩 · 巴伯（Lynn Barber）不由感慨：“对于 3 年前还在领失业救济金的人来说，这个工作量太惊人了。”

麦昆计划在比格斯塔夫路的家中庆祝圣诞节，他的家人让他把阿瑟也带来。尽管一边在悄悄和里德约会，麦昆和阿瑟的关系仍在进一步升温——亲密到阿瑟把 McQueen 的品牌标识文在了自己的手臂上。这是麦昆强迫阿瑟做的，后来他感觉十分愧疚，拿了一瓶水晶香槟作为道歉礼物。

在 Dior 那边，加利亚诺和罗宾森则在工作中度过了圣诞假期。圣诞节当天，他们决定休息，做一顿火鸡大餐。问题是，他们都忘了打开烤箱。“这太可怕了！”罗宾森说，“但我们太累了，只订了个披萨。”

如此繁忙的工作日程之下，加利亚诺反而把自己照顾得更好了。他开始有规律地运动，还专门请了一位私人教练——“就是让蒂娜·特纳练出一双美腿的那位！”他炫耀道。他的健身计划包括打壁球和在卢森堡花园里慢跑。“跑起来的时候，我除了呼吸什么也不用想，”他说。“就像一次冥想的过程，我的精神处于放空状态。在那之后，我又充满了能量。”

1 月初，他和化妆师斯蒂芬妮·玛莱斯见面讨论发布秀的造型，讨论出“天使与魔鬼”的主题。罗宾森和前来试装的模特们一起工作，要保证她们准确地走出妓女的步态。这可是高级定制时装啊——它们象征着优雅精美的极致——但是加利亚诺和罗宾森仍然希望穿着高定的女人给人的印象是衣着讲究的妓女。

发型方面，加利亚诺获得了顶级造型师奥迪尔·吉尔伯特（Odile Gilbert）的支持。1 月初，她来到 Dio 与加利亚诺交换了各自不同的想法。秀前一周，他们做整体试装，确定最适合每个模特和每套服装的造型。大多数发型是用真头发制成的假发套，根据她的要求做了染色。

试装在进行，加利亚诺渐渐退到后方，只是发出指示告诉每个人应该做什么；不像麦昆，他不会趴在地上，手里拿着针线、剪刀，亲手调整服装。“除了想象力，他还有一个高超的技巧，就是鼓舞士气，鼓动人心。他总会说，‘我们为什么做不到？我们怎么会做不到呢？’”他的老助手比尔·盖登说。

高定时装周前一周，加利亚诺和罗宾森邀请麦昆和英格兰共进晚餐。“为了欢迎他来巴黎，”加利亚诺说。“太有意思了。就像是圣马丁校友重聚。”

他和哈莱克的关系就没有这么愉快了：尽管哈莱克一直试图和他保持友好的联系，但加利亚诺却再也没回过她的电话。

一个多世纪以来，每年冬季和夏季，巴黎都会有一周的时间成为全世界的魅力中心：这个地球上最权威的专业人士、最富有的太太或情妇会加入原本只由媒体人和经销商组成的时尚部落，在这短短一周内参加各种时装秀、派对和晚宴。发布的都是高级定制时装：最好的面料，最精致的刺绣，最考究的细节，量身定制。在高级定制时装的世界里，没有成本的限制，没有什么创意是过于疯狂的。它就像佳酿香车，是用来收藏的，和最伟大的艺术杰作一起被陈列在博物馆里，被想要了解其结构和工艺的后代所研究。这是真正的奢华。

1997 年 1 月，高定时装周将迎来一个重大的变革：伯纳德·阿诺特计划将它变成时尚行业进行公关宣传和品牌塑造的最佳工具。20 世纪 90 年代初，时尚业就发现，当名人穿着某个品牌的时装去参加奥斯卡颁奖典礼，能产生巨大的影响力。于是，有少数几个高级时装设计师——首当其冲的是范思哲和瓦伦蒂诺——迎合了名人效应：邀请他们来看时装秀，为他们提供红毯服饰，让他们在广告中出镜。

但阿诺特带着他这两位年轻气盛、能制造头条新闻的新干将，准备着要最大限度地发动宣传攻势。阿诺特的公关团队会邀请最富有的人和最有名的人，让他们穿上最新系列里的服装，故意让他们迟到，让他们在众目睽睽下隆重出场，安排他们挨着他坐在第一排中间，并鼓动记者和狗仔队去采访他们，给他们拍照。阿诺特也欢迎秀前的采访，利用这个机会宣扬自己的抱负，发表他对时尚行业的评论，这样采访就可以登上财经版面，甚至是新闻版面。高级时装不再只是向精英群体销售的仅此一件的衣服；它将作为一个平台，伸向一个更广大的客户群——中间市场——这些消费者会购买香水、口红、围巾、手袋和其他带有品牌logo的配饰。这些产品产量巨大，利润可观。（当时，手袋的平均零售价格是其生产成本的12倍；现在则有过之而无不及。）

爱挑刺的法国新闻媒体非常喜欢加利亚诺。他和英国媒体的关系很好，对法国媒体加利亚诺也非常善于通过闲聊、撒娇、适当的拍马屁向他们示好，他用他入门水平的法语和艳丽的风格迷倒了这些记者。然而麦昆，在他们看来，出身的社会阶层实在太低了，根本不配在这样一家受人尊敬的法国时装公司里获得如此高的地位，而且他们在秀前的报道中相当恶毒地让麦昆知道了这一点。新闻周刊《快报》（*L'Express*）评论他，"看起来就像从斯蒂芬·弗雷斯[1]的电影里逃出来，空降到了Givenchy工作室。"《新观察家》(*Le Nouvel Observateur*)周刊则写道："他

1 斯蒂芬·弗雷斯(Stephen Frears)：英国导演，代表作有《危险关系》《女王》《英式丑闻》等。他在20世纪60年代参与了英国自由电影运动，80年代和90年代拍摄了多部反映种族问题和工人阶层的电影，对英国社会不公平和阶级固化等现象进行了深入讨论。——译者注

穿的衣服……衬衣不太干净，领口敞着；他拿啤酒罐的方式还算潇洒；还梳着‘利物浦足球俱乐部’式的发型。和他比起来，AC/DC[1] 的重金属粉丝都能拿到最佳服装奖。”即使是《费加罗报》一贯彬彬有礼的珍妮·莎美也说，当她到 Givenchy 采访他的时候，麦昆非常“干净”，仿佛这令人颇感意外。但她也没有写对麦昆的名字，把“McQueen”写成了“MacQueen”。

阿诺特对这些恶评毫不介意。他坚定地认为没有不好的公关。他也很喜欢媒体将加利亚诺和麦昆描述成一种竞争关系。

麦昆的 Givenchy 系列首先登台，秀安排在 1 月 19 日星期天举行，秀场位于左岸的巴黎高等美术学院，在那 19 世纪初建成的富丽堂皇的正厅里。“我的妈呀，这真是太大了，”灯光师肖杜瓦在秀前考察场地时不由惊呼。由于时装秀制作人萨姆·金斯堡明确要求说不要“看起来像一场商业化的时装秀”，肖杜瓦提议使用巨大的电影灯——每一盏都是 24 千瓦——环绕着场地。他说，“这样可以营造出华丽又柔和的灯光氛围。”

麦昆对金斯堡的丈夫，DJ 约翰·戈斯林（John Gosling）说，他用沙利马尔（Shalamar）乐队 1978 年的热门迪斯科单曲《把那个拿去银行》（*Take That to the Bank*）作背景音乐，肖杜瓦觉得这“非常有趣”。他还提到，歌剧女王玛丽亚·卡拉斯（Maria Callas）是另一个灵感来源，她曾是希腊船王亚里士多德·奥纳西斯的情人。帕索里尼在 1969 年将

1 AC/DC: 澳大利亚著名摇滚乐队，成立于 1973 年，风格主要是硬核摇滚、重金属和布鲁斯摇滚。——译者注

欧里庇得斯的《美狄亚》（*Medea*）改编成电影，她出演女主角，也就是古希腊神话中伊阿宋与之结婚的女巫美狄亚。于是，戈斯林建议在音乐中加入一些卡拉斯演唱的华彩咏叹调，麦昆深以为然。考察秀场后，一行人回到 Givenchy，据肖杜瓦说，麦昆“正在和穿着白大褂的老太太们一起工作，顶着他的光头，牛仔裤吊在屁股上”。

当麦昆和他的团队在制作这个系列时，助手们看出他显然习惯了节省成本的制衣方式，而非充分利用工作室和巴黎匠人的优势。“有一些衣服是有问题的，”庞斯现在回头看。“高级时装是细节的艺术，细节上的错误是可以毁了一条高定的。麦昆的那个系列里，有一件饰有常春藤的紧身胸衣式礼服裙，那些常青藤居然是用塑料做的，再喷上金色涂料。我说：‘李，这太可怕了，你不能把喷了金色涂料的塑料常春藤放在高级时装上。这本应该是在绣坊耗时三天做成的刺绣图案，或是一件珠宝配饰，哪怕干脆什么都不要。但一定不要把金色喷漆的塑料放在一件高级定制的裙子上，那太离谱了。’”麦昆只是耸了耸肩。“人们不可能在一夜之间就能得到美妙的东西，”他说，“我也不期待每个人都能立刻喜欢上我做的东西。”

宾客逐渐到场，有设计师阿泽丁·阿莱亚，纽约社交名媛安妮·巴斯（Anne Bass），以及德国时尚摄影师彼得·林德伯格（Peter Lindbergh）。客人们猛然发现男模特马库斯·申肯伯格（Marcus Schenkenberg），戴着大大的翅膀打扮成希腊神话中人物伊卡洛斯的样子，高坐在在秀场上方。伊莎贝拉·布罗坐在第一排，穿着一件出自“但丁”系列的淡紫色和黑色蕾丝的衣服，戴着一顶崔西为她做的巨大的黑色碟形帽。这场秀她没有帮忙，只单纯是一个嘉宾。麦昆的母亲乔伊斯，也在观众席上，但没有看到麦昆父亲罗纳德。据乔伊斯说，他由于接受癌症化疗身体十分虚弱，所以无法到场。

这场秀延迟了一个小时才开场。第一套造型由朱迪·基德展示——她穿着一件有金色刺绣的白色歌剧大衣，大衣下是一件金色的蕾丝紧身连衣裤。在她出场时，一位法国时尚作家凑近她的朋友耳语道："唉呀呀，如果他全是这种风格，客人们会走光的。"

是的，这场秀上，他的确全是这种风格。基德之后是娜奥米·坎贝尔，她穿着腰间打结的金色缎子紧身胸衣式超短连衣裙，头上戴着崔西制作的金色大角；伊娃·赫兹高娃（Eva Herzigová）身着一件带钢圈的白色泳衣，侧缝装饰着金色饰纽，耳朵上戴有金色的翅膀；黛布拉·肖穿着一件紧身胸衣式长袖白裙，有厚厚的垫肩，戴一个金色蕾丝面罩；斯特拉·坦南特穿着一套线条凌厉的白色西装，肋骨部分和后背中央掏空，露出一部分身体；海伦娜·克里斯滕森身穿一件白色薄纱短裙，身上缠绕着缎带，后面垂下长长的裙摆。一位模特的鼻孔上挂着一个特大号金色鼻环，和公牛如出一辙。这个系列的服装有 Mugler 的剪裁，有 Gaultier 的俗气，就是不像高级时装，也不像 Givenchy。

每个模特经过，伊莎贝拉·布罗都会热烈地鼓掌。但是，正如希尔顿·艾尔在《纽约客》中指出的："穿高级定制时装的女士们是不会鼓掌的。她们看起来像是被面前怪里怪气的服装和赤裸裸又毫无节制的青春活力、趾高气扬的走秀吓坏了。现在这些怪物清晰可见地从她们身边走过。"

那天晚上，英国联合报业集团（旗下有《每日邮报》和《伦敦标准晚报》）的年轻继承人罗瑟米尔勋爵（Lord Rothermere）和妻子罗瑟米尔夫人，在他们巴黎的家中为麦昆举办了一个庆功晚宴。围着长长的豪华餐桌而坐的客人有默里·阿瑟、麦昆的母亲乔伊斯、姑姑瑞妮，以及演员鲁珀特·埃弗雷特（Rupert Everett）。麦昆心情不太好——他感觉这次时装秀不太受欢迎。

第二天早上，他的忧虑得到了证实。

“这是一场白色和金色过剩的铺张华丽的演出，”《女装日报》写道。“过于刻意的表演技巧反而散发出草台班子的气息，这场秀正是如此。”

《纽约时报》的斯宾德勒觉得这是故意为之的粗俗：“麦昆给一位模特的乳头贴上金箔，让它从一件条纹水手衬衫中露出来。他在一条裙子的背后玩了一个‘包屁者’的恶作剧，却又用网状蕾丝来欲说还休……基本上这是一个自相矛盾的系列，出自天才设计师，却与他所服务的品牌 Givenchy 格格不入。”

麦昆的 Givenchy 处女秀也许不尽如人意，但也不是时尚媒体所说的那般一无是处。“我当然会犯错误。我是人类。如果我不犯错，那么我永远也学不到东西，”他说。“你只有通过犯错误来前进。我才 27 岁，不是 57 岁。我不是纪梵希。我是亚历山大·麦昆。”

加利亚诺在Dior的首秀被安排在1月20日，星期一下午3:30举行。加利亚诺原本希望在 Dior 总部举办这场秀。“约翰一直以来都想要以沙龙的形式办秀，”就像从前那样，史蒂文·罗宾森告诉我。但嘉宾的数量——1200 名——使这个愿望化为泡影。

Dior 管理层和工作室团队最终决定在格兰德酒店举办发布会——不只是像大多数设计师那样在舞厅里，还包下了除前厅和餐厅外的一整层楼。一支有 146 名工作人员的团队花了 36 小时在这里再现了蒙田大街 30 号的沙龙：他们用 800 米的灰色纺织品和白色装饰线造出了假墙；

准备了装有 4000 朵柔粉色玫瑰花的瓮；近 800 张椅子，在酒店帝国风格的穗饰沙发中间排成两列；此外，还重现了 Dior 总部富有传奇性的弧形楼梯，昔日玛琳·黛德丽这些贵宾曾经像目光敏锐的猎鹰那般站在楼梯上看秀。

后台挂着美好年代插图的海报，以及德高望重的时尚摄影师欧文·佩恩（Irving Penn）的作品：模特丽莎·芬斯塔格里斯（Lisa Fonssagrives）戴了顶趴着公鸡的帽子。“都是为了营造气氛，”罗宾森在躁动的迪斯科音乐中大声告诉我。

这场秀共有 50 名模特，每个人都有一个专用化妆台和一套服装；16 名发型师听从奥迪尔·吉尔伯特的指挥；15 名化妆师协同史蒂芬妮·马莱斯。隔壁的房间里，衣架上挂着完整的造型——受“新风貌”启发的犬牙边西装；灵感源于马塞部落的礼服；用米白色和香水月季色薄纱制成的婚纱上铺着层层荷叶边。Dior 的女裁缝安静地坐在衣架边，用金属丝线缝制非洲式珠串衣领。

模特们待在化妆区和发型区，抽着烟闲聊，助理们则给她们涂上紫红色亮片眼影，帮她们编头发。罗宾森走到模特克丽丝黛（Crystelle）跟前，给了她一本乔瓦尼·波尔蒂尼的画册。“这是她要表现的角色，”把书翻到对应的页面，他向我解释道。“她想要对照着练习自己的姿势。”他一边四处巡视，一边叮嘱助理：“一定准备好足够的香槟——每个出口都要有香槟——给女孩们。我知道有人会忘记，但这是最重要的。”

下午 2:00，加利亚诺突然走了进来，身着一套量身定制的威尔士亲王格呢西装和一顶大号浅顶软呢帽，帽子下有一张黑色印花大手帕。这是他时髦的新造型。“我在 Dior，所以我就穿 Dior，”他如是说。他还有了新配饰：一群保镖。

黛布拉·肖为约翰·加利亚诺在 Dior 的首作“马塞”系列走秀，1997 春夏系列。

Dior“马塞”系列高级定制晚礼服，1997 春夏系列。

他走过化妆区和发型区，亲吻了几个模特，夸张地赞扬她们真美。在和罗宾森简短交谈后，他坐在临时餐桌旁，给自己倒了一杯喜力啤酒。“我昨晚睡了一会儿，”他告诉我，“但睡得不算好。我不断地醒来，陷入思考。”

下午 3:00，香槟端上来了。几位打扮得漂漂亮亮的模特坐在地板上抽烟喝酒，男朋友在一旁给她们拍照，其中一个女孩对超高水台的 Blahnik 绑带靴感到很纠结，担心地问：“这鞋子不会让我摔跤吧？会吗？”

“我们花了 30 分钟把自己塞进紧身胸衣里，工作人员在一边确保我们不会昏厥过去，”黛布拉·肖告诉我。“在一件紧身胸衣里，你没法呼吸。喏，再配上马塞部落的项链——这真的，真的是一个挑战。”

加利亚诺消失了片刻，不料竟穿着一套双排扣黑色西装再次现身，他没有穿衬衫，左耳晃动着一个巨大的珍珠耳坠。他从一个房间飘到另一个房间检查着。他看着一个穿扮好的模特，咧开嘴露出灿烂的笑容，舌头舔了舔牙齿。

秀场里，宾客陆续到达，他们大都穿着全身长的水貂皮、紫貂皮大衣纷纷就座。第一排坐的是时尚界和法国的重要人物：法国第一夫人贝娜黛特·希拉克；女演员艾曼纽·贝阿、夏洛特·兰普林、黛尔·哈登，以及马里莎·贝伦森；高级定制时装的老主顾、社会名流南·肯普纳（Nan Kempner）、苏珊·古弗兰（Susan Gutfreund）、圣·斯伦贝谢、德达·布莱尔（Deeda Blair）和穆娜·阿尤布（Mouna Ayoub）；法国部长夫人莉丝·图邦（Lise Toubon）和伊莎贝尔·朱佩（Isabelle Juppé）；法国前总统乔治·蓬皮杜的遗孀克劳德；以及设计师纳西索·罗德里格斯（Narciso Rodriguez）、阿泽丁·阿莱亚、让-保罗·高缇耶和马克·雅各布，雅各布穿着显然不是高级时装的紫色套头衫、黑色牛仔裤和脏兮兮的白色网球鞋。穿着西装马甲的服务员用银色托盘呈上一杯杯香槟酒。

在秀场寄语中，加利亚诺写道："这个系列的精神是一种改变。"他没有在开玩笑。时装秀延迟了好一段时间，终于开始了。模特们沿着布局凌乱的 T 台优雅地飘荡出来，展开一幅戏剧性的画面：灰色西装配迷你喇叭裙；威尔士亲王格呢毛边长裤套装；斜裁蕾丝吊带裙；皮革迷你裙和经过工艺处理后像蕾丝效果的夹克衫；爱德华时代的礼服，胸衣束腰的款式，配上马塞部落风格的串珠饰和头饰；裸色面料制成的紧身上衣缀着彩色串珠图案，看起来像文身；紧身绸缎旗袍的颜色浓烈，绣着花卉图案；裙摆用了几百米粉彩薄纱制成的舞会礼服。模特们美艳之极——大多数梳着一头长长的直发和刘海，化着中国娃娃式的妆容，配上琼斯做的男式软毡帽或贝雷帽。她们穿着 Manolo Blahnik 的细高跟鞋，像鹿般神气活现。半小时后，这场秀结束了。

时尚界从未见过如此富丽豪奢，或者说是如此大胆的设计和发布秀。显然金钱不是问题——加利亚诺在创造或是财务上都没有受到限制。结果，这些服装像给来宾打了肾上腺素，让大家头晕目眩，喘不过气。

"我和希拉克夫人以及蓬皮杜夫人坐在一起，她们的表情就像脸上刚刚被一条冰冻的死鱼打过，"南 · 肯普纳告诉我。"她们不敢相信眼前所见的一切：这个她们光顾多年的传统时装屋竟然变成了这副模样。那些衣服哪件是希拉克夫人或是蓬皮杜夫人可以穿的？阿诺特先生看起来也有点懵。我想他也不知道自己陷入了何种境地吧。"

人群爆发出热烈的掌声，加利亚诺出来谢幕，他的装扮成马塞女孩和中国女孩的模特们簇拥着他。他身着一套绅士西装，头戴一顶轻松活泼的黑色软呢礼帽，看起来整洁而时髦。他似乎想通过这份新工作证明，他终于成熟了。

“这是何等的奢侈铺张！这是何等的成功！”《女装日报》竭尽夸张之能事。《国际先驱论坛报》的苏西·门克斯称之为“神圣的疯狂”，她写道，“加利亚诺16年的职业生涯无疑是在为这一崇高时刻做彩排吧？”

秀结束的第二天，Dior 的高级定制部门应接不暇，客户预约太多，以至于女经理卡罗琳·格鲁韦尔（Caroline Grouvel）都把她的办公室腾出来作试衣间。很多订单都指定要舞会礼服，通常选择白色款用于婚礼。但我在忠实的高定客户群中也听到了一些异议——一些私底下的批评，说加利亚诺的 Dior 设计更像是戏装而非时装，还说阿诺特利用高级定制来吸引公众关注的商业模式就是冷落了他们，而且丝毫不顾及他们的感受。阿诺特陷入了窘境。作为回应，他喜欢引用克里斯汀·迪奥在 50 年前就说过的一句话：“我不在乎评论家怎么说，只要它是在头版上就行。”

2 月底，就在麦昆的 Givenchy 高定秀惨败的 5 周后——此时他已经承认了这是“垃圾”——到了他在伦敦展示他的同名系列的时候了。他给这场秀取名为“外面是丛林”（It's a Jungle Out There）。

麦昆在看一部关于汤姆森瞪羚的电视纪录片时有了这个构思。“我看到这些瞪羚被狮子和鬣狗大嚼特嚼，心说，‘这不就是我吗？’我一直都被围追堵截，如果我被抓到了，他们会把我撕碎。时尚圈就是一个丛林，到处都是下流恶毒的鬣狗。”

在他的时装秀制作人萨姆·金斯堡和安娜·怀廷（Anna Whiting）的帮助下，麦昆选定了伦敦东南的博罗市场作为秀场，这是一个从维多利亚时代就有的露天果蔬市场，用鹅卵石铺成，已经很破旧了，位于伦敦桥附近，在高架铁轨下。“当时的博罗市场真是很糟糕，”西蒙・考斯丁说。他被请来做秀场设计，“现在很不错，有了咖啡馆和全食超市，但那时候很破旧。”

考斯丁到霍克斯顿工作室与麦昆见面讨论了新系列和秀。“他的情绪板上贴满了《国家地理》杂志上瞪羚被老虎或狮子撕咬的放大图片，”考斯丁说。“自然世界的野蛮。”他记得麦昆还“谈论了车祸”。考斯丁提到了欧文・克什纳（Irving Kershner）拍摄于1978年的令人毛骨悚然的惊悚片《神秘眼》（*Eyes of Laura Mars*）里的车祸画面，提议用废弃的汽车来为秀场布景。“是的，是的！”麦昆说。

考斯丁又建议他们在空地上竖起巨大的波纹状金属板作墙，上面布满小孔，就像被机枪扫射过一样。考斯丁的灵感来自阿瑟・佩恩（Arthur Penn）的经典电影作品《雌雄大盗》（*Bonnie and Clyde*）戏剧性的结尾场景，在这个情节中这对抢劫银行的搭档在枪林弹雨中被警察击毙。麦昆从来都没有看过这部电影，于是考斯丁拿给他看了。“哦，天哪！”麦昆看完后惊呼。“我们就这样做！”麦昆还说他喜欢乌利・埃德尔（Uli Edel）1989年导演的暴力题材电影《布鲁克林黑街》（*Last Exit to Brooklyn*）里那种充满恶意的都市氛围。

麦昆让西蒙・肖杜瓦来负责灯光和音响。“他告诉我他想让观众被灯光照亮，光线就像织物染色那样逐渐变弱，”肖杜瓦记忆犹新。“他说他想要非洲动物在夜晚里发出的声音。”考斯丁和肖杜瓦仍然像以往那样，一分钱掰两瓣用，多快好省地完成任务。对麦昆来说还是老规矩：10万美元搞定一切。“这是个临界点，我们可以说是有足够的钱去做，但还不够，”考斯丁说。金斯堡的团队共有100名助手来搭建布景，包括安装露天看台、加热器、波纹金属墙，以及一堆废弃的车辆。

亚历山大·麦昆和“外面是丛林”系列的模特们为《新闻周刊》国际版拍摄的封面，1997 年。

麦昆再次请了尤恩杰克来做发型。“我们在他的陈列室里见了一面，只有他一个人，他给我看了动物皮——狐狸皮、牦牛皮——然后说，‘给我做出一些恶心的东西，’”尤恩杰克说。“他谈到的所有这些都是兽性的：狮子、野猪、鬣狗。每个人都有牙齿。这些都具有侵略性。”

发布秀前三天，麦昆在工作室接待了 *Details* 杂志的作者罗布 · 坦南鲍姆（Rob Tannenbaum），让他预览这一系列。工作室里散发着动物尸体、漂白剂和烟草的气味。凯蒂 · 英格兰穿着一件无袖 AC/DC 乐队的 T 恤，正忙于为时装秀设计 100 套造型。麦昆告诉坦南鲍姆说，他已经“喝了兴奋剂，一整夜都没睡”。他展示了一套用野猪皮做成的服装。坦南鲍姆以为他说的是用“包皮”。

“不！”他咆哮着，但又补充说，“我以前曾经做过包皮手术。”他疯狂地咯咯笑起来。

他抓起另一件衣服——一条牛皮裙子，上面缝有金色的人类头发。

他一边抚弄那些头发，一边面无表情地说："这是一个工作不得力的助理。"

所有男装都如期从意大利的工厂运抵伦敦，但女装样衣在希斯罗机场却被海关扣留了。这些衣服本应在星期二晚上到达的——秀开始前48 小时——但后来海关官员们告诉麦昆团队说要晚一天才能通关。麦昆等不及了，他向英格兰大喊大叫，让她马上开车去机场，她忍不住大哭了起来。晚上 10:30，她离开工作室，和男朋友在希斯罗机场坐了好几个小时——"就像是在医院急诊室里等着，"她说。终于，在凌晨 2:00，他们拿到了样衣，在早上 4:30 赶回了工作室。

中午，在连续工作了将近 24 小时之后，麦昆去小睡了片刻。当他晚些时候回来时，给了英格兰一份道歉礼物——一颗小小的钻石，他向一位目击者承认说这"花了我 400 英镑"。她原谅了他。"我是最难相处的人，"麦昆承认，"我很情绪化。"

在秀开始前一天，尤恩杰克从巴黎坐着欧洲之星来到伦敦，他的衣箱里装满了假发。"我把所有我能找到的东西都放在了头发上，"他说，"而我找的方向越是兽性和狂野，李就越是开心。"化妆师托波力诺（Topolino）为模特创作了一种野生动物般的妆容。米拉 · 柴 · 海德负责男模特的妆容；她和英格兰都一致认为男模特要涂指甲油，画上"淤青般的眼线"，英格兰说。

这场秀再次成为伦敦时装周里的压轴戏：时间安排在 2 月 27 日星期四晚上 8:15。麦昆把它献给了"妈妈和爸爸"。我从未在哪场时装秀中看到过如此的迷恋和混乱——哪怕是加利亚诺的秀。人群中怪异地混杂着时尚界人士、学生、追星族和小流氓，所有人都朝着金属栅栏上狭窄的入口挤去，互相推推搡搡。

哈罗斯德百货公司的团队被挤得大为光火，半途撤走了。那些成功挤进去的人在冰冷的长凳上找到座位，旁边就坐着乔安·柯林斯，绿洲乐队的利亚姆（Liam）和诺埃尔·加拉格尔（Noel Gallagher），还有一大帮脸上打了洞、抽大麻的朋克。一些年轻人倒掉了在入口处分发的小杯免费龙舌兰酒；一些人则猛灌他们自己带来的啤酒。为了营造氛围，现场播放着非洲鸟类的啁啾和蟋蟀的鸣叫，头顶上还时不时响起火车驶过的隆隆响声。

我仍然记得当我在一片潮湿的黑暗中到达秀场时的情景：灯光诡异，红色的斑点四处乱蹦，有一股腐烂农产品的刺鼻气味。我感觉到了不安的能量，仿佛随时要爆发一场骚乱。

“那场秀现场让人有一种非常烦躁不安的感觉。”考斯丁证实。

“当时的气氛非常危险，”肖杜瓦回忆说，“明显更紧张。”

后台，麦昆怒不可遏。9:05 了，娜奥米·坎贝尔还没有露面——她当时被公认为模特界最伟大的天后。“她一直打电话说，‘我在路上，我在路上，’”一位在后台偶然听到这些对话的模特说。最后，麦昆实在受够了，他把坎贝尔的衣服给了另一位模特，大喊，每个人都听到了：“娜奥米被取消了！”

坎贝尔终于来了，麦昆告诉她，“去你的！你太迟了。”

其他模特不动声色地暗暗赞同。“所有人都在拍她的马屁，”其中一人回忆。“但他炒了她，就在那里。我想，‘万岁！就冲着这个我爱你。’”

音响团队放出一组震耳欲聋的俱乐部音乐，其中有神童乐团（The Prodigy）的热门歌曲 Firestarter。斯特拉·坦南特作为开场模特走出来：一件连着手套的长袖黑色塑胶连衣裙，前襟从上垂下一枝葡萄藤蔓似的镂空图案。

突然全场陷入漆黑和寂静。

这是肖杜瓦最担心的噩梦。

“停电了，”他现在如此说道。

后台的麦昆疯了，怒吼着，咆哮着。

在观众席中，噩梦越来越接近现实。

一百名左右先前没能进入秀场的孩子蜂拥而来，突破保安，翻过栅栏，冲进了秀场。他们像受惊的小兽那样到处乱闯，莽撞地寻找能坐下的位置。混战中，有人踢翻了一个燃烧着的油罐，导致离我几英尺远的地方有一辆车着火了。燃着了的车在夜里看起来酷极了——一些宾客以为这是时装秀的一部分——但我开始担心它可能会真的爆炸。

“会出人命的，”麦昆的一位助理担忧地说。

“我的心都不跳了，”考斯丁回忆说。

肖杜瓦团队里的一名工作人员从音响台上跳下来，跑到后台抓起一个灭火器冲向T台，跳上汽车一阵狂喷，扑灭了火焰。人群中爆发出欢呼声，灯光和音响恢复了，时装秀继续进行。

女孩们表情凌厉机警，小小的猫耳朵穿过她们草丛般的乱发，穿着高得令人眩晕的半长靴在水泥地板上咄咄逼人地前进。这个系列不乏闪闪发光的黑色塑胶连衣裙和战壕装；拼着绒面革碎片的奶油色直筒连衣裙和紧身外衣；以及剪裁讲究的西装和大衣，使用了男装的面料，比如鸽灰色羊毛或牙签呢。连衣裙上往往有镂空的树叶图案或老虎条纹，下摆也不对称；一些造型上装有爬行动物的头或尾巴，动物的角也会这样那样地冒出来。黛布拉·肖穿着一件浅焦糖色的皮夹克，肩上伸出卷曲的犄角，搭配一条经过水洗褪色的淡蓝色牛仔裤，这一身造型成了该系列的标志。

肖杜瓦团队开始播放库尔伙伴合唱团（Kool & The Gang）的歌曲《丛林热舞》（*Jungle Boogie*），身着蓝色套衫、牛仔裤和跑步鞋的麦昆在模特们的簇拥下，出来谢幕。人群为他而疯狂——喝彩，吹口哨，跺脚，吼叫，咆哮。

麦昆是“时尚界里最接近摇滚明星的人”，《纽约时报》的斯宾德勒写道，“他不仅仅只是伦敦风景的一部分；他就是风景本身。”这场秀，她把它比作电影《冲出人魔岛》（*The Island of Dr.Moreau*），是他的“自己不会成为时尚界受害者的宣言。不管在 Givenchy 遇到什么事情，他都会在他自己家的丛林里存活下来，在那里他的天赋、英雄气概、创意和剪裁技巧无人能及。”

几天后，我为了给《新闻周刊》国际版撰写封面报道，来到位于乔治五世大道的 Givenchy 总部。桑·法勒带我到工作室去见麦昆。他矮墩墩的，脸色苍白，穿着一件褪色的 Adidas 海军蓝 T 恤、松松垮垮的牛仔裤，脚上蹬一双 Nike 美式足球鞋。

“这就是我的办公室，”他说着，从纪梵希先生曾经用过的办公桌边上站起来俯视乔治五世大道，“很不错，对吧？”

我马上注意到桌子白色的富美家塑料贴面上沾着很多头发。我又看了看麦昆：他新剪了一个莫西干头。

“我喜欢自发地做事情，”他开玩笑说。

我们都笑了。

我问他，接下这份工作时对这个品牌有什么看法。“我了解得并不多，”他承认。“当然，我知道奥黛丽·赫本和杰姬·O（杰奎琳·肯尼迪・奥纳西斯），但不太清楚这个品牌。它太矫揉造作——它就在背景里，你不会注意到它的。我知道它的存在，但它在 20 世纪 90 年代可没什么了不起的变化。约翰改变了那个状况——他给它带来了清新之风。”

他说即将发布的 Givenchy 女装 T 台系列受到了《假发嘉年华》（*Wigstock*：*The Movie*）的启发，这部纪录片反映了纽约格林威治村一年一度的变装皇后音乐节；以及鲁斯・梅耶（Russ Meyer）的低成本色情电影，如《小野猫公路历险记》（*Faster*，*Pussycat*！*Kill*！*Kill*！）。“那种迎合低级趣味的作品，”他解释说。“从一个完整的形象，以一个完整的态度去看它们。那些女人带走她们的男人，把他们咬碎然后把他们吐出来。有些人说我是厌女症。但这不是真的。相反，我正在努力推进女性成为领导者。我看到了我的妈妈养育我们有多辛苦，我努力提升女性的力量和人们对女性的尊重。女性一直处于社会的对立面，而我们正试图作出改变。比如关注掠食者和受害者，以及都市衰败等问题。”

他停了下来，想了一会儿他的长篇大论。

“我管不住自己的嘴巴，因为我不想成为时尚圈的一分子，”他承认。“我不喜欢时尚行业里的虚伪。但那给了我力量去做我想要做的事情。”

我问他，Givenchy 和 McQueen 之间有什么不同。

“去 Givenchy 的人如果想买一套衣服，只是想买一套工艺完美的衣服。他们不想要态度。Givenchy 并不以态度取胜，它靠的是技巧。”

而 McQueen 品牌里“蕴含着毒品、性、摇滚的精神，”麦昆说，“正是这种混杂才使得伦敦像蛋奶酥一起膨起。”

他告诉我 McQueen 销售得“相当好——全世界有 50 家门店，营业额达到 150 万英镑（约 240 万美元）。但 Givenchy 给了我财务上的安全感。”

尽管如此，他仍然想让我明白什么是他真正重要的事：“我从来没想过成为一个千万富豪。如果我想成为百万富翁，我会去做更商业化的衣服。我会搬去纽约，在那里办秀。”

最后，我问了他与新闻媒体以及对他充满热情的批评家之间那种富有争议的关系。

“我只是因为太诚实才给自己惹上了麻烦，”他坚持说。“但有些人就受不了(我的诚实)。这就像希特勒和大屠杀。希特勒毁灭了数百万人，因为他不了解他们。同样，很多人不了解我所做的事情，所以他们也会这样对待我。”

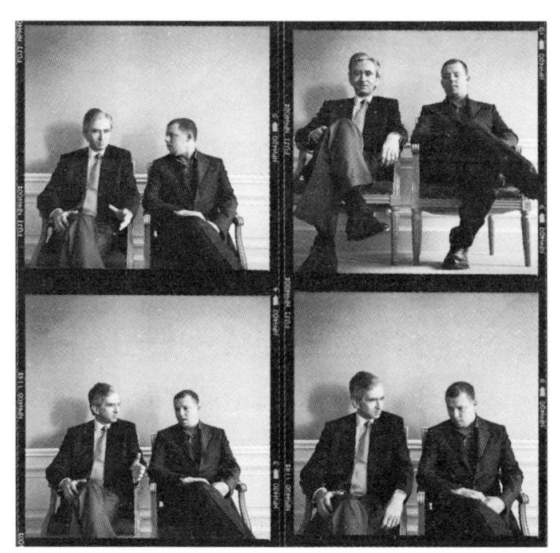

XII

接下来的 10 天，加利亚诺和麦昆手忙脚乱。正值巴黎时装周，时尚界密切关注着他们，想要看看他们是否得心应手。加利亚诺在 Dior 的处女成衣秀先一步举办，地点在吉美博物馆，法国首屈一指的亚洲艺术博物馆。于是，他搭了个鸦片馆，模特们宛如女星黄柳霜，身穿紧身丝绸旗袍、蜂腰西装和时髦裙子，还有他标志性的吊带长裙，在希利制作的俱乐部音乐下轻快地走上天桥。整场秀的音乐中不时出现 20 世纪

50 年代银幕妖妇简・曼斯菲尔德（Jayne Mansfield）娇喘吁吁的声音：“我要说我的品位确实很昂贵”“我喜欢 Tiffany 的所有东西”。当穿着西装、戴着高礼帽的加利亚诺在结束的掌声中走出来，斯宾德勒描述他，终于看上去像“一位高贵的女装设计师了”。从这场秀可以明显看出，加利亚诺的心已经属于 Dior 了。

两天后，加利亚诺的同名品牌举办发布秀。新欢胜旧爱，在 Dior 秀之后，加利亚诺显然对自己的品牌意兴阑珊。为了延续品牌一贯的戏剧化，他选择了一个颇具吸引力的戏剧主题：埃及艳后，特别以 1917 年希妲・芭拉（Theda Bara）主演的好莱坞默片为蓝本。3 月 13 日周四的晚上，加利亚诺在巴黎夏乐宫里的法国古迹博物馆举办了名为“埃及艳后归来”（The Return of Cleopatra）的发布秀。秀场置景由让 - 卢克・阿杜安设计，有坍塌的纪念碑、象形文字、布满涂鸦的方尖碑、沙堆和狮身人面像，颓废与古怪恰到好处。

加利亚诺新系列的神秘缪斯是个任性的女学生，她喜欢 70 年代的英国朋克摇滚乐队“苏可西与女妖”（Siouxsie and the Banshees）和一切关于埃及艳后的老电影。不出预料，这个系列不乏荒诞的设计，比如仅仅用串珠遮住关键部位的奴隶造型、雕刻而成的金色古埃及风格头饰，还有一条用金丝面料做的长袍，胸前横过两只握着权杖的模型手。其中一部分服装实在是太像芭拉的原版戏服了，加利亚诺差点因此被指控剽窃。

罗宾森爽快地向我承认，加利亚诺没有麦昆那种对创新的渴求和激情。“约翰喜欢创造形象，他喜欢通过技术解决所有问题，而不是发明一个新的褶，”他说。

这个系列的失败还不只在于设计上缺乏进一步的探索和推进。“加利亚诺先生越来越让人觉得，他的设计只是在已有的系列上加了点花哨的小玩意儿罢了，”斯宾德勒一针见血。“这对他没有任何好处，他在 Givenchy 的对手亚历山大·麦昆，情况与他相似，每一季却都让自己的同名品牌有所跃进，不仅每次都探讨新主题，还在做实验性的尝试。”

麦昆明白斯宾德勒的意思。“约翰的处境有些危险，”他在那周出版的《纽约客》上一篇个人侧记中说，“因为约翰现在已经完全法国化了。”

“法国化，”斯宾德勒若有所思，“不如说他已经‘钙化’了。”

接下来，就看麦昆的表现了。

在发布具有里程碑意义的“外面是丛林”系列后两周，麦昆就得推出他的第一场 Givenchy 女装秀了。他将地点选在了马棚公园（Halles aux Chevaux），那是巴黎市郊的一个老马肉市场，市场里鹅卵石路面向排水沟倾斜，以便排出动物流出的血液。无疑，麦昆的选址意味深长。

西蒙·昂格拉斯赶过来帮忙。“我到巴黎后，发现李不停地抽烟，我感觉不太对劲。而更不对劲的是，他的冰箱里还有几瓶伏特加，他还大费周章地安排可卡因送货，”他回忆道。

可卡因是一种兴奋剂，有助于麦昆赶上他越来越忙碌的日程。秀前几周，他吸得越来越多——就像期末考试那一周的大学女生一样抓紧时间寻欢作乐。“他把可卡因当维生素 C 来吃，”一位助理回忆道。而为了从兴奋中平静下来睡会儿觉，他又必须服用安定。有一次，他的室友们怎么都叫不醒他。“他吃了那么大剂量的药，我们以为他死了，”其中一位回忆道，“他人都变成蓝色的了。”

在记者公开发表的文章中，麦昆吹嘘自己吸毒，好像这事带给了他街头信誉，可以得到年轻人的尊重：这个东区的混混满嘴跑火车，炫耀自己嗑多少药都能安然无恙。“我累了的时候，会做娱乐圈里的人都做的事来保持状态，”他告诉 *Details* 杂志的记者。后者认为他指的是吸食可卡因，“你知道我的意思，不要把这些写进报道里。性、毒品和摇滚就是我想要的。”

和所有传统法国高级时装屋一样，在 Givenchy，假缝[1]是非常郑重且有条理的过程：每当麦昆检查服装想要作出调整的时候，他必须告诉工作室的负责人，负责人标记出需要调整之处，再通知工匠们，把衣服拿回工作室进行修改。这种严格的指挥链让麦昆不胜其烦。“李想亲自动手，他习惯了亲力亲为，不想这样，”昂格拉斯说。但这是规矩，麦昆必须尊重——至少目前得做个样子。“我不适应明星设计师的角色，”他承认，“打破僵化的等级体系，成为一个工作团队一起工作，是进入 21 世纪的唯一途径。”

昂格拉斯发现，Givenchy 高管和麦昆之间明显是脱节的，这一点更让人不安。“那就像你有一对酗酒的父母，你永远不知道下一秒会发生什么，”他说。“老板们不知道他们想要什么，有很多秘密藏着掖着，公司里还有很多地方是李不能进入的。他对此非常不满。”

所有这些心照不宣的冲突在发布秀当天浮出水面。桑・法勒穿着加利亚诺为 Givenchy 设计的最后一个系列的服装来到现场，而非麦昆为

1　假缝：即 fitting。客人选好高定款式后，设计师就在她专属的人台上用白布复制该设计，因为客人的体型尺寸、比例、精神气质、个性等因素完全与模特不同，同一件设计就需要进行调整。如果款式是对称的，第一次假缝只做右半侧（非对称式的要做全身），然后再做整身的假缝。经过反复斟酌和修改，取得满意效果后，再裁剪真正要用的面料，进行第三次假缝，查看衣料的图案和颜色对整体造型的影响。待又一次修改完善后再最后组装起来进行总的假缝，以确认设计的效果。这样，一件高级定制时装至少要进行上述 4 次假缝，有的品牌甚至多达 20 次。此外，为了让服装适应人体活动的需要，还要在真人身上假缝。假缝并不单纯是为了纠正裁剪或制版上的错误，而是为了设计制作出最理想、最优美的时装的一个重要过程，因此越是技术高超的设计师、工匠越懂得假缝的真正意义和重要性。——译者注

Givenchy设计的新款成衣，这让昂格拉斯勃然大怒。“这不就是打脸吗？”他说。

尼古拉斯再次操刀发型，他称之为“伞发”：一顶顶巨大的假发，有着圆形的发顶，发梢齐平长至肩膀。“Givenchy的人到后台来找我，说，‘尼古拉斯，你得弄平那些头发。’你知道，他们得把衣服卖出去。我去问麦昆和凯蒂，‘我应该弄平她们的头发吗？’他说，‘这不可能。绝对不可能。她们就那样出去，完全没问题。’凯蒂特意还回到后台确保我没有在发型上作出妥协。”

开场的时间临近了，嗑药也变得光明正大。“后台的化妆台上出现了可卡因，”有人回忆道，“那是为所有人准备的：模特、麦昆、造型师，每一个人。西比勒试图阻止摄影师进入后台拍摄，因为她不希望这些事情曝光。”之后，麦昆被告知：“你可以为所欲为，前提是不能在媒体面前。”

娜奥米·坎贝尔来了，这一次她早到了两个小时，场面更加戏剧化。本周早些时候，她和凯特·莫斯来Givenchy试穿走秀要穿的服装。“那时，她们和李并不是朋友，看他就像一堆狗屎，”昂格拉斯记得一清二楚。

麦昆对娜奥米在“外面是丛林”秀前的不负责任表现仍然耿耿于怀，她在这次试衣时的态度更是火上浇油。麦昆决定借这场秀报复她。当娜奥米来到自己的角落准备换装时，发现自己的衣架上挂着另外一套造型。

“这些不是我的造型！”她尖叫。

“这就是你的造型，没错，”麦昆回呛她。

“他把娜奥米的造型全换了，”昂格拉斯如今笑着回忆道。

该娜奥米出场了，麦昆看到她还在后台磨蹭。“李走上前把她推了出去，因为她会延迟后面的走台，”昂格拉斯回忆道，“那一幕真是太精彩了。”

亚历山大·麦昆和比阿特丽斯·达勒在 Givenchy 成衣系列秀场，1997/98 秋冬系列。

过去的时装秀简单直接，就是一列美丽苗条的女性穿上时装展示它们。有时候，模特们定格摆姿势；有时候，她们会旋转一下。在 20 世纪 70 年代之前，时装设计师们都在他们的沙龙中恭敬地办秀。除了司仪念出服装的编号和名字的声音，以及偶尔的掌声，现场十分安静。70 年代，成衣设计师加入到竞争中，巴黎的设计师们纷纷把秀场搬到了卢浮宫方形中庭。那个年代的明星模特——伊曼、杰瑞·霍尔（Jerry Hall）、达尔玛（Dalma）和帕特·克利夫兰（Pat Cleveland）如雕塑般端庄优雅，她们踏着迪斯科舞步般的猫步，让秀场的气氛变得活跃起来。但秀的本质仍然是一队美人儿的时装展示。到了威斯特伍德、加利亚诺和麦昆，情况发生了变化。威斯特伍德把模特们打扮成了海盗，加利亚诺让他的女孩儿们扮成浪漫的女英雄。麦昆则让她们像女武士般前进，甚至像强奸受害者一样踉跄。

在这场嘉宾超过1200名的Givenchy成衣系列首秀中，麦昆加入了新元素：色情。马肉市场里的鹅卵石人行道上点缀着装饰艺术风格的老铸铁路灯，麦昆指示模特们——包括莫斯、布吕尼和坎贝尔，要像夜总会里表演歌舞的妖冶舞女那样，绕着灯柱跳舞。这对那些老派的Givenchy客户来说不啻为当头一棒。

这系列既有精致干净的正装，比如灰色法兰绒套装和赫本式的无袖连衣裙；也有华丽的派对服装，比如豹纹印花紧身连衣裤和黑色紧身塑胶连衣裙——就像鲁斯·梅耶影片中那些女孩们穿着胸部呼之欲出的服装。配乐再一次传递出一个信息，毫无疑问是清晰指向加利亚诺的：用的是火花乐队（Sparks）的歌曲《这个城镇不够大，容不下我们俩》（*This Town Ain't Enough Big For Both of us*）。秀结束时，梳着莫西干头、穿着深色西服和天竺葵粉衬衫的麦昆，同身穿紧绷绷亮闪闪黑色连衣裙、风骚丰满的法国女演员比阿特丽斯·达勒（Béatrice Dalle）一起谢幕。

一位助手说，"这场秀引起了强烈反响。他想把资产阶级赶出Givenchy。他想让老顾客们退避三舍。"

他做到了。

"去面对两个月前还严厉批评你的观众是需要一定勇气的，而麦昆有着这种非凡的勇气，"《纽约时报》的斯宾德勒写道。"麦昆在短短的时间里成熟了这么多……顶着一头新剪的莫西干发型，他谢幕的时候看上去真的很自豪。他理应自豪。"

"麦昆的设计，喜欢的人说那是新颖，厌恶的人说那是坏品位，"美国版*Vogue*杂志的凯瑟琳·贝茨（Katherine Betts）明智地写道，"麦昆可能很俗气，但他不怕打破常规。我希望上帝保佑他。至少他不克隆。"

现在麦昆有钱了，他可以租得起更好的工作室了：他在肖迪奇（Shoreditch ）地区文顿街（Rivington）找了一套房子，里面有两个大房间——一间是缝纫室，一间是行政办公室——在顶楼，窗户多，自然光非常充足。人事也随之发生了重大变化：萨拉·赫德终于从圣马丁毕业了，准备到牛津大学罗斯金学院攻读纯艺术硕士学位；如果没有她，麦昆就失去了一条臂膀。令人高兴的是，她决定留下来，这让麦昆有可能接一些独立项目，比如监制比约克新专辑 *Homogenic* 的封面设计。

麦昆的旧相识们都感到惊讶，在短短的时间里他有了长足的进步，仿佛从一个害羞不安的小孩长成自信的成年人是一夜之间的事。他在吉利时期的老板丽丝·斯特拉斯蒂乘坐欧洲之星抵达伦敦时，偶遇了麦昆。她回忆，他们一起排队等出租车时，“他谈的全是业内的事情。尽管他一直在抱怨、发牢骚，说在 Givenchy 做的褶皱有多么矫揉造作，但我看得出来，他已经融入了自己的元素，并且发自内心地热爱工作。”

有一天，一位前同事在伦敦街头遇到他，说：“麦昆剃了光头，戴着假牙，衬衫敞着怀，背了一个 Louis Vuitton 的包。我想，‘天呐，他改头换面了。’”

高定秀结束后不久，女演员妮可·基德曼便联系 Dior，询问品牌能否为她提供奥斯卡颁奖典礼的礼服，典礼将于 3 月 24 日在洛杉矶的圣地礼堂里举行。她将陪同当时的丈夫、因为出演《甜心先生》（*Jerry Maguire*）获当年最佳男主角提名的汤姆·克鲁斯出席典礼。她的职业生涯正处于上升期——29 岁的她刚刚在简·坎皮恩导演的《淑女本色》（*The Portrait of a Lady*）中饰演了伊莎贝尔·阿切尔（Isabel Archer），终于成了明星。但她还不是好莱坞的一线演员，并且她很清楚，在奥斯卡红毯上的正确着装，以及它产生的宣传效果肯定会显著提高她的知名度。

在圣·斯伦贝谢秀后不久，基德曼成了加利亚诺的客户，那时他还在白马巷。“我信任他，他寄给我的服饰，即便我之前没有看到过，我也知道很棒，”她曾经这样对我说。“我喜欢穿他设计的衣服，穿上的感觉非常棒。”

1997年的冬天，基德曼和克鲁斯住在伦敦，那时他们在拍斯坦利·库布里克（Stanley Kubrick）的最后一部影片、情色惊悚片《大开眼戒》（*Eyes Wide Shut*）。当年2月，她前往巴黎观看了Dior高定发布秀。她选中了“苦艾酒”，一条细长的黄绿色丝绸晚礼服，侧边开衩，镶了貂皮的边，背部拼嵌了雪尼尔花线编织的网眼。基德曼的举动十分大胆，因为当时大多数人的红毯礼服首选还是柔和的色彩或原色。加利亚诺大加赞赏，他知道红发配上绿衣从来都是赢家的装扮[1]。

问题来了：第一个订购“苦艾酒”的人，是纽约社交名媛安妮·巴斯，需要征得她的同意出售这件礼服，才能让基德曼成为第一个公开穿着它的人。Dior联系了在洛基山阿斯彭滑雪的巴斯，她同意了。于是，Dior工作室的助手们两次前往伦敦为基德曼试衣。

当基德曼穿着那身鲜亮的黄绿色丝绸晚礼服走上红毯时，她后来承认自己感觉“有点飘飘然”。但当她飘过黑领结礼服和端庄长裙的海洋，是那样美不胜收，几乎每个人都承认了她出挑的美丽。“那条裙子美得难以置信！”她后来告诉我，“只要你穿上它，就会感到无上的荣光。”

1 妮可·基德曼是红发。——译者注

妮可·基德曼穿着由加利亚诺设计的Dior“马塞”系列黄绿色丝绸晚礼服亮相第69届奥斯卡颁奖礼。(1997年3月)

基德曼穿这条黄绿色 Dior 礼服的造型一直位列奥斯卡最佳着装的前十名，并且巩固了加利亚诺作为世界级著名设计师的地位。

尽管加利亚诺获得了巨大成功，并公认获得了来自阿诺特、LVMH集团和媒体的支持，但他对自己不检点的行为仍然不加收敛，屡屡越轨。3 月他的秀结束那天晚上，他没有出席安娜・温图尔在 Chez Georges 餐厅举办的 Vogue 晚宴——此举不乏侮辱性，《女装日报》在报道这一事件时称他将在时尚界“永不得出头”。然而，当天晚些时候，《女装日报》又报道说他当时在 Les Bains Douches 夜总会里——“试图躲在一顶接满小辫子的假发下面混进去。”

如今他是一个大设计师了，他想要一个更豪华的家。他联系了杜克洛，因为他现在租的房子是她帮忙找到并谈下的合同。“雅基，我真的很想要一个更大的公寓，”他说，“你知道我的品位，拜托你帮我找找吧。”他唯一的要求是：住在巴黎最古老的玛黑区，那里有鹅卵石铺就的小街道和 16 世纪的建筑，还是城中的同性恋者聚集地，就像伦敦的苏荷区一样，有很多 LGBT 酒吧和夜总会。杜克洛在珍珠街（rue de la Perle），就在毕加索博物馆的后面，找到了她说的“完美公寓”。它在一楼，面积 140 平方米，有两个会客室和一盏枝形大吊灯。她帮他谈成了一笔好交易，甚至免掉了经纪人的佣金。当他签合同时，公证人都说：“我还从来没见过任何人做成这样的交易。”

加利亚诺一搬进新家，就对杜克洛翻脸不认人。“我甚至连封感谢信都没有收到过，”杜克洛说，“什么都没有。”

过了一段时间，她决定写信给加利亚诺，按法国人的说法就是“vider son sac”，即“和盘托出，卸下思想包袱”——意思是问心无愧。她逐一写下他的粗鲁行为，还有他对员工和支持者的漠视。最后，她说：“约翰，我真心祝愿你未来好运，但是我也相信善恶有报。总有一天你会付出代价的。”

Givenchy 的高级成衣主管莱斯利·约翰逊（Leslie Johnsen）看到麦昆在巴黎的生活状况，不免十分讶异。毕竟，他是高级时装公司的创意总监。“你既然花了大钱雇用他，就要充分地支持他。”她游说 Givenchy 和 LVMH 集团的高管，让麦昆搬到一个更好的地方，最终 LVMH 集团让步了：麦昆搬到了布拉克街（rue du Braque）拐角，一个漂亮的两居室公寓，位于一座 17 世纪的私人府邸里——距离加利亚诺的新家只有一个半街区。“公寓太漂亮了，”约翰逊回忆道，“有铺着鹅卵石的庭院和旋转楼梯。”约翰逊还为麦昆安排了专人专车，每天早晨接他，待遇和 LVMH 集团的高管以及加利亚诺一样。“我可能把他宠坏了，”她说，“但这是他应得的。”

麦昆在巴黎时，会起得很早，早餐吃羊角面包、咖啡，再抽支烟，然后去上班。他通常穿着一件棉布格子衬衫和口袋似的低腰牛仔裤，腰带松松地系着，露出拳击短裤——总是要遭到老员工们的白眼。尽管他是暴脾气，但他已经做好准备用职业道德赢得所有人的尊重。“他就像一辆马克卡车[1]，”约翰逊回忆道，“我从来没有见过如此专注的人。”麦昆喜欢在工作的时候播放俱乐部音乐和灵魂乐——他喜欢玛丽·简·布莱姬（Mary J. Blige）——还经常跳一小段舞。“我们总被他逗笑，”约翰逊热情地说，“捧腹大笑。”一天结束，他会和助手们回到玛黑区，找一间酒吧进去喝上一杯。“所谓坏男孩的形象太假了，”Givenchy 的一位助手说道，“他真的很善良，心肠很软。约翰就不善良——大家很鄙视他。他从来不邀请任何人去喝酒。亚历山大——会的，一直如此。”

麦昆在 Givenchy 唯一没有处好关系的是管理层。麦昆和一向保守的法国经理人之间的拉锯战越来越激烈：他们因为麦昆的创造力、自负和天赋雇用他，但他们并不理解他，还尽可能约束他。“这帮穿西装的

1　马克卡车 (Mack truck)：美国卡车品牌。马克汽车公司成立于 1900 年，1907 年生产出第一辆卡车，因为性能好成为有能力、耐用性高的代名词。——译者注

家伙想控制住麦昆，”一位助手回忆道，“我们从纪梵希先生的档案中找到了一些绝妙的素材，本来可以深入发掘，但是管理层根本不希望我们冒险。”

麦昆也没有耐心跟他们磨合。“如果他不想去一个地方，他就不会去，”约翰逊回忆说。“他会放行业大佬的鸽子。”比如，他失约了与苏西·门克斯的会面，取消了和安娜·温图尔在纽约的早餐会。还有一次在纽约，约翰逊说，“我不得不把他从床上拖起来接受（CNN 当时时尚记者）艾尔莎·克兰茨（Elsa Klensch）的采访。我不会告诉你他当时和谁在床上。”

“亚历山大有一段时间过得很痛苦，”一位助手证实，“他年纪轻轻，成功来得太快——比约翰还快——他很难消化这一切。”

弗朗索瓦·博菲和瓦莱丽·赫曼对 Gilliano 抱有极大的雄心，并启动了一项新的商业计划。1997 年 5 月，加利亚诺工作室搬出用了 3 年的白马巷，迁入位于巴黎东北部阿弗朗路（rue d'Avron）的一家旧玩偶工厂。加利亚诺和他的团队终于有了足够的空间和自然采光，有了通风良好的会议室、设备齐全的办公室、真正像样的工作间、最先进的电脑系统，甚至还带了一个铺着迷人鹅卵石步道的小花园。但是新的工作室带来了新的制度和公事公办的形式：如果没有预约，任何人无权进入加利亚诺的办公室、工作室，即便是为了问一个小问题、拿到一块布样，或者是报告刺绣方案。“我们和约翰没有更多联系了，”一位助手说。

根据波道夫·古德曼百货执行副总裁约瑟夫·博塔诺（Joseph Boitano）的建议，加利亚诺的品牌除了女装 T 台系列，还应一年再推出早春和早秋两个季前系列。“为了做好生意，你必须要有这些过渡系列，如此才能保持商品的新鲜度和公众的热情。”博塔诺如是解释。

博菲和赫曼计划将季前系列带到纽约，让更多经销商可以看到并下订单，还计划重新设计 Galliano 在波道夫·古德曼百货的店中店。目前，美国市场已占到品牌总销售额的 35%。此外，Galliano 在亚洲的主要市场是中国香港，他们希望推动中国香港之外的亚洲业务增长，并在日本聘请代表帮助实现这一目标。他们也想发展品牌的配饰业务，特别是手袋——一个易于生产、易于售卖并且能够大幅增值的部分——最终推出独立精品店。

Dior 也采取了类似的举措。阿诺特决心对他最心爱的品牌进行重大改版——不只是在秀场上，而是在公司的各方面。他要求博菲削减 Dior 的授权数量，从日本的电饭煲到由琼斯服装集团（Jones Apparel Group）设计、生产和售卖的中档女装。“目前，我们正在重新定义 Dior 的形象，”加利亚诺解释。“这不是一件容易的事。多年来，有的产品没有完全达到标准，所以我们正在重新制定标准，让 Dior 在全球范围内保持统一。”

阿诺特还决定重新探讨 Dior 的零售模式——尤其是旗舰店的装饰——使它的风格与加利亚诺的摩登浪漫的服饰保持一致。位于蒙田大道 30 号一层的 Dior 精品店自 1947 年开业以来，一直是低调优雅的象征，它有着端庄的灰白色调和训练有素的销售女士——世界各地的门店在形象和服务上都与其呼应。阿诺特已经厌倦了这种资产阶级的傲慢。他想让 Dior 闪闪发光，散发出奢华的气味，从而吸引那些从来不看价格标签的新贵客户。

他请纽约的美国建筑师彼得·马里诺（Peter Marino）为巴黎旗舰店做全面装饰。这位建筑师以其时尚奢华的风格著称，是时尚界的最爱。他毕业于康奈尔大学，在 20 世纪 70 年代成为安迪·沃霍尔（Andy Warhol）“厂房”工作室的常客，并最终重新设计装饰了“厂房”，以及沃霍尔在上城的联排别墅。在 90 年代早期，马里诺因设计巴尼斯百货在纽约上城的前哨项目而在零售界出了名——据报道，该项目耗资超过 1.5 亿美元，最终导致巴尼斯破产。

马里诺提出，要像 19 世纪欧斯曼男爵重新规划巴黎那样改造空间——有效地重新配置了内部整个空间。“Dior 是标志性的，”马里诺说，“我在脑中已经形成了一个它应该是什么样子的画面。”他建议在入口处建一个高耸的圆形大厅，墙上安置巨型屏幕播放 Dior 秀的精彩片段，翻新并拓宽走廊，为销售空间引进充足的光线，装饰元素为新路易十六和洛可可路易十五风格的混搭，要尽可能地使用最奢华的材料。阿诺特全力支持这个方案。

5 月，麦昆和他的 Givenchy 团队前往东京，为 1800 名顾客重演了成衣秀。当时，日本是奢侈品市场最重要的组成部分，在一些品牌的销售额中占比高达 50%。然而，这场秀却是国际奢侈品牌第一次在日本举办这样重大的时尚活动。

麦昆的随行人员有 30 名——包括阿瑟、英格兰、布里克希尔、尤恩杰克，还有模特卡拉·布吕尼和海伦娜·克里斯滕森——在新开的柏悦酒店包下整整一层楼。这家酒店后来因索菲亚·科波拉（Sofia Coppola）的电影《迷失东京》（*Lost In Translation*）而名声大噪。Givenchy 当时在日本的公关主管增田沙织安排了几次日本媒体对麦昆的采访。“他总是迟到，”她说，这在日本文化中是严重缺乏尊重的表现。

他去 Comme des Garçons 总部与川久保玲会面，也迟到了。但是麦昆热爱东京，喜欢这里的文化、建筑和时尚。有一天他在新潮的原宿购物，一群时髦的年轻人像流行乐队的歌迷一样跟着他。“他们为麦昆疯狂”，尤恩杰克说，“对他们来说，麦昆是神一样的存在。”

高级定制时装经过多年的急剧下滑，多次被评论家和时尚界人士在媒体上预测濒临灭绝，但在 1997 年 7 月它不仅存活着，还充满了活力。当月前往巴黎观看高定时装秀的名人比以往任何时候都多；突然又冒出了一群新鲜年轻的客户群，让秀场前排再次变得性感；媒体报道激增。据巴黎高级时装公会的数据，申请采访通行证的媒体在一年内增加了 15%，这一季高定时装周共有来自 43 个国家的 920 名记者、200 名摄影师和 60 名电视记者参与报道。“即便是最强烈的怀疑论者也开始赞同‘高级定制时装是一个金矿’这一观点，”《女装日报》称，“这并不是看服装销量，绝大多数时装屋的高定时装销量很低，而是看宣传效果和舆论声量。”阿诺特将高傲的时尚转变为媒体的狂欢，这一努力已然奏效。

当然，其中的焦点是加利亚诺和麦昆——《费加罗报》嘲讽他们是“两个粗鲁的‘烤牛肉哥[1]’”。他们风头最盛，他们接下还有什么花招，大家拭目以待。

其实，这一季颇具吸引力的不乏其他品牌。卡尔·拉格斐在阿曼达·哈莱克的助力下，眼看着恢复了活力。据报道，詹尼 · 范思哲因患耳癌做

1　烤牛肉哥（roast beefs）：英国人喜欢吃烤牛肉，特别是在星期日有吃烤肉午餐的传统。针对这一饮食习惯，法国人常用“烤牛肉哥”来戏称英国人。——译者注

了几个月的治疗，刚刚回到工作岗位，但他做出了近年来最好的一场秀。即便是传统的瓦伦蒂诺也接受了这种新的宣传模式——至少在高定时装方面是这样。“我们真的不太在意是否能卖得出去这些礼服，”Valentino的首席执行官詹卡洛·贾梅蒂（Giancarlo Giammetti）说，“我们生产这些衣服都是亏本的。传统的高定顾客不够大胆，如果你打安全牌，就不会有什么动静。”Jean Paul Gaultier 的总裁唐纳德·波塔德（Donald Potard）平实地用美元货币打了个比方：一场高定秀花费 100 万美元来制作，但与其相关的所有电视和纸媒报道产生了价值 2500 万美元的广告收入。“即便我一条裙子都没卖出去，我也赢了，”他说。

一些老派品牌对这种炒作手段猛烈抨击。圣·罗兰讥笑加利亚诺和麦昆的高定首秀是“荒谬奇观，放在演唱会上更合适”。他的商业伙伴皮埃尔·贝尔热宣称高定时装是关乎“正直和诚实的问题……阿诺特先生并不懂得这些词汇”，还补充道，“他们将扼杀高级定制时装。”

博菲并不理睬这些抨击。“我们的某些时尚界同行说我们毁掉了高级时装，但是在我看来这太夸大其词了，”他回应道。“加利亚诺吸引了最年轻、最活跃的一群客户。有些人想追求极速的发展，而有些人选择稳扎稳打罢了。”

在高级时装屋工作了 6 个月后，麦昆对驾驭这份工作信心倍增。他了解了裁缝的全部工艺，这使他能够更加游刃有余地运用自己的知识储备，发挥创造力。“一切都装在他的脑子里，”庞斯说，“他可以描述出一套艺伎的衣服，叫出和服每一个部分的名字，还会说，‘让我们在这里做一个雅克·法思或者格蕾丝夫人（Madame Grès）式的细节。’我想，

‘这家伙什么都知道。’他能把知识转化为自己的成果。”

对于 1997/98 秋冬高定时装发布秀，麦昆有了些想法迫切想和最喜欢的合作伙伴西蒙·考斯丁一起讨论——主要是他正在研究的部落文化对他的影响，以及如何将“时装的精细剪裁技术和某种东西结合在一起，用比较有机的、动植物的材质制作出来”，考斯丁解释说。

考斯丁喜欢这个想法，但是他说：“聊到这儿，我发现编一个小故事做背景板更容易体现麦昆的设计。”于是他讲了一个故事：一位医生环游世界，搜集美丽的女人，把她们运回巴黎的实验室，将她们肢解后再拼接在一起。

然后考斯丁问自己：

“医生会如何处理尸体的残余物呢？喂给鸟儿！”

由于麦昆爱鸟，考斯丁也参与设计过 1995 春夏“群鸟”系列，所以他顺理成章以鸟作为参考元素。在看过几个秀场备选地点后，他们选定了左岸的巴黎笛卡尔大学医学院的大厅。考斯丁提出在秀场放一个大笼子，里面装上乌鸦和乌鸫，作为一个装置。麦昆同意了。他们将系列命名为：折中的解剖（Eclect Dissect）。

麦昆让尤恩杰克负责发型，而帽饰由崔西负责。麦昆说，这个系列有 50 套造型，分别由 50 名模特演绎，在后台会再对造型作调整，因此每套造型都将有独特之处。有的模特会戴帽子，不过大多数模特会搭配精心打造的雕塑感十足的发型。尤恩杰克回忆说：“亚历山大说，‘放开胆子尽管去做’，‘要做出博物馆珍藏品的水准，想象着它们是被放在卢浮宫、大都会艺术博物馆里的。这一次你就大开杀戒。’”

尤恩杰克脑中有各种疯狂的想法。“我们把头发做成了鸟笼的形状，”他回忆道。“有猎鹰、有吸血鬼德古拉伯爵，还有一个橘红色的印加头饰。”

模特的耳朵上环绕着巨大的包着皮革的圆盘，足球大小的黑色贻贝壳从太阳穴冒出来，黑色的头发被塑造得好像闪亮的礼品丝带，金色的辫子编进了高耸的蜂窝头，沙滩球大小的蓬松发髻高高飘在头顶。“我们竭尽夸张之能事，”他说，“某些发型花了 10 天才制作出来。”

还有几天就到发布秀的时间了，一切都天衣无缝地融合在了一起。肖恩·利恩为黛布拉·肖和几位模特设计了长长的银爪。在“帽子揭幕式”上，每个人都对崔西创造出来的美丽叹为观止，有雉鸡尾羽向半空招展形成的皇冠，还有装着一只活鸟的鸟笼帽子。麦昆让米拉 · 柴 · 海德将一件庞大而蓬松的及膝马毛外套裁成长毛象的样子 [想象一下《亚当斯一家》（*The Addams Family*）里的伊特表哥，如果把他当成一件外套]。“我花了 3 天时间做这个，”她回忆道，“那是一次高级时装和朋克的有趣结合。”

秀场设计，考斯丁大玩特玩各种浪漫哥特风格的灵感，比如之前借鉴过的《卡里加里博士的小屋》（*The Cabinet of Dr. Caligari*）和玛丽·雪莱（Mary Shelley）的《弗兰肯斯坦》（*Frankenstein*）。他挂起红色的幕帘作为背景墙，在作伸展台的地板上铺着东方风格的地毯和老虎皮，伸展台的尽头放置了一个巨大的鸟笼，里面关了几只从乡间抓来的大乌鸦。欧诺 · 弗雷泽将戴上手套，胳膊上搭一只长有头冠的猎鹰走秀——这是对布罗和希尔斯庄园的致敬。“这是一场浪漫、诗意、颓废的秀，有着戈雅绘画的怪诞，”麦昆在《女装日报》的编辑前来参加新系列预览时阐释道，“就演技、力量和不可测性而言，他们还什么都没看到呢。”

一切看起来都井然有序，尽在掌握之中。

然而，在秀前 24 小时，一切都乱了套。《星期日泰晤士报》发表了一篇报道，称麦昆在系列中使用了“真正的人类牙齿和其他身体部位”。

《女装日报》进一步报道称，为了躲避警方没收这些衣服对其进行检查，麦昆“将它们运送到一个秘密地点，就像冷战时期五角大楼运送导弹一样”。Givenchy 公司矢口否认，并声明所谓的问题物品都是在乔治五世大道的工作间用树脂制作的。“从头到尾都是谎言，”斯皮策说。

就在秀即将开始之际，另一个严重的戏剧性事件又爆发了：苏西·门克斯发现她坐在乌鸦笼子边上，立刻告诉 Givenchy 的工作人员她不喜欢鸟，需要换座位。工作人员察觉到她的恐惧，二话不说给她换了座位。

伊莎贝拉一阵风似的进来了，穿着麦昆首个 Givenchy 成衣系列中紧如皮肤的黑色塑胶连衣裙，戴着一顶鸟儿帽，拖着一条沉重油腻的链条走过波斯地毯。她解释，这条链子代表了“女人一生中所背负的重担”。

正如秀的背景故事，这个系列集合了麦昆的最佳作品，只不过用了最好的面料和工艺，而不是当年用汽车轮胎印出图案，或者拿胶带做特殊面料的穷人做法。在这个系列里，“高地强暴”是领口很低的格子呢套装；“群鸟”是皮质的铅笔裙，上面有镂空的飞翔的燕子；“开膛手杰克跟踪他的受害者”是黑色的透明上衣，挂着一串串细细的黑玉珠串；“外面是丛林”风格的皮革连衣裙，有着红色羽毛领口，肩部饰有鸟的头骨；“但丁”中借鉴自鲁蒂·达南之母的黑色蕾丝头纱这次被一具手骨撑着戴在模特头上；甚至是麦昆过去为罗密欧·吉利做过的茧型外套这次也被重新诠释了。

这个系列对时尚经典也做了辉煌再现：Saint Laurent 式的黑色鳄鱼皮战壕装轻盈得近乎半透明；一件番茄红的 Dior 新风貌风格外套式长裙，系有腰带，裙摆又宽又长；加利亚诺的圣·斯伦贝谢秀上那剪裁精美、刺绣华丽的艺伎长袍，是对日本风情的时尚幻想；还有一件加利亚诺标志性的斜裁海军蓝长裙，上身有一颗流星划过。这一切，就像西蒙·昂格拉斯曾经对麦昆唱的那样："你能做到的，我都能做得更好！"

"麦昆让他的观众们……屏住了呼吸……头晕目眩，喘不上气来，"斯宾德勒写道。"他的秀如此精彩、如此古怪、如此令人激动、如此煞费苦心，以至激发出了敬畏，也激发出了恐惧……他创造的技艺精湛的杰作令人叹服，他提升了每一件衣服的品质。看他的秀就像是被强迫着吃四星级、12 道菜的晚餐，厨师在盯着你吃下每一口。"

加利亚诺对这个系列也很认同。秀结束后，他给尤恩杰克打了个电话，谈论了麦昆和"折中的解剖"。

"真的让人印象深刻，"加利亚诺说，"他太超前了。"

第二天，加利亚诺在巴黎西郊巴加地尔公园（Parc de Bagatelle）那郁郁葱葱的 18 世纪建成的植物园中举办了 Dior 高定秀，出席嘉宾有 1000 人。为了营造他想要的氛围，他请来在伦敦的英国电影置景师迈克尔·豪厄尔斯（Michael Howells），并解释说这场秀是对迪奥先生园艺热情的致敬。在 6 天的时间里，豪厄尔斯和他的团队夜以继日地在花园搭起了一个临时温室，里面填满了用缎带装饰的枝形水晶吊灯，地上撒着玫瑰花瓣和白色羽毛，还有一个睡美人般的床，由青苔和灌木修剪出的床柱做成，四周环绕着百合、孔雀、雕像、花瓶、蓝色蝴蝶和 6000 朵玫瑰。温室里有个区域装饰着罂粟花。"约翰过来的时候看到了罂粟花，说，'哦，我爱这个！我想让衣服上面也有一些'。所以我们只得把它们拔出来，送到 Dior 的工作室，好让裁缝把它们缝在衣服的下摆上。"

秀前，加利亚诺解释说，这一系列是基于玛塔·哈利（Mata Hari）

和“她所有的伪装”而创作的。是的，又一个历史上著名的蛇蝎美人。她“非常国际化，出生于荷兰，嫁给了一位印度王子，生活在巴厘岛，在文坛上很活跃”，他热情洋溢地宣讲着，并一本正经地补充说，这些服装会有“间谍的感觉”。

大秀当天，巴黎酷热难当。“我们有几个模特都中暑晕过去了，”豪厄尔斯回忆道。一些老顾客缺席了这场秀——其中最重要的客人是长期支持加利亚诺的圣・斯伦贝谢，她认为她 1 月在格兰德酒店 Dior 首秀上受到了粗鲁的对待，对此她始终耿耿于怀。“太不舒服了，”她说，“我们等了一个多小时，还只坐上了半边椅子。”

但是，正如博菲吹嘘的那样，高级定制时装现在有了许多新的潜在客户，他们把高定秀当作社交场合，视其和为名流、富人和美女们举办的鸡尾酒会别无二致。Dior 分发出许多时髦的巴拿马草帽，用于抵御午后的骄阳。露西・费瑞和丈夫布莱恩・费瑞来了，她丈夫说自己是来看“戏”的。斯蒂文・斯皮尔伯格的妻子、女演员凯特・卡普肖（Kate Capshaw）和她的女友、演员丽塔・威尔森（Rita Wilson，汤姆・汉克斯夫人）联袂出席。英国流行乐明星菲尔・柯林斯和他那位“我的女士”奥雅纳・西维（Orianne Cevey）一同坐在前排，他说她对时尚很感兴趣（她现在是一名珠宝设计师）。他又说，这是他第一次来看时装秀。黛米・摩尔是当时的时尚达人，她和 *Harper's Bazaar* 杂志主编丽兹・提尔布里斯相谈甚欢。

秀终于开始了，模特们像从美好年代的画面中翩翩走出。有的模特身穿爱德华时代风格的粗花呢套装，有紧身胸衣和精致的拖地长裙，宛如贵妇淑女。有的模特仿佛克里姆特画作里的女人，穿着有闪亮几何形珠饰的透明长袍。有的化身图卢兹 - 罗特列克画笔下的妓女，穿着迷你蓬蓬裙和用吊袜带固定的黑色弹力靴。一些模特身着津巴布韦恩德贝勒部族的斗篷和高高的银质项圈——把脖子拉得像长颈鹿一样，看上去非常不舒服。“秀款”——加利亚诺总是要做那么一件——是一件紧身连衣裙，用了上千块布片缝在一起，像孔雀般花枝招展，肩头还落了蜻蜓翅膀。加利亚诺出来谢幕时穿着白色三件套套装，没有搭配衬衣，左耳上垂荡着一只耳坠。

《女装日报》称这场秀“美得让人无法抗拒”。斯宾德勒宣称，加利亚诺“已经在伟大的女装设计师中赢得了一席之地”。

《费加罗报》的珍妮·莎美在第二天早上见报的评论中指出，加利亚诺的设计有个问题，“这种上世纪末的潮流并不适合我们所处的20世纪末。”加利亚诺又一次完全脱离了现代女性和当代生活。他的服装是另一个时代时髦衣物的华丽翻版——那是紧身胸衣和卖弄风情的时代——虽然在T台上那些牙签身材的20多岁女孩儿穿上显得极其漂亮，但如果成熟女性穿着它们上街、参加派对，甚至是走红毯，都会非常可笑。

在高定时装秀结束后一周，詹尼·范思哲在迈阿密的家门口被谋杀。经过一周的搜捕，嫌疑人——出生于加利福尼亚的疯狂杀手安德鲁·库纳南（Andrew Cunanan）——在码头的一艘船上被发现饮弹身亡，警方声称这是自杀。他与范思哲无冤无仇——他们只在1990年旧金山的一场招待会上有过邂逅。但是，在警探看来，库纳南——一个说谎成性、嗑药上瘾的金丝雀——迷恋名人的生活方式，尤其是詹尼·范思哲这样白手起家、声名卓著、出入坐私人飞机的同性恋千万富翁，他的生活是库纳南想要却无法拥有的。

范思哲是第一个作为时尚偶像而被盯上的设计师。时尚界在哀悼之余也报以高度警惕。范思哲因为自身名气而成为精神病人的目标，也意味着设计师们不再仅仅是设计服装的创意人士，也成为能登上新闻头条、吸引狂热追随者，甚至给自己带来灾祸的国际名流。诸如阿诺特的大亨们成功了：奢侈品时尚已经成为全球性的产业，无论这是好是坏。

紧接着，一个月之后，载着戴安娜王妃和她的花花公子男友多迪·法耶德（Dodi Fayed）的轿车在巴黎因为躲避狗仔队，超速行驶发生车祸，法耶德当场死亡，戴安娜几小时后在一家医院去世。尽管麦昆是一个狂热的反君主主义者，并且只在官方招待会上见过戴安娜王妃，却也承认："周日的消息让我非常伤心。她是穿越暴风雨云层的一束光……一种灵感……我唯一想为其做衣服的英国王室成员。"

对加利亚诺来说，戴安娜王妃的去世给他造成了私人损失。自 8 个月以前他为她设计了纽约大都会博物馆时尚慈善舞会的礼服，他们就成了朋友，所以他被邀请参加在威斯敏斯特大教堂举行的葬礼。"她有一种绝妙的讽刺气质，"他感叹，"并且永远是女孩儿中最特别的那一个。"

几周后，欧洲的时装周又如火如荼地开始了，那一季时尚媒体报道的重头戏是比较加利亚诺和麦昆的设计孰高孰低，谁更有优势。当被问到对这种比较的看法时，加利亚诺轻蔑地回答道："我从没把这当个事儿。"

然而麦昆却对加利亚诺有着执念。麦昆觉得自己在 Givenchy 的工作就像别人不要了丢给他的旧衣服，而他还得乞求高层给他资金，好让他做想做的东西。"他没有加利亚诺在 Dior 那样的预算——这一直是个让人担忧的问题，”考斯丁说，“Dior 简直是疯了。Dior 的秀你再怎么夸张也不为过。李总是对此大为不满，总是要痛骂。这成了每天的功课，”

“亚历山大不明白，为什么约翰有这么多钱去做他想做的事，而他却不能，”Givenchy 的一位工作人员说，“我不得不去见老板，说，‘麦昆想要这个，我们需要更多。’我们总是需要更多。”

“亚历山大的才华远远超过约翰，”Givenchy 另外一位前助手说，“他创造了很多东西，而且是亲手做出来的。约翰会用很多书和图片来滋养自己，然后由史蒂文来做设计。约翰很有做编剧和导演的天赋，但是作为时装设计师呢？”

可是，加利亚诺却得到所有的赞誉、大笔的资金、阿诺特和他手下的鼎力支持——这让麦昆饱受困扰。“他与约翰是既生瑜何生亮，”迈克尔·罗伯茨说，“你不能在他面前提到约翰。如果你去见他时穿着约翰设计的衣服，他会发疯的。”

更糟糕的是，有流言说 Givenchy 即将解雇麦昆。“伦敦时装周上的每个人都能讲出一个关于伯纳德·阿诺特……四下考量是否留用麦昆的故事，”斯宾德勒在《纽约时报》上写道。麦昆断然否认这些谣言：“我有两年合约。”他转而专注于接下来伦敦发布秀的工作。他正在思考阴阳的概念，思考中国哲学中黑暗和光明、生和死等对立的力量是如何相辅相成、相互依存的。对于麦昆来说，这是对他周旋于 Givenchy 和 Alexander McQueen 品牌，辗转于伦敦和巴黎生活的隐喻。

为了实现自己的想法，他再次找来了西蒙·考斯丁。麦昆解说这一系列的前半部分是黑暗色调的性感设计——正如他一贯为 McQueen 做的那样；而后半部分是全白的，注重剪裁，非常精致，就像他在 Givenchy 做的设计。正如他所见，两家品牌“有两种截然不同的客户”，他说。“一种是端庄斯文的花都女郎，一种是精神病患者”——这种二分法开始撕扯他。

为了进一步制造对立，考斯丁说，麦昆“想让 T 台或是环境改变颜色，所以黑色系列服装是白色天桥，然后会有一个间歇，这时周遭变成黑色，接着白色系列上台。”

麦昆要求考斯丁在秀中加入水的元素，就像“玩偶”那场秀一样。考斯丁认识帝国化学工业公司（ICI）的一位员工，他可以给麦昆定制有机玻璃产品。考斯丁设计了一个低矮的 T 台，由 16 个可以装满水的透明水箱连接而成。他建议在秀的前半场，用西蒙·肖杜瓦设置的荧光灯照明水箱，使它们通体变白；在秀的后半场，往水箱中注入黑色墨水，直至水箱彻底变成黑色。而唯一的障碍就是水变黑需要时间。

“如果五六分钟内都没有任何服装，而 T 台自身变成一件装置作品，你会有什么感觉？”考斯丁问麦昆。“你会坐在那里，慢慢看这些乌云飘入水中。”

“是的，”麦昆回答，“就这么办吧。”

除了下半场的黑色 T 台外，麦昆还想让金色的雨落在模特身上。他原本想把这场秀命名为“黄金雨”（The Golden Shower），影射的是在性行为过程中朝伴侣小便，显然麦昆还有其他的暗示，比如他认为阿诺特对待他的方式就像是在朝他撒尿，换个说法，他也想对 Givenchy、阿诺特和巴黎撒尿。秀场音乐，他选择了安·皮布尔斯（Ann Peebles）的歌曲《我不能忍受这场雨》（*I can't Stand The Rain*）原始版本作为主题音乐。

考斯丁和肖杜瓦提议设置一个长度跟 T 台一致的喷水系统，肖杜瓦可以给水雾打上金色的灯光，营造出黄金雨的感觉。他们的总预算大概是 12.5 万美元——远远不及加利亚诺在巴黎的秀。

麦昆非常满意，但他的赞助商美国运通公司可不这么觉得。他们赞助了 3 万英镑（约 5 万美元）办秀，当他们知道秀的名字后，犹豫了。于是麦昆将秀改名为“无题”（Untitled）。

麦昆在维多利亚车站附近的一个旧巴士站举办了这场秀，来宾超过 2000 人，其中有流行歌星珍妮·杰克逊（Janet Jackson），她已经成了麦昆的忠实粉丝。秀场内电闪雷鸣，秀开场了。模特们穿着透明的黑色衬衫和紧身连衣裙，或者由一串自然下垂的细绳做成的露背背心、闪闪发亮的流苏裙和束缚带连身装走上白色 T 台。材料大多是牛皮和爬行动物的皮，剪裁如手术刀般锋利、紧凑，充满创新。最有趣的是麦昆对“包屁者”的改造。他用拉链将其附于长衬衫上，有效地发明了一件性感的新式连身裤。他还使用了加利亚诺在他第一场 Dior 高定秀中用过的蕾丝状皮革，将其重新诠释为更加性感的黑色迷你裙和战壕装。他给很多造型配上了由肖恩·利恩设计的银色下颌骨束缚带——这是一种令人不安的触感，加强了潜在的性虐主题。

最夺目的“秀款”是利恩设计的银质胸腔骨架，背后伸出一条卷曲的狗尾巴，模特把它当紧身胸衣穿在金银丝直身鸡尾酒裙外。这是麦昆第一次要求利恩做大作品。“他说：‘嗯，肖恩，如果你可以做小饰品，你也可以做大物件，就是这么简单，’”利恩回忆说。他花了 3 个月时间才做好，还用了一副人体骨骼来铸模。

发布秀进行到一半，戛然而止。《大白鲨》（*Jaws*）主题曲中充满威胁的重低音——哒—当、哒—当——回荡在大厅中，与此同时，一团团墨水渗入水箱，慢慢将 T 台变成黑色。人群中爆发出掌声和欢呼。随着皮布尔斯的歌声“我不能忍受这场雨”响起，空中飘起了黄金雨。模特们鱼贯而出，溅起了水花，她们全都身着白色套装和无袖直身连衣裙，面料被雨淋湿，变得透明，紧贴着她们没有穿内衣的胸部，睫毛膏也溶化了，顺着脸颊淌下。麦昆将加利亚诺“堕落天使”秀的效果，加以完善，使之成为自己的风格。

反馈是惊人的好，大部分呼应了斯宾德勒在《纽约时报》上的评论：“看来，对麦昆不友好的年代结束了。阿诺特先生可以收回他在 Givenchy 的工作，但他收不回麦昆先生在高级定制时装工作室中积累的宝贵经验。T 台上的每一分钟都让它显现出来，在那里，他证明了自己已经建立起一个坚固的、可以赢利的、成熟的、属于自己的时装屋，并在门上刻上了自己的名字。”

遗憾的是，尽管这次发布秀的合作臻于成熟，考斯丁却认为他与麦昆也缘尽于此了。“我觉得合作的过程不再好玩了，”考斯丁现在说。“它已经变成了一份工作。”考斯丁也看到麦昆越来越情绪化和暴躁——他现在随随便便就会解雇员工。“有一次，我到工作室问：‘某某在哪里？’‘被炒了！’‘那某某呢？’‘也走了！’我被踢出局只是迟早的事情，所以选择先行离开。”

两周后是巴黎时装周，尽管米兰的多娜泰拉·范思哲（Donatella Versace）和 Chloé 的斯特拉·麦卡特尼高调亮相，但最大的焦点仍然是加利亚诺和麦昆。

10 月 14 日，周二下午 2:30，加利亚诺发布了 Dior 女装新系列。为此，他在卢浮宫的地下会议中心租了两个大房间，让工作人员花三天半时间，用 Dior 标志性的灰色和白色，把这个空间改装成一个浪漫的 19 世纪风格的客厅。前排坐满了必不可少的中年社会名流,他们穿着保守的西装,留着精心打理的金发,还喷着甜甜的香水。但是也有很多新顾客和名人,包括从伦敦来的妮可·基德曼,她那时还在拍摄《大开眼戒》。

服装仍然充满史诗般的爱德华时代和装饰风格的幻想,模特穿着长长的斜裁裙子,开衩高至大腿,露出丝质衬裤;用勃艮第印有风景花卉的麻布制作的紧身长裙,就像是《飘》中斯嘉丽用窗帘为自己做的裙子;帅气的玛琳·黛德丽式无尾晚礼服,搭配开衩长裙、性感的黑色过膝系带长靴;还有透明的缀着流苏的低腰直身连衣裙,都装饰着羽毛和马塞部落风格的项圈。“约翰·加利亚诺在周二本来有着大好的机会将他热情洋溢的浪漫主义从女人的客厅带入 Dior 成衣——然而他搞砸了,”门克斯写道,“但这是多么辉煌的失误啊。”

那一晚,基德曼作为贵宾出席了蒙田大道翻新的旗舰店开幕典礼。法国第一夫人贝娜黛特·希拉克在几百名啜着香槟酒的客人面前用迪奥先生的一把剪刀剪断了丝绳(而不是丝带)。商店闪闪发光,这要归功于掺在灰泥中的珍珠贝母细末,它制造出既富贵又浮华的效果,令人眼花缭乱。据报道,翻新费用超过了 1500 万美元。表面上,阿诺特显得镇定自若,“客户必须深入 Dior 的世界,”他解释道,将翻新后的装潢描述为“既优雅又有趣”。马里诺向记者们保证,这笔投入非常值得,“人们总是能靠我赚钱,”他夸着海口。

时装周结束之际,麦昆和加利亚诺都被英国时装协会评为“年度设计师”。这是加利亚诺第四次赢得殊荣,麦昆则是第二次。加利亚诺没有出席在伦敦举行的颁奖礼——这是两个月里他第二次放颁奖仪式的鸽子，此前是 9 月由国际时装组织（Fashion Group International）在纽约举办的年度“明星”奖典礼。

但是麦昆参加了英国时装协会的颁奖盛会，并深感自豪。麦昆在讲话中感谢了伊莎贝拉·布罗和他的母亲，并责怪加利亚诺没有尽力来到现场。他深情地谈到了伦敦——他在伦敦东区成长，在圣马丁接受教育——并表示，与加利亚诺不同，伦敦确实是他的家，是他的灵感来源。

伊莎贝拉为他的胜利激动不已——尽管他背叛了她，但他的事业蒸蒸日上，很大程度上是因为她长期以来对他的倾力支持。“他的成功对我自己的声誉有很大的帮助，”她最近承认道。“如果没有麦昆的成功，我可能就会变成一个怪人，被人抛弃。”

几周之后，在温图尔的建议下，麦昆受邀参加查理·罗斯（Charlie Rose）的电视访谈，该节目当时正在伦敦拍摄。“查理信任安娜，”执行制片人伊维特·维嘉（Yvette Vega）说，“于是我们认为他可能是一个绝佳的选题——一位才华横溢的年轻设计师。”

麦昆在两个助手的陪同下来到了彭博电视台的演播室，访谈在那里录制。他穿着整洁的卡其色外套和象牙色衬衫，头发剪短了，梳得很整齐。在 20 分钟的采访中，他表现得像个可爱的、孩子气的家伙，有些紧张，却真诚认真。

罗斯问麦昆，他认为自己给时尚带来了什么：

“我住在伦敦中心地区。我被真正的伦敦、夜店、流浪汉所包围——这些是其他设计师视而不见的东西，”他回答。“我发挥的影响是不同的。我认为，对于我在世界上关心的东西，我更加诚实和直接，因为即使我在时尚圈工作，这个行业并不真实，你知道，我仍然要看看世界上正在发生什么，其中一部分会反映在我的作品里。”

罗斯：“所以，我们从你这儿看到了更多的街头感觉，而不是拉格斐等人？”

麦昆：“是的，在我的水平内，我有非常年轻的客户群体，他们需要真实的时尚。我的确没那么多震撼人的手段，但我的确喜欢将外部世界正在发生的事情暴露给时尚界，当然时尚界并不总是乐于接纳。但是，人们要么接受，要么放弃，我不能强扭着他们买它。”

罗斯：“你认为你与加利亚诺有什么不同？”

麦昆：“约翰更灵活、更浪漫。他对如何浪漫化他理想中的女人有着了不起的见地……我真的很关心女人的独立……当她走进房间时，我不喜欢她看起来那么天真，那么脆弱。我喜欢她看起来更强大——如果一个男人向她走过去，他必须有真正的勇气才能接近她。我不喜欢她看起来一副可以被人利用的样子。”

最后，罗斯问麦昆：“回顾你的这 28 年，你后悔过吗？你会做任何事来——”

“哦，我可不想再经历一次了，”麦昆笑着回答，“我永远不会再经历一遍这些了。不。一次就够了。”

到 12 月初，麦昆已经疲惫不堪，精疲力竭。他给洛杉矶的昂格拉斯打电话，问他能否来洛杉矶过圣诞节。在整个秋天，昂格拉斯不断从朋友们那儿听说了麦昆越来越依赖药物这一令人不安的事——事实上，它已经成为麦昆的习惯了。昂格拉斯试图在湾区过一种更平衡的生活，他告诉麦昆，只要没有可卡因，他就欢迎他来。麦昆坚称他已经停止吸食各种药物。

当麦昆到达的时候，他的上身绷得紧紧的。“他一分钟也坐不住，”昂格拉斯回忆道。他们去洛杉矶市中心购物，麦昆在 Ralph Lauren 和 Hermès 挥霍了一笔。他们晚上出去，他在酒吧待的时间也超不过几分钟。“我们到处都去了——哪儿都走遍了，”昂格拉斯说，“这是疯了。”麦昆遵守昂格拉斯对他的要求，不吸可卡因，但是，他却尝试了冰毒，这种毒品让他感到恶心。

最后，昂格拉斯带着麦昆离开了洛杉矶，去乡下过圣诞节。他们在红杉树林中的一间小屋住了下来，开车去了希区柯克拍摄《群鸟》的博德加湾。在那儿，他们去看了一些电影场景中的建筑，比如校舍，然后在潮汐餐厅用圣诞晚餐，这家餐厅可以俯瞰蒂比·海德莉在电影中划船穿过的水域。这本该是轻松的一天，但是麦昆大部分时间都在电话里与远在英国的默里·阿瑟争吵。当他与阿瑟的争执暂时告一段落，麦昆长舒了一口气。他俩驱车向北行驶，考察沿海美洲土著的文化——“蒸汗屋、保留地等，”昂格拉斯说，“我们的旅行相当棒。”

在这个具有里程碑意义的一年结束之际，麦昆得到充分休息并恢复了活力，昂格拉斯把他送回欧洲，希望他的新一年是一个更健康、更理智的一年。

XIII

那些在伦敦和巴士底的漫长岁月中所梦想的一切，加利亚诺在Dior全部实现了。他有了名气，名声大到故乡直布罗陀都发行了一套邮票来纪念他的第一个Dior系列。他有了财富，想给珍珠街的公寓买古董和艺术品，眼睛都不眨就可以掏出钱来。他有了一位私人教练，每天早晨带他去城市公园或者健身房跑步。他有了个人专属的营养管理方案——吃有机的、利于长寿的、特别的粉末食品，远远比他过去吃的培根三明治和麦当劳健康；他大大减少了饮酒，他当时的发言人表示，他其实已经彻底戒酒了，不过他的朋友和同事现在反驳了这种说法。无论如何，他身体健康，思维敏捷，看起来棒极了。

最重要的是，他可以做任何想创造的东西，而伯纳德·阿诺特不会提出任何异议。“把自由创作权完全交给艺术家，想想他将有多大的艺术创作空间？”阿诺特的时尚顾问凯特·勒·布尔希（Katell le Bourhis）当时对此颇为自豪。

麦昆和阿诺特的关系比和加利亚诺的关系更棘手，让麦昆感到极度焦虑和绝望。麦昆就像一个害羞的小弟弟，总是试图给专横跋扈的父亲留下深刻的印象，但他的努力却毫无意义，因为阿诺特最喜欢的儿子毫无疑问是加利亚诺。

加利亚诺被赋予了完全的自由，麦昆的预算仍然受到限制；加利亚诺经常与阿诺特谈论 Dior 的创意方向，而麦昆却难得见到大老板的面。如果他们在奥什大道的 LVMH 集团总部见面，则多半是为了财务问题

约翰·加利亚诺设计作品的纪念邮票。

争执，或者从麦昆的立场看，是为资金缺乏而争吵。有时麦昆和阿诺特会共进午餐或晚餐——桑·法勒、默里·阿瑟，还有赫莲娜·阿诺特跟在后面。虽然阿诺特会讲英语，但他坚持说法语，让桑·法勒翻译，这加深了两人之间的隔阂，以至于话题总是围绕着公事公办。

在秀之前，阿诺特有时会去参观 Givenchy 的陈列室，麦昆便万分紧张地为他讲解这个系列。“如果阿诺特说：‘多加些颜色’，那么我们就必须这么做，”一位前 Givenchy 助手回忆道。阿诺特很少出席 Givenchy 的秀，但在 Dior 的秀上，他总是坐在最前面最中间，旁边通常是法国第一夫人。这都刺痛了麦昆。

然而，麦昆坚持了下来，仿佛他想向时尚界证明，他比加利亚诺更胜一筹。

1998 年 1 月的高定时装周上，加利亚诺和麦昆在创意上的差异前所未有地明显，因为两人都一直在推进高级定制时装的极限——使它比以前更丰富、更性感和更具想象力——同行业的从业者们要么跟上，要么出局。大多数人跟上了，高级定制时装又焕发了生机。“有很多你从未听说过的女人，她们的丈夫去年赚了差不多 5000 万美元，”一个高级时装屋的女性董事说。高定时装是 20 世纪 90 年代末财富过剩的一个体现，让人惊愕又难以置信。

瓦伦蒂诺刚刚把他的公司以 3 亿美元的价格卖给菲亚特集团控股的意大利企业 Holding di Partecipazioni Industriali (HdP)，他的高定秀在富丽堂皇的巴黎新总部举办：那里原是一栋建于 18 世纪的私人府邸，从丽兹酒店穿过旺多姆广场就到了。虽然他年届 60，从业近 40 年，但他新系列中那些纤细的 20 世纪 20 年代风格的鸡尾酒裙，漂亮西装装饰着小玻璃珠子串成的流苏，还有覆着薄纱的印花长袍，如此年轻俏皮，之前我从未在他的秀上见过。

卡尔·拉格斐的香奈儿高定系列在康朋街公司总部举行：柔软的开衫配黑色丝缎日常装连衣裙，缎面夹克搭在针织面料的裙子外，还有几何珠饰的裙子。模特们走下著名的镜面楼梯，当年香奈儿小姐常常小心翼翼坐在楼梯上看自己的秀。一些模特优雅地拿着细长的烟嘴，穿过豪华的米色调房间，从坐在典雅的金色椅子上的客人面前走过；有些模特身上披挂着珠宝；有些脸上戴着黑色的面纱，“就像刚刚继承了一大笔钱的风姿绰约的年轻寡妇，”对高定时装周进行报道的《名利场》作家多米尼克·邓恩（Dominick Dunne）如是说。

加利亚诺想要在他的 Dior 秀上最大限度地使用自己被完全委托的创作权——甚至比他在格兰德酒店作的“马塞”秀、巴加地尔公园进行的爱德华时代风格的奢华大秀还要多。他决心推出史上最伟大的一场秀。

为了重新获得他与哈莱克在一起时拥有的魔力，他找到了一个美好时代的缪斯，足以代表他对那个年代所崇拜的一切——玛切萨·路易莎·卡萨蒂（Marchesa Luisa Casati）。这位 20 世纪初的欧洲怪人有着惊人的美貌，波尔蒂尼为她画过像，比顿和曼·雷将她摄入镜头，波烈和福图尼为她设计过服装，尼金斯基（Nijinsky）热烈地追求过她。卡萨蒂用镶着钻石的皮带遛她的宠物猎豹，戴蛇形项链，让仆人赤身裸体，皮肤涂成金色。她的宠物蟒蛇从她住的丽兹酒店逃跑了。她曾在威尼斯（住所如今是古根海姆博物馆）、卡普里岛（圣米歇尔别墅）、罗马、巴黎和伦敦居住过。“她会为了办一个舞会而卖掉自己的房子，”加利亚诺滔滔不绝地说。“我太爱她了！”他和罗宾森决定在秀场重现她那些著名的奢华派对，把模特们打扮成“已经跳了 3 天舞的华丽而放荡的动物”，他说。

整场秀将在巴洛克风格的巴黎歌剧院的入口大厅和沙龙里举办，迈克尔·豪厄尔斯极尽奢华之能事地完成了秀场的设计。为了制造加利亚诺想要的如谷仓燃烧的效果，豪厄尔斯看了很多画面炫丽、色彩璀璨的电影寻找灵感，有英国导演肯·罗素（Ken Russell）1977 年执导的电影《范伦铁诺》（*Valentino*），芭蕾舞明星鲁道夫·努里耶夫在片中扮演范伦铁诺这位默片时代的明星；以及佛朗哥·泽菲雷里（Franco Zeffirelli）导演的《茶花女》（*La Traviata*）。他没有按惯例设置 T 台，两边放座椅，而是把沙发和桌椅一组组摆好，这样受邀者才真正会有参加的感觉，而不是在看秀。他把印着斑马条纹的兔子皮革铺在桌子上，“这样当你坐在那儿，你会情不自禁爱抚它，”他说。他订购了 2 万朵戴高乐玫瑰——“它们有着美丽的淡紫色，就像月光下的玫瑰，”他陶醉地说——他还从英国请来花艺师布置这些玫瑰。所有布景都在英国制作，再运到巴黎。“约翰总是希望在 Dior 保持这种英国风格，”豪厄尔斯解释道。他客气地说，法国人可能比较“拘谨”，而加利亚诺“追求一种浪漫主义”，并认为这种浪漫主义是英国独有的。

值得提一笔的是，豪厄尔斯说：“我对预算从来没有概念。”据报道，Dior 花了 15 万美元租下场地，而秀本身据说耗资 200 万美元。在当时，这场秀成为巴黎时装周有史以来最昂贵的一场秀。

1998 年 1 月 19 日，周一下午 2:30，客人们抵达歌剧院。他们受到了一群演员扮演的角色的欢迎和款待，尼金斯基的扮演者穿着这位舞蹈演员曾穿过的剧装不停地单脚尖旋转，缠着头巾的苏丹王浑身戴满了珠宝，还有水手、军官和舞动着斗篷的斗牛士。蜡烛燃烧过了矮下去，戴高乐玫瑰正在怒放但已有凋谢之迹，薰衣草花环悬挂四周，兔毛桌布吸引得无数双手去摸它。

伊莎贝拉·布罗头戴有着白色面纱的蟹爪帽走了进来。阿诺特坐在 63 号桌，左边是他的妻子，右边是蓬皮杜夫人，她俩中间坐着法国女演员苏菲·玛索；法国政治家的夫人们丽丝·图邦、玛丽 - 约瑟芬·巴拉杜尔（Marie-Josèphe Balladur）和塞西莉亚·萨科齐（Cécilia Sarkozy）；巴黎社交名媛贝丝·拉加代尔（Bethy Lagardère），她是媒体巨头让 - 卢克·拉加代尔（Jean-Luc Lagardère）的巴西裔妻子；黎巴嫩总理拉菲克·哈里里（Rafik Hariri）的妻子娜扎克·哈里里（Nazik Hariri），她那一头黑发着实引人注目。阿诺特身后还坐着一位保镖。

嘉宾们一边享用着 LVMH 集团旗下的香槟和精致的马卡龙点心，一边等着秀开场。

“好戏要开始了，”重新回到观众席的圣·斯伦贝谢说。

终于，在拖延了整整一小时之后，模特们一个接一个地出现了，先在歌剧院著名的大楼梯顶端摆个“浦士”，然后在一位盛装的男护花使者的陪伴下，小心翼翼地踏着超高跟鞋走下大理石台阶，按照加利亚诺亲自指导的那样，旋转她们的裙子，或是夸张地拖着身后长长的裙袂。一共有 40 名模特，每一名都扮演了一个故事里的角色。比如黛布拉·肖，加利亚诺对她说戏：“你是超级富豪，你和你的私人司机有一腿。”她听了哈哈大笑。每一名模特演绎一套服装，比如刺绣华丽的及地和服，有彩色菱形图案的芭蕾舞裙，或是有玫瑰印花、貂毛镶边的金字塔形外套。还有带巨大裙撑的舞会礼服；波烈式的茧式外套缀有星星点点的青铜色和焦橙色宝石，宛若天方夜谭中的山鲁佐德现身；斜裁式礼服用玫瑰灰丝绸和银色缎子做成，上面布满亮片；像泰坦尼克乘客穿的爱德华风格的套装，配着宽大的头巾；以及紫貂和水貂皮草、大裙撑和长裙拖。

这是一场 40 分钟的华服的招摇展示，结束时加利亚诺出来谢幕，两手各挽一名模特。他装扮成一个 20 世纪 20 年代的古巴舞者，胡须纤细如铅笔，头发烫出圆滑的波浪。

在这一刻，成百上千只纸蝴蝶从屋顶飞舞而下，落到观众身上。

“要说追求纯粹的戏剧性的刺激……无人能与 Dior 媲美，”邓恩称，“加利亚诺对他想要表达的东西有着丰富生动的感觉，并且他把这样的奇观纳入了自己的创作领域。对他而言，没有什么幻想是不能实现的。”

但是，就像《女装日报》所指出的，部分观众感觉那些衣服是“博物馆级别的展品”。销售部门谴责加利亚诺没有“为品牌创造一个当代的形象”。

加利亚诺斥巨资 200 万美元打造的歌剧巨作震撼了所有人，而麦昆则是用他美丽又实穿的服装令人们倾倒。阿诺特一定已经从 Givenchy 管理层那儿听说了这场秀值得亲自观看，于是他和妻子决定长途跋涉前往拉德芳斯的新凯旋门看秀。麦昆选择在这个巴黎西边的现代商业区办秀，阿诺特夫妇将坐在第一排，与社交名流、明星、皇室成员一同看秀。

麦昆在去年春天的日本之行后明显发生了变化，他在新系列和秀中融入了日本的禅文化。借鉴了禅宗的风格和冥想。在新凯旋门拱门下的一个阔大的房间里，模特们平静地穿行在日式花园里，地上铺着鹅卵石，种有盆景般的树木，浅池里漂浮着睡莲，还搭了小瀑布。服装的色彩非常柔和，如柔粉和果绿；西装线条流畅，连衣裙纤细精致；有他标志性的垂褶领口设计。他使用和服外套、锦鲤印花、孔雀刺绣和折纸褶皱来表达日本主义的主题，并添加了具有诙谐色彩的亚洲点缀，比如装着一只金鱼的玻璃碗手袋，透明的亚力克鞋跟里包着蝴蝶，这是他在巴黎动物标本店戴罗勒（Deytolle）那儿买的标本。“你能听到观众席上低低的称赞声，”邓恩说。

麦昆谢幕时穿着一件燕尾服，两只胳膊各挽着一名 Givenchy 的首席裁缝师。

“他变了，”一位长期追随麦昆的人观察到，“亚历山大不再像以前那么愤怒了。”

客户们欣喜若狂。“时尚界出现了一个新的性感地带，”纽约社交名媛奥黛丽·格鲁斯（Audrey Gruss）低声说。

“顾客一开始很难理解我的设计，”麦昆承认，“尤其是如果你不是来自他们那个世界。”

但他决心弄明白客户的世界，就像这场秀的阐述所指出的，这场秀是“献给客户的”。

麦昆越来越关注自己品牌的业务增长。他与自己在佛罗伦萨的制造商 Gibo 续签了 5 年的合同，原因如维卡特所说，“Gibo 能够完成麦昆想要的复杂剪裁，”并且成本合理，这使麦昆的服装在零售层面保持了“有竞争力的价格”。麦昆会在意大利工厂生产样衣，并定期去那儿做假缝和试衣。

与此同时，他开始制作他同名品牌的新系列，该系列在 Givenchy

高定秀后不到一个月就将推出。这一季的主题是“圣女贞德”（Joan of Arc）。McQueen 再一次成为伦敦时装周的闭幕秀，这很大程度上归功于他的成功。这一届伦敦时装周呈现出蓬勃发展的态势：45 名设计师参展创造了纪录，零售商和编辑们也已经把伦敦作为欧洲时装周不可或缺的一站。波道夫・古德曼百货从纽约派出了 13 名买手，其中包括道恩・梅洛。“精品酒店已经客满，最好的餐厅也都被订满了，”萨利・布兰普顿在《泰晤士报》上写道，“看起来，大不列颠仍然很酷。”

和上一季一样，麦昆在维多利亚区的旧巴士站举办了这场秀——这次是 2 月 25 日，周五——他用了同样的一百英尺长的透明塑料 T 台，但上面覆盖的是黑灰，而不是装满水。坐在第一排的是好莱坞最耀眼的明星之一凯特・温斯莱特，她因为在《泰坦尼克号》中的表演而获得奥斯卡最佳女主角提名。她在秀上向记者透露，几周之后她将在奥斯卡之夜穿上麦昆的晚礼服。

在噼啪作响的火苗声中秀开场了，在黑暗中，摇曳的顶灯用熔岩似的红色光束照亮了秀场。在黑色的背景下，一位模特穿着透明的银色锁子甲迷你裙走出来，领子后方形成下垂的褶。这条裙子本来应该极其性感，但模特看起来却像一具行走的尸体：苍白的脸，血红的眼睛——彩色隐形眼镜回归了——细长的金色辫子像绳子一样勒在脸上。

她身后跟随的模特们有着相似的相貌，穿着西装式特长大衣、剃刀般锋利的套装和黑色、蓝灰色、血红色的慵懒礼裙。在双排扣、下摆宽大的男礼服式大衣和直身筒裙上有照片印花，这是麦昆和昂格拉斯为“但丁”系列开发的照片印花工艺。这一次用的图像是老照片，维多利亚时期的孩子——不用担心版权问题了。晚装是红黑相间的连衣裙，裙子上的蕾丝或玻璃珠在灯光下闪闪发光。最后，麦昆让一个肌肉发达的女孩出场，她穿着一件无袖红色亮片低腰连衣裙，下摆接着长长的流苏，配以蒙面兜帽，她身边燃起一圈熊熊火焰，这时她做了一个戏剧性的腾跃动作。

麦昆穿着一件肥大的白色运动衫和口袋似的牛仔裤，牵着凯蒂·英格兰的手，蹦蹦跳跳走上 T 台。凯蒂的另一只手抱着一束巨大的红玫瑰。他向英格兰鞠躬，在她唇上印了一个深深的吻，人们跳了起来，并送上一片掌声。因为最后的烟火，他说："这他妈是我做过的最贵的一场秀了。"不过他对结果很满意。"这挺好的，"他做了个总结。

尽管这场秀本身暗黑，不乏恐怖——不由让人想起他 6 年前的圣马丁毕业系列"开膛手杰克跟踪他的受害者"——但"贞德"系列非常帅气，性感，绝对实穿，甚至让人想把它们全部都收入衣橱。穿上它们足以激发羡慕、嫉妒。尽管他在伦敦的员工人数只有巴黎 Givenchy 的四分之一，但麦昆已经找到了与自己公司配合的节奏，并且他有了鲜明的设计特征。他的工作日臻接近完美。

奢侈品时尚圈的游戏规则已经发生了变化，新的商业模式不但已经建立，并且形成统治性的地位。时尚巨头——那些家喻户晓的品牌——正呈几何级数增长。Ralph Lauren 的年零售额达到了 60 亿美元，Calvin Klein 44 亿美元，Giorgio Armani 20 亿美元，在 Gucci 被创始人家族售出之际销售额也迅速逼近 10 亿美元。时尚业在不到十年的时间内发展为全球性产业。新一代的设计师明白，他们要么接受这一事实，要么另谋高就。"今天，如果你想进入时尚行业并取得成功，必须有钱做后盾，"法国时尚顾问让 - 雅克·皮卡特（Jean-Jacques Picart）在接受 *Vogue*

杂志凯瑟琳·贝茨的采访时这样说。“这不再关乎天赋。十年前你必须有想法，如今有想法还不够。如果你想创建全球化、可持续发展的企业，你必须和一个团队紧密结合。如果到本世纪末你还没有钱，那你就没有未来。”

加利亚诺是这种新商业模式的领导者。他策划的女装秀稀奇古怪、另类不凡，持续地为 Dior 制造了头条新闻，从而履行了阿诺特委托给他的艺术创作权。阿诺特坚信，只要是媒体报道，不论正面还是负面，都是市场营销。

然而，他与一直孜孜以求的特权、安全感和奢华生活，以及 Dior 所提供的一切，让他与现代社会生活脱节了。他不会发送电子邮件，不会从取款机上取钱，甚至不会写支票。他不开车，也从不乘坐地铁和其他公共交通工具，取而代之的是一辆配有司机的专车将他送到城里任何一个地方。每天早晨，他要么宿醉不醒，要么去健身，中午才溜进办公室，这时罗宾森会准备好让他审查的试衣工作。他的秀场设计一季比一季怪异，就跟他那种种想一出是一出的节食计划等 VIP 要求一样。在他的领地里，无人敢对他提出任何挑战。“约翰身边都是马屁精，他们根本不会让他认清现实，”他的一位老朋友说。“但这就是大明星会遇到的问题：没有人会告诉你，让一屋子的小狗都来抱你、让人拣出一碗碗没有绿色的 M&M 巧克力豆是不合理的要求。没有人会在那种疯狂的时候提醒你，‘哦，看在上帝的分上，你真的需要有人做这种事情来让你觉得自己有价值吗？’”

唯一一个试图对加利亚诺施加某种权威的是 Dior 总裁弗朗索瓦·博菲，而他惨败。一名工作人员回忆，他是公认的脾气暴躁的管理者，大家都叫他“咆哮狂”，他最大的仇敌就是加利亚诺。“他不喜欢约翰，也讨厌听到他那些毒品和酒精的事儿，”Dior 的一位高管证实。“他喜欢控制自己的设计师。”他会咆哮，强调秩序，尝试用各种手段来让加利亚诺服服帖帖。“但是，”正如这位高管所说，“这么做对约翰毫无震慑力。”

相反，加利亚诺更加反叛了。在一次秀上，博菲发现加利亚诺不在后台。他让手下给加利亚诺的家里和手机打电话，但无人接听。最后终于搞清楚了，加利亚诺还躺在床上。“博菲坐上他的 Dior 专车，让司机送他去加利亚诺在玛黑区的公寓，”LVMH 集团一位知情的高管说，“博菲进了门，叫醒加利亚诺，让他上车并带他去了秀场。”加利亚诺赶上了最后的谢幕，但博菲怒不可遏。

最后的结局是，1998 年 3 月 13 日，53 岁的弗朗索瓦·博菲宣布，按《女装日报》的说辞便是，从 Dior“退休”。“他和约翰势不两立，”Dior 的一位同事说。阿诺特明白这一点，就像《女装日报》说的那样，他“精心布局了”博菲的离职和继任者。公司发表声明说，他的职位将由 46 岁的副总经理西德尼·托莱达诺接任；托莱达诺于 1994 年加入 Dior，负责皮具部门，并成功策划了 Lady Dior 手袋的发布，轰动一时。

托莱达诺生于卡萨布兰卡一个保守的犹太家庭，他的祖先在 1492 年为躲避宗教裁判所的迫害逃离了西班牙。他的父亲鲍里斯从事造纸业，后来成为卡萨布兰卡犹太人社团的领袖。他的母亲是这座大西洋港口城市里最迷人的女性。托莱达诺在法国最好的工程学院之一的巴黎中央理工学院学习应用数学，后来又与一位摩洛哥朋友合作，这位朋友拥有法国鞋履和街头服装品牌 Kickers。1984 年，他去了皮具品牌 Lancel，在那里他做到了首席执行官的职位，并带领品牌实现了复兴。也是在那里，阿诺特看中了他。

消息公布几天后，LVMH 集团举行年度新闻发布会，宣布他们

1997 年的业绩——对金融分析师、时尚和商业记者来说，这是巴黎城中不可或缺的发布会。尤其在那一年，许多人认为 LVMH 集团受到了亚洲经济危机的冲击，而 LVMH 非常依赖环太平洋地区的销售，不久前又刚刚收购了 DFS 免税店和化妆品连锁店丝芙兰(Sephora)。事实上，阿诺特向 400 名与会者保证，损失不太严重。该集团 1997 年的总销售额增长了 54%，达到了惊人的 80.18 亿美元，这主要归功于 DFS 和丝芙兰。而时装和配饰增加了 15%，达到了 20.12 亿美元，这个数字也算体面。“我仍然相信，我们在这个市场中的存在极具价值，”阿诺特念着他事先准备好的发言稿，“消费者对我们产品的消费欲望丝毫未受影响。”

发布会上还公布了其他扩张计划，其中一个计划是把 DFS 发展为一种新的购物中心概念，叫作“gallerias”，即把所有奢侈品品牌集中至一个购物空间；还将在美国推出 15 家新的丝芙兰门店；以及由获得普利兹克建筑奖的法国建筑师克里斯蒂安・德・包赞巴克（Christian de Portzamparc）担纲设计 LVMH 集团在美国的总部大楼，这栋高 23 层的办公大楼正在纽约东 57 街施工，落成后将闪耀着荣光。

阿诺特带来的种种出人意料的好消息赢得了讲求实际的听众们的支持，他的结束语一再被掌声打断。

麦昆陷入了深深的低谷。相处近两年后，他和默里・阿瑟永久地分手了。尽管麦昆是阿瑟的初恋，阿瑟也很崇拜他，但他无法忍受麦昆反复无常的情绪波动和暴躁的脾气。“这种关系不会再有了，”一位旁观者说。奇怪的是，阿瑟从来不知道麦昆还有个阿奇・里德。

为了振奋精神，麦昆为Givenchy高定秀构思了一个浪漫的幻境，并将地点选在巴黎美丽的冬季马戏团馆（Cirque d'Hiver），这座巴洛克风格的室内剧场于1852年由拿破仑三世皇帝揭幕。这一系列的故事主角是俄国公主阿纳斯塔西娅。据传闻，当她的家族，即统治沙俄的罗曼诺夫家族在布尔什维克革命期间被行刑队处决时，她逃跑了（她的遗体后来在俄罗斯被发现，证明她的确是和家人一起死去的）。在麦昆的故事版本中，阿纳斯塔西娅被发现躲在亚马孙丛林中。

7月19日，周日，新装秀发布。他让一位模特扮成戈黛娃夫人（Lady Godiva），披着金色长发，挂着兰花花环，骑在一匹漂亮的白色骏马上开场。其后，模特们身着被《女装日报》称为“你能想象得到的最漂亮的外套和套装”姗姗而行：柔软的荷叶边连衣裙披在闪闪发光的珠饰紧身衣上，在金丝雀黄皮草大衣下洋娃娃风格的连衣裙亮晶晶，明明是婚纱却像是《弗兰肯斯坦的新娘》（*The Bride of Frankenstein*）穿的。它们时髦之极，又带有商业气息，这意味着客户们可以想象自己订购和穿着它们会是什么样子。不止一位嘉宾——包括我在内——捕捉到了加利亚诺作品的蛛丝马迹。

尽管保持缄默，但麦昆的确很欣赏加利亚诺的作品——或者说至少是他欣赏认可的加利亚诺的作品，尤其是1987年推出的1988春夏系列“布兰奇·杜波依斯”中著名的贝壳裙，它是加利亚诺的神来之笔，由剧装师凯伦·克赖顿制作。“那条裙子让李疯狂，”塞巴斯蒂安·庞斯回忆道。“他搞不清楚它在技术上是如何实现的。那条裙子，那条裙子！李有很多那条裙子的复制品和照片。他一直研究它。”

《女装日报》对这场秀不吝赞美之词：“麦昆的天赋、创造力和极富戏剧性的活力都汇集在了这个人人都在期待的无与伦比的系列中。”

安娜·温图尔显然也很认同这个系列。她很谨慎地以个人名义从麦昆那儿订购了两件衣服：一件粉色和黑色狐狸毛镶边的西装上衣，一件有手绘花朵的无袖勃艮第红天鹅绒长礼服。这与她没有参加他在伦敦的秀、被他午餐时狼吞虎咽吃龙虾吓到的情形，大相径庭。温图尔没有买过多少高级定制时装，但她买了麦昆的 Givenchy。

如果说麦昆在 3 月伦敦时装周上的秀几乎完美无缺，那么这场 Givenchy 高定秀也同样完美。这一路看过麦昆秀的人都对他有一种不可言喻的认识，即我们见证了“一代人才能出一个”的天才成长为卓越人才的过程。“艺术家”这个词在时尚界被滥用了，但他当之无愧。这个还不到 30 岁的孩子不仅仅是在做衣服，也并非像加利亚诺那样做戏装，他是在用纺织品和装饰物来创造让我们屏息凝神的美好事物，来制造色彩、视角、质地和形状的完美碰撞——那是真正具有雕塑感的东西，只是碰巧可以穿在身上。麦昆是名副其实的艺术家，有着与生俱来的清晰敏锐和丰富多彩的视角，他的作品与天才之作只一线之隔。

对于 Dior 1998/99 秋冬高定季，加利亚诺以他日渐狂妄自大的风格，想要超越 6 个月前的歌剧盛宴。令人惊讶的是，托莱达诺没有丝毫犹豫。

加利亚诺和托莱达诺在 Dior 已经建立了良好的工作关系——至少在工作室员工看来是这样。“托莱达诺先生最强大的优势之一就是他会给予约翰自由——完全的自由，”一位 Dior 的助理回忆道。“他非常尊敬约翰的创作……顺着他，不批评他，还要在幕后支持他，要做到这些是需要相当勇气的。约翰和托莱达诺先生相处起来有公事公办的时候，也有不拘礼节的时候，但一天下来他们都非常紧张。他们相互都很尊重。”

在秀前约一个月，迈克尔·豪厄尔斯来到巴黎见加利亚诺，与他讨论秀场置景。“简单来说，就是‘伊丽莎白一世女王在度假时遇到了印第安酋长的女儿波卡洪塔斯（Pocahontas）’。我回答，‘好的，约翰。好的，谢谢。我会回复你的。’”

豪厄尔斯说，他记得曾见过一张明信片，上面写着“巴黎的一列火车到站时，冲出了站台，穿过车站后方，车头撞到了站外大街地面上。”这说的是法国有名的火车事故，发生在 1895 年的巴黎蒙帕纳斯火车站（当时叫西站）。虽然事故非常严重，但只有 5 人受重伤，无人死亡。

“实际上，约翰，”豪厄尔斯说，“在火车站办秀，在火车上，难道不好吗？因为那是 7 月份，大家都会坐火车离开巴黎去过大周末假期。我们试着在火车站做次秀吧。”

加利亚诺欣然同意。

豪厄尔斯担心，要在不到 4 周的时间内搭出秀场，未免太艰巨。但是加利亚诺说，“法国人真的很支持时尚。他们能理解。”豪厄尔斯获得了关闭奥斯特立兹火车站（Gare d'Austerlitz）三个站台的许可，又在法国南部找到一台 1912 年出产的仍在正常运转的蒸汽机车，将它开到了巴黎。

豪厄尔斯和加利亚诺计划将火车站的一部分改造成浪漫的摩洛哥人聚居区——就像加利亚诺幼时生活过的丹吉尔，但是好莱坞版本的——有棕榈树、成堆的古董衣箱、白色的沙漠帐篷和撒哈拉沙漠的沙子。衣箱来自 Dior 的姊妹品牌 Louis Vuitton 的档案馆，而沙漠则是豪厄尔斯采购来的 3 吨橘红色沙子，用来铺在水泥站台上。这氛围非常像保罗·鲍尔斯于 1949 年出版的小说《遮蔽的天空》（*The Sheltering Sky*）开头描写的场景。

秀场的另一半设计成爱德华时期的火车站，出于某种原因，遭到了美洲印第安人的袭击。加利亚诺引入了些许丛林和墨西哥风格，并将他以前系列的理念嫁接到了现在这一季，就像他在 20 世纪 80 年代做过的那样,当时他在好几个系列中阐述了“目击者”美学。之前在接待《女装日报》的编辑看新装预览时，加利亚诺说这个系列“穿越了地理和历史的边界”。

大秀当天——7 月 20 日，周一，下午 2 点半——天气非常炎热，热得不得了。撒哈拉火车站有 110 华氏度（43 摄氏度）。侍者们身穿白色亚麻套装，头戴土耳其毡帽，端着黄铜托盘，为来宾们奉上凉丝丝的凯歌香槟、皮姆利口酒、薄荷茶和土耳其软糖。为了更好地渲染氛围，现场还摆着一篮一篮的椰枣和干无花果，以及成盘的香料。古董衣箱上带着标签，上面写着名人的名字，有平 · 克劳斯贝、埃及艳后克利奥帕特拉，还有布拉德 · 皮特。

打扮得花枝招展的高级定制时装的客户、名人和经销商们坐在藤椅和木头长椅上，自己扇着风，有乔斯林 · 威尔顿斯坦（Jocelyn Wildenstein）、穆娜 · 阿尤布、贝特西 · 布卢明代尔（Betsy Bloomingdale）、畅销小说作家丹尼尔 · 斯蒂尔（Danielle Steel）和日本小姐。需要站着看秀的人群被转移到停在其他站台的古董火车车厢里，像等待凉风吹过的次大陆游客从车窗探出身子。就像每一场加利亚诺的秀一样，每个人都在等待，等待，等待，喝气泡酒喝到醉，被炎热烤得萎靡不振。

突然，我们被告知坐到座位上，秀即将开始。巨大的黑色蒸汽火车头——标着 Diorient Express——呼啸着驶入车站，冲破了一张巨大的橙色纸帘。波卡洪塔斯被绑在车头前面，一帮来自巴黎迪士尼乐园的印第安战士——野牛比尔西大荒表演再次上演——横冲直撞，嘶吼着，呼叫着，战斧挥舞，箭矢飞扬。人群中爆发出欢呼声，仅仅是为了这样的疯狂大胆。

然后就是为服装喝彩。模特们纷纷走下火车，踩着杰里米·希利制作的俱乐部电子音乐，他在背景音乐里混入了乔治·迈克尔、传声头像乐队（Talking Heads）的歌声和印度锡塔尔琴声,还有印第安人的吟唱。模特们走在布置成阿拉伯露天市场和爱德华时代火车站的秀场里，穿着宽大的印第安风格阔下摆毯子式大衣；饰有麂皮流苏和皮毛的斗篷；波卡洪塔斯式的鹿皮迷你裙；秋季色调的都铎风格束腰迷你连衣裙，有羊腿袖，配着长及大腿的靴子和锦缎披肩；雷鸟印花紧身长裤套装，配印度串珠颈饰；简朴的长长的黑色天鹅绒“传教士”风格外套式连裙装，带了副高高的牧师领；黑色塔夫绸做成的文艺复兴时期风格的礼服，胸部被胸衣束得高耸，下部却是打了一个个褶的泡泡裙。这个系列只有 33 套服装，尽管按照法国高级定制时装协会的规定，至少应该展示 50 套。当一切结束，模特们回到火车上，火车呼啸着驶离车站。

“哇！停下来吧！”《国际先驱论坛报》的苏西·门克斯的文章在第二天见报，她吼道：“我们以前不就和加利亚诺一起到过这儿么——他精神错乱地把时间和地点搅和到一点，力图宏伟叙事，实则却让时装秀变成了荒谬的穿越化装舞会。”

“一季又一季，加利亚诺面临的都是一样的批评声音：衣服在哪里？”《女装日报》评论道。“你知道的，约翰，真正的衣服，那些可以买、可以挂、可以穿的衣服在哪儿？”

“它让富人们感到尴尬，”泰利告诉我，“看了你只想跑。”

XIV

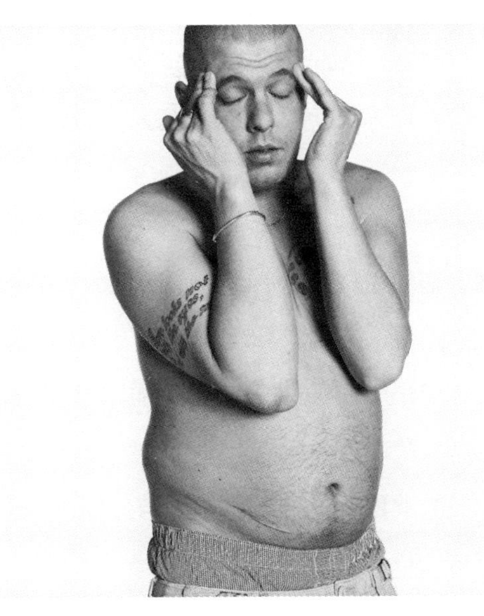

火车事故——这是许多嘉宾对加利亚诺“迪奥快车”（Diorient Express）秀的戏称。

这场事故似乎有一人受了重伤——约翰·加利亚诺本人。9 月初，时尚圈开始盛传，阿诺特考虑不再与加利亚诺续签 Dior 的合约，想让新宠亚历山大·麦昆入主蒙田大道 30 号，取代加利亚诺。

加利亚诺让 Dior 赔了一大笔钱——那一年他潇洒地花了 500 万美元办秀——但零售额并没有跟上。他的作品越设计越复杂，过于雕琢，就像未经考虑便创作出来的。是的，阿诺特希望加利亚诺来造势，好来卖利润数以百万计的香水、手袋和口红，但这并不意味着要以牺牲时装销售为代价。毕竟，Dior 首先是一家时装公司，它从创建那一天起，就是以漂亮的时装赢得声誉的。

而加利亚诺不仅仅是失去了传媒和零售商的支持，甚至是他尊敬的竞争对手也质疑他在创意上的判断。“约翰·加利亚诺在某种程度上非常成功，毕竟他不是极简主义者，”简约主义女王缪西娅·普拉达说。“但我认为加利亚诺的弱点……在于他的作品太脱离现实生活。我对亚历山大·麦昆更感兴趣，因为他的视野是很当代的。他的创意也天马行空——但他的幻想更通向未来，而非回到过去——我认为在如今这一点很重要。”

时尚界谣言四起——这是一个最喜欢嚼舌根、最善于搬弄是非的行业——但无风不起浪，尤其当《女装时报》把消息刊发出来，又反过来印证了这绝非空穴来风。这意味着业内有可靠的消息来源。报道中不仅写了加利亚诺被解雇的可能性，还请麦昆发表了评论。

“我对此一无所知，”麦昆坚称，并补充说他刚刚和 Givenchy 续签了三年合同。一年前他也曾面对类似的炒鱿鱼传闻，因此他对加利亚诺表示同情，痛斥这样的谣言“令人作呕”。

“约翰的压力一定很大，他不应该遭受这些，”麦昆说。“这个可怜的家伙一定寝食难安，读到那些东西肯定特别丧气。”

纽约之行后，麦昆全力以赴准备他个人品牌的新装秀，也是他的第十三场秀，因此取名为“第13号”（No. 13），定于9月27日、周日在维多利亚巴士站举行。他阐释说，这场秀的基础是工艺美术运动，加入了“令人惊叹的面料技术……还有我从Givenchy那里学到的更多的高级时装的感觉”。

这种感觉转化为硬与柔、自然和人工的美丽并存。模特们随意地走在漂白的木地板上，发丝飞扬，妆容自然，穿着柔软的“包屁者”、绒面革挂脖式吊带衫、领口系带的高领上衣、不对称雪纺鸡尾酒裙、酒椰纤维做的波蕾若外套（无纽扣短上衣）和木质折扇造型的半裙。整个系列的色调简洁而优雅：黑色、白色、象牙色、沙色、鸽灰色和银色。这些服装廓形有雕塑感，面料又赋予它们诗意的朦胧，既正式又随意。

然而，麦昆的谢幕画面以纯粹的诗意震撼了大家：模特莎洛姆·哈罗（Shalom Harlow）穿着一条简单的白色大蓬蓬抹胸裙，用一条皮带束紧胸口，像音乐盒上的芭蕾舞小玩偶一般站在地上的转盘里旋转，旁边两个机械手臂向她身上喷洒着黑色和黄色的油漆。这场秀让麦昆越过了时尚的边界，进入了行为艺术的领域，他非常完美地执行了这次艺术行为，征服了观众。“丰富的创意，完美的执行，几乎没有任何失误，令人叹为观止，”门克斯写道。“加上麦昆在Givenchy做出的其他贡献，显示出这位年仅29岁的设计师在时尚界所向披靡的地位。”

在巴黎，加利亚诺的工作似乎岌岌可危——至少他受到了严厉的警告。据报道，奥斯特立兹火车站秀花费了200万美元，但整场秀只走了10分钟，第二天天早上，阿诺特告诉托莱达诺：“你必须改变这种状况。”

阿诺特毫不掩饰他的鄙视。“LVMH 集团的老板伯纳德·阿诺特态度强硬，”《女装日报》写道。

托莱达诺告诉加利亚诺，以后时装秀就放在蒙田大道的总部举行，规模小一点，预算控制得好一些，要把焦点放在服装本身，具体来说，就是要设计商业化的、实穿的服装。

“不管人们怎么认为，加利亚诺从来不开空头支票，”他向《女装日报》解释——完全否定或者得了健忘症，忘记了阿诺特的时尚顾问凯特·勒·布尔希在 6 个月前告诉《名利场》的“全权委托”加利亚诺进行艺术创作的话。

加利亚诺也表态：“我明白，有时候那些没有加利亚诺主义水平的人搞不懂我的服装系列的意义。”他略带挑衅地解释道：“这一次，我们展示它们的方式就是它们将被穿戴的方式。”

但私下里，加利亚诺非常愤怒，他认为自己被剥夺了创作自由。他在 Dior 推出了一个系列作为回应：褶皱丝绸束腰外衣；军裤；橄榄绿或棕色等军用色彩的宽松长袍上有俄国构成主义流派的印花；臂章和苏联红军帽。按照管理层的说法，这个系列轮廓简单，甚至有些乏味。

至于他自己的品牌，他在一个画廊举办了一场“加利亚诺主义”（Gallianoism）秀。为此，他编造了一个故事：虚构的东欧王子从事戏剧表演，他好奇心强，惯于将自己当作剧中的主角。伴随着《泰坦尼克号》的原声音乐，模特们出场了，身穿 20 世纪 30 年代风格的色彩柔和的半透明斜裁长裙、绣有花卉图案的蕾丝连衣裙、有蜂腰的窄裙套装。“一切都非常轻盈和流畅，”我那时写道。那时看来，对于约翰·加利亚诺自己的品牌，他的预算更紧张，受到的约束也更多。同样明显的是，尽管他爱 Dior，但 Galliano 才是他真正的大本营。“这些服装并不适合当今世界的办公室、地铁、出租车和商务会议，”《华盛顿邮报》的罗宾·吉弗承认，“但如果没有这样神奇的服装，那将是多么可悲啊。”

从这两场秀中可以明显看出，加利亚诺终于意识到，就像门克斯所指出的，他和阿诺特之间的协议是“浮士德式的魔鬼合约”。

Dior“要求他理性、现实，”她写道，但作为交换，在他自己的品牌中“灵魂可以自由翱翔”。至少看起来是这样。

麦昆也有这样的一个“浮士德式的协议”，但他似乎处理得更好。也许是因为他已经习惯了种种让人沮丧的预算限制吧。或者也许是由于他在东区长大，没那么容易对什么事害怕。可以肯定的是，他在创意和商业之间找到了符合 Givenchy 精神的平衡点。

尽管手里已握有诸多品牌，阿诺特仍然在进行全面收购，并且目标瞄准了一个主要品牌：Gucci。

这家位于佛罗伦萨的皮具公司在 20 世纪 90 年代是时尚界的成功典范。它由皮具工匠古乔·古驰（Guccio Gucci）在 1921 年创立，经过 50 多年、两代人的经营，公司发展良好。但是当古乔那个花花公子做派的孙子默里奇奥接手之后，问题来了：销售额直线下降，生产成本飞涨，家庭内斗不断升级。到 1988 年，默里奇奥不得不将公司出售给总部位于巴林的金融公司 Investcorp。

Investcorp 公司随后聘请了律师多梅尼科·德·索雷（Domenico De Sole）来管理公司，他是意大利南部人，毕业于哈佛大学；还有一位不知名的年轻得州人汤姆·福特来设计成衣。不到 5 年，这对在业内被叫作“德和汤”的组合就将公司从濒临破产的边缘带到了时尚界最强大的品牌之列。由于它是一家上市公司,也很容易遭遇恶意收购。“我们只是坐在那里，等待,”福特后来说,“太令人沮丧了。”

德·索雷和福特的担忧在 1999 年 1 月初成为现实，当时 LVMH 集团宣布他们已经悄悄收购了 Gucci 超过 5% 的普通股。LVMH 集团坚称他们的收购意图是“友好”的——这是一次“被动的”收购。然而,德·索雷知道阿诺特一贯的伎俩，他非常怀疑和担心。

德·索雷的直觉是对的。阿诺特持续收购 Gucci 的股票——其中包括 Prada 的帕特里奇奥·贝特利（Patrizio Bertelli）9.5% 的股份，就像是“一次悄无声息的收购”，这种逐步获得控股权的方式在金融行业众所周知。“我已经准备退休了,”德·索雷告诉 *The House of Gucci* 一书的作者萨拉·盖伊·福登（Sara Gay Forden),“但是我不会让什么人把我赶出去。”

有了这些商业阴谋，1999 年春夏高定时装周 T 台上的聚光灯都亮了几分。每个品牌似乎都是阿诺特觊觎的对象。感谢互联网泡沫、美国房地产市场的繁荣、欧盟经济的蓬勃发展——1 月 1 日刚推出新的货币欧元——这一切都让该季高定时装周散发出明显的“新钱”的气味。加利亚诺发起革命后，保守派的老客户们在 3 年内悉数离开，取而代之的是年轻的已婚女性、中东石油大亨的年轻妻子、新兴互联网百万富翁的年轻女友，甚至还有军火商的女儿们，如果不介意她们的财富来源，她们是颇受欢迎的好客户。“我们不是外交部,”Dior 发言人伯纳德·丹尼隆（Bernard Danillon）说。

加利亚诺连续第二季不得不在 Dior 公司内办秀，并且为了容纳每一个想要参加秀的人，他在一天内不间断地安排了 6 场秀，每场嘉宾不超过 60 位。公司内鸽灰色调的沙龙装饰着插有大束白色马蹄莲的白色花瓶、白色立柱、白色石膏天使，还有一个真人小天使——那是坐在壁炉架上，化着白色妆容，穿着婴儿纸尿布的男模特。秀前，加利亚诺亲自出来迎接每一位贵宾，并向他们介绍该系列，说这是向 20 世纪 20 年代的超现实主义艺术运动致敬。

加利亚诺没有设置 T 台，而用了一张无接缝的白纸做背景，纸被撕开，像超现实主义版本的女性外阴。模特的造型根植于他 80 年代在伦敦时的作品——炭灰色的眼睛、贴着头发的波浪形卷发和贝雷帽，不由令人想起曾经的“发夹”秀。加利亚诺再次运用了许多已成为他标志的轮廓，但用了超现实主义的变形技术重新创作，做出黑色、白色和 20 世纪 30 年代风格威尔士亲王式的长裤套装，上衣的领子要么开在后背，要么歪歪斜斜开在肩膀，纽扣沿着身体一侧排列下来。有一条长长的日装连衣裙，裙裾被拎着钱包的手提起；还有一件镶满亮片的雪纺上衣，一边的袖子消失了。

将超现实主义融入时尚并不是加利亚诺的原创：早在 20 世纪 30 年代超现实主义艺术运动兴起的时候，艾尔莎 · 夏帕瑞丽就和艺术家让 · 科克托联手进行实验性创作，而圣 · 罗兰也在 80 年代再次巧妙地设计了一系列超现实主义时装。但是加利亚诺的超现实主义服装非常帅气灵巧，工艺考究精良，与其他设计师的作品有截然不同的气质。很明显，阿诺特和托莱达诺勒令他停止创作铺张的新装秀，将创意转而投入到服装设计上的策略是对的。能够再次近距离观看高级定制时装，欣赏工匠大师们的精湛手艺，客户和记者们都感到欣慰。“没有花里胡哨和奢侈无度，”波道夫 · 古德曼百货时任时装部监詹姆斯 · 阿奎尔（James

Aguiar）回忆道，“它确实很庄重，不张扬。”

尽管从阿诺特那儿获得的精神支持越来越多，但麦昆觉得想在 Givenchy 做自己想做的事，预算仍然捉襟见肘。从商业角度看，阿诺特收紧银根是合理的：尽管亚洲经济危机正在逐渐衰减，但仍然影响着整个奢侈品行业。虽然媒体推崇麦昆在 Givenchy 做的设计，但没人买账。“他创造了那些令人惊艳的秀，但衣服还是卖不出去，”当时在 Givenchy 工作的一位助理说。Givenchy 的一位知情人士告诉我，每款成衣的销量“远不足 100 件”。

直接的结果便是，精打细算的 LVMH 集团管理层大大削减了时装部门的预算。当技艺熟练的女裁缝师退休后，集团也不会再招募新人接任，成衣样品的制作也被外包给巴黎各家独立裁缝工作室，她们按日计价，成本更低。麦昆对这种变化感到悲哀：他喜欢直接和裁缝一起工作，现在他唯一能做的只有高级定制时装了。很快高级定制时装成了他在 Givenchy 真正关心的一切。

他在 1 月将推出的那场秀名字为“乡下人”（Villager）——这个系列是基于法国乡村的角色创造的。为了让秀达到预期的效果，他需要更多预算。如今他明白大喊大叫、大发牢骚、噘嘴耍赖对 LVMH 集团的高管毫无作用，他灵机一动，带着穿成修女模样的模特伊瑟·肯娜达（Esther Cañadas）来到斯皮策的办公室，她脱掉长袍，露出一条非常暴露的红色亮片迷你连衣裙，当麦昆开口要更多预算时，她风情万种地坐到了斯皮策的桌上。他要到了钱。

“乡下人”秀没能取得 Givenchy 近几场秀的成功。尽管服装和模特都表现出色，但它过于戏剧化，媒体对其反应十分苛刻。“哦不！不是这种由英国历史狂热分子送来的戏服！”门克斯哀号道，“没有人需要一套用一千米彩带一圈圈绕成的衣服。”

手袋战役的新闻占据了时尚和商业版面的重要位置，阿诺特对 Gucci 悄无声息的收购现已人尽皆知。1 月 25 日，LVMH 集团宣布它对 Gucci 的股份增持至 34.4%，约为 14.4 亿美元。LVMH 集团表示，接管后将在 Gucci 董事会任命至少一位，最好是两到三位董事，并且希望德・索雷和福特继续担任现在的角色。福特公开表示，他无意为阿诺特工作。

2 月 18 日，Gucci 进行了反击：它制订了一项员工持股计划 ESOP，授予 Gucci 员工购买总共 3700 万新普通股的选择权。当天大约有 2000 万股期权被行使，这将 LVMH 集团的股权稀释至约 25%。

阿诺特和他的副手皮埃尔・格尔特（Pierre Godé）被打了个措手不及，他们甚至都不知道 ESOP 是什么。他们很快回过神来，在 Gucci 注册成立和上市的荷兰提起诉讼，以期阻止这一进程。阿姆斯特丹法院迅速作出裁决，冻结 LVMH 集团的 Gucci 股票和 ESOP，要求双方通过谈判来解决问题。

这时，古驰的负面新闻被媒体捅了出来，而德・索雷和福特都认为阿诺特在玩见不得人的勾当——针对的是他们——以至于德・索雷常常让人定期检查 Gucci 的办公室是否有窃听设备，福特则认为一名在他巴黎公寓前晃荡的人是私人侦探。报纸还报道说，Gucci 有一个秘密武器来对付 LVMH 集团，叫“德和汤炸弹”：德・索雷和福特的合同中有相关条款，允许他们在 Gucci 换东家时可以迅速离职。当时业内普遍认为，没有福特的创意掌舵，Gucci 就一钱不值。下定了决心，德·索雷继续寻找能够拯救 Gucci 的人。

麦昆的 2 月大部分时间在伦敦度过，准备他个人品牌的新系列和秀。新系列的灵感来自斯坦利·库布里克那部改编自史蒂芬·金的恐怖小说《闪灵》（*The Shining*）的同名电影。麦昆说，他的想法是去捕捉这个故事里的“孤立感和朦胧感”。他将系列命名为“全景”（The Overlook），与片中酒店的名字一致。邀请函上引用了这部电影里最令人难忘的台词，主角崩溃后在打字机上反复打出“只工作不玩耍，孩子会变傻”这句话。

他将秀场布置在维多利亚车站附近的一个大车库里。在秀场里，他让制作团队建造了一个巨大的有机玻璃立方体，里面有桦树、雪堆和结冰的池塘，宛若冬季仙境，也像一个真实的方形冰雪世界。回旋的风声和低沉的狼嚎在寒冷的洞穴似的秀场里回荡，嘉宾们在立方体外就座。第一排的观众都是响当当的人物：他的忠实粉丝凯特·温斯莱特，前不久她刚结婚，婚纱是麦昆设计的；女演员海伦·米伦和凯特·布兰切特；英国流行乐队“大举进攻”（Massive Attack）的成员；以及歌手格蕾丝·琼斯（Grace Jones）。

服装十足的冬季感：深浅不一的灰色、灰褐色、棕色和银色，厚厚的针织衫和羊毛衫，蓬蓬的夹棉外套和冰岛风格的运动服。回到对《闪灵》的借鉴，麦昆让一对红头发的双胞胎女孩携手走出，象征故事中被谋杀的格莱迪姐妹。她们穿着 20 世纪 70 年代风格的石板灰色针织套头无袖连衣裙和浅灰色衬衫。肖恩·利恩的一件杰作也令人眼前一亮：受到南非的恩德贝勒部落居民佩戴的项圈启发，他用铝条一圈圈缠绕出一件短袖高领紧身胸衣。制作它的时候用了个模特人台，以便与模特的身体完全贴合，需要一把螺丝刀才能穿脱。另一个亮点是一条银灰色过膝半身裙，它用金属片切割而成，上面装饰着银色蔓藤花纹；裙子带有裙撑，有“新风貌”的廓形，仿佛芭蕾舞剧《彼得鲁什卡》（*Petrouschka*）中的舞裙。

在闭幕时，麦昆曾计划要用溜冰者和雪制造一个冬季场景，但后台造雪机的管子坏掉了，导致哪儿都在飘雪，除了模特前面不飘。麦昆一位高个子、身材强壮的朋友米格尔·阿德罗韦尔(Miguel Adrover)帮了他，他抓住断开的管道，把它塞到该放的地方，才得以往外喷雪。

当麦昆在弗兰克·辛纳屈的《与我一起飞翔》（*Come Fly With Me*）歌声中鞠躬谢幕时，人们一跃而起热烈鼓掌——这在时尚界里是罕见的——麦昆的母亲乔伊斯和萨克斯百货的时装部总监妮可·费希尔（Nicole Fischelis）感动得流下了泪水。这种突如其来的情感流露是因为嘉宾们感受到了“设计师拼尽全力在创作”，门克斯写道。她称这场秀“融合了诗歌、表演和想象力”，并且相信它证明了“麦昆是一个重要的国际化的天才”。

布兰切特非常喜欢这场秀，几天后，她和她的造型师杰西卡·帕斯特（Jessica Paster）在伦敦蒙茅斯街的考文花园酒店与麦昆见了面，请他设计她的奥斯卡礼服——她因出演电影《伊丽莎白》（*Elizabeth*）获最佳女主角提名。对于一名设计师来说，能为奥斯卡最佳女主角提名者设计服装是一个宣传上的意外收获：她在奥斯卡红毯上的亮相可能带来价值数百万美元的宣传效果和来自全球的认可。布兰切特讲了她的想法，麦昆拿出一支笔和一张纸，当场为她画了一张草图。“那是无肩带的淡蓝色礼服，很修身很美，裙子下摆有一些亚洲风格的图案。”帕斯特回忆道。布兰切特说她会考虑一下。

加利亚诺根本无视麦昆为布兰切特奥斯卡的服装所做的努力，他告诉秀场美术设计师迈克尔·豪厄尔斯，他非常愿意为这位澳洲美人做点什么。巧的是，一年前，豪厄尔斯在奥利弗·帕克（Oliver Parker）根据奥斯卡·王尔德的《理想丈夫》改编的电影中与布兰切特合作过。豪厄尔斯知道，就算加利亚诺通过 Dior 去和布兰切特的官方代理人、公关和经理们争取，也不会成功——至少这一次，离颁奖礼只有 3 周时间了，或许只能无功而返。“我们为什么不老老实实地做呢？”豪厄尔斯说。

他将所有重要的人物，加利亚诺、史蒂文·罗宾森、梅斯·希波（Mesh Chhibber）、帕斯特、布兰切特和她的丈夫——出生于澳大利亚的剧作家兼导演安德鲁·厄普顿（Andrew Upton），召集到他位于诺丁山的家中吃晚饭。饭后，他们聚到客厅，加利亚诺、布兰切特和帕斯特围坐在沙发上讨论该做一条什么样的完美的礼服。布兰切特再次描述了她想要的礼服——“她的想法非常清晰，”加利亚诺说——他们一起想出了一件长春花紫色丝织紧身长裙，后面采用透明面料，饰以花朵和蜂鸟刺绣。“把刺绣放在背后是她的想法，”加利亚诺后来说，“她是对的。”

随后，布兰切特的人告知麦昆她不需要他的裙子了。另一方面，麦昆通过 Givenchy 联络上了另外一位最佳女主角候选人，为《泰坦尼克号》的女主演凯特·温斯莱特设计礼服。布兰切特没有拿到小金人——她败给了《莎翁情史》的格温妮丝·帕特洛，但她的 Dior 礼服迷倒了评论家和观众。“奥斯卡史上最梦幻的礼服，”《女装日报》赞到。不幸的是，温斯莱特那条饰有金色花环和蜻蜓刺绣的翡翠绿色缎面 Givenchy 礼服似乎是亚瑟王的王后桂妮薇穿的，受到时尚评论家们的厌弃，并在当年年底登上“布莱克维尔先生排行榜”[1]。

麦昆完全认可这个观点：1999/2000 秋冬系列将成为新世纪第一个时装季，意义非同寻常。1999 年 3 月他在卢浮宫卡鲁塞勒大厅举办了 Givenchy 1999/2000 秋冬成衣系列的秀，这场秀更像是在银光闪闪的镜面 T 台上做的激光表演。模特们的连衣裙、外套和西装上装饰有类似反光带的高科技小玩意儿，施华洛世奇饰钉和电线铺在衣服上像是电脑里的线路板。到了高潮部分，一对模特穿着透明塑料模压成型的紧身胸衣，上面缠绕着闪烁的灯泡，看起来像是时装机器人。门克斯认为它“让人晕眩”，《女装日报》说它是“感官不能承受之重”。一位前 Givenchy 助理告诉我，“每 4 个月就要推出一个新系列是很困难的，这是 T 台上有那么多烟雾和镜子的原因。”

几天以后的 3 月 19 日，是个周五。早晨，在一片相机闪光灯中，德·索雷和福特站到了巴黎会议大厅的讲台后，宣布 Gucci 找到了它的白武士：弗朗索瓦·皮诺（发音为 pee-no）。他是一位金融家，以家族经营的木材公司起家，建立了跨国企业春天百货集团（Pinault Printemps Redoute，PPR），成为法国最富有的人之一。

1 “布莱克维尔先生排行榜”：美国著名时尚评论家理查德·布莱克维尔（Richard Blackwell，1922—2008）发明的一个排行榜。从 1960 年开始，每年底他都列出当年穿着最恶俗、最恶劣的 10 位名人，名单在第二年 1 月的第二个星期二发布，榜单和发布会成为媒体年度大事件。——译者注

PPR 同意向 Gucci 注资 29 亿美元，相当于 Gucci 品牌 40% 的股份，并将 LVMH 集团的股权缩减至 22%。他们将共同创立一个名为 Gucci Group 的新公司，收购和开发奢侈品牌——换句话说，他们要直接与 LVMH 集团竞争，而非变成它的一部分。为了让这个项目更有利可图，同一天 PPR 斥资 10 亿美元买下了法国美容集团 Sanofi Beauté，这家集团拥有 Yves Saint Laurent 等顶级品牌的化妆品和香水。正巧，阿诺特在上一年的 12 月也打算收购 Sanofi Beauté，大费一番周章后，他放弃了，宣称它太贵了。大家本以为他会再次出手——但是 PPR 抢了先。

LVMH 集团的回应是：以每股 81 美元的价格全面收购 Gucci，每股比皮诺出手的价格高了 6 美元，对该公司的估值达到了惊人的 80 亿美元。此外，阿诺特驳回了 Sanofi Beauté 的交易，称 PPR 支付了太多，并对 Gucci 提起了另一项诉讼，这次是取消 PPR 的交易，用独立监督机构取代 Gucci 的董事会。“阿诺特在捍卫他的垄断地位，”德·索雷告诉我，“他是奢侈品行业中唯一一个积极扩张的奢侈品巨头。Gucci 集团将成为他的竞争对手。”

接下来的一周，荷兰法庭裁定 Gucci 必须在不受 PPR 干预的情况下考虑 LVMH 集团的收购交易，但驳回了为董事会设置独立监督机构的请求。法院还支持了 PPR 在 Gucci 的股份。双方都宣告取得了胜利。德·索雷和福特补充说，如果 LVMH 集团真的收购了 Gucci，他们都将离开公司。几周之后，Gucci 的股东作出决定：他们选择 PPR。

麦昆去巴黎的次数越来越少。他本应该每周去一次，但是，正如一位助手回忆的，“我们会等他过来，他却不愿上飞机。”团队不得已只好去伦敦，“拖着一箱箱他压根儿不想看的面料”。不然他们就得去伦敦强迫他登上来巴黎的飞机。“他更喜欢坐飞机，因为飞行时长更适合他注意力保持的时间长度。”助手说。在一次行程中，麦昆的妄想恐慌症发作了。“他确信飞机上有 LVMH 集团的刺客，”助手回忆道。“我以为他在开玩笑，但并不是。他认为有人要杀他，于是他在伦敦逃下了飞机。真是个不好的兆头。”

不过，一旦真的到了巴黎，他很乐于花时间去探索这座城市。他会去科里尼安古尔门的跳蚤市场，为他在伦敦伊斯灵顿的家淘古董，也会整个下午在拉雪兹神父公墓里漫步。这个巨大的墓园位于巴黎东北部，林木繁茂，安息着伟大的灵魂，有肖邦、王尔德、大门乐队的吉姆·莫里森（Jim Morrison）和麦昆“玩偶”系列的灵感来源汉斯·贝尔默。麦昆非常喜欢那里，以至于他在那儿做了一次时装大片的拍摄，主题是“美丽的死亡”。但这样的出行越来越少了。“有时我们一两个月都见不到麦昆，”Givenchy 的一位助理说。“他不喜欢巴黎——他在这儿感觉不舒服，也不认识任何人。”

事实上，他在哪儿都不舒服。尽管他取得了成功，但他越来越感到不安。那年春天的一个夜晚，他带着阿奇·里德到了伦敦布莱克斯酒店，赴麦当娜在酒吧区为埃尔顿·约翰举行的 12 人晚宴。客人中有 Gucci 的设计师汤姆·福特。麦昆到的时候状态还很好，福特与他相谈甚欢——那是他们第一次相处。

但不久，麦昆就“崩溃成一堆碎片”，福特记得，“他甚至连一个完整的句子都说不了。他喝得酩酊大醉，拿起土豆朝桌子另一头的麦当娜砸去。麦当娜穿着我 1999 春夏系列的刺绣长裤，戴了顶中国式假发，但麦昆却向她扔食物。”福特很快明白了原因：“他非常紧张，所以表现得像个孩子。我想他感到非常不舒服。”

麦昆焦虑的另一个来源是他的肥胖。“他总是讨厌自己的体重，”朱利安·麦克唐纳回忆道。“他会像吹气球般地胖起来，有时候你会看到他是那么庞大，胖得像一辆巴士。他会暴食，当然还有酗酒和嗑药——出现这样的状况，说明他内心的问题很严重。他从来都不满意自己的外表。”

“他对变瘦有了执念，”庞斯回忆说。一开始，他试着节食和锻炼，但不能坚持这种新的生活节奏。“李对很多事情都没有耐心，”庞斯说，“他会感到厌倦和无聊。”

终于，在3月迎来30岁的生日时，麦昆决定采取一些激进的措施来解决体重问题：吸脂。尽管知道这个过程非常痛苦，但他认为，因为工作，他别无选择。“我的工作节奏太快了，没有时间在两个系列之间做其他事，”他解释道。他想保守秘密，但这个消息在酷爱传播八卦的时尚界圈迅速传开，当然没有什么好话。

可悲的是，手术没有创造他所希冀的奇迹，他又开始发胖了。“吸脂手术简直就是蒙人的，”他说。“对男人不顶用。手术是会吸走所有的脂肪细胞，但它们之后又变得更大。”他重新开始节食和运动，加大吸食可卡因的剂量。

他着了魔上了瘾似的工作。他的几位朋友和助手告诉我，麦昆如此奋发努力，是因为他害怕“跌入低谷”：他相信创作者一旦达到他们职业生涯的巅峰，接下来就开始走下坡路。“他知道要保持成功就得付出巨大的努力，他担心总有一天他会像每一个著名的艺术家一样不再受人欢迎，”一位助手说道。“对过气的恐惧让他非常害怕。”

XV

加利亚诺要担忧的不仅仅是过气的问题。他将要被解雇的谣言仍在发酵，但西德尼·托莱达诺极力否认。事实上，托莱达诺坚称，对加利亚诺的任命在 Dior 绝对是一次巨大的商业成功。“与人们的猜想相反的是，从最初几个系列开始，销量就迅速增长，”他对我说道。“去年我们（Dior）成衣在欧洲和美国精品店的销售表现都非常强劲，同时多品牌商店——那些销售多种品牌的独立时装店——增加了近 40% 的订单。有些店的订单几乎翻了一番。”

伯纳德·阿诺特也同样支持加利亚诺。但是他也承认“‘迪奥快车’系列确实是有点过火了，”并警告加利亚诺“即使是在高级时装设计中，过于发散的创意也会被恶意解读”，他告诉我这个系列带来的宣传效应对公司业绩的指数级增长作出了贡献。“在 1990 年，Dior 只有 6 家精品店，”他说，“如今已扩张到 78 家，接下来的几个月内我们会增加到 100 家。”“Dior，”他总结，“正在发起攻势，这要归功于约翰·加利亚诺的才华，而且女装已成为品牌重新部署的支柱之一。”

John Galliano 品牌也在蓬勃发展。在瓦莱丽·赫曼的指挥下，这个品牌产品线最棘手的问题之一——实穿——终于得到了解决。“这些衣服工艺如此精良，你几乎能感受到高级时装的质量——不论是衬里还是纽扣都缝制得那么考究，”波道夫·古德曼百货当时的总裁道恩·梅洛证实。“这些衣服并不便宜，但不管是看上去，还是穿在身上的感觉，都会让你明白这是昂贵的好衣服。”

这些衣服非常商业化，能够进行大量销售。“以前会有一些时装公司，其实现在也有这样的公司，你只会在 T 台上看到他们的衣服，在店里却找不到类似的设计，”作家凯蒂·威斯曼（Katie Weisman）说，那时她任《女装日报》驻巴黎的财经记者。“但是在 Galliano 的陈列室，你能看到与秀款相同面料，但款式更好穿的衣服，或者更冷静，不那么夸张的剪裁。我会想：‘我明白了。我明白这件衣服是怎么从 T 台上演变过来的。’瓦莱丽有着绝佳的商业头脑，很适合 Galliano。”销售数据正反映了服装的这些变化。

然而，加利亚诺的状态却不容乐观。他生活在虚幻中，即使最亲密的朋友和长期相处的同事都无法接近他。几乎所有人都认为是史蒂文·罗宾森从中作梗。他们之间的关系非常紧密，罗宾森甚至曾在加利亚诺位于珍珠街的家里住过一阵子。“史蒂文有一张床，一个放马球衫和运动鞋的金属架子，一只放在床上的泰迪熊，就是这样”，一名曾经去过这间公寓的前 Dior 助理说。

罗宾森也是一个可卡因瘾君子，这加剧了他的偏执。在 Dior，他会经常性地从工作室穿过大厅走进厕所，然后你就会听到“抽鼻子的声音，看到他揉着鼻子走出来”，另一位 Dior 的助理说道。

即使是泰利也没能成功突破罗宾森设置的屏障；在加利亚诺担任 Dior 设计师之后的两年里，他们甚至未能一起吃过饭。“Dior 公司就是一道铁幕，”泰利告诉我，并把罗宾森说成是“《蝴蝶梦》里的管家丹佛斯太太。什么都是史蒂文说了算”，雅基 · 杜克洛说。“我想，在巴黎没谁能像史蒂文一样聪明伶俐了——除了阿诺特。”

4 月，我与加利亚诺以及他的发言人梅什 · 切比尔（Mesh Chhibber）一同在昆西餐馆（Le Quincy）吃了顿午餐。昆西是位于里昂车站后面的一家小餐馆，当年加利亚诺在附近的费萨尔 · 阿默尔工作室工作时，经常来这里就餐。他坐着 Dior 配备的黑色雷诺轿车前来，司机叫埃里克，甚是英俊潇洒。他提早到了，在我们长达 5 年的工作关系中，这还是第一次。他刚刚从巴哈马的特克斯和凯克斯群岛度完一周的假归来，皮肤黝黑，容光焕发。他说在岛上他所有的时间都在阅读和做瑜伽——“这是我第一次做瑜伽，”他热情地说，“现在我迷上了。”他梳着一头长发公主般的金色长直发，垂到肩膀处，仿佛曼哈顿公园大道上那些花瓶太太。

昆西的老板米歇尔·柏萨德（Michel Bosshard）取笑加利亚诺长胖了，他曾经凸出的颧骨现在肉呼呼的，二头肌厚实而强壮。“我正在练举重，”他一边解释，一边从精美的古董银质香烟盒中取出一根万宝路，并用他那闪闪发光的卡地亚打火机点着。他明显地有意不碰柏萨德给他的那杯发泡白葡萄酒。

“你戒酒了对吗？”我问。

“是的。”他回答。

“这是什么时候的事情？”

“不记得了。”

我们把话题转移到他手头上的业务：

“评论家们狠狠地批评了你，”我说。“不过销量可一点也不差。”

“我知道，”加利亚诺回答。“度假时我一直在想这个。我该怎么办？一切都很顺利。Dior 已经完全转亏为盈了。高级定制时装从来没有卖过这么多，即使迪奥先生在世的时候也没有卖过这么多。而我们打了一场漂亮、经典的仗。现在，街上的顾客会走进商店来买衣服……而零售商们也非常地支持……我非常感激买家们没有把评论看得太重，所以这些恶评并没有影响到他们的购买力。与去年冬天相比，今年的秋冬系列销量在 Galliano 增加了 40%，Dior 增加了 20%。”

“可是你带来的增长是从零开始的吗？”

“我刚来 Dior 的时候，它几乎是零，”他说。“Galliano 在过去一年半的时间里实现了 137% 的增长。”

然后我提到了“迪奥快车”系列是一场多么大的公关灾难。

“不是所有人都能明白我想要做什么，”加利亚诺反驳道。

“那你本来是想要展示什么呢？”

“展示这些奇特的刺绣，”他解释道，“这场秀的一切都是手工制作的，带有实验性质，而季前系列、成衣、内衣和香水都是从中衍生出来的……所有你在 Dior 成衣系列中看到的针织衫和开衩绒面革服装都从那里直接得到启发。它确实渗透进每个层面。它启发了公司（Dior），这就是我能待在那里的原因。”

我问那场火车秀的预算是多少。

“你知道的，我肯定没超出预算。”

我又问了一遍。

“我无可奉告，”他回答。“总之花销在预算之内。”

“去年夏天在‘迪奥快车’秀之后，有很多人说你被警告要收敛一点，因为那场秀过于铺张了。”

“假的。后面那场‘超现实主义’秀氛围更亲密。”

“苏西（门克斯）也对那场秀作出了非常严厉的批判，说你以前做得更好，”我指出。

“我觉得苏西发表那些评论时道德沦丧了，”加利亚诺说。“我是一个容易成为攻击目标的人，在我加入 Dior 之前就有人警告过我——我必须要和这些批评者抬头不见低头见。我已经有点儿免疫力了。”

我告诉他，很多批评者说他不过是在重复利用其他设计师的创意。

“嗯……我会受到所有东西的启发，我总是用它们作为通向未来的跳板。这避免不了……我喜欢去维多利亚和艾伯特博物馆，去看那些东西是如何组合在一起的，或者去工厂看纺织品是如何织出来的。当那些旧机器转动起来，突然就生产出自 18 世纪以来就没见过的纺织品，实在是给了我很多灵感。我都起鸡皮疙瘩了。这从来不是什么简单再现，毕竟我属于我的时代，是我这一代人中的一分子……我的意思是，所有穿我的衣服的人都知道，我的衣服不只是把别的东西做一番改头换面。”

我谈到了更多关于 Dior 和 Galliano 的话题，询问他如何在两个品牌之间分配时间。“有时候我会在 Galliano 做 Dior 的事情，或者在 Dior 做 Galliano 的事情，”他坦诚。随后他将话题又扯回了媒体对他的“抨击”。“我更依赖事实和销量，”他说。“如果这些系列卖不动了，我会担心，但现在我不需要担心。”

“那么你现在和阿曼达·哈莱克的关系如何？”

“嗯……这说来有点难过了。我是说，当然，如果我在公共场合或者活动中遇到她，我们当然会聊天。但我们不会再彼此给对方打电话了。我猜那样她会觉得更舒服，我也理解。我想念她……但我也意识到人必须要学会放手，让蝴蝶自由地去飞翔。”

“那么你和阿诺特先生相处得如何？”

“他非常有想法。他常常会在秀出来之前就告诉我这场秀会收到什么样的媒体评价。他能让我坐下来，向我解释这个系列的优点和不足……他对我们正在做的产品也非常感兴趣：时装系列、面料、草图、概念、从头到尾的研究。他是个真诚的人，对我很坦率，英语也说得无可挑剔。他很友善，还会尝试用英语和我讨论创作方面的事情，这让人感到很温暖。任何和我们一样热衷于设计的人，我们都会与他进行一场热情的交谈。”

我们的午餐会面后不久，Dior 宣布和加利亚诺续约 3 年。在新合同中有一项条款，他还将负责品牌形象、广告宣传以及鞋子和配饰的设计。“橱窗、广告——我将能控制一切，”他自豪地说。合同的其他细节并未公之于众。

Dior 不仅全力支持加利亚诺，还宣布 7 月的 1999/2000 秋冬高定秀将在凡尔赛宫举行。“这是 Dior，这是 Dior 迎接新千年的系列，这将是 Dior 的第二场风暴，”托莱达诺说。“但是说实话，我们不打算在镜厅里发布，也并不想要太阳王（路易十四）那般的场面。”相反，这场秀将会在凡尔赛宫的橘园花园里举行，这个皇家温室建来是为了让宫里的柑橘树和棕榈树更好地过冬。秀后将在安德烈·勒诺特尔（André Le Nôtre）设计的花园里举行一场千人派对。“这已经很克制了，”《女装日报》毫不留情地指出。

凡尔赛宫——或者说只是橘园——完美地诠释了高定时装周已经变成奢华过度的庆典。这一季的高定时装周，有 1500 名摄影师和电视记者参与报道，包括泰利，他带了个摄影组来到巴黎，为 ABC 电视台制作一个一小时的特别节目《巴黎时装集锦》。嘻哈明星吹牛老爹参加了大多数的秀和在曼·雷餐厅兼夜店里举行的摇滚派对，麦当娜也在，当她的热门歌曲响起，她便舞之蹈之。

用雕着精美图案的石灰岩和玻璃建造而成的橘园中，搭起了 450 英尺（约 40.5 米）长的 T 台，上面覆盖着湿乎乎的垫子，看上去就像水床上铺的枕头。T 台入口处的上方，挂了一盏有“CD”两个字母的大灯，亮闪闪的。新系列主题是新上映的热门科幻电影《黑客帝国》，糅合了 18 世纪英国肖像画家托马斯·庚斯博罗和 20 世纪 70 年代的朋克风。轮廓则延续了加利亚诺 6 个月前“超现实主义”系列的风格，对传统服装进行解构，再随机重组。颜色主打色调是荧光色，很多服装都用了降落伞带和 D 形环做装饰。走台期间掌声寥寥，只有在闭幕时加利亚诺身着黑色作战裤、T 恤衫、贝雷帽和戴着飞行员太阳镜，伴随《黑客帝国》原声音乐上台致谢，才响起一阵礼节性的掌声。

伯纳德 · 阿诺特告诉我他很喜欢这场秀,他大概是唯一说喜欢的人。

“原本能做出如此神奇又抒情的服装的设计师却搞砸了。完全搞砸了——他在《黑客帝国》与《疯狂的麦克斯》之间任性放纵地玩了出闹剧,”门克斯写道。“这场秀戴着千禧年时刻的面具……但这更像是自大狂的时刻。这场秀的所有设计都……大而不当，不知所云。”

“滑稽，荒唐,”《纽约时报》的凯西 · 霍林写道。

“这是给媒体办的,”阿诺特告诉门克斯。“此乃终极目的。”

“但鉴于加利亚诺在 T 台上表现出的奢侈和庸俗,”霍林写道，“人们不得不怀疑阿诺特先生是否与魔鬼做了交易。”

麦昆为 Givenchy 新系列做的展示正好相反：他没有雇用模特，而是使用了透明合成树脂制成的人台来展示他的设计。这些人台从 T 台地板上的活动门里升起，随着电子音乐缓慢地在圆形的木盘上旋转。 这一系列取材于 19 世纪初期法国画家保罗 · 德拉罗什（Paul Delaroche）的杰作《简 · 格雷夫人的处决》（*The Execution of Lady Jane Grey*），这幅作品描绘了 1554 年九日女王 [1] 被砍头的场景，现被收藏于伦敦的英国国家美术馆。他用量身定制的西装和连衣裙来表达主题，使用了诸如貂皮和蝉翼纱等昂贵奢华的材料，并参考了金色锦缎、精致的珠绣和都

1　九日女王：指英格兰都铎王朝的女王简 · 格雷（1537—1554）。她在位仅仅九天，故被称为“九日女王”。另有一说称她在位的时间为十三日。——译者注

铎风格的玫瑰等历史上的设计资料。

“麦昆勇于尝新，值得称赞，”《女装日报》如此说道。但问题是，这个系列的展示与其说是时装秀，更像是一次博物馆展览，正如门克斯所指出的：“当代时装要在运动中表达自己。”虽然麦昆展示了他高超的技艺，这也是高级时装的精髓，但这一系列给人的感觉就像穿着它的人体模型一般，了无生气。

这一年的 8 月，乔治斯·斯皮策离开了 Givenchy，继任者是一名法国商业精英玛丽安·特斯勒（Marianne Tesler），她曾担任惠而浦美国公司的财务总监和耐克法国公司的首席执行官。特斯勒既漂亮又友善，她认为自己可以把职业生涯中积累的一切经验都发挥出来，使 Givenchy 成为效率更高、盈利更多的公司。

她的一些改革迅速被采纳，如合并主要和次要的成衣线，从而形成统一的设计符号，还有在高级时装和成衣之间重新建立起设计上的联系。而诸如让大家叫她“玛丽安”而不是“特斯勒夫人”的建议则被断然拒绝。

特斯勒很快就发现，麦昆的药瘾已经失控了。当他在巴黎的时候，她会带他去吃饭，麦昆的药瘾随时会犯。他会跑进厕所吸食可卡因，再回到桌边时便是一副神魂颠倒的样子。工作时，他完全无法控制自己。特斯勒和她的管理团队试图没收他藏匿的可卡因。他们同时也会告诉工作室成员：“不要再给李任何毒品。”然而麦昆总能想办法搞到更多。“他疯了，”一位前合作者回忆道。麦昆很清楚嗑药影响了他的工作——“嗑药让我的工作状态变得更飘忽不定，”他承认——但这并没能让他戒掉药物。

他在伦敦的生活同样飘忽不定。在他和默里·阿瑟分手后的 18 个月里，他约会过一个水管工人、一个时装编辑、一个来自旧金山的大学生，同时他与阿奇·里德也保持着联系。他不停地更换伴侣，似乎每一次分手都是他的新开始。

“那是一段疯狂的时期，”一位工作人员表示，“我以为麦昆会死。”

似乎还嫌生活不够乱，麦昆决定在 9 月初的纽约时装周上为他同名品牌的新系列做场秀——而 10 天后就是他在伦敦时装周上的秀。这意味着所有人休完夏天的假期，就要开始没日没夜的工作。因为这一举动，麦昆受到了英国媒体铺天盖地的批评。

他并不在乎。他喜欢纽约，他非常想在那儿办秀，尽管纽约是四大时尚之都中最商业化的，同时还是运动服装的发源地——这种美国式的更休闲随意的成衣，恰恰与麦昆在萨维尔街受到的训练和形成的审美是完全对立的。他想要在布鲁克林大桥上办秀，出于健康和安全考虑，纽约警察局驳回了这一请求。于是他勉强接受了位于曼哈顿西城高速公路 94 号码头的一个大房间作为秀场。秀计划在 9 月 16 日周四晚举行，正是时装周日程安排的高潮时期。美国运通公司和 De Beers 赞助了这场秀的部分资金。

当时，一场名为“弗洛伊德”的飓风正在向美国东海岸推进，预计将于周四晚上以每小时 60 英里的风速袭击曼哈顿。纽约市长鲁迪·朱利安尼（Rudy Giuliani）发表电视讲话，督促纽约市民如非必要最好就待在家里。好几位设计师都取消了他们的秀，但麦昆没有。他的纽约公关皮埃尔·鲁吉尔（Pierre Rougier）坚称，这场风暴会“增加看秀的气氛”。

麦昆解释说，这一系列的灵感来自他在土耳其坐出租车时司机放的音乐；他取名为“眼睛”（Eye），以抗议对伊斯兰妇女的压迫。

在得知弗洛伊德飓风会淹没城市之前他就做好了走台设计，但他不愿改变计划，依然让模特穿过一个浅浅的水池——显然这些水象征着阿拉伯国家的原油。“昂贵的衣服在水里拖来拖去，有的是任性的鲁莽，”《女装日报》抨击道。

这个系列的气质硬朗有力：开衩高至大腿处的“包屁者”；绣有阿拉伯式花纹的双排扣常礼服大衣；新月和星星印花的针织运动衫；经典的拳击短裤，腰带上有阿拉伯语的麦昆的名字；虐恋风格的行头，装饰着叮当作响的硬币、金属饰钉和面罩。闭场时，有一群舞蹈演员吊着钢丝，在半空中滑过 T 台，而此时从 T 台的水面升起一排排金属尖刺。这一幕的开始是一个女人身着黑色罩袍，坐在莲花座里。接着几个人从空中跑过。有几个仿佛遭到了电击，蜷缩着，踉跄着。《纽约时报》的霍林认为这个画面是“为时尚而生的艺术”。

当麦昆出来谢幕时，他脱下了裤子，露出里面的星条旗拳击短裤。“这些衣服并没有创新突破，尽管人们不得不惊叹于他的远见卓识。”霍林写道。《女装日报》总结这场秀为“一位决心对观众的评价充耳不闻、自以为是的天才的挑衅式任性之为。”

虽然伯纳德·阿诺特的设计师已经霸占了时尚版面，他仍然想在商业版块制造头条。最近几个月里，LVMH 集团收购了一系列品牌——包括美国化妆品公司 Hard Candy 和 Bliss ；香槟酒庄 Krug ；英国衬衫品牌 Tomas Pink ；瑞士钟表制造商 Tag Heuer——此外，它即将和法国珠宝品牌 Chaumet、瑞士钟表公司 Ebel（属于 Investcorp）、拥有两百年历史的英国拍卖行 Phillips 达成收购交易。

阿诺特最大的举措发生在 10 月中旬：LVMH 集团和 Prada 联手收购了 Fendi。这是一家拥有 75 年历史的罗马时装公司，由上了年纪的五姐妹共同所有。早前，Gucci 的德 · 索雷已经说服其中 4 位将 Fendi 卖给 Gucci 集团，并胸有成竹地以为自己能让第 5 位同意。但 LVMH 集团和 Prada 结成联盟，乘虚而入，并成功以 5.45 亿美元的价格收购了 Fendi 51% 的股权。报仇，即便只是针刺那么一点点，也甚是畅快。

几个星期后，Gucci 集团宣布，将以 10 亿美元的价格收购 Yves Saint Laurent 的“左岸”成衣线，让创立品牌的设计师和他的生意伙伴皮埃尔 · 贝尔热只负责公司 500 万美元的高级定制时装业务。这笔 Yves Saint Laurent 交易包括 PPR 在 3 月收购 Sanofi Beauté 后得到的美容和香水部门，这将使 Gucci 集团拥有了第二个主要的品牌——那可是巴黎时尚界的一大瑰宝。汤姆 · 福特打算接任 Yves Saint Laurent 的创意总监——换下现在的设计师阿尔伯 · 艾尔巴茨（Alber Elbaz）——同时继续担任 Gucci 的设计师。

在不到一年的时间里，奢侈品时尚行业就从一系列独立的家族企业蜕变为少数几个由商业巨头掌控的时尚航母。从阿诺特有条不紊地布局 LVMH 集团开始，这场演变本是缓慢进行着的，但很快它就变成了一场激烈的垄断比赛。大家谈论的成了利润率和股权，不再是裙摆的高低和灵感。商业模式以闪电般的速度发展，已经远离了时尚而奔向了金融。奢侈品不仅仅走向全球化，它还变得史无前例地庞大。

12 月初，伯纳德·阿诺特带领他的设计团队以及管理团队前往纽约，参加位于东 57 街的 LVMH 新大厦的开幕式。《纽约客》建筑评论家保罗 · 戈德伯格（Paul Goldberger）称之为“一栋令人叹为观止、充满诗意的建筑，一座玻璃雕塑。它成功地打破了传统，又完美地嵌入在曼哈顿中城网格状井然有序的街道中。”

这栋摩天大楼将会成为 Dior 和 LVMH 美国业务的新总部，以及 Dior 旗舰店。前一年，LVMH 集团的全球销售额达到了 73 亿美元——北美洲占多数。同时，阿诺特的个人身家增长至约 60 亿美元，成为法国第五大富豪。

XVI

每天清晨，加利亚诺的教练都会敲开他位于珍珠街上的家门，带着他去跑步。他们会穿过玛黑区狭窄的街道，跑到塞纳河边，跑下一条坡道，来到一个有几百年历史的码头，继续沿着河滨前进，沿途会看到流浪汉——他们无家可归，在古老的石灰石桥下躲避风雨。加利亚诺注意到了这些“流浪汉”穷困潦倒的状况，在加利亚诺眼中——他们衣衫褴褛，身边扔着仅有的财产，裹着报纸取暖——他们太“浪漫”了，虽然加利亚诺选择绕道而行，但他决定以流浪者作为 Dior 下一个高级定制系列的主题。

回到办公室，加利亚诺和罗宾森开始在美学层面上研究无家可归的问题。他们了解到了 20 世纪 30 年代流行过一种“破衣烂衫舞会”（Rag Balls），社会名流穿着高级时装公司 Worth 制作的百衲长袍，打扮成流浪汉的样子。他们还研究了 20 世纪中期的美国摄影师戴安・阿勃丝（Diane Arbus）拍摄精神病人的照片——加利亚诺喜欢他们的“美丽与天真”。他们还研究了奥地利表现主义画家埃贡・席勒（Egon Schiele）黑暗、扭曲的作品。按照一贯的做法，加利亚诺把所有素材都混搭在一起。

1 月，在一个寒冷的下午，2000 春夏高定系列发布。比安卡・贾格尔、法国女演员阿丽尔・多贝索、设计师阿泽丁・阿莱亚和赫莲娜・阿诺特，来到巴黎小皇宫博物馆，围着朴素的白色 T 台坐下来。伴着麦当娜翻唱的《美国派》（*American Pie*）背景音乐，一个模特穿着印有报纸版面图案的工装裤走出来。新闻版面印花是苏西・门克斯发表在《国际先驱论坛报》上的文章做出的拼贴画——这一举动更像是羞辱而非致敬。随后走出的女孩们穿着撕裂的渔夫毛衣、带有香烟头烙印的碎布裙、印着更多新闻版面图案的丝丝缕缕雪纺礼服和破洞肥大长裤。所有的服装部件都吊儿郎当、歪七扭八再次拼凑在一起，腰带上悬挂着稀奇古怪的小玩意儿和各种不知从哪里淘来的小摆设，就像 15 年前哈莱克为加利亚诺的“The Ludic Game”“被遗忘的无辜者”两场秀所做的那样。

又出现了一套披披挂挂的白色礼服，一部分材质是医用绷带；一位芭蕾舞女演员踮着足尖走出来，腿部的舞动大幅度掀起了肉桃色薄纱芭蕾舞裙；一位模特穿着灰色和粉色拼接的紧身胸衣式礼服，头戴《爱丽丝漫游奇境》里疯帽匠先生头上那般巨大的灰粉帽子。我突然意识到，绷带和紧身衣实际上是约束衣，模特们隐喻着精神病院的病人。用10万美元做出的时装，灵感却来自流浪汉和精神病人，加利亚诺为什么会觉得这样的想法在社会和道德层面上行得通？秀结束后，他告诉我他想证明“用糖果包装纸制成的皇冠和由钻石做成的皇冠一样有价值。”

“约翰·加利亚诺比我们本地的屠夫更有胆量，”《女装日报》宣称，并欢呼他在T台上创造了“魔法”。

不是所有人都认同这个系列。法国媒体谴责这场秀对社会漠不关心。反对者们手举标语牌和扩音器，围在Dior巴黎蒙田大道的总部前抗议。“这是生死攸关的问题，但加利亚诺和他的欧洲垃圾追随者们对此却不屑一顾，”玛丽·布罗斯纳汉（Mary Brosnahan）在《纽约时报》中说道，她是“无家可归者联盟”（Coalition for the Homeless）的执行理事。阿诺德·科恩（Arnold Cohen）是纽约“无家可归者伙伴组织”（Partnership for the Homeless）的总裁兼首席执行官，他谴责加利亚诺“轻视流浪者”。他补充道：“我怀疑加利亚诺的意图是要提高社会对自己的关注度。”

加利亚诺对这些争论嗤之以鼻，反击批判者们是“傲慢又自以为是的资产阶级”。阿诺特在接受法国《费加罗报》采访时说，他认为这场秀是“自约翰加入Dior以来表现力最为强劲的一场秀”，并评论加利亚诺“超越了他作为时装设计师的身份，证明了他是一位名副其实的艺术家。他为秀场里吹入天才的气息。”

然后，普利策奖得主——《纽约时报》专栏作家莫琳·多德（Maureen Dowd）详细了解了这个事件，写了一篇专栏批评这场秀，并表示愿意和加利亚诺就此事进行讨论。莫琳在文中提到，加利亚诺一如既往地“毫无歉意”。事实上，他似乎对自己引发的争论感到沾沾自喜。

“这是在巴黎的宴会上人们谈论最多的话题，”他夸耀说，“但凡人们走进一家餐厅，就能听到年轻美丽的女士们在谈论 Dior 秀上那种褴褛的薄纱。评论家的观点有些偏执。我的一套造型是女人穿着高跟鞋、作战裤，走着碎步，头上围着头巾，这是来自波斯尼亚战争的启发。还有一套造型是受到印度启发，即使那里有严重的贫穷问题。有一套设计的灵感来自非洲，甚至来自正在消亡的马塞部落。有一套波西米亚风格的设计来自吉卜赛人，尽管我们都知道吉卜赛人是从哪里来的。

“我不明白为什么不行，就因为这是在他们家门口吗？因为他们不想了解这些人吗？

“孩子们是看着卡通片《小姐和流浪汉》（*Lady and the Tramp*）、查理·卓别林和电视剧《小淘气》（*The Little Rascals*）长大的，我并不打算发表一份政治声明。我是一个服装设计师。但在塞纳河边慢跑让我对巴黎有了全新的认识。我称之为潮湿的世界。那里有田纳西·威廉斯和马龙·白兰度的影子。

“有的流浪者就像演员，他们把外套披在肩上，帽子以一个角度歪着，真是太奇妙。”

争论在持续发酵，最后有几十名抗议者举着写有“玩世不恭并不酷！”的标语，高喊“尊重无家可归者！”的口号冲进了蒙田大道的 Dior 旗舰店。惊慌失措的顾客纷纷冲向门口，一名抗议者受了伤。防暴警察使场面恢复了平静，Dior 被迫关闭商店两小时。据报道，Dior 邀请了几位抗议者进去寻求和解。“他们给我们钱，”一位裹着垃圾袋的示威者声称，“但我们希望他们在媒体上道歉。”

他们如愿以偿，最终 Dior 新闻办公室发表了一篇声明，加利亚诺在其中表示：“我并无意冒犯任何人。”

麦昆在 Givenchy 也爆出了新闻，但与 T 台上的衣服无关。很多意见都认为，他那个系列用了他喜欢用的灰色和淡紫色色调，美则美矣，却也相当乏味——至少对他来说是这样。门克斯独家披露的信息又引发了人们的纷纷议论，消息称麦昆会让出 Givenchy 的成衣系列，只负责高级定制的设计。“没人告诉我这件事，”被问到此事时,阿诺特如是说。

每一个关注麦昆的人都能注意到他在 Givenchy 的蜕变：仅仅两年，他就从一个口无遮拦的东区朋克变成一个严肃的年轻人。他会花很多时间在伦敦康迪街（Conduit Street）的 McQueen 门店里观察消费者购物，这家门店是恩瓦德株式会社新近开的。他的饮食很健康，吃一种从哈罗德百货公司买来的“壳聚糖减肥药”，成功瘦身 20 磅。圣诞假期，他在马尔代夫潜水，晒得黝黑，显得很健康。“就像法国人说的，现在的他状态比当年气鼓鼓地跺着脚走上 T 台的样子要好得多，”丽莎·阿姆斯特朗（Lisa Armstrong）在《泰晤士报》中提到。麦昆还文了一个新文身，是莎士比亚《仲夏夜之梦》中的一行诗，用花体刺在他的二头肌上：“爱不是用眼睛来看的，而要用心灵去感应。”

“我真是一个浪漫主义者，”他笑着说。

他确实是一个浪漫主义者。在经历一连串快速而短暂的恋情之后，2000 年年初，他在伦敦北部的一家同性恋酒吧找到了新欢：乔治·福赛思（George Forsyth）。他身材修长苗条，体态轻盈，一头棕色短发，目光炯炯有神，自称是“北伦敦的犹太人”。他的家庭环境优渥——母亲是地方法官；父亲是受人尊敬的建筑师，曾参与设计了爱丁堡的苏格兰博物馆和爱尔兰国家美术馆的千年之翼展馆——他自己是影视制作人。福赛思同样被伦敦东区人“李”迷住了。“我不知道他是谁，”福赛思说，“直到第二天，我的同伴才告诉我，他是亚历山大·麦昆。我以前从来没有听说过他，我只好去问我妈妈这人是谁。”很快他就自己发现了：“我记得我去参加 *Vogue* 杂志办的一场活动，走在路上看到狗仔队相机的闪光灯，还有一大群人……他们喊着‘亚历山大！亚历山大！’”他说，“那时候我才真正意识到他有多出名。在那之前我只以为他是李，但在那里我才发现，他还是亚历山大·麦昆。”

麦昆回到伦敦来举办他同名品牌的 2000/01 秋冬时装秀；他和他的秀在纽约大受欢迎，他本人却显得波澜不惊，并宣布短时间内他不会再到纽约办秀。“去他们的！”他咆哮道，“时尚在英国。最有创造力的、最前卫的人都在英国。这里永远是我的家。”

他这一季的主题是大自然的美丽、奥秘和神秘主义。他为该系列取名为“伊舒”（Eshu），她是西非约鲁巴族的女神，是旅行者的保护神，也是财神和人格化的死神。长久以来，部落文化一直是麦昆最喜欢的主题——“他们穿衣服的方式，他们着装的仪式”，他说——他觉得研究部落文化有助于他“塑造”当代西方服装的轮廓。

麦昆将时装秀的地点定在东区的庚斯伯罗电影制片厂（Gainsborough Studios），早年间希区柯克在那里拍过几部惊悚片。场外聚集了一群动物权利保护主义者在嘲弄讥笑前来的嘉宾。据说，麦昆团队曾收到炸弹威胁，于是配备了保安人员在会场巡逻，并在入口检查来宾的手提包。美国 *Vogue* 杂志称这一幕“类似于特拉维夫机场的安检规格”。

秀场的布置很简单：T 台上覆盖着参差不齐的碎石。开场模特装扮得如伊舒般，身着一条维多利亚时代风格的象牙色连衣裙，裙裾上涂抹着干燥的红黏土（麦昆住在图庭贝克时琢磨出的一种工艺），戴着非洲面具和狮子鬃毛般的假发，随着非洲鼓和电子舞曲的节奏小心翼翼地走上布满石子的 T 台。紧随其后的模特，头发上涂着闪闪发光的金粉（象征着西非的财富），妆容朴素，身着宽肩、短袖、前置拉链的淑女风格裙套装；或者牛仔布“包屁者”配酷酷的斜裁单肩露脐短上衣；一件帅气的浅灰色羊毛长外套与宽松的裤子相配；一套皮革舞会晚礼服上用激光刻出小孔组成图案，下摆剪得参差不齐，露出了裙子下面的金属裙撑。其中一件秀款尤其惊艳，麦昆再次运用了他早期的一个创作理念：用石膏注模模压成紧身胸衣——把它连接在一条长度齐膝、怒放着一朵朵玫瑰的半裙上。《纽约时报》的吉妮亚·贝拉方特（Ginia Bellafante）认为，这套造型已经“达到了艺术品的水平”。

另一些服装和配饰看起来特别野蛮，比如肖恩・利恩设计的银色嘴饰，灵感源于约鲁巴图腾，它从模特的鼻梁处穿过嘴唇延伸到下巴。“有些观众转过头，不敢看，”贝拉方特提到，并说，“麦昆先生竭力造成的这些不适，几乎令这场秀的杰出设计黯然失色。”

秋冬季的秀结束后不久，塞巴斯蒂安・庞斯告诉麦昆他要离开团队，加入米格尔・阿德罗韦尔在纽约的公司。

虽然只有 27 岁，庞斯已经作为得力助手跟着麦昆好几年了，包括在 Givenchy 的 4 年。但他准备有所改变。“我很喜欢李，但是我被他的生活和世界束缚住了，这让我无法承受，”他说。“我快要被压垮了，我需要新鲜的空气。”麦昆感觉自己被背叛了，这让他很愤怒——事实上他很难过，不再和庞斯联系。他给萨拉・赫德升了职，来接替庞斯的职位。赫德之前负责许可证和牛仔布。这是一个飞跃，但麦昆对赫德感觉很舒服，对她很有信心。

在6月初，意大利版*Vogue*杂志主编弗兰卡·索萨妮（Franca Sozzani）在摩纳哥蒙特卡洛的海滩酒店为摄影师赫尔穆特·牛顿（Helmut Newton）举办了一场泳池边晚宴，麦昆和加利亚诺等大腕出席了晚宴。“时尚，音乐，运动，好莱坞……”斯特拉·麦卡特尼一边说，一边打量着形形色色的嘉宾。其中有萨金特和尤尼斯·肯尼迪·施莱弗夫妇、西尔维斯特·史泰龙、维纳斯和塞琳娜·威廉姆斯姐妹、卡尔·拉格斐，以及约翰·邦·乔维。“我们都有着某种共性。”在所有人都随着DJ乔治男孩的俱乐部音乐跳舞时，加利亚诺全身脱光从跳水板上跳进巨大的泳池里，漂浮在水面的蜡烛四处飞溅。

麦昆则在心里想着更严肃的事情。他找到了他从未见过面的多梅尼科·德·索雷一起聊天，然后他让一位摄影师给他们拍了一张合照。德·索雷问麦昆拍照做什么？

“我想把照片传给阿诺特，”麦昆回答。

“这是我喜欢的那种人，”德·索雷想。

待在Givenchy的4年里，麦昆说阿诺特和他的人“一直穷追不舍游说我说要买下McQueen品牌”。麦昆一再拒绝。“我不喜欢LVMH集团运营Givenchy的方式，所以我并不打算让他们插手我自己的品牌。”

但他确实很欣赏德·索雷管理Gucci的方式。

接下来——按伊莎贝拉·布罗的版本，麦昆从未对这个版本提出过异议——伊莎贝拉说，在伦敦的一次晚宴上，她发现自己正好坐在汤姆·福特旁边，于是建议他如果Gucci有收购意愿的话，不妨留意一下

Alexander McQueen 公司。而福特现在的说法是，这个被重复过多少次的故事“完全不是真的。伊莎贝拉·布罗与这笔交易没有任何关系。我们与弗朗索瓦·皮诺达成协议后，他给了我们 30 亿美元预算，我负责寻找我们可能投资的品牌，并提交给董事会，”福特告诉我。“于是我考察了那些我尊重的，且我认为不会与 Gucci 和 Yves Saint Laurent 形成冲突的设计师。其中一个吸引我的就是亚历山大·麦昆。我自认是一个商业设计师，但李是一个艺术家——商业性排在他的第二位。他在乎的是时装秀本身和它带来的影响。

“我拿起电话打给了李。我们在伦敦常春藤餐厅吃了晚饭，我说，‘我们想投资你’。”

麦昆有些吃惊，表示自己要好好考虑一下。

6 月中旬，麦昆的高级时装系列进入假缝阶段，他把他和福特的对话告诉了一名助理，说他正打算与德·索雷见面。“他很兴奋，”这位助理说。

但麦昆状态不太好，精神和身体都不好。“他经常宿醉导致误机，”助理现在说，“他让我们向医生要杜冷丁”——一种类似鸦片的镇痛药——“但医生拒绝给他开处方。”

Dior 进入一个乐观的时期：品牌宣布，由于皮具和配饰销售的激增，本年度上半年的销售额增长了 42%，达到 1.27 亿美元。公司计划到年底再开设 14 家门店，使其在世界各地的门店数量正好超过 100 家，这毫无疑问能促进下半年的销售。事实上，LVMH 集团正在蓬勃发展：在 2000 年前 6 个月的销售额增长了 40%，达到 48 亿美元。

7 月中旬，高定时装季又到了——2000/01 秋冬系列该发布了——加利亚诺刚刚从流浪者系列的争论中脱身，他决定这一次要让所有人大跌眼镜。毕竟，这是他从阿诺特那里得到的授权。有一次，阿诺特认为某个系列过于沉闷了，他命令加利亚诺来他在 Dior 的办公室，说："你的疯狂都去哪儿了？"

"所以，现在我和阿诺特先生会开玩笑说 10% 的疯狂，"加利亚诺说道，"这个'疯狂量'正合适。"

"我喜欢能感受到情绪的作品。"阿诺特说，"我明白（约翰的）思维方式，那就是，'我在秀上展示的服装，你们在展厅里是看不到的。'所以我必须说，我很喜欢看到你们在发布秀上震惊的反应，真的。看到销量结果时，我就更同意这种说法了。"

阿诺特很赞赏加利亚诺将 Dior 的新口红命名为"魅惑"（Addict）的提议，他也赞同加利亚诺新系列的主题：施虐受虐狂。震惊总能制造头条，头条则能引发爆炸性的销售量，这才是阿诺特的头等大事。他把玩着短期和长线的游戏：他现在想成为超级大富豪，同时也想把 Dior 打造成一个能够在未来几十年主宰时尚界的强大的全球性奢侈品牌，就像 Chanel 和 Louis Vuitton 统领大半个 20 世纪那样。加利亚诺说，他和罗宾森在看了西格蒙德·弗洛伊德和卡尔·荣格的往来信件后，想到了 S&M 的主意。但我最近从一个可靠的消息来源得知，罗宾森被女管家发现他穿着女性内衣、四肢被捆绑着躺在地上，于是我猜想这其中是否也有来自他们自身的第一人称视角。

7 月 8 日，周六的下午，巴黎高等美术学院富丽堂皇的主厅里灯火辉煌，鞭笞声、喘息声和呻吟声在拱形天花板下回荡。按 *Vogue* 杂志的描述，秀以"一场费里尼式的婚礼入场式"开场，正式的衣服又被剪裁得歪歪斜斜，但很快它变得更为黑暗和古怪：模特嘴上贴着红色的强力胶带，戴着金色手铐式手镯和狗项圈，甚至还有一个手被绑在后面的修女。有一套军官的造型，最初用了纳粹党卫军的帽子作为配饰；托莱达诺在彩排时看见它，要求加利亚诺立刻把它撤下。加利亚诺照办了。媒体的批评非常无情：“不管这系列有多漂亮，但女性要如何接受象征着她们堕落的衣服呢？”门克斯质问道，“只是因为工艺精巧，就可以对捆绑带如此轻描淡写吗？”

8 月，麦昆与福赛思在西班牙的伊比沙岛结婚。这个小岛因不分昼夜的户外夜总会闻名。几周前，在伦敦苏荷区的格劳乔俱乐部的一个轻松晚餐聚会上，在安娜贝尔·尼尔森和凯特·莫斯——她已经成为麦昆的好朋友——的见证下，麦昆向福赛思求婚了。

“我来帮你安排婚礼，”尼尔森自荐。“我来做你的伴娘，李。”

“那我是你的伴娘，乔治，”莫斯说。

“我们原以为会是一场小型婚礼，在某个废弃的教堂里接受祝福之类的，”福赛思说，“但情况大大出乎我们所料。”

婚礼当晚，尼尔森预定了两辆带有司机的宾利——一辆坐着麦昆和尼尔森，另一辆坐着福赛思和莫斯——载着他们从他们租赁的豪华别墅出发，穿过圣安东尼奥小镇，到达港口，然后登上了一艘三层的游艇，据说这是冈比亚王子的游艇，麦昆的一位朋友帮他得到了特许。英国游客叫喊道：“是凯特·莫斯！是凯特·莫斯！”

一群麦昆的名人朋友也上船庆祝，包括裘德·洛和他当时的妻子珊迪·弗罗斯特，音乐制作人内尔利·赫伯，模特凯伦·穆德，演员帕琪·肯西特，以及流行歌星诺埃尔和梅格·加拉格尔夫妇。“没有家人在场，”福赛思说，“全部都是来参加派对的人。”宣誓在午夜举行，誓词由“一位奇怪的新时代牧师宣读，他的英语非常糟糕”，福赛思回忆道。这是因为麦昆是无神论者。他们交换了由肖恩·利恩制作的镶钻婚戒，上面都刻有“乔治 & 李”。当时，他们的婚姻不受法律认可，但麦昆和福赛思并不在意：他们认可自己的婚姻。仪式一完成，船就驶向了大海，他们揭开派对的序幕，用“价值 20000 英镑的香槟……（和）龙虾，”福赛思说，“在月光下，李和我一起站在甲板上。真是一个完美的夜晚。”

加利亚诺也找到了真爱：亚力克西斯·罗克（Alexis Roche），一位长相俊美、蓝眼睛的年轻法国造型师。他们于 1999 年相识，但因为加利亚诺仍然想把爱情和家庭分开，所以一直没有公开罗克的身份。这是加利亚诺与康兰分手近 10 年来第一认真严肃对待的感情。罗克搬进了加利亚诺在珍珠街的公寓，并加入了 Dior，为名流做造型师。

Givenchy 的市场不停地在给麦昆挖坑。“我设计，他们会把我的东西弄得面目全非，然后我就被媒体痛骂，”他后来说道。“他们从来没有放权给我。”

终于，麦昆觉得自己受够了。他打电话给汤姆·福特，福特帮他安排了与德·索雷的会面。麦昆听到了他想听的话，并开始认真地与 Gucci 集团洽谈。他也开始着手准备退出 Givenchy。他放弃了在玛黑区的公寓，开始住在办公室那条街上的巴黎乔治五世四季大酒店的套房。当然，这些花费都由 Givenchy 支付。

9 月，他在伦敦推出了一个新系列，他称之为“迄今为止我最好的一个”。他给它取名为“沃斯”(VOSS),源于一个以赏鸟闻名的挪威小镇,并解释说它是“关于自然和自然元素的系列。我想要远离宝石和所有的浮华”。这个系列的灵感源头要追溯至他和福赛思在萨福克郡的海岸边漫步时，瞥见了一堆剃刀般锋利的竹蛏壳。这就像当年他和格罗夫斯在伊丽莎白街发现了塑料保鲜膜，麦昆的创作灵感在眼前一闪而过：一定要做一条该死的裙子！他收集了数百个手指状的贝壳,把它们带回伦敦。他设计了一条长长的无袖圆桶形连衣裙，在上面覆满了贝壳，有如流苏的效果。由此麦昆还使用了其他种类的贝壳，以及海水珍珠和羽毛。

另一个顿悟的时刻来了。他在巴黎科里尼安古尔门跳蚤市场上，发现了一件 19 世纪的由绣花丝绸制成的日本屏风。他将它买了下来并运回了伦敦，和萨拉・赫德小心翼翼地把脆弱的布料裁了下来，把它和一种更结实的棉布结合起来，麦昆手工把它们缝制成一件韩式服装，穿在一条覆满黑色牡蛎壳的裙子外面。整套造型的点睛之笔是肖恩・利恩设计的颈饰：那是簇簇银色的枝杈，上面缀着点点灰色的塔希提珍珠。有了这些工艺，“沃斯”成为一个特别昂贵的系列。美国运通再次赞助了部分费用。

最后一个重要的灵感来自美国摄影师约珥 – 皮特・维特金在 1983 年拍摄的一张阴森恐怖的照片:《疗养院》(*Sanitarium*)。照片中，一个肥硕的裸体女人戴着头面罩，耳朵上挂着赫尔墨斯式的翅膀，以经典绘画中的姿势躺着，通过一根玻璃管在呼吸，管子的另一头连接到吊在背景墙上的猴子嘴里。麦昆拥有 7 幅维特金的作品——其中一幅是艾尔顿・约翰和大卫・费尼什（David Furnish）送的生日礼物。

“沃斯”安排在 9 月 26 日发布,秀场再一次定在维多利亚的巴士站。嘉宾围着一个巨大的镜面立方体坐着，迫使他们只能看着自己，这让人深深地不适。这次秀开场延迟了，因为格温妮丝·帕特洛被堵在路上。麦昆坚持要等到她来才开始。

不是所有名人都如此幸运，换句话说，不是所有名人都能得到麦昆的青睐。维多利亚·贝克汉姆，还被称为“时髦辣妹”的时候，热切地想参加麦昆的时装秀，就被麦昆拒绝了。“非常对，”他说，“说到底，这场秀是关于我的衣服，是后台所有人为之付出的辛勤劳动，而不是那些坐在前排照单全收的蠢货。这就是为什么我没有让时髦辣妹来……你在我的时装秀上看到的那些明星，不管是格温妮丝·帕特洛还是别的什么人，都只是因为我和他们关系好……我只为聪明女人设计。”

加利亚诺对贝克汉姆家的态度截然不同。“辣妹和贝克汉姆，他们是神，”他说。

当帕特洛稳稳落座后，大厅变得一片漆黑，镜像立方体亮起来了，展现出一个房间，墙壁为单向玻璃，房间内的墙上贴着软垫，地上铺着白色瓷砖，就像精神病院的病房；观众可以像窥视者那般看见里面的一切，但模特们只能看见自己的倒影。房间中央，放着一个锈迹斑斑的大箱子。开场模特是凯特·莫斯，她头上被发型师盖多·帕劳（Guido Palau）缠上了白色纱布，仿佛刚刚做了脑部手术，妆容由瓦尔·加兰设计，朴素而苍白。她穿着一件贝壳粉的雪纺无袖长袍，上面挂着层层锯齿状的荷叶边，在房间里磕磕绊绊地走着，沿着镜子摸索前行，仿佛想弄清楚要如何逃出去—— 这真是一个令人不安的设定。

莫斯后面跟着的模特和她同样头上缠着绷带，失魂落魄，跌跌撞撞。“你们现在在一个疯人院之中，”秀前麦昆告诉模特们，“我需要你们发疯、精神崩溃、死过去，然后又活转来。还有，如果你们可以的话，在 3 分钟里做到这些。”她们做到了，每个人都穿着一套做工精致且完全不同于别人的服装。一位模特穿着长长的翡翠绿鸵鸟羽毛裙和杏仁绿雪纺上衣，头上和肩上架着几只老鹰标本，随着她走动的节奏而摇摆，让人再次想起希区柯克的电影《群鸟》。一位模特穿着一条长长的黑色半裙，上面覆盖着闪闪发光的黑色贻贝壳，她一边疯癫地手舞足蹈，一边又把贝壳从身上拽下来，用脚踩碎。艾琳·奥康纳（Erin O'Connor）穿着蛏子壳紧身裙，按麦昆的指示，将身上的竹蛏贝壳剥落下来。“这些贝壳在海岸上已经不再有用，所以我们把它们用在了衣服上，”他阐释道，“然后艾琳出来，把裙子撕得一塌糊涂，这样一来贝壳又没用了。有点像时尚，真的。”

凯伦·埃尔森（Karen Elson）身着日本屏风做的韩服和黑色牡蛎壳裙；另一名模特穿着一件灰色日本和服，上面绣着精致的花卉和鸟类图案，头上戴着一顶长方形盒子式的帽子，帽子上装饰有摇曳的黄绿色藤蔓。有一件让人过目不忘的用红色威尼斯玻璃做的紧身胸衣，配一条黑色铅笔裙。闭场的服装是一件无袖礼服，上面是由血红色医用载玻片做成的紧身胸衣，下面是红黑相间的鸵鸟羽毛裙。衣服随着模特走动而摇曳，发出叮当的响声。秀款之间出场的是帅气又实穿的设计，比如有着海水般碧绿颜色的针织吊带裙；廓形完美的黑色直筒连衣裙配战壕装；以及黑色和白色潇洒的礼服式西装上衣。

闭幕时——现在的秀总是会有一个特别的谢幕——灯光关闭，又恢复光明，房间中央的箱子四个面塌下来，露出作家米歇尔·奥利（Michelle Olley）。她素以写作和行为离经叛道而饱受争议，此刻她懒洋洋地躺在一把古董躺椅上，坦露出饱满松软的肉体，令人恍然以为她在维特金的照片里。她也戴着一个有翅膀的面罩，通过一根玻璃管来呼吸，一团飞蛾绕着她飞舞。观众们爆发出欢呼声和掌声。“太美了！太妙了！”伊莎贝拉哭了，“该死的，美极了！”

“这与世界政治有关——生活就是如此——与‘美是什么’有关系，”麦昆在后台告诉门克斯。“我觉得，我有艺术家的眼界。”

在场的大多数人都同意这一点。霍林称麦昆为“一位伟大的设计师，他不仅仅设计漂亮的衣服，而且像艺术家那样对当代文化的恐怖和疯狂作出回应。”

麦昆在 Givenchy 的合同是 LVMH 集团的标准协议——“无懈可击”，一位参与了谈判的参与者回忆道——这就需要很多策略来让他摆脱合同的束缚。但贝特西·皮尔斯（Betsy Pearce），一位专门代理时装设计师、风格讲究实际而且直截了当的美国律师和 Gucci 集团的律师团队决定一起面对挑战。为了避免麦昆被人看到进出 Gucci 集团总部，他和德·索雷以及律师们在伦敦梅菲尔区布朗酒店的一间密室里见了面。对 Gucci 集团来说，一切相对轻松，因为麦昆只有一个要求：“我不在乎金钱，我只在乎我的自由。”

然而，保守秘密的压力成为麦昆的重负。他现在名声显赫，反而让他惊慌失措；对这一切他已经无力掌控，只想尽快签约。在伦敦谈判的最后一周里——2000 年 11 月的最后一周—— 他不接特斯勒的电话。12 月 1 日星期五，他原本应该和特斯勒以及 LVMH 集团的时尚部门负责人伊夫·卡斯利（Yves Carcelle）在伦敦共进晚餐。但麦昆怀疑他们会再一次提出收购 McQueen，可他不愿面对他们，对他们说不，于是让助理代表他取消了会面。他则回家看电视，与福赛思“疯狂做爱”。

第二天——12 月 2 日，星期六的下午——他和福赛思以及

McQueen 品牌的女发言人亚米·卫顿叫了辆出租车前往位于格拉夫顿大街的 Gucci 集团总部签约。但他紧张到不愿意从出租车里出来。最后用了一个小时才好说歹说把他劝到了位于 4 层的办公室。

签约完成后，他们用矿泉水和可口可乐来干杯庆祝。正如德·索雷指出的，他们一直在工作。麦昆和他的人随即去了苏荷区的贝尔陶克斯之家甜品店庆祝。那天晚上很晚了，他与皮尔斯共进晚餐，点了一堆鱼子酱，用勺子狼吞虎咽地全吃了下去。

星期一早上，Gucci 集团发布了新闻稿，宣布集团收购了 Alexander McQueen 公司“蓝鸟”——公司以他举行第一场秀“虚无主义”的车库命名——51% 的股份，收购金额未透露。据报道，这笔交易金额为 2500 万美元——是 Alexander McQueen 公司年收入的 2.5 倍——而麦昆会保留他的创作控制权。“这样的费用，对一个人来说真的是一笔意外之财，”其中一位谈判者说，“一个天文数字。”

交易要点有：Gucci 集团在意大利的工厂将同时生产 McQueen 的女装和男装——巧的是，这正是过去他曾为吉利工作过的老扎马斯波特工厂；公司会关闭康迪街的门店，并重新开三家新的门店，分别在伦敦的邦德街、东京的青山区以及曼哈顿的肉库区；将会推出香水和眼镜；McQueen 会在巴黎举行新装秀；同时他会推出一条男装定制线和高级定制女装线。“我不认为阿诺特能给我这些，”他说，“因为他都没有给约翰（加利亚诺）。”

Gucci 集团表示，“到 2001 年 10 月，麦昆当前其他创作职责到期后，我们的关系将变成独家的。”他与 Givenchy 的合约持续到 2001 年 10 月。Gucci 集团的一位发言人直言不讳地补充道：“我们做这笔交易不是因为 LVMH 集团。这是我们在奢侈品市场收购品牌的长期策略的一部分。”

“重要的是亚历山大必须拥有创意的独立性，”德·索雷说。“他真的有能力和才华把 Alexander McQueen 打造成一个全球性品牌吗？我认为他可以，否则我绝不可能做这个交易。”

据 Givenchy 的消息来源称，阿诺特被打了个“措手不及”。“之前卡斯利一直找亚历山大求证这个他要背叛的谣言，亚历山大也一直坚决否认，”一位 Givenchy 的员工告诉我。“玛丽安·特斯勒也一直说，‘李永远不会这样做的。’她猜错了，伊夫也是。”

作为回应，LVMH 集团也发布了自己的公关通稿，强调麦昆的品牌和 LVMH 完全无关，不像约翰·加利亚诺、迈克尔·科斯以及马克·雅各布等设计师的个人品牌那样被 LVMH 收购。因此，“麦昆先生为他的小生意寻找资金支持是正常的，”阿诺特表示他并不介意麦昆离开。“他总是在抱怨，”据说阿诺特这样讲，并补充说 LVMH 集团没有解雇麦昆，“因为我们很讲礼儿。”

Gucci 集团宣布消息时，麦昆正在巴黎，伊莎贝拉·布罗也在，他们在考斯特酒店庆祝了一番。伊莎贝拉苦乐参半：为朋友感到激动不已的同时，她再一次心碎了。是的，她依然是《星期日泰晤士报》杂志的时尚总监，用她的创造力带领团队蓬勃发展，一年有 40 次时装拍摄。但她和德特马却没有足够的钱来维持他们在希尔斯的生活。她希望借这笔与 Gucci 集团的新交易，麦昆最终会感谢她多年来的支持，给她一份工作、一个顾问的职位，抑或是一笔奖金。“伊莎贝拉原本期望能成为交易的一部分从而进入 Gucci 集团，”一位对谈判知情的人士说。“她希望能成为——很重要的一个谈判筹码。”她向她的朋友、英国社交名媛达芙妮·吉尼斯倾诉了她的沮丧之情。“她很难过，”吉尼斯确认说。“这场交易一开始，她就被淘汰了。其他人都得到了合约，而她只得到了一条免费的裙子。”

麦昆用 Gucci 集团给的钱给父母在埃塞克斯郡买了一栋新房子，给他自己在伦敦东部的维多利亚公园买了一栋乔治时期风格的房子，他和福赛思打算在这里成家。“我想要有一个小孩，我相信自己有能力抚育一个孩子，”他说。

他还大肆挥霍。他和福赛思在纽约一整天都在购物，带着两幅沃霍尔的画回家，每幅花了 12.5 万英镑。他在乔治五世四季酒店的大堂看到几盏硕大的施华洛世奇枝形吊灯，他花了 3 万英镑买下了其中一盏——这样他就可以用上面的水晶来装饰他伦敦家里的圣诞树。一天晚上，他预订了一架私人飞机和福赛思一起先飞到西班牙喝鸡尾酒，再到巴黎吃晚餐，最后去阿姆斯特丹逛夜总会。

那年圣诞节，正看着一个关于肯尼亚的电视节目，麦昆转头问福赛思，“想去非洲吗？”48 小时之后，他们双双飞往内罗毕，坐在一架波音 747 飞机的上层头等舱——麦昆买下了所有座位，于是他们得以独享客舱。在肯尼亚待了几天后，麦昆又觉得无聊了，于是他又包了一架私人飞机，两人飞到开普敦，在娜奥米 · 坎贝尔的别墅里与一群时尚名流一起跨年。

新年到了，麦昆不得不返回巴黎，准备他的高级定制时装系列。特斯勒同意麦昆在 10 月的合约结束之前就可以离开，但坚持要他完成 2001/02 秋冬季的高级定制和成衣系列——至少给她时间来寻找替代他的人。麦昆非常愤怒——他非常想回伦敦，开启他生活的新篇章。特斯勒依然为他的背叛感到很难过——从本质上说，麦昆确实背叛了她。

“他非常讨厌 LVMH，”当时的一位目击者回忆说，“他讨厌那些人。如果有可能他恨不得把手指插进阿诺特的眼睛里，就是有这么讨厌。”在《观察家报》的一个采访中，他形容自己在 Givenchy 的时间“比做一个角斗士还难熬”。没人在身旁时，他会偷偷顺一些昂贵的布料和皮革到他伦敦的工作室。住在乔治五世酒店——反正都是 Givenchy 付钱——他会把套房里的毛巾、床单、浴衣和浴室用品一扫而空。“他会用客房服务点鱼子酱，然后把一根香烟扔在里面，”一位目击者说。“他还会把迷你酒吧里的所有东西都拿出来，让我们带回家。他每次到酒店，就会把房间里的东西扫荡得一干二净。”

麦昆基于他和福赛思的肯尼亚之旅来设计这个新的高定系列，打算在巴黎贝西体育馆办一场盛大豪华的秀作为他的告别演出。但在最后一刻，特斯勒取消了这场秀，宣布只在公司内部为客户做一场展示，而且不会有报刊记者或摄影师在场。特斯勒很官方地解释，裁缝们因抗议政府新规定的每周 35 小时工作制而举行罢工，所以她们没有制作出足够的服装来做秀。但据 Givenchy 的消息来源，这个指令来自“更高级的人物，职务远高于特斯勒，是为了惩罚麦昆”背叛 Givenchy 投奔了 Gucci 集团。

记者聚集在乔治五世大道 Givenchy 的门口，询问看完秀离开的客户们看到了什么，又喜欢什么。秀场气氛“非常压抑，又非常可爱”，一位客户说道。模特随着古典音乐的背景音乐在两个房间内穿行、展示，大约展示了 36 套造型。顾客们用了几个词向我描述：“不实穿”“不可想象”和“难以置信的美丽”。备受青睐的有：一条栗色皮革紧身流苏连衣裙；一条带有自然垂坠褶的黄褐色羊绒抹胸式连衣裤，上面绣着玻璃珠和木珠；一件长长的用红色缎子和白色乔其纱做成的斜裁细吊带礼服，装饰有牡丹串珠；一件不对称的蛇皮穿孔结带礼服，饰有人工玳瑁穿环。而所有的配饰都有深厚寓意，比如每一件服饰的肩膀上都有鹰爪抓着一个镶钻衣领。起初，麦昆拒绝谢幕，但观众都起立为他鼓掌欢呼。最后，他与工作室几位负责人携手出场。“场面非常感人、美丽和谦逊，”一位目击者说。连特斯勒都泪洒当场。麦昆偷溜回后台，向所有人道谢。几分钟后，我看到他和福赛思坐进出租车迅速离开了。

在高定时装周期间，LVMH 集团报告说 1999 年的销售额出现了爆炸式增长。 Louis Vuitton，作为集团的摇钱树，经历了一个“壮观”的第四季度，销售飙升了惊人的 45%，营业利润增长超过 20%。虽然 LVMH 集团没有公布 Louis Vuitton 的实际年销售额，但分析师估计是 18 亿美元。总的来说，集团 1999 年的收入增加了 23%，为 85.8 亿美元——自 1998 年以来的一个令人印象深刻的转折点——1998 年他们的收入下跌了 5.4%，只有 69 亿美元。

麦昆回到伦敦，接受由查尔斯王子颁发的英国年度设计师奖——这是他第三次获奖。在他的获奖感言中，他批评英国的各部门对本土时尚缺乏支持，反倒是一家意大利公司拯救了他。第二天，他举办了他的同名品牌发布秀，取名为“旋转木马”（What a Merry-Go-Round）——他确实在秀场放了一架古董旋转木马——似乎是对加利亚诺和 LVMH 集团的尖锐讽刺。众目睽睽之下，包括麦昆的新老板多梅尼科・德・索雷，这场秀以电影《飞天万能车》（*Chitty Chitty Bang Bang*）里那个绑架儿童的歹徒恶魔般的声音开场。电影里，这个歹徒会给村子里的孩子们糖和冰激凌，从而抓住他们，把他们关在邪恶男爵的城堡地牢里——明显影射阿诺特。

一些模特戴着三角帽式的假发，就像加利亚诺在他 1993 年虚张声势的“海盗”秀中用过的那种，当年麦昆就在金基·格林基（Kinky Gerlinky）夜店的变装派对上嘲弄了回去。其他模特的大波浪发型则是加利亚诺最近喜欢用在时装秀和他自己身上的。她们的妆容要么是 20 世纪 30 年代的风格，涂着樱桃小口——又一个加利亚诺特征——要么用油彩涂成小丑的妆容。有一些衣服显然是麦昆风格，比如有龙刺绣的和服，或者有激光镂空孔雀图案的皮革迷你裙。

其实，这个系列中重复了多个加利亚诺的标志性设计，比如透明蕾丝吊带裙、机车夹克、法国军装风格大衣和装饰腰带，为了更恰当地表现它们，麦昆用了恐怖片《魔鬼怪婴》（*Rosemary's Baby*）中让人战栗的配乐。一位模特身着一件非常加利亚诺风格的黑色斜裁礼服和无带细高跟鞋走了出来，一具金色的人骨架握着她的脚踝，这具骨架曾在“但丁”秀上用过；当她在秀场中行走时，骨架也被拖过地板。闭场时，模特打扮成小丑，穿着非常加利亚诺风格的雪纺礼服，随着《欢乐满人间》（*Mary Poppins*）中朱莉·安德鲁斯的歌声，骑在旋转木马上：“吃一匙糖，就能喝一口药。”“那场秀里有很多关于我生活的隐喻，”麦昆承认，“有一部分是有趣的，而另一部分则很黑暗和邪恶。”

XVII

2001 年 11 月 27 日，在 41 岁生日的前一天，加利亚诺前往白金汉宫接受了英国女王伊丽莎白二世授予的大英帝国勋章（CBE）。在授勋仪式上，加利亚诺穿着一件 Brioni 品牌的传统款式常礼服，没有穿衬衫，披着一头金色长发。他声称对被授予勋章感到“惊讶”，特别是鉴于他在 5 年前还曾在女王主持的国宴上失约。“这是我所得到的最高荣誉之一，”他说。“我感到非常自豪。”

大概 6 个星期之后，他给安德烈·里昂·泰利打了个电话。泰利正在巴黎做高定时装周的报道，他询问泰利能否到 Dior 的工作室来预览。泰利被这通电话感动了——虽然二人的关系仍然不错，但由于加利亚诺繁忙的日程安排和史蒂文·罗宾森的控制，他们很难得见面。“我想让你来看我的衣服，”加利亚诺坚持说。

在加利亚诺高定秀开幕两天前的那个星期六晚上，泰利来到蒙田大道 30 号，在工作室里见到了加利亚诺。“我有东西要给你，”加利亚诺告诉泰利，然后他走进办公室拿出了一个小盒子。

“这是给你的。”加利亚诺说。

他们打开了盒子。里面是加利亚诺的大英帝国勋章。泰利惊愕得一时语塞。

“他本可以把它送给他母亲的，”泰利说。如今，当他回忆起那一刻，眼里涌出了泪水，“但他却给了我。”

“如果你想要了，随时来拿，”泰利告诉加利亚诺。“你随时可以拿回去。”加利亚诺欣然答应。泰利把它带回纽约，锁进保险柜，“我认为这是他能做的最伟大的举动。”

接下来，加利亚诺开启了非凡的一年，他举办了各种疯狂的时装秀和公关宣传活动，做富有异国情趣的旅行，马不停蹄地主持开店典礼。奢侈品行业里的其他公司——包括 Gucci 集团——重新调整了他们的五年计划，以适应新的现实，如“9·11”事件后的阴霾、阿富汗战争和显然即将爆发的伊拉克战争。而 Dior 步入了蓬勃发展期，这是 20 世纪 50 年代迪奥先生统领品牌时才有的繁荣景象。自 1997 年加利亚诺加盟 Dior 以来，阿诺特、托莱达诺和加利亚诺付诸实施的种种计划——树立新形象，宣传推广，门店改造扩建，新产品线和香水的开发——看上去终于发挥了卓越的作用，所有产品销售成绩斐然。加利亚诺的工作看起来相对安全稳定了。

在他的时装系列中，他仍是将不相干的想法搅和在一起，仿佛一个巫师从坩埚里可以变出魔法药水。有一场秀，他参考了拉贾斯坦邦的吉卜赛人、华尔街银行家、阿拉伯游牧民、藏族民俗学家的形象；另一场秀，他使用了 20 世纪 60 年代的南非摄影师鲍勃森·苏克迪奥·穆罕拉尔（Bobson Sukhdeo Mohanlall）的作品，比如非洲黑人穿着传统服饰和现代服装的肖像照,在此基础上又增加了猫王的模仿者和牛仔元素。在蓬皮杜中心举办的一场秀上，当模特扮成爱斯基摩人、女子鼓乐队和马戏团丝带舞者走上 T 台，他又派出两名近乎赤裸的日本神鼓童乐团（Kodo）的鼓手击响大鼓。“加利亚诺用创意、幽默和技巧彻底征服了他的观众，”《女装日报》赞赏道。“这固然是浮夸之旅，而更重要的是，美丽。”

为了造势，加利亚诺的秀场第一排总是坐满了明星。与 Dior 交往甚密的除了素来就有的法国政治家夫人，还有流行歌手格温·史蒂芬妮（最近想要加利亚诺帮她设计婚纱）；女演员劳拉·邓恩、佩内洛普·克鲁兹、克里斯汀娜·里奇、克莱尔·丹丝、罗姗娜·阿奎特、贝特·迈德尔，以及摇滚歌手蓝尼·克罗维兹。

在 2002 年 10 月,为了庆祝 Dior 的新香水“魅惑”（Addict）上市，加利亚诺和 Dior 在著名的巴黎丽都夜总会举办了一场疯狂的派对。加利亚诺并没有邀请知名歌舞团的歌舞女郎，披挂着羽毛和亮片来表演经典却很造作的歌舞，而是让全身涂满金色的钢管舞演员随着动感的俱乐部音乐随意舞动。他臂膀里挽着装扮成波提切利笔下的维纳斯模样的超级模特吉赛尔·邦辰，以跳伞的方式出现在观众面前。“我知道我可以信任约翰，”托莱达诺说。“到目前为止，他对广告、时装秀以及产品所做的一切都是正确的。”

据报道，2002 年，Christian Dior 公司的高级时装、成衣和配饰部门销售额上升了 41%，达到 5.356 亿美元，利润为 3600 万美元，自 2001 年来有了大幅提升。Dior 管理层预估，到 2006 年销售额能再翻一番，达到 10 亿美元——在 4 年内。

John Galliano 品牌同样很成功，尽管不如 Dior 那么夸张。而它的时装发布同样秀不惊人死不休。其中有一场，模特的脸上涂着克利须那蓝色颜料，“旋风般刮上 T 台，穿着如齐柏林飞船那般大的夹克；荷叶边如云海翻滚；层层叠叠的雪纺上镶着鹳毛；或者用美丽的雪纺做成沙丽式连衣裙，并按沙丽的穿法将头巾裹在头上；头饰琳琅满目，发型做得犹如派对上的气球”，《女装日报》写道。Galliano 还计划在巴黎开旗舰店。品牌的销售额稳步增长：2002 年，销售总额达到 2970 万美元，2003 年有望再增长 25%。

加利亚诺春风得意，麦昆则谨慎保守地翻开了在 Gucci 的人生新篇章。2001 年的开头并不尽如人意：夏天，他和福赛思分手了。“李太成功了，”福赛思解释，“我跟不上他的步子。”麦昆说这次分手“痛苦无比”，并且 18 个月里都拒绝与福赛思说话。“李很伤心，”阿奇·里德证实，“但他们的分开使我俩变得更亲近了。”

商业方面，多亏 Gucci 集团的实力，交接和变化进行得很顺利。

McQueen 公司搬进了位于伦敦东区安维尔街（Amwell Street）10 号的一栋三层楼，作为公司总部。他还有了新的总裁苏·怀特利（Sue Whiteley），她曾任伦敦哈维·尼克斯（Hawey Nichols）精品百货的采购部主管。公司制订了发展计划，其中一项是在 5 年内推出 15 家新的 McQueen 门店，但麦昆说“这对我来说似乎太冒进了，（而且）Gucci 集团同意了这一点”。于是，他们将计划砍了一大半，决定先在伦敦开一家新店，以取代由恩瓦德株式会社投资开在康迪街的店。“你知道，对我来说不仅仅是钱的问题，”麦昆说。“我一直在努力地打造 McQueen 这个品牌。”他说，他希望它慢慢地成长，“拥有长久的生命力。”

经销商们迅速注意到了 McQueen 服装的品质和实穿性都有了重大改善。“你会惊叹，‘哇！’”当时在巴尼斯百货担任女装部总监的朱莉·吉尔哈特说，“一个又一个的样品，每一个都很畅销，又十分性感。它没有因为要考虑商业性而在设计上打折扣，几乎无可挑剔。我打电话回纽约，和预算部门的同事商量：‘我们需要更多的预算来拿下这一系列。这真的非常重要。’后来，我们的预算增加了三倍。我记得我在想，‘我的天哪，这真是太神奇了，这个系列一定会大卖。’”

麦昆与多梅尼科·德·索雷相处得很好——这是他与阿诺特和 LMVH 高层 4 年拔河比赛后的一个巨大变化。“事实上，我与多梅尼科之间有更多私交，”麦昆说。“我真的很欣赏他，尊重他这个人——他相信我和我的视角。他并不把我看作是宣传 Gucci 集团的角色，他把我看作是在推进 McQueen……Gucci 集团在（我的公司里）投入了很多，这让我再次相信时尚产业。”

麦昆现在看起来苗条且健康。他说这归功于瑜伽、健走去开会和他的减肥药。但他仍在大量嗑药。“他一晚能花 600 英镑买药，”里德说。“他有 5 个供货的药贩子。我和其他人会删除他们的电话号码，但他总能找到新的一个。”有时候，他吸过量，好在总能及时被送医治疗。Gucci 集团的高层现在说他们当时完全不知道麦昆有药物依赖。当时任 PPR 主席的瑟奇·温伯格（Serge Weinberg）补充说，“公司机构介入这些私人事务的合法性有多大？”

麦昆毅然决然地保持着单身，却和形形色色的男人约会，包括里德。里德把自己的生活分成了两部分：与自己家人的，和与麦昆在一起的。还有一个出生于威尔士的很有抱负的设计师，麦昆经常在苏荷区的酒吧，比如影子酒吧找他搭讪。他们会回到麦昆新近置办好的家里过夜，就在伊斯灵顿的芬斯伯里公园附近。“就像在与猫王约会，”这位设计师说。“因为麦昆是一般人完全无法接近的人。他是那种我关注了一年一年又一年的人，但我们终于因为有趣的邂逅而产生了交集。”

他们会吃摇头丸，也会吃被称为“特级 K”的氯胺酮——给马用的镇静剂，那位设计师说这会“使你麻木但又让你有点欲火中烧”。一天晚上，当他们走进麦昆的房间时，设计师注意到了三脚架上的摄像机。

“你不会是想要录像吧！”他说。

“不，不，这是我最不想要做的事情，”麦昆回答。“这纯粹是为了让我确认自己没有被强奸。”

“我不会做这种事！”设计师肯定地说。

“不，不是指你，”麦昆向他保证。“在我小的时候，我曾经被一个幽灵强奸过。所以，我会在我们睡着的时候录像。”

第二天早上的第一件事，麦昆加速看了视频，确认他没有被幽灵强奸，然后删除视频，重新设置了摄像头，等着下一个晚上再用。这种情况重复了好几次，设计师说。只要他们穿上了衣服，麦昆就会把他的情

McQueen“旋转公牛的舞步”系列，2002 春夏系列。

人踢走。“他给我做过一次早餐，”设计师说，但通常是“他迫不及待地要摆脱我。”

“我很享受生活，”麦昆说。“我知道我想从感情关系中得到什么，我比以前任何时候都更有安全感。”

不在伦敦的时候，麦昆会在米兰的 Gucci 集团展厅里，在诺瓦拉的老扎马斯波特工厂里，在巴黎采访，或举办时装秀。麦昆之所以选择在巴黎办秀，是因为相对伦敦而言，巴黎拥有更广的观众群和更高的媒体覆盖率。这意味着时尚界两位风头最盛的人会在每年两次的巴黎时装周上相互较量。加利亚诺假装不在意；他选择视而不见，对外总是说不知道他的同行在做些什么。

然而，麦昆对挑战看得很重，他要么试图超越加利亚诺，要么一有可能就对他冷嘲热讽。2001 年 10 月，麦昆发布了他的 2002 春夏女装系列，秀有个西班牙主题“旋转公牛的舞步”（The Dance of the

Twisted Bull)，这直接指向了加利亚诺。秀的背景是一段影像，片中斗牛士的斗篷刷刷作响，公牛喷着鼻息，模特们穿着高腰斗牛士裤、装饰着黑玉珠子的短上衣和 20 世纪 50 年代风格的摇摆连衣裙，走了出来，就像加利亚诺在 Givenchy 短暂任职内设计的服装。最具讽刺意味的造型是，一个模特身着一件红色波点加利亚诺风格的西班牙女式连衣裙，长矛看似穿过躯体。

2002 年 10 月，麦昆发布了 2003 春夏系列“树鸭”（Irere）。树鸭最初的灵感来自罗兰·约菲（Roland Joffé）1986 年导演的电影《教会》（*The Mission*），这是一部历史题材电影，讲述了西班牙耶稣会教士（杰里米·艾恩斯饰演）试图保护一个南美土著部落免遭葡萄牙奴隶贩子掳掠的故事。系列中有一件用象牙白欧根纱制成的舞会礼服，上身是不对

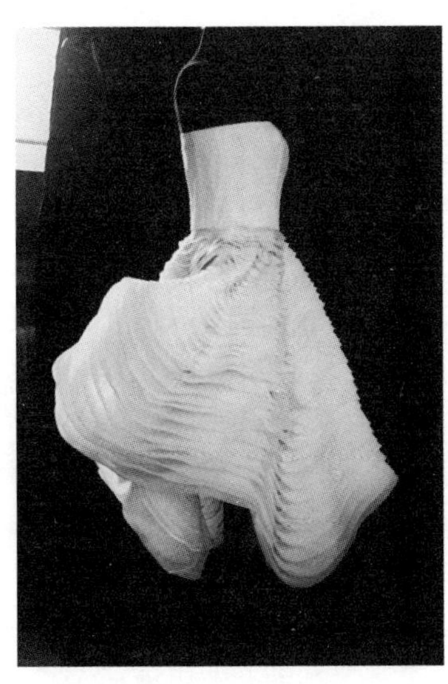

Galliano 设计的贝壳裙，1987 年。

McQueen“树鸭”系列，2003 春夏系列。

称结构，丝丝缕缕，裙摆上的荷叶边层层叠叠如厚厚的波浪般垂至地面：对加利亚诺的贝壳裙做了巧妙的重新诠释——麦昆多年来一直对这件设计念念不忘——他的这一件比原先那件更美丽更优雅。

扩张仍在持续。麦昆与萨维尔街的老字号 H.Huntsman & Sons 合作，推出了定制男装系列。2002 年夏天，他在纽约肉库区开了美国第一家精品店，2003 年 2 月在伦敦老邦德街开了一家新店。接下来是 2003 年的夏天，在米兰的蒙特拿破仑商业区开了店。2003 年 3 月 17 日——麦昆 34 岁生日那天——他推出了自己的第一款香水“王国”(Kingdom)。6 月，麦昆得知，和加利亚诺一样，鉴于他对时尚行业的贡献，而获得伊丽莎白女王授予的大英帝国勋章。授勋仪式将在秋季举行。

虽然现在麦昆只需要操心一家公司，而不像他在 Givenchy 时那样要兼顾两个品牌，但他发现自己的工作量仍然是超负荷的。唯一可容他喘息片刻之处是他的两个家：一处位于哈克尼区，面对着维多利亚公园，是一栋优雅的乔治时代的三层连排住宅，还有一处在黑斯廷斯附近，是一栋 18 世纪的石头农舍，俯瞰着英吉利海峡。像伦敦东区一样，黑斯廷斯也有一段黑暗的历史，中世纪时这里曾是走私港口。“这里非常安静——荒无人烟，真的——但这就是我住到那儿的原因，”他在谈及这个地区时说，并补充说这屋子“就像一个老海盗栖身的地方。”

7 月，在 Dior 的 2003/04 秋冬高级定制时装秀开始的 3 天前，加利亚诺的父亲于西班牙逝世。“他一直挺好的，就是消失了而已，”加利亚诺后来这样说。除了他的核心圈子和老板，加利亚诺没有将他父亲去世一事告知工作室里的人，因为他不想转移团队的注意力。阿诺特好心将公司的公务飞机借给加利亚诺飞往直布罗陀参加葬礼。42 岁的加利亚诺从未告诉父亲他是同性恋者。“我和我父亲之间的关系，非常拉丁化，一言难尽，”他说。

返回巴黎后，加利亚诺和比尔·盖登、罗宾森和 Dior 工作室负责人拉斐勒·伊拉多整夜忙着假缝服装，音响里放着刺耳嘹亮的弗拉门戈音乐。“弗拉门戈音乐总是关于人的痛苦，”加利亚诺解释道，“它的结局永远都不会好。”

虽然加利亚诺在午夜过后才回家，但他依然坚持在黎明时分起床，惯例出去跑 3 千米，然后进行举重和仰卧起坐训练。沐浴过后，他穿上衬衫和破旧的牛仔裤，然后去上班，看上去疲惫不堪、悲伤又麻木。他去了后台的更衣室，那里陈设讲究，有花束，地板上铺着斑马皮地毯，他告诉他的私人造型师：“我觉得很像西班牙探戈，油腻腻的黑发让人觉得很脏很恐怖。”造型师领会了他的意思，并指导团队如何创造出相应的外观。

发型师把山羊胡子贴在加利亚诺的下巴上，将它修剪整齐，呼应了他那撮尖形的胡子。然后，他将加利亚诺那长长的现在是黑色的头发卷成一缕缕乱发。化妆师用炭笔将加利亚诺的双眼画得看起来像魔鬼。他又穿上一条有灰色刺绣的蓝色运动裤，在灰色长袖破洞 T 恤外面套了一件紧身的网眼抹胸，脚上是绒面革靴，戴了一对穿孔式耳环。他又给自己肌肉发达的胸部和脸上都涂满了油，让自己看起来脏兮兮的。

“这会是艰难的一天，”他承认，“但我稍后会处理的。现在我要把注意力集中在时装秀上。我希望人们忘记他们的电费账单、工作和一切。这是奇幻时刻。我的目标真的很简单：当一个男人看到一个穿着我的衣服的女人时，我希望他基本上只会对自己说，‘我要操她。’我认为每个女人都值得追求。这真的要求太多了吗？”

黑暗中，模特们大踏步走上一个传统的 T 台，背景幕布和 T 台被彩灯照成彩色方格，就像一张巨大的五彩斑斓的方格纸。服装仍然是加利亚诺一贯的大杂烩式的夸张风格：带有胸衣的康康舞裙；柔软蓬松的薄纱泡泡裙轻轻拂过小腿；长而宽松的直筒低腰连衣裙外披着皮草大氅……整个系列全都有明艳柔和的色彩和珠宝般的色调，像红宝石和海蓝宝石。所有细节都是夸张的、凌乱的、撕裂的，要么就是看起来尚未完成，有线状物垂在裙边晃荡，如超粗的线头。斯蒂芬·琼斯设计的帽子同样很梦幻：一个是冰棒颜色的毛茸茸的大牛角，另一个犹如拉斯维加斯歌舞女郎的羽毛头饰，有着棉花糖似的粉红色。

最后，希利为模特的返场呈上弗拉门戈舞曲。她们一回到后台，秀场变得一片漆黑，在上千人的欢呼和喝彩的同时，加利亚诺在一位男弗拉门戈歌手如泣如诉的歌声中走了出来，步伐果断，看起来就像恶魔。在后台与编辑、零售商及杰克·尼克尔森和伊丽莎白·赫利等名人寒暄后，他终于失声恸哭。“今天是献给我父亲的，”他说。“我希望我能让他感到自豪。”

麦昆在伊比莎岛度过了他的 8 月假期。在那里，他邂逅了塞巴斯蒂安·庞斯。自从 3 年前庞斯去了纽约为阿德罗韦尔工作后，他们就再也没有联系过。他的工作变动并不顺利：在纽约的“9·11”事件后，阿德罗韦尔的投资方 Pegasus 破产了，阿德罗韦尔被迫关闭公司，遣散了所有员工。

庞斯给了麦昆一个大大的拥抱，并惊讶他竟然如此的瘦。“我只感觉到了骨头，”庞斯回忆。麦昆拉起他的衬衫，向庞斯展示了他吸脂手术后留下的疤痕。庞斯非常窘迫。“他为变瘦付出了很大的代价，”庞斯说。

随后，麦昆跟庞斯分享了自己的近况：他检查了身体，HIV 呈阳性。尽管有常去性爱俱乐部的嗜好，但麦昆在性病方面是相对小心谨慎的。“他的想法是有一个男朋友，做体检，然后他们就可以疯狂地做爱，”庞斯说。“他非常担心艾滋病。他不是那种会进行不安全性行为的人。”然而他还是被传染了，他认为是被乔治·福赛思传染的。他向庞斯保证说他正在服药，一切都会好起来的。但庞斯知道，他的老朋友一切都不好——完全不好。

和加利亚诺的秀一样，麦昆的时装秀也一直带有几分自传性质。但在 2003 年 10 月，他倾尽所有——他的情感，他的工作，他的爱情，他的生活，以及，不为大多数人所知的，他的 HIV 阳性诊断——倾注到一场名为“解脱”（Deliverance）的发布秀中。这场秀在潮流更迭中屹立不倒，成为麦昆的代表作。

灵感来自西德尼·波拉克（Sydney Pollack）创作于 1969 年的不朽剧作《孤注一掷》（*They Shoot Horses，Don't They？*）。这部电影以大萧条为时代背景，讲述了一场长达数月的舞蹈马拉松大赛里各个选手的经历。这似乎是麦昆生活和职业的寓言。

他请来曾在英国皇家芭蕾舞团跳舞的舞者 / 编舞师迈克尔·克拉克（Michael Clark）来帮助他办这场秀。秀于 2003 年 10 月 10 日星期五在瓦格拉姆大厅举行，20 世纪 90 年代初加利亚诺曾在这个古老的舞厅里举办他的“海盗”秀。开场，一名主持人宣布比赛开始，6 对搭档上场。他们是专业舞者和模特的组合，男人穿着凸显肌肉的衬衫和前片有褶的宽松裤，女人穿着 20 世纪 30 年代风格的西装、日装连衣裙和带有精致亮片、串珠装饰的斜裁晚礼服，随着艾灵顿公爵的《乘 A 号火车》（*Take the“A” Train*）在木质地板上跳社交舞。随着音乐变成迪斯科的节奏，舞步也随之加快——探戈舞、伦巴舞、狐步舞——雪纺裙随着每一个旋转而摇曳生姿。

10 分钟后，灯光短暂地熄灭，提示第二幕的开始。模特和舞者们又出来了——男人身着背心上衣、短裤和运动鞋，女人穿着镶有宽大荷叶边的印花日装连衣裙和高跟鞋——他们像情侣一样，手牵手，绕着一个巨大的椭圆形奔跑，仿佛这是一条跑道，而他们在赛跑。他们跑啊跑，互相推搡，跌跌撞撞，直到气喘吁吁，瘫成一堆。

该闭场了：进入舞蹈马拉松决赛时刻。女舞者显然都筋疲力尽，衣冠不整，开始疯狂地手舞足蹈；她们的男搭档则将她们举起来，或者将她们拖进黑暗中。直到最后剩下一位，一个身着金银丝圆柱形礼服裙的红发女人。她继续前进，在聚光灯下摇摇晃晃、趔趔趄趄，直到体力不支倒在地上，蜷成一团，奄奄一息。此时，灯光熄灭。

XVIII

2003 年 10 月 29 日早上，麦昆穿上他家族专有的苏格兰高地裙装，在母亲——穿着粉色的 McQueen 西装、头戴崔西设计的帽子，以及父亲——身着萨维尔街的套装——的陪同下，前往白金汉宫接受女王伊丽莎白二世授予的大英帝国勋章。麦昆不愿意接受这个荣誉，只是不愿违背母亲的意愿才接受。当他站在女王面前，眼睛注视着她，后来他告诉

亚历山大 · 麦昆获得女王伊丽莎白二世授予的大英帝国勋章，2003 年 10 月。

父母说这就像“坠入了爱河”。

“你成为时装设计师有多久了？”女王问。

“很多年了，我的女王陛下，”他回答。

他后来回忆说，“我看着她的眼睛，发现显然她也有很多糟心的事情。我感到很抱歉。我过去曾经说过很多关于女王的闲话——她就只是坐着，然后就能有那么多钱——但那一刻，我有点同情她，所以我离开时感到很惭愧。”

同一天，《纽约时报》报道说，汤姆 · 福特和多梅尼科 · 德 · 索雷与 PPR 的管理层就谁该执掌 Gucci 集团展开了权力斗争，他们二人组可能会在第二年 4 月合同到期后被迫离开公司。如今，麦昆和德 · 索雷的关系越来越密切，他会在德·索雷伦敦的家里用便饭，或者在德·索雷的办公室里向他讨教生意经。他孜孜以求，德·索雷也愿意倾囊相授。

不幸的是，德 · 索雷和福特与 PPR 的新总裁、皮诺的儿子弗朗索瓦·亨利谈判得并不顺利，他们证实会在春天离开 Gucci 集团。麦昆知道这一新闻后感到惊愕又难过。作为安慰，小皮诺让麦昆接替福特在 Yves Saint Laurent 的位置——这是麦昆在圣马丁读书时梦寐以求的工作。麦昆非常认真地考虑了这个提议；他甚至还邀请了 Givenchy 的一位前员工加入他的 Yves Saint Laurent 团队。“这几乎是板上钉钉的事了，”助理如此说。

然而这件事最终流产了。麦昆告诉助理，让他们谈崩的点在于，他坚持在所有品牌细节上标明“亚历山大·麦昆为 Yves Saint Laurent 设计”，而 PPR 的高管一口回绝。麦昆“将合同扔回给他们，然后说不”。麦昆后来声称，他拒绝这份工作是因为他担心自己无法兼顾 Alexander McQueen 和 Yves Saint Laurent 的设计。

Yves Saint Laurent 的这份工作给了当时名不见经传的 Gucci 助理设计师斯特凡诺·皮拉蒂（Stefano Pilati），从原则上讲，比起雇用一位明星设计师，他更便宜也更容易控制。PPR 提拔了一位同样默默无闻的 Gucci 内部配饰设计师弗里达·贾尼尼（Frida Giannini），用她来接替福特。经过这些任命，权力从创意者向管理者的转移似乎完成了。明星设计师如福特、加利亚诺和麦昆，使他们为之工作的品牌闻名遐迩——出名到品牌可以不再需要大名鼎鼎的设计师；因为品牌已经具备了可以继续前行和扩张的知名度和创造力。“我们将团队放在恰当的位置，”一位重要奢侈品牌的高层向我解释，“每一个层级和系列都有相应的团队。”产业链运转平稳，机器嗡嗡作响，明星设计师现在可以被抛弃了。

然而，更令人惊掉下巴的是 PPR 选择的德·索雷的继任者：公司聘用了罗伯特·波莱（Robert Polet）。他是联合利华的前执行总裁，曾执掌哈根达斯，因此他迅速在时尚圈赢得了“冰激凌人”的诨号。虽然他为人友好谦逊，但波莱对奢侈品行业知之甚少。他只清楚一点，自己唯一的使命是拉动增长。

麦昆个人品牌有了新任 CEO：37 岁的乔纳森·阿克罗伊德(Jonathan Akeroyd)，一位工人阶级家庭出身的南伦敦人，他曾在哈罗德百货从销售助理干到了销售总监的位置。在他的带领下，McQueen 的业务迅速增长。他为公司制定了一项雄心勃勃的新战略：在两年内，品牌要推出眼镜系列；男装，并在米兰作秀；McQ，一个更年轻化、价格更低的男女装系列；还有第二款香水，“我的女王”（My Queen）。麦昆又与 PUMA 合作，推出了一个运动鞋特别系列，并接到了许多红毯活动和婚礼的特殊订单。其中一个婚纱订单来自他的助理萨拉·赫德，她在 2004 年嫁给了时尚摄影师大卫·伯顿（David Burton），然后成为人们熟知的萨拉·伯顿。但麦昆不再在乎他的工作了，“我来这儿，做我的生意，办派对，然后离开。”

他的时装秀体现出了这种幻灭感。它们依然是精彩壮丽的作品，毕竟他现在有了很多钱。有时这些作品和秀也代表他对时尚行业不乏尖刻的看法。如 2004 年 10 月推出的 2005 春夏系列“游戏而已”（It's Only a Game），在一个巨大的棋盘上，模特像棋子一样排列成行。但大多数作品都像是没有灵魂的练习作业，比如 2005 年 3 月发布的“知道太多的人”（The Man Who Knew Too Much）系列，它是希区柯克主题的再现，但比 10 年前的“群鸟”系列更照本宣科。还有 2005 年 10 月的“海王星”（Neptune）系列，它以罗马海神的名字命名，主打白色和金色，就像他 1997 年的 Givenchy 首秀。那场秀唯一值得记录一笔的是，麦昆穿着一件写有“凯特我们爱你”的 T 恤出来谢幕，此举是为了声援模特凯特·莫斯，她当时因为被拍到吸食可卡因而丢了几份报酬丰厚的合同。

麦昆的老朋友和同事也注意到了他的服装在生产和销售方式上有了显著的转变：在实体店铺销售的衣服与他在T台上展示的设计没有多大关系。“商店里是给有钱女人的衣服，没有他的酷劲儿，也没有了他的魔力，”一位观察者说。“它们就只是夹克衫、裙子、裤子——他的衣服的超级商业化版本。当设计变得世故和公司化，那种鲜活的生命力也就消失了。”

虽然麦昆陶醉于他财富的增长——他的艺术收藏逐渐增加，已经有了“很多查普曼兄弟，一些沃霍尔，许多约珥-皮特·维特金，很多萨姆·泰勒-伍德，”他引以为荣——但他变得更加离群索居。蒂娜·拉科宁记得，某场秀结束后，她和伊莎贝拉·布罗以及菲利普·崔西去后台见他。“他待在一个房间里，任何人都不允许进入，”她说。“我和伊莎贝拉以及菲利普得以进去跟他打了个招呼，但他不会再让其他人进去，因为他根本应付不了这些人。”

为了应付压力，麦昆再次加大了嗑药量。他也认识到自己这个问题的严重性：近年来，他尝试过好几次在专业帮助下戒除药瘾，但都未能成功。有一次，他去了加利福尼亚的一家康复诊所，但他一到那里，就立刻觉察出自己不喜欢这个地方，也不喜欢这里采用的方法，转身就回家了。渐渐地，他的员工都妥协顺从了这一状态，不会阻止、干预他，而是默许，甚至为他提供便利。2004年，当麦昆去纽约发布男装新系列时，巴尼斯百货邀请他去主持一个活动和派对。为了做好准备，巴尼斯百货会见了麦昆的一位公关助理，助理指定：

“亚历山大需要一个房间……一个他可以在里面嗑药的房间。”

巴尼斯百货高层对这一要求感到震惊。他们解释，他们不仅对此感到不舒服，还因为这是不合法的。不可能，他们回复，不会给麦昆准备一个“吸毒”的房间。活动按计划进行；虽然麦昆在纽约，但他没有露面。

麦昆对他的生活和职业感到强烈的幻灭，以至于他开始想方设法逃避现实：只做想做的工作；只去想去的地方。他在纽约待了相当长的一段时间，还租了一栋排屋，打算搬去那里住几个月——但他从没付诸行动。他的度假越来越有冒险意味，经常是和安娜贝尔·尼尔森一起。他们会去马尔代夫潜水，或是去阿尔卑斯山滑雪，要么在泰国与海豚一起游泳。他去马略卡岛看望庞斯时，当即在那买下了一栋房子。庞斯对这位老朋友的精神状态甚为担忧。“他和那个在霍克斯顿广场做尖刺印花的孩子不是同一个人了，”庞斯说。“他有了很多钱，也有了很多工作上的压力，我能看出他过得并不好。但他离我太远了——我不知道要如何能给他帮助和引导。”

2005 年 1 月初，PPR 从 Dior 和 Galliano 挖走了瓦莱丽·赫曼，安排她去运营 Yves Saint Laurent。“她非常棒，”一位加利亚诺前助手说道，“如果说有人能管束加利亚诺，那就是她了。只有她可以。”

加利亚诺尽最大的努力保持前进，以跟上他那没有一丝喘息之机的日程：1 月，他举办了一场深受好评的以安迪·沃霍尔为灵感的高定秀；2 月，陪同穿着 Dior 婴儿蓝抹胸式带层层荷叶边礼服的查理兹·塞隆出席奥斯卡典礼；3 月的巴黎时装周，他为 Dior 推出了一个以 20 世纪 60 年代潮流偶像伊迪·赛吉维克（Edie Sedgwick）为灵感的成衣系列，厚大衣罩着薄如蝉翼的连衣裙；他为 Galliano 发布了一批塞西尔·B.戴米尔（Cecil B. DeMille）风格的设计，有形态丰富、如烟花般绚烂的西装式外套。他为澳大利亚流行歌星凯莉·米洛的“歌舞女郎”（Show Girl）巡演设计了水晶演出服，此番做了最后的润色；5月，他发布了Dior新款香水“甜心小姐”，广告片由猫王埃尔维斯·普雷斯利的外孙女丽莉·克亚芙主演，随后他又在戛纳电影节期间参加了美国艾滋病研究基金会举办的“电影对抗艾滋”慈善晚宴，以及娜奥米·坎贝尔的生日派对。由于家里的浴室玻璃门忽然破碎，加利亚诺被严重地割伤，于是他错过了6月的美国时装设计师协会大奖（CFDA Awards）的颁奖典礼，他获得了本届的时尚影响力奖。

7月，又是高定时装周。然后在9月，他接到一个重要非常的特别订单：伯纳德·阿诺特的女儿德尔菲娜将嫁给意大利葡萄酒王朝继承人亚历山德罗·瓦拉里诺·甘恰（Alessandro Vallarino Gancia），将于2005年9月在阿诺特的滴金酒庄举行700万美元的奢华婚礼。加利亚诺要为德尔菲娜设计一款白色薄纱亮片礼服。

在10月的2006春夏时装周期间，加利亚诺为他的同名品牌举办了他职业生涯中最具争议的一场秀，“一切都是美丽的”（Everything Is Beautiful）。这场秀用了巨人、小矮人、变装者、变性人、老人和儿童与通常的苗条白人时装模特一同走秀，他们穿着金色派对裙、蒙着黑色薄纱的白色棉质西装、撕裂的雪纺晚礼服，还有已成为加利亚诺标志的“加利亚诺新闻剪报”拼贴图案印花的面料。“简直汇集了时尚界最严重的偏见：肥胖、衰老和丑恶，”《华盛顿邮报》的罗宾·吉夫汉（Robin Givhan）写道。“让人很不舒服。”

加利亚诺尝试对时尚和社会作出宏大的评论，但由于他偷窥的方式和夸张的妆容、发型，他的寓意沦为了嘉年华式的肉欲表演，反倒使得他想对之表示尊重的人感到尴尬和侮辱。

更令人不安的是，在时装秀的最后，一位舞台工作人员走出来，拿着有一头长发的约翰·加利亚诺提线木偶，让它用加利亚诺最标志性的“摇滚巨星”姿势，向观众鞠躬。

提线木偶用得贴切：加利亚诺当然是 Dior 和 Galliano 的创意总监，但公司的首席执行官西德尼·托莱达诺和集团主席伯纳德·阿诺特毫无疑问是操控提线的人。

奇怪的是，加利亚诺并没有采取这样的策略——盯紧敌人，在工作中尽量与托莱达诺和阿诺特保持同步，从而得到他真正想要的东西；他反而在自己的周围筑起一座堡垒，与管理层保持一定的距离。加利亚诺就像害怕父亲那样害怕他们，于是他会尽一切可能来避免冲突。罗宾森则是他们交流的中间人。托莱达诺坦诚：“这让我很困扰，因为我想确定一些事情。我了解约翰的才华，但我仍然不了解他这个人。”

为了向加利亚诺施压，阿诺特越来越关注他在 Dior 的所作所为，并直接表达出他日益增长的不满。在 2006 年 9 月 5 日的一封邮件里，阿诺特直言加利亚诺 T 台秀的花费太高了，谴责加利亚诺渲染“古怪和奢侈”，而非“精致和高贵”，玷污了 Dior 优雅的形象。两星期后，阿诺特给加利亚诺发了另一封批评邮件，这一次是警告他应该用物美价廉的材料。

Dior 的业绩在稳步增长：2006 年，时装和配饰的销售额超过了 8 亿美元。阿诺特赚得盆满钵满：同年《福布斯》杂志把他列为全球第七大富豪，资产约 215 亿美元。但这还不够，Dior 每年 10 亿美元的收入目标尚未达到。和麦昆一样，要有和流水线一般快的创意产生速度让加利亚诺倍感压力，令他几近崩溃：这一年，在 Dior 和 Galliano 之间，他要负责近 20 个系列。

他在办公室的时间更少了。“他不会像我们一样在早上 8 点就来上班，”Dior 一位高管说。“他一般中午才来。早上他会在家里处理他的私人事情，和健身教练一起健身。他会给比尔·盖登或者史蒂文打电话，但不是因为他有了新的想法，而是质问他们——‘你为什么要做这个或是那个？’”

他执意要在秀场后台拥有一个专属更衣室，Dior 并没有反对他的要求。“那间屋子有皮草地毯、鲜花、枝形吊灯和沙发，放着他自己的食物，”泰利回忆说。在 *Vogue* 和《名利场》做编辑的那些年里，他曾见到加利亚诺作为名人所受到的宠溺。“神。神。”泰利认为这是“对约翰过分溺爱的一大标志……我的意思是，人们会划分出贵宾区，但他的规格几乎赶上了葛洛丽亚 · 斯旺森这种级别的人物，这反而让人感到毛骨悚然。”

他的谢幕服装越来越奇怪—— 这个习惯也让泰利担忧。一开始还不乏真诚：从查理 · 卓别林那里汲取灵感，戴着大礼帽，穿着燕尾服出来谢幕。但这个仪式逐渐变得卡通化：在一场秀上，他打扮成一名宇航员，还有一次则扮成了拿破仑。

他的脸也发生了根本性的变化，观察人士猜想他是否做了整容手术，或是做了注射性医美手术，如打了肉毒杆菌或玻尿酸。一篇报道称，他戴了一条 Mark Traynor 面部提升美容带，这种绳带可以紧致脸部皮肤、抚平皱纹。

他的身体状况在健康和恶劣之间摇摆。“他戒了坏习惯，重新又振作起来，开始向好的方面发展，”一位助理说。“他会打起精神，喜欢上了如体操一类的东西，这很好。之后他开始戒酒。后来，不知道为什么又开始酗酒，然后再戒酒。又开始折腾一轮。”

McQueen“卡洛登的寡妇”系列，
2006/07 秋冬系列。

McQueen“卡洛登的寡妇”系列，
2006/07 秋冬系列。

凯特 · 莫斯在 McQueen“卡洛登的寡妇”发布秀上的全息投影，
2006/07 秋冬系列。

麦昆继续拿出以前的作品进行重新演绎。2006 年 3 月，他以一场名为“卡洛登的寡妇”（Widows of Culloden）的秀来重新诠释“高地强暴”。他说，灵感来源于詹姆斯二世党人起义中的卡洛登战役，以及“坐上船逃往美国”的苏格兰战争遗孀们——如果真的有这个逃离计划的话。这一次，衣服没有被撕破，模特也没有流血，没有惊慌失措地奔跑，和当年的“高地强暴”大相径庭。这场秀给人的感觉就像麦昆 20 世纪 90 年代设计的一件完美佳作，有麦昆家族专属的格纹呢西装（面料与他 10 年前从苏荷区推车里买来的不可同日而语）、粗花呢夹克衫，甚至还有“但丁”秀上饰有蕾丝的鹿角头饰。

这个系列除了对麦昆早期设计的再现，还能看出加利亚诺早期设计的影子：麦昆仍然执着于加利亚诺的贝壳裙，还衍生出了几个变种，其中一款用象牙色欧根纱做出层层荷叶边，上身透明，点缀着蝴蝶。最惊艳的一条贝壳裙，出现在闭幕时：在一个巨大的玻璃金字塔里，4 台摄像机在黑暗中投射出一段栩栩如生、令人惊叹不已的全息投影短片，那是凯特·莫斯穿着裙子，如幽灵般飘在半空中。这段影像由 MV 制作人巴利·沃尔什（Baillie Walsh）拍摄。“李对那条裙子是如此痴迷，以至于他做得比当年的约翰还要好，”庞斯说。“约翰的贝壳裙没有那么出名——只有时尚界人士知道——但凯特的全息裙子是一件杰作。没有人会忘记它。”

2006 年 5 月，麦昆前往旧金山，接受了旧金山艺术大学时装系授予的荣誉博士学位。西蒙·昂格拉斯在这个系任教，他知道麦昆 HIV 检测呈阳性——庞斯告诉了他——他忧心忡忡，不知道麦昆会变成什么样。

在仪式和各种官方活动结束之后，昂格拉斯和麦昆驾车前往纳帕谷的葡萄酒之乡。在去往卡里斯托加的路上，他们打算去那里的一个温泉疗养院做泥浴，麦昆脱口而出：

“你知道我 HIV 呈阳性，对吧？”

“是的，我听说了，”昂格拉斯回答。“你还好吗？”

“嗯，一切都还好。”

麦昆不想谈论他服用了什么药物来控制病情，但向昂格拉斯保证一切都在控制之中。

然而，麦昆的药瘾却不受控制。昂格拉斯注意到麦昆带来了一本书：《傻瓜佛教指南》（*An idiot's guide to Buddhism*）。昂格拉斯放声大笑。

“听我说，”昂格拉斯对他的朋友说。“佛教是行不通的。如果戒毒所都不管用，那么做一个佛教徒也不能阻止你吸毒。”

确实行不通。麦昆在工作时变得越来越不靠谱。Gucci 集团的一位高管说，有时，“他两星期都不会露面。”这经常发生在时装秀结束后的休整期，这时他会感觉低落，筋疲力尽。但有一季，在秀前两个星期，他也擅离职守了。McQueen 的执行总裁乔纳森·阿克罗伊德心急火燎地打电话给 Gucci 集团的一名负责人：“我们不知道李在哪里。真是一场灾难。”萨拉·赫德（她婚后随夫姓，叫萨拉·伯顿）设法及时完成了系列和秀——“有如神助，”这位高管说。

在公司层面上，没有人愿意谈论——更不用说承认——麦昆药物依赖、情绪不稳定和工作不负责的问题。最掩耳盗铃的人是集团的首席执行官罗伯特·波莱。据 Gucci 集团一位高管说，波莱很少与设计师交流，他也从未向同事问起过麦昆，至少没有在每周一上午的公司管理层例会上问起过。麦昆的行为举止，不论好坏，“都没有被讨论过，”这位高管如是说。麦昆不会听从他的管理的。“波莱先生是一个好人，但李对他并没有太大的尊重，”这位高管说。“他对集团里的任何人都没有太大的尊重。”

唯一一个他能容忍的集团那边的人——某种程度上也许他视之为朋友——是米玛·维格利奥（Mimma Viglezio），她是 Gucci 集团负责企业公关的副总裁。她是个坚韧的瑞士女人，就像 Gucci 集团版的乔伊斯·麦昆，于是麦昆亲切地称呼她为咪咪。“他会超出预算数百万美元——他用起钱来就是这样没数儿，”她说。“只要我打电话说，‘李，我们花不起这么多钱。’他便会冲进办公室，用伦敦土话大喊大叫。他会拿起电话对每一个人咆哮。”

维格利奥会冷静地向他解释一家上市公司是如何运作的，预算必须要慎重对待，如果他办秀花了太多钱，这笔钱就得从别的地方省出来。“你要么在每个系列上多花 200 万美元，要么你用这笔钱去做广告宣传，”维格利奥这样告诉他。

“但这是我的公司——我拥有 50% 的股份，”他觉得很冤枉，“为什么我不能做主？”

维格利奥会说：是的，你是拥有 50% 的股份，但另外的 50% 是由股东们所持有的，我们也必须对他们负责。“我就是那个在预算会议上说我们一定要缩减预算的人，因为你之前超支了，”她会这样告诉麦昆。

“我明白，”他终于承认。“我必须记住，我也是一个生意人。”

“他很谦逊地接受了现实，”她现在说，“直到同样的事情再次发生。”

2007 年 4 月初，加利亚诺前往加勒比海度假。和往常一样，他邀请罗宾森同行，但罗宾森这次婉言谢绝了。之前他告诉加利亚诺，在共事 20 年后，他感觉这段漫长的任期该画上句号了。他一直在接受抑郁症治疗，身心俱疲。史蒂文再也撑不住了。

罗宾森没有逃到某个人迹罕至的时髦度假地，他告诉同事，这个周末，也就是复活节假期，他会待在巴黎的公寓里，然后去英国看望父母。星期五下班的时候，他祝大家节日快乐。

然而他并没有回家去过他所说的悠闲假期，而是打电话给一个塞内加尔的非法移民阿拉萨内·赛克。此人在巴黎旅游景点卖纪念品，也向富人和名人出售毒品。罗宾森想要可卡因，很多，马上。可卡因一到手，他就把自己锁在公寓里，大肆狂欢，而这引发了令他致命的心脏病。那年，他才 38 岁。了解罗宾森的人猜测，他过量吸食可卡因也许是故意为之——如果是的话，那他事实上是想自杀。

约翰·加利亚诺出席史蒂文·罗宾森的葬礼，2007 年 4 月。

10 天后，罗宾森的葬礼在巴黎的美国大教堂举行，这是一个圣公会教区，距离蒙田大道的 Dior 总部只有几个街区。超过 1000 人出席了葬礼。“人非常多，”豪厄尔斯回忆说，“挤满了人。”加利亚诺非常难过，以至于无法完整地念完悼词。斯蒂芬·琼斯念了一首叶芝的诗，托莱达诺的悼词选自《旧约》，而豪厄尔斯念了一段《小熊维尼》中的话——“就是所有动物都来向克里斯托弗·罗宾道别的那段文字，”他说。

和他父亲去世时一样，加利亚诺无暇伤心。他直接回到了工作状态，筹备高定秀的假缝工作。为了庆祝 Dior 成立 60 周年纪念，这场秀将于 8 周后在凡尔赛宫举行。“史蒂文的死对约翰打击很大，”豪厄尔斯说。“史蒂文一直是约翰的支柱，很多方面都是，他是约翰的保护者——他为约翰屏蔽了很多闲言碎语、公司事务——同时也带给了他很多想法，是一位忠实的朋友。”罗宾森不在了之后，其他助手开始接手他的工作——任务最重的是比尔·盖登——以确保新系列能如期完成。

伊莎贝拉·布罗现在的生活可谓是一团糟。她失去了《星期日泰晤士报》的工作，过了一段入不敷出的日子后，她成了《闲谈者》（*Tatler*）杂志的时装总监，当年她正是在这家杂志开始了媒体职业生涯。2004 年，她和德特马离婚。德特马开始与英国版 *Harper's Bazaar* 杂志的社会编辑、同性恋女作家斯蒂芬妮·西奥博尔德（Stephanie Theobald）交往。伊莎贝拉则与一个威尼斯冈朵拉船夫私奔了，后来又和银行界继承人马修·梅隆发生了一段风流韵事。最终，她又与德特马和好了，但她此时被确诊为双相情感障碍——这个结果或许并不让人感到奇怪。她没有选择药物治疗，而是接受电休克疗法，这在短时间内非常奏效，但也加速了病情的反复，她的抑郁症也变得越来越严重。

布罗好几次试图自杀：服用过量的安眠药；从伦敦的一座立交桥上跳下来，摔断了两个脚踝；故意驾车追尾大货车；试图投湖自尽；服用过量的镇静剂。“人们常常会问候，‘你过得好吗？’一般你会说，‘挺好的，’”崔西说。“但伊莎贝拉不是这样。她会说，‘我想自杀。’”

2007 年的春天，她似乎振作起来了。她邀请麦昆来希尔斯庄园度周末，她的全部时间都和德特马待在那儿。“伊西安排了一整个周末的活动——分配房屋、准备食物，”德特马说，“麦昆带了两个女同性恋一起来，她们照顾他，而他只管在床上吸可卡因。”

终于，麦昆从他的毒品窝里走了出来，坐下来，和伊莎贝拉来了一次促膝长谈。

“你看起来很好，”他对她说。“你不再总想着自杀了——对吗？”

“不，不想了，”伊莎贝拉向他保证。

不久之后，伊莎贝拉去了埃塞克斯看望麦昆的母亲，一起喝茶，还给了她一些类似纪念品的礼物。她计划 5 月初请所有的朋友到希尔斯来度过一个美好的春日周末。为此，她还请麦昆为她做一套衣服，但这套衣服永远没能做完。

伊莎贝拉所有的至亲至爱都预料到了，包括她的妹妹拉维尼娅·弗尼、菲利普·崔西和他的伴侣斯蒂芬·巴特利特、维姬·萨奇、哈米什·鲍尔斯和他的伴侣彼得·肯特，甚至还有一个画廊老板托马斯·戴恩，他那时住在一个叫“汤勺农场”的小屋里——唯有亚历山大·麦昆除外。他当时和肖恩·利恩在罗马。

星期六，伊莎贝拉声称自己要去购物。

但是，她走进花园，喝下了一大口“百草枯”农药——德特马的父亲几十年前在希尔斯自杀时也喝了这种毒药。在那之后，伊莎贝拉还给拉维尼娅打了个电话，说自己很不舒服。拉维尼娅赶忙冲进屋子里，发现伊莎贝拉已经倒在了浴室的地板上。

麦昆听到这一消息时，悲恸欲绝。

伊莎贝拉在两天后死去，享年 48 岁。

伊莎贝拉的朋友为她筹备了一场配得上她的葬礼。麦昆为她准备了葬礼服装：一条金色面料、有浅绿色刺绣的高定连衣裙，和装饰着彩色珠绣、镶豹猫皮草的大衣，都是麦昆给 Givenchy 设计的高定时装。伊莎贝拉早就决定好了要戴哪顶帽子离开：一顶雉鸡帽，这是崔西最喜欢的用中国公鸡的羽毛制成的帽子。她的棺材装在一架有玻璃轿厢的维多利亚式马车里，由 6 匹黑色鬃毛的栗色骏马拉着，每匹马的头顶都插了一束黑色的羽毛。灵柩顶上盖满了白色的玫瑰和百合；花丛中端放着她

亚历山大 · 麦昆在伊莎贝拉 · 布罗的葬礼上，2007 年 5 月。

和崔西最壮丽的作品：帆船帽。一个小风扇藏在花里，吹涨了它的风帆。

在悼念仪式开始前不久，麦昆打电话给崔西，希望他和她的姐妹可以剪下一大束她的头发给他。肖恩·利恩打算用它做成维多利亚风格的哀悼戒指送给他们。他们同意了。

麦昆穿着他家族的传统苏格兰服饰出席葬礼，看起来“就像一个衰老、悲伤的鳏夫”，一位朋友评论道。

“他终于意识到自己伤了布罗的心，”蒂娜·拉科宁说。

XIX

伊莎贝拉逝世后，麦昆与利恩前往印度旅行，在那儿待了一个月，反思自己的生活、职业和未来。“我进入这一行的原因是我热爱我所做的事，”旅行结束后不久，他说。“在离开 Givenchy 之后，我失去了这种感觉。但在我的朋友(伊莎贝拉)去世后，因为她曾如此热爱这一行业，而且是她发掘了我，知道我擅长这一行，现在我心里燃起了对这一行新的爱。所以，我必须给自己一耳光，对自己说，‘振作起来。这是你喜欢做的事情，所以要好好地去做。’这给我敲响了警钟，我确实比以往任何时候都要更爱它。”

返回伦敦工作后，他开启了职业生涯中最具创造性，也最有影响力的时期。

但他首先去找了一个灵媒，想了解伊莎贝拉在阴间过得如何。灵媒告诉他，布罗很好——她与她的冒险家祖母在一起，享受着美好的时光。然而，她对德特马有了新女朋友这一事情感到无比愤怒，更糟糕的是，那女人还穿着她的衣服。作为报复，伊莎贝拉发誓说她的鬼魂会在希尔斯庄园徘徊 600 年。最后，她说她希望人们记住她是蓝色夫人——La Dame Bleue。

麦昆把布罗的愿望转达给了菲利普·崔西。他们决定在 2008 春夏时装周期间，举办一场时装秀纪念布罗，就命名为“蓝色夫人”（La Dame Bleue）。麦昆的朋友，艺术家理查德·格雷设计了海报大小的请柬：伊莎贝拉戴着拜占庭式的王冠，坐在一辆由一对长着翅膀的白色骏马拉着的马车，向天堂飞去，飞马代表了麦昆和崔西。

这个系列的主题是鸟，和麦昆一样，伊莎贝拉热爱鸟类。秀场的背景是一只巨大的霓虹灯飞鹰，霓虹灯管明明灭灭，鹰仿佛正在飞翔。麦昆也将这一主题融入了他的设计中，比如一件透明的黑色直筒连衣裙上用黑色绲边做出鸟笼的视觉效果；一条白色折纸状的裙子，肩头饰有翅膀状的盖袖；一件金刚鹦鹉似的雪纺礼服，开口很大的领子周边用五彩斑斓的羽毛做出轮状领；以及一件覆盖着羽毛的礼服，配有崔西设计的羽毛头饰。

伊莎贝拉比任何人都更讲究剪裁，所以麦昆推出了犀利的造型，比

McQueen 和 Treacy 合作的“蓝色夫人”系列，2008 春夏系列。

亚历山大 · 麦昆和菲利普 · 崔西在“蓝色夫人”秀场，2008 春夏系列。

如一件 20 世纪 40 年代风格的树莓色蟒蛇皮紧身裙和一系列时髦漂亮的铁灰色连衣裙和西服套装，搭配着鲜红色的和服式宽腰带或细巧的皮带。崔西做了一顶饰有水晶蜻蜓的丝网帽，搭配其中一套灰色造型；并为另一条灰色紧身无袖连衣裙创作了一个头饰，那是一群红色帝王蝶盘旋在头顶。闭幕时，麦昆和崔西手牵手走出来谢幕，崔西显然非常激动。

几星期后，麦昆开始准备 2008/09 秋冬系列，他为其取名为“住在树上的女孩”（The Girl Who Lived in the Tree）。在黑斯廷斯的家，有棵 600 岁的榆树，树冠盖住了庭院，在欣赏这棵树时他想出了这个主题，并虚构了一个女孩住在榆树上的故事。“她是一只小兽，”他讲述着，而“当她决定下到地面，就变成了公主。”他说这位公主实际上指少女时代的伊丽莎白女王；看起来麦昆真的坠入爱河，爱上了女王。“我把这个系列献给女王，我就会被封爵，”他后来开玩笑，“我将成为亚历山大·麦昆爵士。”

这个系列深受麦昆印度之旅的影响——印度的衣服设计对他们有一种王公贵族般的魅力——为了增加奢华感，他联系了斋浦尔著名的珠宝商宝石宫殿（Gem Palace）驻纽约办事处，得到了一些真正的半宝石来做刺绣和造型。

最为重要的是，麦昆打电话给崔西。不是每一场麦昆的秀都有帽子，但“住在树上的女孩”必须要有，并且只有一顶。

“我想要你给我做一只鸟。”麦昆说。

“一只鸟？！”崔西倒吸一口凉气。

崔西被难倒了。他热爱挑战，但这个挑战实在是太离谱了。他想起自己有一个小袋子，里面装着从巴哈马群岛的海滩上铲起的浮木碎片。在他发现木头的时候，并不知道能用木头来干什么，但它美丽得不可思议，于是崔西将它带回了伦敦。现在，木头派上用场了。他用木头制作了一只精致的站立着的鸟，有爪子和喙，还用一个同样来自巴哈马的巨大海扇作为鸟尾巴，就像孔雀一般。当崔西拿出它来，麦昆几乎说不出话来。“你必须把这个带回家。”麦昆告诉他的朋友。

这场秀在巴黎贝西体育馆举行。秀场设计得很简单：借用环境艺术家克里斯托和珍妮－克劳德夫妇（Christo & Jeanne-Claude）的创作风格，在现场复制了一棵巨大的榆树，给它包裹着白色的薄纱；背景音乐是涅槃乐队的《保持现在的样子》和《少年心气》的管弦乐版本。秀的上半部分，模特穿着维多利亚时代的哥特风黑色裙子，演绎了被困在树上的那个悲伤、孤单的女孩。下半场，少女从树上下来，成为一位公主，模特们的穿着也发生了变化：华丽的 20 世纪 50 年代风格的高级定制礼服，采用血红色和白色丝绸、缎子，装饰着沙丽缎带和珠宝，头上戴着印度王妃式的珠宝头饰。崔西做的那只精致脆弱的孔雀帽饰，独一无二。真是一系列令人叹为观止的霓裳，足以媲美战后巅峰时期的

McQueen“住在树上的女孩”系列，2008/09 秋冬系列。

Balenciaga、Fath 以及 Dior。

麦昆邀请了波比·希尔森来看秀。波比写信给他，告诉他自己对此非常感动。出乎意料的是，麦昆回赠了一束玫瑰，附有“那么甜美的卡片”的回复，她回忆道。“麦昆最可爱的地方是（每当他看到我），他总是走过来说，‘你知道的，波比，这一切都归功于你。’”

为了筹备将在 2008 年 10 月发布的 2009 春夏系列，麦昆从查尔斯·达尔文的《物种起源》中寻找灵感。他给这场秀取名为“自然差别，非自然选择”（Natural Dis-Tinction Un-Natural Selection），这很可能是达尔文在 19 世纪中叶完成的著作第一次被用来作为时装秀的创意素材和冥想源泉。

他用外甥盖瑞画的一幅插图作了邀请函。盖瑞现在是一名男装助理，他制作了一张麦昆变成一个骷髅头的全息肖像图。麦昆喜欢一切令人毛骨悚然的东西，但自从公司在 2003 年推出骷髅印花的围巾后，骷髅头基本上就成为麦昆的标志，如同 Galliano 用的“加利亚诺剪报”印花面料。“仅仅一条围巾就给我们带来 100 万英镑的生意，”麦昆笑着说，“而它还在继续赚钱。”

虽然麦昆的时装秀得到了交口称赞，但他的 T 台系列在销售上仍然举步维艰——原因非常简单：这些衣服不实穿。“那些衣服对穿着者的要求非常高，”一位经常穿 McQueen 服装的前同事说，“重要的是穿上它后轮廓看起来如何，而不是感觉如何。”幸亏 PPR 的高层并不是太在意：由于骷髅头围巾强劲的销售额，以及 McQueen 男装和麦昆勉为其难才做的运动风 McQ 系列的成功，阿克罗伊德宣布，公司在本年度将能实现可观的利润。

即使事业大获成功，麦昆的情绪依然很低落。他的毒瘾和酒瘾已经严重得让问题迫在眉睫。只要他晚上出门玩，就会喝得酩酊大醉，醉到想不起停车的位置。于是第二天早上，他的员工不得不四处给他找车，再把车开回来。

麦昆比以前更痴迷于死亡。“他在网上详细地研究了玛丽莲·梦露的自杀细节，阅读了所有的验尸报告，”阿奇·里德回忆说。“他对我说，‘我在活着时是强大的人，我死后也会成为神。同性恋是不老的。’”最终，麦昆和里德彻底分手了——据里德说，麦昆“对于安定下来的想法甚为纠结”——麦昆搬出了位于东区维多利亚公园的房子，另外买下了一栋美丽的维多利亚式红砖排屋，有 2500 平方英尺（约 232 平方米），带三间卧室。新家位于伦敦市中心优雅高尚的梅菲尔区[1]邓拉文街，一对名为恺撒·加西亚和玛琳·加西亚的夫妇帮他打理家务。

他没有选择再开始一段稳定的关系，而是随性地和各种野男人交往，有些是他在网上认识的。据说，有一个是叫斯塔格先生的色情明星，另一个是东区的黑帮成员。但对麦昆来说，这些都不重要。

如果说麦昆的时装秀是他当下思想和感受的一种诠释，那么他在 2009 年 3 月发布的 2009/10 秋冬系列，则是他最受诋毁的作品之一。

1 麦昆买下这处房产后并没有入住，他在他的另一处住所——格林大街的公寓自缢身亡。——译者注

McQueen“丰饶角”系列，
2009/10 秋冬系列。

据他说，这系列意指时尚行业可怕的潮流轮回和强制性的淘汰，至于他，就像在轮子上疯狂奔跑的仓鼠，在创造着注定要被淘汰的潮流。

为了让这个系列与他事业的开端完全联系起来，他用伦敦东区一家酒馆的名字，也就是开膛手杰克的最后一名受害人最后一次被人见到的地方——丰饶角——作为时装秀的名称。看起来，麦昆想对职业生涯作个收笔，并诉说一番临别感言。他再次选择了巴黎贝西体育馆作为秀场，秀场里摆放着小山一般的汽车零件、旧电脑、废弃电视机，以及——最具象征意义的——他之前时装秀上用过的小道具。T 台地面由破裂的镜子组成——这是抨击时尚中的自恋。他在时装秀节目单中指出，这场秀献给他的母亲乔伊斯。在场的很多人并不知道，乔伊斯最近被诊断出患有癌症。麦昆还有 3 周不到就满 40 岁了，而他的母亲却病了——他正处于一个严肃反思自我的时期，于是他毫不畏惧地要告诉时尚界他对时尚的真正想法。

开场，他对 Dior 新风貌做了恶搞，接下来戏仿了 Yves Saint Laurent 线条柔和的围裹式礼服，和一连串时尚界的标志性轮廓，以此讽刺时尚界已江郎才尽，当代设计师只是不断地重复经典，而无能力再创新。他再次使用了他的黑色鸟儿印花，这一次用了一只飞行中都在偷东西的喜鹊。崔西用垃圾袋和垃圾桶盖做出精巧的帽子，也加入了这场闹剧。一切都很夸张：模特涂的口红看起来就像巨大的红色蜡封；威尔士亲王的照片，和扑克牌一样大的支票；还有服装本身，裙摆膨胀，褶皱巨大。它是颠覆性的，它是愤怒的。苏西·门克斯显然理解了这场秀真正的寓意，“看到麦昆将自己的创造力发挥到极致，我很激动，”她写道。“仿佛是他狂野的，最后一站。”

在“丰饶角”秀结束后不久，麦昆给旧金山的西蒙·昂格拉斯打了一通电话。昂格拉斯感到十分惊讶；他有一段时间没有听到他这位朋友的消息了。麦昆在电话里说，自己已经准备好迎接人生的改变。

“用他自己的话来讲，他‘筋疲力尽’，‘受够了’——不仅是作为一个设计师，而是从行业的整体而言，”昂格拉斯说。“我们开始计划着让麦昆来旧金山，作为队长带着学生们做一个独特又小型的研究生项目。如果他想去旅行，我可以陪伴。他想在这里做设计，或者说，他想远离所谓的时尚之都。”

5 月，麦昆打电话给昂格拉斯，告诉他一切已经准备就绪，包括和 PPR 重新谈判他的合同——合同调整后，麦昆只需为系列提供灵感，以及每年只做两次女装系列 T 发布秀；剩下的工作都由团队完成。“我有萨拉，”他说，“我可以把这些事情交给她，她能做好。我负责监督把控。”这么安排下来，麦昆可以有更多空余时间，可以在艺术学院任教，或者做其他项目。他打算在夏末前往旧金山，秋天开始教学。对于新生活，他满怀憧憬和喜悦。

但昂格拉斯很谨慎。“我能听出他精力旺盛和兴奋的程度取决于他吸食毒品的数量，”他说。“糟糕的是，我不知道这有多严重。”

那年春天，麦昆与安娜贝尔·尼尔森乘坐私人飞机前往马略卡岛去探望庞斯。麦昆带上了他的大狗卡勒姆，一只罗得西亚脊背犬。

“这是一种可以咬死狮子的南非犬，”麦昆告诉庞斯。

“你为什么要坐私人飞机来？”庞斯问。

“因为我必须带着这条狗。”

“为什么？”庞斯坚持问。

“因为有人想要杀掉我，”麦昆回答。“你什么都不知道，塞巴斯蒂安。我坐私人飞机，我必须要带着狗，因为有人想要谋杀我，就是这样。”

那时候，庞斯的父亲已病入膏肓，他心事重重。他尽力招待好朋友，但心有余而力不足。

“麦昆现在很偏执，”庞斯说。“他草木皆兵，惶恐不安。”

在马略卡岛，麦昆疯狂地嗑药。同时，他有一个 HIV 疗程，需要每天都在特定时间服药。据庞斯说，麦昆在那个时间点基本都处于昏死状态，“我们只好拍他的门，大喊，‘你该吃药了！’”

麦昆的到访给了庞斯一种奇怪的感觉：类似于一个结尾，仿佛这是他最后一次来马略卡岛旅行。

“他是来说再见的，”庞斯现在说，“我就知道。”

离开之际，麦昆告诉庞斯：

“我设计了我最后的系列。”

“什么？”庞斯震惊地问。

“在这个系列里，我杀死了我自己。”

“你这是什么意思？”庞斯结结巴巴地问。

“还记得我做的那个系列吗——疯人院——玻璃房子——箱子打开，里面躺着一个女人。[1]”

“记得。”庞斯说。

“我打算再做一次，这次是我待在盒子里。最后，我将开枪自杀。”

庞斯一时语塞。

麦昆离开了马卡略岛，飞回了伦敦。

“我再也没有见过他，”庞斯说。

不久之后，庞斯打电话给麦昆在伦敦的助理，说了他的担忧。

“我很担心，”庞斯告诉助理。“麦昆的状况不好。”

“不，不，”她回答，“他挺好的。”

庞斯可以想见情况是什么样：“他又变回了‘亚历山大·麦昆’。在他工作的时候，围绕在他身边的人都只想取悦他。”

庞斯多次尝试打电话给麦昆，但始终没能跨越助理们的障碍。他总是被告知麦昆正在开会中，或者他很忙，得到最多的回答是“我们现在不能打扰他”。

他会电话留言，但麦昆从来没有回过电话。

就在同一个月，麦昆服用了过量的安眠药。谢天谢地，他康复了，并在6月中旬前往米兰举办他的男装秀。这个系列的灵感来源于维多利亚时期的男妓，成为这一季的热点，这很重要——到那时，男装已经

1　麦昆指的是2001春夏系列“沃斯”。——译者注

占了 McQueen 20% 的业务。

他给昂格拉斯打了很多通电话。他从来没有提到过他母亲的病，但是他显然因为乔伊斯的病备受打击，完全不知所措。“我们想确定一个来旧金山的时间，但不断地拖延、拖延、拖延，”昂格拉斯说。“总会冒出一些事情让他脱不开身。”

7 月，麦昆再次用药过量，这次是止痛药。他的全科医生迈克 · 卡明斯（Mike Comins）建议他进行精神治疗，并把他介绍给了史蒂芬·佩雷拉（Stephen Pereira）医生。佩雷拉是一位精神病专家兼认知行为治疗师，以治疗与工作有关的压力障碍而闻名。佩雷拉的结论是，麦昆的痛苦并不仅仅来自布罗的自杀；自从 1997 年在 Givenchy 就职以来，他就饱受失眠、焦虑和抑郁的折磨。他认为，麦昆过量服药，不是严重的自杀企图，更是在“呼救”。

佩雷拉注意到麦昆的妄想症，发现很难让他敞开心扉。“他是一个非常惯于掩藏自己的人，”佩雷拉说。“有一段时间，麦昆对他身边各种各样的朋友都感到失望，觉得自己被他们利用了。因此他总是充满戒心。”佩雷拉给他开了抗抑郁药，但麦昆只吃了一个礼拜，因为这些药使他感到恶心。佩雷拉还让麦昆去看了一个临床心理学家。麦昆却没有接受帮助；他对医生的医嘱置之不理，就诊预约他常常爽约。他惯用的借口是：工作太忙了。

终于，在仲夏时节，麦昆有了一个去旧金山的机会，可以再落实一下他退出时尚界的计划——或许秋季就能付诸现实了。但利恩警告昂格拉斯不要这么做：利恩说，麦昆的吸毒量已经达到了史无前例的程度，他正饱受由药物引起的幻觉折磨。他会跟人们说，自己的床底下会射出闪光灯，还怒喝自己睡着的时候被什么男人性侵了。昂格拉斯惊呆了。“这么多人在他身边，”他问利恩，“难道没有人去干预一下吗？他们就不能把他带出家门，对他进行封闭治疗吗？这会有用的。”

然而，在伦敦的人什么都没有做。麦昆开始着手 2010 春夏系列，并且幻想着这将会是自己作为全职设计师的最后一个时装系列、最后一场发布秀。他借鉴了古希腊哲学家柏拉图的作品《蒂迈欧篇》和《克里底亚篇》中沉到海底的虚构岛屿，为新系列取名为“柏拉图的亚特兰蒂斯”（Plato’s Atlantis）。这场秀将是“对达尔文进化论的倒行”，麦昆解释说，“是对前一场秀的逆转……那场秀讲的是查尔斯・达尔文的物种进化论……”

McQueen“柏拉图的亚特兰蒂斯”系列，2010 春夏系列。

这一次的主题关于我们如何“重返海洋”，他说，而不是达尔文“我们来自海洋”的理论。

对于核心的轮廓，他说，“我不想看到任何形状，我不想参照任何东西，不管是照片还是画。我希望一切都是全新的。”

他设计了风格统一的廓形：一件圆肩沙漏状的迷你连衣裙和一条有着钟形罩裙摆的半裙。看起来像是甲壳类动物的硬壳和有伊丽莎白时代服装比例的水肺潜水服的杂交体，再模压成型，正如伯顿所说，这是“全新的，没有参照物可言”。每一件都印有一个栩栩如生的水状漩涡，印花灵感源于瑞士超现实主义艺术家 H.R. 吉格（H.R.Giger）的作品和拍摄自澳大利亚大堡礁的照片。共有 36 种印花，全都设计成环绕在身体上的效果——意味着“图案是印在一卷布料上的”，而且必须恰好位于人体正确的位置上，才能达到“环绕”的效果，伯顿解释说。超过一半的衣服都是由麦昆亲自做的立体剪裁，几乎没有任何瑕疵——这是时尚界鲜有的技术创举。“他只有在做衣服的时候，才会焕发活力，”她后来说。“他能让你觉得自己可以卷铺盖走人了。”

麦昆总是在寻找一种不同的，更民主的方式来影响公众。9 月，他开始使用推特来直接与粉丝交流——他的第一条推特写着：“压！力！山！大！脑袋像在微波炉里融化了！灵感从我的脑子里蒸发啦！”

为了扩大影响力，超越编辑、零售商和时尚博主的小圈子，麦昆联手他的朋友、摄影师尼克·奈特（Nick Knight），在奈特经营了 9 年的个人视频网站 SHOWstudio.com 上直播这场秀。秀在巴黎贝西体育馆举办。开场前不久，Lady Gaga 发推特说她的新单曲将在麦昆的秀上首发——SHOWstudio.com 的访问量激增，导致网站瘫痪。

无论如何，这场秀如约举行。它让批评家们惊讶得倒抽气。苏西·门克斯称它为“全面的技术革新”，陶醉于“这些超凡脱俗的美丽和无与伦比的”设计。她总结：“衣服的精致巧妙，工艺的复杂精细以及叙事的有机起伏，都令人痴迷。”

“就是这样，”昂格拉斯说，“他倾注了自己的一切。”

到圣诞节的时候，乔伊斯住进了医院，显然她快走到了生命的尽头。她的孩子决定一起去探望她——尽管麦昆必须要经过说服才肯去。“麦昆很抗拒，因为他害怕，他不想看到妈妈病重的样子，”他的姐姐珍妮特说。“最后我们说服了他，但他真的非常挣扎。我想他知道这会是自己最后一次见到妈妈了。”

去旧金山的行程再次延后，于是他开始创作将于 2010 年 3 月发布的秋冬新系列“天使与魔鬼”（Angels and Demons）。为此，他研究了 15 世纪圣徒、天使和带着圣婴的圣母玛利亚等宗教绘画作品，想看看他能否在衣服上复制出圣像中圣人们的光芒。于是，他和伯顿以古曲画作为基础，创作出数码印花，并将图案织进提花丝绸面料中，同时将推出黄金和锦缎制成的神秘秀款。

麦昆打电话给崔西，叫他到位于东区克雷肯韦尔路崭新的大工作室来讨论这场秀的帽子。当崔西到达时，他发现麦昆只身一人，正往一个模特身上包裹布料，裁面料，做立体剪裁，用大头针固定，直到它成型为一条裙子。崔西在他 20 年的设计生涯里和许多顶级设计师都合作过，他从未见过哪个人是这样工作的——真是具有天赋异禀的魔力。当崔西连声赞叹这条裙子多特别时，麦昆用他的伦敦土音粗声粗气地说：“这有什么？”

麦昆告诉崔西，他一直都念念不忘——神魂颠倒地痴迷于——崔西在 20 世纪 90 年代为伊莎贝拉做的、后来装饰在了她的棺材上的那顶帆船帽。崔西一直都不愿意复刻，因为那实在是一项复杂的工程。但麦昆想为“天使与魔鬼”秀做一顶，白色。

“一艘幽灵船，”崔西说。

他同意了。

1 月中旬，麦昆为了他的男装秀飞去米兰，并对发布秀的结果很满意。

回家后，他打电话给 Gucci 集团总部的波莱，问他下午能否来开一个临时会议。波莱说，当然可以。

麦昆穿着一身金色和褐色粗花呢套装来了。

“哇，看起来太帅了，”波莱评价道。

“我可以给你做一套，”麦昆回答。

接下来，麦昆说出了他前来拜访的重点。“我很担心公司业务能否长期可持续性发展，”他平静地说。

“我们过去几年里所做的一切，已经把它从一家公司变成了一个品牌，”波莱解释说。“作为一个品牌，它将永远存在。”

“品牌会永远存在？”他恳切地问。

“是的，”波莱向他保证。“如果它是真实的、诚实、管理良好，那么这个品牌大概率会拥有非常、非常长的生命。你应该感到非常自豪，因为我们在合作中达成了这一目标。”

麦昆似乎松了一口气。他感谢波莱留出时间给他，然后便离开了。

乔伊斯命若游丝，麦昆悲痛欲绝。

麦昆给人在爱尔兰的崔西打了个电话。“听起来，他非常孤独，”崔西说。

2 月 1 日，他在推特上发了大量的推文，包括：

从天堂到地狱，再回首，生活是一件有趣的事情。美丽可以来自最古怪的地方，甚至是最恶心的地方。

那天晚上，他和安娜贝尔·尼尔森去伦敦城中心，碰巧赶上哈利酒吧在举行宴会，庆祝汤姆·福特的电影导演处女作《单身男子》（*Single Man*）的首映。福特邀请他们参加派对，麦昆婉言谢绝。他们在酒吧里一起喝了杯酒，他就和尼尔森先行告退。

第二天，乔伊斯·麦昆与世长辞。

崔西去格林大街的公寓探望麦昆。麦昆坦白说自己产生了一些阴暗的想法——他想自杀。崔西非常难过。“别再说这些废话了，”他告诉麦昆。

“我爱他，”如今，崔西说起来，眼里噙满泪水，“我爱他。”

2 月 7 日，星期天，麦昆发推特说，他经历了“糟糕的一周”，但又说，“我的朋友都很棒。”他补充道，“无论如何，现在我必须要振作起来。”

他给姐姐珍妮特打了电话。“我们聊了一会儿，然后他说，‘我爱你，’”她回忆道。“我当时觉得很奇怪，因为他不是一个感情外露的人。”麦昆告诉利恩说，自己不想去公墓看着母亲下葬。“我们会一起渡过难关的，”利恩回答。他也打电话给阿奇·里德，希望他能过来安慰和陪伴自己，但谈话演变成了争吵。里德说：“吃些安眠药，上床睡觉吧。”然后挂断了电话。

星期一的大部分时间，他都和安娜贝尔·尼尔森在一起。他把钱包给了她，说自己想换个新的。他还把自己与狗的一张快照和其他的一些小玩意儿送给尼尔森。她推辞，但在麦昆的坚持下，她最终收下了。

星期二,他再次打电话给姐姐珍妮特,“他听起来乐观了很多”,她说。

“我打算给妈妈做一件老式的粉色棉绒睡袍，然后把它带到殡仪馆去，”麦昆对姐姐说。

“我以为他在慢慢地接受妈妈的死亡了，”珍妮特后来回忆道，“我真是大错特错。”

麦昆又去了办公室，和伯顿一起忙新系列，新系列按计划将于 3 周后在巴黎推出。他告诉维卡德，乔伊斯的葬礼将于周五举行。维卡德提出，葬礼之后在考文特花园的杰士奇牡蛎餐厅（J Sheekey Oyster Bar）为麦昆、伯顿、尼尔森、利恩以及她预订一个晚餐桌。“晚点再说吧，”他说。

那天晚上很晚的时候，他去了苏荷区的影子酒廊。变装皇后特丽克西的两位朋友在那里碰见了他，说他当时正在吸大量的可卡因，“喝酒，喝酒，喝酒”，特丽克西说。“没有人和他一起。他独自一人。只有自己一个人。”

2 月 10 日，星期三，他再次见了尼尔森。他很忧郁。母亲离世了，他亲爱的敏特尔,那条杂种狗,也因为癌症死去。“他的情绪出现了问题，”尼尔森后来说。她长久地陪着麦昆，和他一起计划接下来的时装秀，和之后一年一度的生日旅行。

安娜贝尔在凌晨 3:00 离开。

麦昆锁上了所有的门，然后系上了前门的安全链。但他没有上床睡觉，而是吞下了后来被描述为“巨量”的可卡因、佐匹克隆安眠药和止

痛药 / 咪达唑仑镇静剂。

他在一本书的背面潦草地写了一行字。那本书名为《人类的由来》(*The Descent of Man*)，这是受达尔文启发的艺术家沃尔夫·冯·伦基维茨（Wolfe Von Lenkiewicz）最近举办的摄影展的作品目录。

他写道：

“请照顾好我的狗。对不起，我爱你们——李。”

“附：把我葬在教堂里。”

他在厨房里翻箱倒柜，抓起几把刀，其中有一把切肉刀。他把它们带进浴室里，尝试割腕，但并没有他想的那么奏效。他又从厨房拿了一个磨刀器和砧板，返回浴室，磨刀，又试了一次。这次流血了，但还不够。他踉踉跄跄地走进卧室，打开笔记本电脑，登录雅虎网页，搜索：“割腕后，需要多长时间才能死亡？”

沮丧、狂躁、困倦之下，他试了另一招：他把浴袍的腰带抽出来，绑在莲蓬头上，想要自缢。但由于他的体重，莲蓬头被压垮了。

他环顾卧室，想找到另一个了结的地方。衣柜吸引了他的目光。麦昆把衣服移开，拿出他最喜欢的棕色腰带，把它绑在挂衣杆上，然后系在自己的脖子上。

几个小时之后，快 10：00 的时候——这是一个潮湿、阴沉沉的星期四早上——麦昆的管家恺撒·加西亚来到格林大街公寓，发现门都是锁着的，而狗在呜咽。加西亚设法从杂物间进入公寓。他走进主人房，那里一片狼藉，但没有发现麦昆的踪影。他开始收拾地上的杂物。

他走进客房，看见地板上有一根燃着的蜡烛。在他查看房间和毗连的浴室时，被这血迹斑斑的现场震惊到说不出话来：床边是佐匹克隆的空包装盒；一把带血的刀；浴室里到处都是血；淋浴间里的砧板、切肉刀、磨刀器，以及切菜刀；浴袍的腰带绑在变形的莲蓬头上……

他转向空荡荡的衣柜，瞬间浑身发凉：那里面，横杆上，挂着麦昆，死亡的麦昆。

他歇斯底里地打电话给凯特·琼斯（Kate Jones），她是肖恩·利恩的私人助理。“他走了，”加西亚号啕大哭，“他永远地走了。”

他又给 McQueen 总部打去电话，结结巴巴地把他所看到的情况告诉了他们。

他叫来了急救人员。

加西亚的妻子玛琳赶来了，当她看见麦昆悬挂在衣柜里，失控地尖叫起来。

夫妇俩再次给肖恩·利恩打去电话，这次直接找到了利恩。但他们实在太慌乱了，利恩听不明白他们在说什么，只说自己会马上赶到。

维卡德和萨拉·伯顿跑出克雷肯韦尔路的办公室，跳进一辆黑色出租车，直奔格林大街。她们沿途接上了利恩。当她们告诉利恩发生了什么之后，他的大脑一片空白，希望她们说的是假消息——这样他还有机会拯救他亲爱的朋友。“这是吓我们的，”利恩喃喃自语。“他肯定没事的。”

但当出租车停在公寓前，利恩知道真的大事不妙了。“我们走进屋子的时候，身体的一部分不听使唤，不想再往前走了，”他说。救护车和警察都在待命，麦昆的家里人来了几个。有在场的人偷偷地拍了麦昆自缢现场的照片；这些照片从未被公开过。

殡仪馆的工作人员用担架将装有麦昆的紫红色尸袋抬了出来，装进运尸车，街上围堵的大群记者不停地按动快门。

“这是我人生中最悲伤的一天，”利恩说。

西蒙·昂格拉斯此时正在曼哈顿为纽约时装周组织艺术学院的学生

设计秀，手机收到一条朋友的短信，说他得知麦昆的消息感到非常难过。当西蒙查到这条“关于麦昆的新闻”为何指，他愣住了。

“我知道他做好了准备——或者说他想要——逃离，但我从未想到这个逃生舱是——”昂格拉斯停顿了一下，“我不认为他是有意要自杀的。他知道他自己有多特别。你明白我的意思吗？他知道。”

迈克尔·麦昆去了位于埃塞克斯郡霍恩彻奇的家里，告诉父亲罗纳德今天发生的事情。

“爸爸，”迈克尔啜泣着说，“对不起。李自杀了。”

罗纳德没有流一滴泪，一如既往地坚忍。

“我可怜的孩子，”他说，“你为什么这样对我，李？”

XX

麦昆的家人、朋友和同事都对麦昆的死感到震惊。麦昆的确将自己的生活完全、彻底地隔绝在家人的了解之外。他的家人坚称，对于麦昆遭受的心理痛苦懵然不知。“如果我们能隐约感觉到不对劲的话，我们早就去敲他的门了，”他的姐姐珍妮特说。而哥哥迈克尔则对他的自杀感到困惑：“一个人拥有了这么多，为什么还要自杀呢？”

那天下午，这家人还是如期举办了乔伊斯的葬礼，正如迈克尔所说，“一切都安排好了。”

老邦德街 McQueen 店的员工把橱窗里的东西都清走，在里面放置了一则麦昆去世的公告。在伦敦、米兰、洛杉矶以及纽约的 McQueen 精品店外都有粉丝留下留言和花束。有人看见设计师黛安・冯・芙丝汀宝在麦昆的曼哈顿商店前放了一束花。麦昆的去世恰逢纽约时装周开幕，许多发布秀都向他致以敬意和怀念。计划在那里举行的 McQ 发布秀，也被取消了。

时尚界人士和名流们纷纷在新闻报刊和博客上发表他们对麦昆才华和职业生涯的看法——包括加利亚诺。他对《女装日报》说：“麦昆的设计大胆、新颖、令人兴奋。他用他的创造力震撼了整个时尚界，并且明白如何才能成为一名伟大的英国时尚大使。我非常欣赏他。他是时尚界的革命者，和我一样，一路从圣马丁到巴黎，在这个行业留下了自己独特的印记。他不会被遗忘。”

庞斯从西班牙飞到伦敦，没有提前打电话就直接去了 McQueen 总部。“我讨厌人们在我打电话过去的时候只会说：‘他很好。’”庞斯说，“我径直走进去，看见了萨拉。她很惊讶。‘你在这里做什么？！’”庞斯告诉她自己有多难过，并坚持要来见证这一切。

他们在桌边坐下，谈论着麦昆，谈论他的作品，谈论他最后的日子。

萨拉给庞斯展示了麦昆尚未完成的新系列。

“这是他留下的，”她告诉庞斯。

麦昆完成了约 80% 的“天使与魔鬼”系列。其中有一件古色古香、涂成金色的鸭子羽毛做的燕尾服，荷叶边领竖了起来，里边是一条白色薄纱裙，裙子下摆用金线绣有盘旋的图案；一件印有西藏老虎图案的

亚历山大·麦昆设计的最后一个系列“天使与魔鬼”，2010/11 秋冬系列。

红色丝绸短和服外套；一件飞鸟花纹的浅灰色丝绸雪纺礼服；一条单袖的丝绸裹身式裙子，面料上印有德国艺术家斯蒂芬·洛赫涅（Stehan Lochner）创作于 15 世纪的作品《科隆守护神的祭坛画》（*Altarpiece of the Patron Saints of Cologne*）。

“我的天哪，”庞斯倒抽一口凉气说，“这是他的安魂曲。”

2 月 25 日，麦昆的家人和时尚界的朋友聚在圣保罗教堂参加了为麦昆举行的私人葬礼。圣保罗教堂是一间建于维多利亚时代的英国国教教堂，位于骑士桥区。随后，是在克莱里奇饭店举行的招待会。珍妮特说，葬礼“基本上完全脱离了麦昆家人的控制……他们曾询问我们念什么悼词，于是我们有了一个家人念悼词的环节，但除此之外一切都是他们说了算。虽然我们坐在第一排，但我感觉自己像是局外人。事实上，出席葬礼的很多人我都不认识。”

好几个麦昆的家庭成员都穿着有家族徽记的苏格兰格子呢服装。达芙妮·吉尼斯戴着黑色面纱，披着麦昆 2002 秋冬系列“奇思妙想”中一件如波浪般翻滚的黑色斗篷。肖恩·利恩将伊莎贝拉留下的一缕头发和一封信放进了麦昆的棺材里，那灵柩上装饰有大簇的粉色和红色玫瑰，以及粉色的牡丹。安娜贝尔·尼尔森读了埃德加·爱伦·坡的诗《安娜贝尔·李》。“我喜欢这首诗，因为它讲了一个爱情悲剧，”她说。“他也喜欢。在他去世前他曾为我将整首诗用金线绣在了一匹巨大的布上，我至今还保存着。这是我最重要的东西。”

按照他的意愿，他的骨灰被埋在苏格兰天空之岛（Isle of Skye）的小村庄基尔缪尔（Kilmuir）。“这些年来，他去过那里好几次了，他对这个地方有真切的情感，”他的哥哥迈克尔说。“他想回到家乡。”家人们用艺术家安德鲁·坦泽雕刻的巨石作为墓碑，上面刻着麦昆文在手臂上的莎士比亚诗句：“爱情不是用眼睛而用心灵看的。”

公司决定在巴黎时装周期间，将已完成的 16 套“天使与魔鬼”系列低调地对媒体和经销商们做个展示，展示地点选在一间墙上装饰着镶板的路易十五风格的典雅沙龙，它曾经是克莱蒙特－托内尔家族的府邸。伴着英国巴洛克风格的作曲家亨利·普赛尔伟大的歌剧《狄多与埃涅阿斯》——麦昆在制作这个系列时一直在听这部歌剧，模特们走出来，看起来像中世纪的圣母。她们脸上扑着一层幽灵般的白色粉底；头上紧紧包裹着白色或黑色的绷带，像修女用的包头巾。有些模特戴着莫西干式的金色羽毛王冠。*Vogue* 杂志的哈米什·鲍尔斯称之为“威风凛凛的”系列，也为“麦昆不断创新、推出无数珍品、才华如闪电般耀亮的职业生涯画上了深刻而又凄美、惋惜的句号”。

麦昆指定了会计师加里·杰克逊和娱乐业律师大卫·格利克为他的遗嘱执行人。他们前往埃塞克斯郡的麦昆家族住所，向家属宣读遗嘱。他的遗产估计为 1603.65 万英镑。他给五个兄弟姐妹留下了 25 万英镑，给他的侄女、侄子和教子各留了 5 万英镑。基于他们“长年忠诚的服务”，赠与他的管家玛琳·加西亚和恺撒·加西亚 5 万英镑，他还将 5 万英镑托付给一家信托机构，以保证他那三只狗能终生得到照顾。他共捐赠了 10 万英镑给 4 个慈善机构：特伦斯·希金斯艾滋病信托基金、巴特西狗 & 猫之家、伦敦佛教中心和位于牛津郡伯福德的蓝十字患病动物援助中心。

剩余部分被分给两个信托基金：一个是房地产信托，包括邓拉文大街的三卧室公寓，维多利亚公园处的房子，黑斯廷斯的农舍，马略卡岛的别墅，以及另外两处地产；另一个作为麦昆的慈善基金“萨拉班德”(Sarabande)，以他 2007 春夏时装秀的名字命名。慈善基金的受托人是格利克、杰克逊和维卡德。他的家人建议在圣马丁为需要帮助的学生设立一个奖学金。

麦昆去世后不久，他的遗产执行人派了一个团队，将他的东西运送到伦敦东部的一个仓库。麦昆的家人几乎完全被排除在这个过程之外。“我确实有接到电话说，如果我们想要李喜欢的盆景树，可以到花园搬走，”他的姐姐珍妮特说。“但其他所有东西都被打包好了——甚至是他的衣服。遗产执行人也许是在法律范围内行事，但在我们看来，他们没有表现出任何同情心。在他们清理或打包我弟弟的私人物品之前，都没有让我们再看一眼他的屋子，而这本应是寄托哀思不该少的一部分。”

4 月 28 日，威斯敏斯特验尸官保罗·纳普曼（Paul Knapman）博士结束了调查，并宣布麦昆“死于自杀，当时他的精神处于崩溃、失衡状态”。纳普曼补充说：“这样一个从底层攀登到事业巅峰的人却以如此悲剧的方式死去，这真是令人惋惜。”

证人包括麦昆的精神病医生史蒂芬·佩雷拉医生。他在听证会上说，麦昆多年来一直饱受焦虑症和抑郁症的折磨。在他看来，麦昆的精神痛苦很大程度都源于工作上的压力。“他对那些和他有多年交情的老朋友感到非常失望，”佩雷拉补充道。“他和他的母亲很亲近。我认为，母亲的去世对他是致命的打击，悲痛之余他感到生无可恋。”

一个月之后，麦昆的前夫乔治·福赛思，死于过量服用双氢可待因——一种止痛药，年仅 34 岁。

2010 年 9 月 20 日，伦敦时装周最激烈的一天。这天早上，粉丝们被金属路障拦在圣保罗教堂前面，挤得水泄不通，沉痛地看着超过 1200 名哀悼者来到教堂参加为麦昆举行的追思会，他们大多数穿着黑衣服。

安娜·温图尔身着一件麦昆设计的绣花黑色绸缎礼服大衣，致以悼词："麦昆从不掩饰矛盾，即使他最后的系列不夸张地说也是一次光明与黑暗之间的战斗。"她又说，"但是，麦昆告诉我们，T 台是梦想成真的地方。"

苏西·门克斯也发表了讲话。她称麦昆为"一个恰巧用纺织品来创作的艺术家"，"一位对未来有着无与伦比的憧憬，却被过去的幻象拖垮的设计师"。

肖恩·利恩说，"我们爱你的个性。你总是忠于你自己，当我们笑的时候会笑出眼泪，当我们争吵的时候也会吵到哭，那就是你的极端之美。"

崔西和麦昆的两名侄子，马克·麦昆和盖瑞·哈伊勒，领读了《圣经》的片段，以及为巴特西狗 & 猫之家进行募捐。伦敦社区福音合唱团唱了改编得充满活力的《奇异恩典》；比约克戴着一对麦昆为她做的翅膀，演唱了《忧郁星期天》，这首关于自杀的歌因为比莉·荷莉戴的演唱而流行。追思会结束时，风笛手唐纳德·林赛用风笛演奏了《勇敢的心》主题曲，他身后跟了一个风笛手组成的军乐队，全都穿着表示哀悼的格子裙，披着麦昆家族图案的格子呢肩带。

值得注意的是，约翰·加利亚诺缺席了追思会。自从史蒂文·罗宾森死后，他一直在公众面前保持着坚忍的形象。罗宾森的葬礼后，他直接回到工作岗位，在接下来不到两个月的时间内，他除了要准备 Galliano 和 Dior 男装秀，还要在凡尔赛宫橘园花园举办又一场丰碑式的高级定制时装秀——这一次是为了纪念 Dior 60 周年和加利亚诺加入 Dior 10 周年。

2010 年 6 月，他在爱丽舍宫接受了法国总统尼古拉·萨科齐授予的法国荣誉军团骑士勋章。那年夏天，他缺席了他的教女，也是他侄女在直布罗陀举行的婚礼，尽管他为她做了一件 Dior 婚纱。他本人与亚历克西斯·罗克一起去度假了，这些年每年 8 月他都会去有钱人扎堆的蔚蓝海岸里维埃拉的度假胜地圣 - 特洛佩兹，伯纳德·阿诺特在那里也有一处避暑别墅。

“有些人失去亲近的人后会崩溃，但约翰没有，”他的时装秀制作人亚历山大·贝塔克说，“他仍然围着正常轨道运转。”

但私下里的加利亚诺却几乎失控了。有时候，他四五天都不会出现在办公室里，这“意味着他喝得酩酊大醉了”，一位助理如是说，“这种事情以前也发生过。”

2008 年 5 月，他应邀前往萨瓦纳艺术与设计学院（SCAD），接受安德烈·里昂·泰利颁发的终身成就奖（泰利是这所学校的董事会成员）。加利亚诺先是飞去了纽约；从那里，SCAD 安排他乘坐一架私人飞机飞去萨瓦纳出席典礼。泰利为他的朋友安排了一次愉快的南部小镇之旅，首先会有一个福音唱诗班在停机坪上欢迎他。“接到电话时，我正在去机场的路上，”泰利回忆说。那是凯瑟琳·罗斯，LVMH 集团负责公共关系和媒体事务的高级副总裁从纽约打来的电话。

“很抱歉，我有个坏消息，”罗斯告诉泰利，“我叫不醒约翰。”

“叫不醒是什么意思？！”

“他不肯开门。他不肯从床上下来。”

泰利崩溃了，伤心欲绝。

罗斯飞去萨瓦纳，代表加利亚诺接受了奖项。

一个星期后，安娜·温图尔问泰利：“你为什么不打电话给我？我会过来帮他领奖的。”

加利亚诺的酗酒问题，“所有人都知道了”，他的前助手坚称。“得了吧，你会连着五天都没露面，然后醉醺醺的像个十足的白痴一样打来电话吗？所有人都知道那时他的状态，因为他没有一天不这样打电话的。每个人，每个人都接到过他的电话，他在电话里说各种奇怪的话，比如‘我想要这个用在秀上’或是‘我听说了……’我们也都配合他。这是我们共同的责任，我们都有责任。所有人都有。”

多年来，员工和朋友都曾建议加利亚诺去做康复治疗。“是啊，劝了很多次，”助手证实，“但他从来不愿意。”相反，他会去温泉疗养院式的机构进行治疗——“他喜欢那种地方，”助手说——在他去疗养的时候，罗宾森和盖登会保证工作能够顺利进行。

没有一个人，包括加利亚诺，曾和托莱达诺提及这件事。因为Dior 的行政办公区在楼的另一边，有一个单独的入口，而且加利亚诺很少再去 Dior 的工作室，托莱达诺没能第一时间目睹他的堕落。当托莱达诺问到加利亚诺缺席的原因时，他在家办公的私人助理只会说：“他身体不好。”

同时，Dior 和 Galliano 的时装销售都不如以前那么强劲了，部分原因在于 2007 年的经济危机影响了整个奢侈品行业。另一部分原因纯粹在于加利亚诺的设计不像以前那样受欢迎了。据说安娜·温图尔曾写信给加利亚诺，建议他为工作室注入新鲜血液，因为伯纳德·阿诺特的女儿德尔菲娜——就是加利亚诺为她设计了精致婚纱的那位小姐，人们都说她做生意的狡猾风格和父亲如出一辙。据说，她就是被安排到 Dior 来寻找加利亚诺的继任者的。最终，罗宾森的前任助理凡妮莎·贝朗格被 John Galiano 品牌聘为时装总监、工作室总监和造型总监。

Galiano 品牌确实需要她的助力。它在英国的销售成绩很差劲，而在美国，尽管有一众时尚杂志的支持，特别是美国版 *Vogue* 不断地在时装大片里用加利亚诺的设计，对他的发布秀进行报道，但他的品牌在美国依然没有存在感。“没有一家美国的零售商想要 Galliano 女装系列，” Galliano 当时的一位高管说。“不论巴尼斯百货，还是弗雷德·西格尔（Fred Segal）、杰弗里百货（Jeffrey's）、萨克斯第五大道、布卢明代尔百货，都不想要。” 甚至连一直很支持加利亚诺的波道夫·古德曼百货也在 2007 年终止了对他品牌的销售。

总的来说，Galliano 品牌在全球有 50 个销售点——相比 LMVH 集团的其他品牌来说微不足道——而且销售的大多是二线品牌，简称为 Galliano，也就是由意大利的 Ittierre 公司生产的服饰。它的目标受众是 18 岁到 25 岁的年轻人—— “绯闻女孩群体，” 这位前 Galliano 高管说。“设计非常俗气，将‘Galliano’大大地写在胸口，就像高级时装里的 Abercrombie & Fitch。T 台款（在零售店里）基本没有。” 这位高管停顿了一会儿，然后加了一句：

“卡塔尔。在卡塔尔的专卖店里有。”

11 月，加利亚诺在伦敦萨沃伊酒店为自己举办了一场 50 岁生日派对，派对上有演员进行反串歌舞表演。但宾客们说，加利亚诺看起来脸色苍白，兴致不高。

几天后，他带着在 Dior 的私人助理以及高级定制工作室的 3 位员工前往纽约，为来年 1 月份发布的高定系列做调研。托莱达诺对加利亚诺的“调研”旅行总是不以为然。有时候，加利亚诺到中国，他会真正受到启发，回来后灵感一触即发。但这些旅行往往变成了“公费性质”的度假，或者会出现“酒店礼仪方面的”问题，一位 Dior 高管如是说。

巴黎时间的半夜，托莱达诺接到加利亚诺的助理疯了般从团队下榻的美世酒店里打来的电话。

“托莱达诺先生，加利亚诺正在猛敲我的房门，”她哭着说。“他说我是小偷，说我从他房间里偷了钱。我现在正在自己的房间里，而他一直在外面敲门，还大吵大闹。我不知道该怎么办。”

托莱达诺向她保证，他会妥善处理这件事。

他立即致电酒店，要求派保安上来使加利亚诺冷静。他同时打电话给加利亚诺，勒令他马上返回巴黎。加利亚诺却拒绝了，称自己状态很好，想要留在纽约完成他的调研。

“不，约翰，在这种状态下，你不能待在那里。”

托莱达诺写了一封电子邮件给加利亚诺，抄送给加利亚诺的律师斯特凡·泽比布（Stéphane Zerbib），再次命令加利亚诺返回巴黎。

“你是在因公出差，”托莱达诺写道，“但现在你的出差结束了，你必须马上返回巴黎。这是命令。”

接下来，托莱达诺给人在巴黎的罗克打了电话，派他坐飞机去纽约，把加利亚诺带回来。

加利亚诺一回到巴黎，托莱达诺就把他召来 Dior 总部开会。但加利亚诺始终没有露面——相反，他和罗克又飞去了泰国度假。转过年的 1 月份，他回来之后，托莱达诺邀请他到 Dior 总部行政区的私人餐厅共进午餐。加利亚诺提前告诉了托莱达诺的助理他吃什么，不吃什么——他仍然坚持执行严格的饮食管理。据托莱达诺描述，加利亚诺来的时候冷静且自信，完全没有紧张或流汗，大概是因为他习惯了这种压力情境。他们在桌边坐下，加利亚诺前面有一盘扁豆和鹰嘴豆，是按要求特别烹制的，以及柠檬水。托莱达诺则吃鱼，服务生递给他一杯红酒。托莱达诺接了过来。

“这样不好，西德尼，”加利亚诺责备他，“你应该注意你吃了什么，喝了什么。”

然后他开始高谈阔论自己的旅行：他遇到了一些佛教僧侣，告诉他细胞不仅在生理上，而且在精神上都可以恢复活力。“这太神奇了！”加利亚诺惊叫道。

“我们必须谈谈在纽约发生的事情，”托莱达诺说。“这不是正常的行为，你应该去做心理咨询。去看一下心理医生吧。不是因为你疯了，而是你的情绪不稳定，起起落落，有压力，还有焦虑。这种时候，我们都需要专业性的帮助来应对问题。而且你还有很多事情要做。”

“不，西德尼，我很好，”加利亚诺回答。“我很好。”

“考虑一下吧！”托莱达诺建议，“我知道在你不舒服的时候会去看医生。但这很难做到理顺所有问题，你也许能从咨询中有收获。”

他补充说，如果加利亚诺想减轻工作量，或是休几个月的假，都是没问题的。

“我们是有团队的，”托莱达诺向他保证。“你可以过来简要地布置任务，然后就离开。我们不需要你每天都在这里。我们的团队很强大。”

加利亚诺拒绝了这个提议。他坚持说，他的细胞会再生，所以他不会有事。

托莱达诺并不买账。加利亚诺的问题明显很严重，显然需要专业人士的帮助，然而他身边没有一个人有胆量去干预他。“我们都很害怕，”其中一位坦诚。“你知道瘾君子是怎么样的。你永远不知道他们会做出什么反应。我们真的很害怕。”

阿诺特是非常自律的人，自残和上瘾对他来说完全是陌生的概念，但他依然愿意尽可能地帮助加利亚诺，就像他曾经帮助 Louis Vuitton 的设计总监马克・雅各布进行过两次戒毒康复治疗那样。托莱达诺和阿诺特让加利亚诺来 Dior 的行政区开会，让他坐下，告诉他：你现在必须要去康复中心接受治疗，不管需要多长时间都要让你清醒。

“如果你继续酗酒,你会害死自己的,”阿诺特告诉他。“你是在自杀。”

“你在说什么？”加利亚诺反驳。

“如果你想要停下来一段时间，那就慢慢来，”阿诺特接着说。“休息一下，寻求帮助。”

加利亚诺坚持说他很好。为了证明他的观点，他站起来，撕开他的衬衫，展示他的褐色的皮肤，健美、无毛的躯体，声称：

“这看起来像是一个酒鬼的身体吗？”

几星期后，托莱达诺在 Dior 主办了一个招待会。在那里，他接受了法国财政部长克里斯蒂娜・拉加德（Christine Lagarde）颁发的荣誉勋章。加利亚诺戴着黑色太阳眼镜出席了晚宴，除此之外，他看起来一切正常。几天后，托莱达诺前往米兰参加 Fendi 的女装秀——他也监管着 LVMH 集团的其他品牌。临走前，他打电话给加利亚诺的助手，说他想在回到巴黎后约见加利亚诺。

他回到巴黎后，打电话给助手确认会面之事。加利亚诺病了，助手说。他患了流感卧床不起，且有医生的确诊病条，指示 Dior 给他一周的假期让他康复。

然而，在这周的星期四晚上，加利亚诺去了 La Perle 咖啡馆，因为与杰拉尔丁·布洛克以及菲利普·维尔吉蒂的斗殴而被逮捕。

托莱达诺对此一无所知。直到星期五早上快 9: 00 时，他走进办公室，助理才告诉他在网上看到了 La Perle 咖啡馆事件。托莱达诺感到心痛。他无法相信自己的老员工会讲出如此仇视性的话，特别是在知道自己是虔诚的犹太教徒的情况下。“托莱达诺先生没有表现出不悦或是生气，”一位目击者说，“他只是非常难过。”

Dior 的公关总监奥利维尔·比亚洛博指示 Galliano 团队暂时不要公开或者对新闻报刊发表任何回应。多次讨论后，阿诺特和托莱达诺认为在警察调查期间，对加利亚诺进行停职处理是最合适的决定。于是，Dior 新闻办公室发表了一份宣布加利亚诺停职的声明，声明中援引托莱达诺的话，强调 Dior“对反犹太主义和种族主义有着明确的零容忍政策”。

周末，托莱达诺接到无数个电话，声称他们也曾在本周遭到加利亚诺的口头骚扰。他还看到一个手机视频，内容是加利亚诺在一家咖啡馆里喝醉了，说着反犹太人的言论。显然，这段视频已经卖给了媒体从而散播开了。鲁珀特·默多克的英国小报《太阳报》搞到了这段视频，并把它放在了 2011 年 2 月 28 日星期一的网页上：

女人：那你是金发碧眼的人种吗？

加利亚诺：不。但我爱希特勒。像你这样的人今天就要死了。你妈，还有你的祖先，都他妈的会吸入毒气，然后他妈的被毒死。

女人：我的天哪！你有病吧？

加利亚诺：你才有病呢！丑八怪。

女人：你不喜欢和平吗？你不希望世界和平吗？

加利亚诺：丑八怪不配谈和平。

女人：那你从哪儿来？

加利亚诺：你的屁眼。

那天下午，加利亚诺为了后续调查出现在警察局。他来的时候，戴着一顶黑色宽边帽子来遮脸，帽子上插了一枝粉色和白色花朵相间的花枝。他接受了好几个小时的审讯，否认了所有对他的指控。根据警察的笔录，他告诉审讯警官，“我怎么会知道她是犹太人？这又没有写在她的脑门上。”（布洛克确实不是犹太人。）“显然我并不是一个种族主义者，也不是一个反犹主义者，更没有厌女症，”加利亚诺继续说。“这位女士和她的朋友很有可能想从这次事件中获利，以一种卑鄙的方式得到一些金钱，顺便炒作。”但事实上，布洛克的诉讼请求只是象征性地要求赔偿一欧元，外加对方承担诉讼费。她抱怨说，自从新闻曝光后，她一直受到狗仔队和加利亚诺粉丝的骚扰。

法国官员称，事件发生后，医院检测显示，加利亚诺每升血液中含有 1.1 克酒精（大概 0.11% 的血液酒精含量），超过了法国酒后开车的酒精含量上限两倍之多。

托莱达诺与阿诺特，以及另外两名集团高管——阿诺特的两名已成年子女，德尔菲娜和安托万，一起商讨 Dior 的应对措施。阿诺特之所以让他的子女加入讨论，是因为他们正在接受训练，以成为公司的接班人。四人一致决定，加利亚诺的行为是不可宽恕的。第二天，也就是星期二，Dior 发布了一份新闻稿，声明已经“开始了对加利亚诺的解雇程序”。

公众对加利亚诺迅速展开了严厉的谴责。“作为一个大屠杀幸存者的女儿，我认为他的言论绝对无法接受，”美国时装设计师协会主席兼设计师黛安·冯·芙丝汀宝说。最近签约成为 Dior 新款香水“花漾甜心”广告代言人的女演员娜塔莉 · 波特曼，发表了一份声明：“作为一个以身为犹太人为荣的人，我不会再以任何方式与加利亚诺合作。”萨克斯第五大道精品百货宣布，将停止销售 Galliano 的男装系列。“我们拥有的价值观，和我所希望其他所有人拥有的一样，”这家百货公司旗舰店的总经理苏珊妮 · 詹森说，“发生的那些事是不对的，为了尊重顾客和在商店的工作人员，我们将不再售卖他的商品。”

那些加利亚诺的老相识们完全无法相信他会说出如此冒犯的言论。“噢，我很难过，”乔安 · 伯斯坦说。“我想：‘是什么让这个男人去做了这种事？这不是我认识的那个人。’”

“我个人确信他不是一个反犹太主义者，”亚历山大·德·贝塔克说。他是加利亚诺众多亲近的犹太商业伙伴之一，他的祖父母都是大屠杀的幸存者，“从反击、矛盾、傲慢的意义上来说，他是挑衅大师，也是朋克。

我想他可能是个讨厌的朋克。”

和加利亚诺关系更近的人，则为他的崩溃、内爆感到自责。“我们没能及时赶去处理，”斯蒂芬·琼斯说，“我们都很内疚。”

阿诺特和托莱达诺坚持按原计划举办Dior2011秋冬成衣秀。罗丹博物馆的秀场已经搭建完毕，请柬也印好了。如贝塔克解释的那样，“我们想要展示Dior除开设计师之外的才能——Dior是一个独立存在的实体是个不争的事实；它是一种责任。它让以百万计的人拥有了梦想。我们不仅要尊重这个梦想，也要尊重它的观众，展望未来的同时也不要抹杀历史，因为你不应该抹杀历史。”

托莱达诺认为有必要坦诚相告所发生的事情，他决定在时装秀开始之前向观众发表讲话。他还提出，让工作室的工匠们代替加利亚诺出来鞠躬致谢。

这场秀的现场氛围显得异常严肃——近乎葬礼。

灯光暗下，托莱达诺出现，一如既往地文雅。他走到聚光灯下，用法语宣读事先拟好的声明。之后，随着杰里米·希利制作的秀场音乐，出现了性感的20世纪70年代风气的服装——宝石色调的天鹅绒低腰露臀裤、宽腰身上衣、娃娃裙、过膝皮靴、男礼服式大衣、披肩、松软的毛毡帽——鉴于秀前3个月里他几乎不怎么待在工作室里，这个系列有多少是加利亚诺的手笔仍然是个问号。

人群中爆发出热烈的掌声，有些人热泪盈眶——悲伤和惋惜的泪水。德尔菲娜·阿诺特，坐在她父亲常坐的第一排座位上，显然哭了。意大利设计师卡拉·芬迪，为了看秀专程从罗马飞过来，她在座位上坐了 20 分钟，情绪激动得无法自已。一个激动人心、充满活力的时尚创意时代在他们面前戛然而止了。当宾客们走出秀场，回到午后暗淡的阳光中，经过了一个粉丝，她穿着金色罗马式的长袍和高耸的厚底鞋，举着一个标语牌。上面写道：“王者已逝。”

XXI

NEW YORK POST

Page Six

LATE CITY FINAL

$1.00

SHMUCK!

Jew-bash designer's costume mocks faithful

Disgraced fashion designer John Galliano, fired by Dior for spewing anti-Semitic venom, showed up at Fashion Week in Manhattan yesterday dressed like a Hasid. His curly "peyos," or sidelocks, long black jacket and dark hat sparked outrage in the Jewish community.

SEE PAGE 7

麦昆逝世一年后，他的家人依然被排除在他的遗产和遗物之外。珍妮特给遗嘱执行人之一、会计师加里·杰克逊发了一封电子邮件，询问有关以麦昆的名义给学生和其他慈善机构捐款的情况。杰克逊表示这些涉及机密，无可奉告。“我只是想知道李的钱是不是用到了刀刃上，”珍妮特后来说，“我不会再费心联系他们了。”相反，麦昆家人请了律师，迫使遗嘱执行人允许他们接触麦昆的私人物品。

终于，在 2011 年 10 月，珍妮特获准进入东区的仓库，自从麦昆死后，他的所有东西都被保存在那里。她想找一些适合家人睹物思人的小物件。在一个光线昏暗的房间里，她一边整理着 24 个纸箱子——它们堆放在家具、艺术品和其他麦昆在风华绝代的岁月里搜集的各种物件中，一边哭泣，发现他的一些好衣服已经布满了蛀虫洞。“我的胃里翻江倒海，”她说。“我独自去那里，是为了拿回一点我弟弟的东西，但最后我感到非常难过和孤独。”

麦昆的一些遗物不翼而飞，遗嘱执行人也没有交给家人们，其中包括麦昆的大英帝国勋章。

2010 年 5 月，Gucci 集团正式任命萨拉・伯顿为 Alexander McQueen 的创意总监。“在李・麦昆身边工作了超过 14 年之后，她对麦昆的构想有着深刻的理解，这将使品牌保持其核心价值观，”McQueen 的执行总裁乔纳森・阿克罗伊德在声明中说。Gucci 集团的董事长兼 CEO 罗伯特・波莱补充说，“萨拉有真正的天赋，对品牌有颇深的了解，并且有推动品牌向前发展所必需的远见。在未来的几年里，我们将全力支持萨拉和她的团队。”一年后，波莱离开了公司，他的职位由 48 岁的现任 PPR 董事长兼 CEO 弗朗索瓦 – 亨利・皮诺兼任。他是 PPR 集团创始人弗朗索瓦・皮诺的儿子。

伯顿接手 McQueen 后的第一场秀，于 2010 年 10 月在巴黎举行。伯顿尊重麦昆的野性美学，但她以女性化的视角使其变得更为温和。伯顿说，系列中总是会有一些“麦昆元素”。她又补充：“你必须忠于你自己。这是李反复敲打我的：你在你自己的作品后面必须要立得住。”

几周后，威廉王子宣布和相恋多年的女友凯瑟琳·米德尔顿（Catherine Middleton）订婚，婚期定于 4 月 29 日。接下来的大问题是：米德尔顿会选择哪个设计师来设计她的礼服？毕竟，威廉王子的母亲——戴安娜王妃的婚纱成了当代历史上最著名的婚纱之一，令当时名不见经传的年轻设计师大卫和伊丽莎白·伊曼纽尔（David & Elizabeth Emmanuel）夫妇一夜成名。米德尔顿的礼服，估计将会有 20 亿人通过电视或网络看到——这是当年观看戴安娜王妃婚礼人数的两倍——势必会对她所选择的品牌产生更为强大的影响。王妃的订单将是一个品牌所希望得到的最大的宣传。

避开公众和媒体，米德尔顿找到英国版 *Vogue* 的主编亚历山德拉·舒尔曼征求意见。舒尔曼极力主张米德尔顿选择 McQueen。米德尔顿采纳了她的建议，并私下找到了 Alexander McQueen 公司。 McQueen 公司的大多数员工都不知道自己正为王妃做婚纱，他们被告知这是一件电影戏服。当媒体爆出 McQueen 品牌操刀王妃婚纱时，公司也矢口否认。

当米德尔顿身着 McQueen 结婚礼服，从停靠在威斯敏斯特教堂前的劳斯莱斯中走出来，时尚界都松了一口气：她选择了一位悲剧性的英国天才设计师创立的品牌，这位设计师也是当今时尚界公认的有史以来最伟大的设计师之一。

礼服活泼可爱，工艺复杂：上身为紧身长袖蕾丝上衣，下衬象牙白缎面透明丝面料的束身衣，宽下摆的长裙被皇宫新闻办公室描述为“盛开的花朵”。婚纱上用的蕾丝大部分是由位于汉普顿宫里的皇家刺绣学院制作的。婚纱的廓形以维多利亚时代的紧身衣为基础，在臀部添加了衬垫，这两个是 McQueen 标志性的设计元素。背后有 58 颗用透明丝面料包裹，并包覆有欧根纱的纽扣，用了一个小巧新式的腰垫，婚纱拖尾则长达 9 英尺长（约 2.8 米）。

3 天后，大都会艺术博物馆举办了一年一度的时尚慈善舞会（MET Gala），以庆祝年度特展“野性之美”的开幕。这是纪念亚历山大·麦昆的设计回顾展，展品超过 100 件，时间跨度从他的研究生毕业设计，一直到生前最后一个系列，展示了麦昆深邃的创造力、娴熟的剪裁技巧和暗黑浪漫的思路。

加利亚诺隔三岔五就出现在新闻头条里。

从康复疗养院出来后不久，加利亚诺同名品牌的公司董事会在巴黎召开会议，投票决定解雇他。

2011 年 6 月 22 日下午，在律师的陪同下，他来到巴黎法院审判庭。他看起来又瘦又苍白，穿着黑色的三件套西装，没有穿衬衫，留着保守的暗金色及肩直发。他穿过围观群众和抗议者们，电视摄像机紧跟在他后面，接着他走进了墙面上嵌了镶金边的木壁板的法庭，参加他的听证会。旁听席的木凳上坐满了时尚记者和新闻记者。

在长达 7 小时的听证过程中，加利亚诺站在 3 名法官面前，以低得几乎听不见的声音说，对于 2 月份在 La Perle 咖啡馆发生的事件，自己什么都不记得了，因为他有“三重瘾”——对酒精、巴比妥类药物和安眠药上瘾。“每次创作高潮过后，我都会崩溃，而酒精可以帮助我逃脱，”他如是说。“我开始有恐慌症和焦虑症，如果不服用安定就无法工作。我的身体逐渐习惯了这些药片，因此我的用量也在增加，最后剂量大到了我都不记得服用了多少的地步。有时候我会在白天服用安眠药，”他补充说，“自从做了康复之后，我才发现这样混合服用药物是致命的。”

他在法庭上称自己是一个“正在戒酒的酒鬼和正在戒毒的瘾君子”，声音里饱含悔意。他还说他已经在亚利桑那州和瑞士接受了两个月的康复治疗。在罗宾森去世和 2008 年经济危机之后，他声称自己的工作量增加了。“我有两个孩子，”他说，“一个是 Dior，另一个是 Galliano……他们让我忙得不可开交。”他说，工作带来的连锁反应就是，自己的恐慌症发作得愈发频繁，毒瘾也升级了。“Dior 是一个庞大的机器，”他说，“同时我也不想失去 Galliano。”

加利亚诺坚称，对他发表侮辱犹太人言论的指控与本人性格完全不符。他指出，作为一个同性恋者，自己一直是忍受他人歧视的一方。“在我 6 岁的时候，我们搬到了伦敦南部，这时候我意识到了我是一个同性恋者。我被送进了一间难以融入的英国男校，你可以想象得出那些孩子有多残忍……我这辈子都从未有过歧视他人的想法，”他说。“这不是约翰·加利亚诺的想法。”

最终，法庭判处他总共 6000 欧元（约 8400 美元）的缓期罚款和法庭费用。

后来，他起诉 Dior 和 Galliano 不当解雇。2014 年 11 月，法庭驳回了他的诉讼请求。

阿诺特和托莱达诺任命了加利亚诺的前助手比尔·盖登担任 John Galliano 品牌的创意总监，并临时出任 Dior 工作室的总监，好让他们安心寻找一个长期稳定的继任者。“多年来，我一直和约翰以及史蒂文密切地合作——一直都是团队合作，”盖登告诉我。“但我咬牙也要继续干下去了。”盖登的 Dior 作品受到评论家的猛烈抨击——特别是他在高级时装上的尝试——好在他很快在 John Galliano 上找对了节奏。斯蒂芬·琼斯被任命负责 Galliano 的配饰。

在 Dior，阿诺特、他的女儿德尔菲娜和西德尼·托莱达诺组成了一个遴选委员会，为找到新的创意总监绞尽脑汁、举棋不定。一位 LVMH 集团前高层当时向我透露，问题在于，“15 年前，他们选择加利亚诺就是一个大胆的举动，如今他们不敢再冒这个险了。现在的 Dior 是一个端庄的企业、一门真正的生意，他们总是要不停地开会才敢作出决策。他们害怕，真的害怕。这已经是一场玩大资本的游戏了。”

终于，在解雇加利亚诺整整一年后，Dior 找来了拉夫·西蒙斯（Raf Simons），一位备受推崇的比利时设计师。因为设计师吉尔·桑达决定回归她创立的品牌 Jil Sander，西蒙斯不得不离开原来效力的 Jil Sander。评论家们给予西蒙斯的同情可远比给盖登的多多了。

2012 年 8 月，在加利亚诺离职满 18 个月之时，新闻爆出，新当选的法国总统弗朗索瓦·奥朗德突然剥夺了颁发给加利亚诺的法国荣誉骑士勋章。一个月后，英国外交和联邦事务部宣布，授予伯纳德·阿诺特大英帝国骑士指挥官勋章（KBE）。

偶尔，会有小道消息流出，称加利亚诺正在精心策划回归时尚界：据说他将会成为 Schiaparelli 的创意总监，这是一个关停了很久的巴黎高级时装品牌，它的新主人、Tod’s 创立者迪亚哥·迪拉·维利（Diego Della Valle）决定令它焕发荣光；也有人说加利亚诺正在与 Topshop 的老板菲利普·格林（Philip Green）达成某种协议，要么设计一个胶囊系列[1]，要么开一家新的公司；还有的说他正在谈判，准备买回自己的品牌；甚至说他正打算搬去洛杉矶，准备进入电影服装行业。在纽约的一次午餐会上，有人还无意中听到加利亚诺对 *Vogue* 杂志的创意总监格蕾丝·柯丁顿（Grace Coddington）说，他为某些正在酝酿中的事情感到“兴奋”。2012 年 7 月，他被拍到与安娜·温图尔在巴黎的丽兹酒店共进午餐。《女装日报》报道称，温图尔被认为是在“代表加利亚诺游说主要时装品牌”。

终于，在 2013 年 1 月中旬，《女装日报》揭开了真相：加利亚诺将成为 Oscar de la Renta 的“常驻”设计师，这是一个以端庄淑女服饰知名的纽约时装品牌。德·拉·伦塔邀请加利亚诺来到位于曼哈顿中城的工作室进行为期 3 周的实习。“我认为约翰是我见过的最有天赋的人之一，”德·拉·伦塔在宣布这一消息后不久对《纽约》杂志说。“我在巴黎为 Balmain 工作的时候，我和安娜·温图尔多次去看他的时装秀……所以当安娜问我是否愿意让约翰来我的工作室时，我说好。”

这场秀以两位设计师的标志性元素为特色。加利亚诺在后台的监视器上观看了整场秀，最后，只有德·拉·伦塔出来谢幕。这场秀得到了满堂喝彩，但观众们并不狂热。任何人都不允许进入后台——即使是泰利。“约翰有那么多的保镖，而他们不知道我是谁，”泰利说。

评论恭恭敬敬。《女装日报》称其为“两位拥有神秘感、悬念、幽默、美丽、乐观主义的设计师的故事——和一些真正伟大的衣服。”

但第二天早上，报纸头版是这样的：《纽约邮报》在头版发了一张

1　胶囊系列：这个系列最早在 1985 年由美国设计师唐娜 · 卡兰 (Donna Karan) 推出。当时她的想法是创造一个胶囊衣橱，只展示一个系列中最重要、最能代表品牌精神的若干件单品。胶囊系列本质上是一个浓缩版的设计师系列，通常是限量款，更注重商业性和功能性，因此超越了季节性和潮流；通常更注重结构，更注意传递关键的外观元素，而没有秀款的风格和戏剧性。——译者注

加利亚诺的照片，大标题是："蠢货！侮辱犹太人的设计师没脸谈忠诚！"因为在 Oscar de la Reuta 秀开始之前，摄影师偷拍到了加利亚诺从他住的位于下城的豪宅走出来，穿着黑色长大衣、短裤、黑色马丁靴，戴着一顶黑色的小礼帽，他的头发做出一绺绺长长的、紧紧卷起来的卷发造型，类似于一些正统犹太社区男人鬓角边留的须发。

加利亚诺的发言人利兹·罗森堡（Liz Rosenberg）回应说："关于他昨天的装束，正如大家所知，约翰戴肥大的帽子、长大衣、留长卷发是他多年的造型习惯。我能理解大家以及《纽约邮报》对他在时装秀上的装扮的误解。但是，我向你们保证，他绝不是故意要穿着哈西德派犹太人的衣服来表示对哈西德犹太人群体的敬意，没有侮辱犹太人文化，或是歌颂 17 世纪的波兰人民。他绝对没有以约翰的立场，有意或无意地去做这些事。他的服装包括斯蒂芬·琼斯的帽子，山本耀司的裤子，Brooks Brothers 的衬衫，Dolce & Gabbana 的马甲。换句话说——非常时髦。约翰绝不会做任何会冒犯到犹太人群体的事情。"

显然，加利亚诺暂时无法回归主流时尚界了——在他的反犹太言论彻底被原谅之前——他总是被狗仔队跟踪，遭到太多人憎恨。为了平息公众舆论的怒火，他开始了在媒体上的道歉之旅，包括在美国脱口秀"查理·罗斯"（Charlie Rose）中长达一小时的亮相。他在节目录制现场穿着一套海军蓝西装和浅蓝色、领尖有扣子的衬衫，没有系领带；他的头发整齐地向后梳成一个马尾辫——就像他母亲以前为他梳的头。在节目上，加利亚诺发表了一番冗长的自我救赎的言论，听起来像是排练好的剧本。当罗斯点开《太阳报》网站上那段他说他爱希特勒的视频时，他看起来非常羞愧。

"你怎么能那样说？"罗斯问道。

“没有人比我更震惊了，查理，”加利亚诺回答。他的声音非常平静，不卑不亢。“我刚刚看了你放的片段，吓了我一大跳。那一刻，在我的职业生涯里，我成了人们口中的断片儿酒徒，处于无法将短期记忆转化为长期记忆的状况。所以我不记得那次事件。”

这场“道歉旅行”似乎卓有成效。时尚界有传言说，该让加利亚诺回来了。2011 年 7 月，凯特·莫斯嫁给了她的情郎，摇滚歌手杰米·席恩瑟（Jamie Hince）。她穿着一件受《了不起的盖茨比》启发的飘逸的婚纱，设计师正是加利亚诺。“对我而言，制作凯特的婚纱拯救了我，因为这是我的创意康复之路，”他说。“她鼓励我再次做回了我自己。”当莫斯的父亲彼得在婚宴上致辞并感谢加利亚诺制作了婚纱时，300 名宾客都站起来，向加利亚诺鼓掌致意。

2014 年 10 月，Only the Brave（OTB）时尚集团的总裁伦佐·罗索（Renzo Rosso）宣布，他已经聘请加利亚诺担任 Maison Martin Margiela 的创意总监——这是 20 年前麦昆第一次找工作时去过的公司。加利亚诺操刀的第一场秀将于 2015 年 1 月的高定时装周期间推出。“约翰·加利亚诺是有史以来最伟大最无可争辩的天才之一——对于品牌来说，他是一位独特、杰出的女装设计师，总是勇于向时尚世界提出挑战和创新，”罗索告诉《女装日报》。“我期待他的回归，去创造只有他才能创造的时尚梦想。”

从加利亚诺推出惊为天人的毕业系列，到他开始创办自己的小公司，那时，他每年只推出两个主要是手工制作的系列。30 年过去了，时尚行业已经成长为一个庞然大物，对富有想象力的年轻设计师或是小企业没有时间也没有耐心等待他们成长。他和麦昆有着相似的职业生涯：在同一间学校毕业，都推出了备受赞誉的毕业设计；早年作为独立设计师收入不稳定，却因出色的创造力大获好评；最终，他们背靠企业成为明星设计师，也将自己的情感和创意燃烧殆尽，走向自我毁灭。他们改变了时尚行业——时尚向他们提出了更多要求，而他们也给予了更多的回馈，比大多数追随者们所能吸收或消化的还要多—— 他们从 T 台上谢幕，留下一片创造力的空白。

如今，一场时装秀的平均时长是 12 分钟，一待最后一个模特走出来，前排观众会迅速冲上场外等候的汽车，赶往下一场秀。品牌几乎每个月都推出新系列，雇来的设计师们只按照品牌的调性来产出商品，他们的名字在行业外鲜为人知。正如《纽约时报》的时尚评论家瓦妮莎・弗里德曼最近哀叹的，设计师的日程表越来越紧张、工作条目越来越多，他们所能想到的只有“这件‘复古’，那件‘亲民’……把这件重新包装成‘最新的热门款’推出来”。

时尚界的明星已经变成那些有着十万以上粉丝的博主和 Ins 网红。他们厚颜无耻地在自己主页上推荐、宣传各种产品，因此每年能从品牌那里赚取超过百万美元的回扣和“礼物”。

McQueen 品牌现在利润颇丰，这很大程度上要感谢麦昆曾经被嘲笑的骷髅设计；如今，从毛衣到伞柄，再到那条抢眼的围巾，它无处不在。

在被迫休假四年之后，加利亚诺还能适应这个全新的现实吗？在一个刻板严肃、商业化得多的环境中，他精心设计的衣服会是什么样子？还会有人在意他在设计中的表达吗？

年轻设计师从麦昆、加利亚诺和其他同行的自我毁灭中吸取了教训：“做这种工作，学会放手很重要。”30 岁的王大仁（Alexander Wang）

最近告诉《纽约时报》。他在纽约运营着自己的品牌，同时在巴黎的Balenciaga做着尼古拉斯・盖斯奇埃尔的老工作。“这种转变对我来说很难，因为我习惯了所有事情都亲力亲为。虽然我对时装有激情，乐于全身心投入其中，但我不会为此自杀的。”

王大仁和他的设计师同行们都认为，现在的时尚是消费，而非创造。

再也不会有T台走“群鸟”或“圣・斯伦贝谢”这样的秀了。

没有诗意。没有感情。没有忧愁。

只是生意罢了。

致谢

感谢我的许多消息来源——超过 150 个，包括：

时尚业内我联系最多的人，罗伯特・福雷斯特；时尚行业里最善良的人，菲利普・崔西；总是如此优雅的斯蒂芬・琼斯；永远风流倜傥的哈米什・鲍尔斯；以及提供了很大帮助和支持的安德烈・里昂・泰利。所有加利亚诺早期的助手、支持者和朋友，尤其是理查德·库克、约翰·布龙、盖尔・唐尼、黛博拉・布利德、威廉・凯西、利伯特・奥康纳、尼尔·默什和汤姆·曼尼恩；麦昆早期的支持者和员工，包括德特马·布罗、拉维尼娅·弗尼、露西·伯利、鲁蒂·达南、蒂娜·拉科宁、塞巴斯蒂安·庞斯、安娜贝尔·尼尔森、西蒙·考斯丁、丽丝·斯特拉斯蒂、艾欧·博奇、金·布莱克、凯伦·马赫、德里克·安德森、安德鲁·格罗夫斯和尼古拉斯·汤森德。

加利亚诺在白马巷工作室时的团队，包括雅基·杜克洛、梅什·切比尔、迪特马尔·斯霍登；麦昆的巴黎团队，特别是莱斯利·约翰逊和尼古拉斯·尤恩杰克；高管人员多梅尼科·德·索雷、玛丽安·特斯勒、瓦莱丽·赫曼和道恩·梅洛；设计师汤姆·福特；欢迎我去她家里的琼·福莱特，告诉我关于她儿子的故事，让我翻阅他的档案和相册；业内所有和我聊过的人；以及最为重要的，西蒙·昂格拉斯，他非常友好，信任我，回答我一连串残酷无情的问题，即使这让他极度悲伤，没有他，这本书就不会是现在的样子。

没有《华盛顿邮报》的狄波拉·赫德（Deborah Heard），《纽约时报》杂志的艾米·斯宾德勒，以及《新闻周刊》巴黎分社的克里斯托弗·迪基（Christopher Dickey），我将无法拥有任何背景报道。他们都认可加利亚诺和麦昆在 20 世纪 90 年代的不朽和永不妥协的形象，给予我时间，鼓励我去挖掘真相。斯宾德勒“放手去做”的教导声犹在耳。

感谢 *Details* 杂志的创立者安妮·弗兰德斯（Annie Flanders），她慷慨地向我打开家门和个人资料档案；米切尔·欧文斯（Mitchell Owens）提供的设计专业意见和隐秘资料；在康德纳斯特图书馆帮我寻找旧视频的斯坦·弗里德曼（Stan Friendman）；为我提供了我需要的空闲时间的狄波拉·尼德曼（Deborah Needleman）、惠特尼瓦格斯（Whitney Vargas）、玛格丽特·罗素（Margaret Russel）和斯蒂芬·沃利斯（Stephen Wallis）；洛杉矶马尔蒙庄园酒店的安德烈·巴拉兹（Andre

Balazs）和菲利普·帕维尔（Philip Pavel），在纽约半岛酒店的崔西亚·罗森特雷特（Tricia Rosentreter），以及在伦敦苏荷区黑兹利特酒店的每一个人，感谢他们照顾我，给我提供了一个远离家的“家”来做报告和写作。

感谢我的许多读者和支持者，包括莎拉·克里斯蒂（Sarah Christie）、马丽娜·泽诺维奇（Marina Zenovich）、P.G. 摩根（P.G.Morgan）、凯西·诺兰（Cathy Nolan）、劳里·斯普雷格（Laurie Sprague）、谢莉·霍洛贝克（Shellie Holubek）、埃文·罗思（Evan Roth）、珍妮·苏利文（Jenny Sullivan）、德洛丽丝·唐斯（Delores Downs）和唐·阿什比（Don Ashby）。我在《新闻周刊》巴黎分社的前同事杰奎琳·杜奥（Jacqueline Duhau），她的剪报是天赐之物，以及金妮·鲍尔（Ginny Power）与亚历山德罗·祖非（Alessandro Zuffi），他们曾讨论过这些照片。

我有一支敏锐且专注的调研助手和事实核查团队，包括朱莉亚·莱夫科维茨（Julia Lefkowitz）、劳伦·塞利格曼（Lauren Seligman）、辛西娅·科茨（Cynthia Cotts）、迈克·埃尔金（Mike Elkin）、凯伦·弗拉加拉 - 史密斯（Karen Fragala-Smith）和不知疲倦的钱特尔·塔托利（Chantel Tattoli），她以为自己签的是为期 3 个月的实习工作，而 3 年过后，她现在是这个大家庭的一分子了。我想要感谢萨瓦纳艺术与设计学院（SCAD）的宝拉·华莱士（Paula Wallace）和詹姆斯·洛夫（James Lough），他们邀请我作为常驻作家前往萨瓦纳，并安排了钱特尔作为实习生。我不知道没有她我该怎么办。

感谢摄像师菲莱普·莫特里（Filep Motwary）为我拍摄了一张美丽的目录图片，感谢才华横溢的迈克尔·罗伯茨为我拍摄了一张美丽、快乐的作者肖像。感谢你们为我们提供了许多次午餐和欢笑。

感谢我的编辑，企鹅出版社的海伦·康福德（Helen Conford）和维吉尼亚·史密斯（Virginia Smith），她们明白一年其实意味着三年的辛苦工作，她们巧妙的修改和编辑赋予了原稿以灵气和生机。如果有年度麦克斯·珀金斯图书编辑奖，我一定会提名她们。也许我们应该创立一个？

感谢我的经纪人，蒂娜·本尼特（Tina Bennett），在我历经坎坷的时候始终守候在我身边，以最大的诚信代表我出面，总是心灵感应地知道我什么时候需要一个表达支持的字条或电话。

感谢我的丈夫埃尔韦，以及我的女儿露西·李——除了爱，我无法用其他言辞来表达。

图片说明

Page

15 John Galliano at Wilson's School for Boys in 1972. Courtesy David C.Jefferson.

17，360 Gibraltar Philatelic Bureau Ltd.

20 Courtesy David C.Jefferson.

36 By kind permission of Karen Crichton.

38，51(左)，63(右)，119，159(左)，217 Catwalking.

40 John Galliano，1989. © 1989 Michael Woolley.

44 Paul Hartnett/PYMCA/Rex USA.

51(右) © Tom Mannion.

63(左) Robert Erdmann/August.

67 John Galliano，1987. Kate Garner.

69 Richard Young/Rex USA.

89 Sami Tillouche，Carmen Artigas，Alexander McQueen，and Norio Surikabe at the Romeo Gigli atelier，1990. Courtesy of Carmen Artigas.

91 Photo taken by Derrick Tomlinson.

92 Mike Hollist/Daily Mail/ Rex USA.

124 John Galliano，September 1993. Associated Newspapers/Rex USA.

130 © Julio Donoso/Sygma/Corbis.

133 Alexander McQueen and Isabella Blow，1996. Copyright © BBC.

135 Richard Young/Rex USA.

158(左) Brendan Beirne/Rex USA.

158(右) Image by Tim Douglas/Camera Press/Redux.

159(右) © Fairchild Photo Service/Condé Nast/Corbis.

177 John Galliano，Amanda Harlech，and André Leon Talley，1996. Jean Marc Manson.

180，450(上) firstVIEW.com.

184 Neville Marriner/Daily Mail/Rex USA.

193，218(右)，245，278，315(上)，434，435(右)，450(中、下)，461，463，471 firstVIEW.com.

197 Alexander McQueen and Minter，1995. Courtesy Ruti Danan.

201 Image by Gary Wallis/Camera Press/Redux.

203，220(左) Courtesy of Ruti Danan.

212 © Ruti Danan.

218(左) Alex Lentati/Associated Newspapers/Rex USA.

220(中) Catherine McGann/Hulton Archive/Getty Images.

220(右) Reuters.

234 John Galliano，1994. Pascal Chevallier.

257 John Galliano，1996. David Corio/Michael Ochs Archive/Getty Images.

292 Bernard Arnault and John Galliano at Christian Dior，2000. Laurent Van Der Stockt/Gamma-Rapho/Getty Images.

306 ©Stephane Cardinale/Sygma/Corbis.

315(下) Catwalking.

320 Mark Arbeit.

327 Bernard Arnault and Alexander McQueen，1998. © Jake Chessum/Supervision.

332 Ken Towner/Evening Standard/Rex USA.

336 Kevin Mazur/Wire Image/Getty Images.

359 Galliano at the Paris Opera，January 1998. © photo Guy Marineau/CN.

377 Alexander McQueen，1999. Michael Birt/Contour/Getty Images.

393 Marc Jacobs，Alexander McQueen，Michael Kors，architect Christian de Portzamparc，Bernard Arnault，and John Galliano，at the opening of the LVMH tower，1999. Andrea Renault/Globe Photos，Inc.

406 Annabelle Neilson and John Galliano，2000. Richard Young/Rex USA.

428 Alexander McQueen，2003. Rankin/Trunk Archive.

441(左) John Galliano at the Dior spring–summer 2007 haute couture show. Miguel Benitez/Rex USA.

441(右) Alexander McQueen，2004. Horst Diekgerdes/Trunk Archive.

442 AFP/Getty Images.

454 Photo by Abacapress.com.

457 Matt Cardy/Getty Images Entertainment.

459 Alexander McQueen，2009. Hendrik Kerstens.

480 John Galliano leaving the police station in Paris's third arrondissement，February 2011. ©Didier Ferey/KCS Presse.

482 Catwalking.

498 John Galliano in the *New York Post*，February 2013. The New York Post/NYP Holdings，Inc.

图书在版编目（CIP）数据

国王与诸神：约翰·加利亚诺、亚历山大·麦昆的人生起落与时尚帝国的兴衰 /（美）黛娜·托马斯（Dana Thomas）著；李孟苏，林艺璐译 . -- 重庆：重庆大学出版社，2019.7

书名原文：Gods and Kings：The Rise and Fall of Alexander McQueen and John Galliano

ISBN 978-7-5624-9877-3

Ⅰ . ①国…　Ⅱ . ①黛…　②李…　③林…　Ⅲ . ①约翰·加利亚诺 – 生平事迹②亚历山大·麦昆 – 生平事迹 Ⅳ . ① K835.617.2

中国版本图书馆 CIP 数据核字 (2018) 第 258916 号

国王与诸神：约翰·加利亚诺、亚历山大·麦昆的人生起落与时尚帝国的兴衰

GUOWANG YU ZHUSHEN YUEHAN JIALI YANUO YALISHANDA MAIKUN DE RENSHENG QILUO YU SHISHANG DIGUO DE XINGSHUAI

［美］黛娜·托马斯 著
李孟苏　林艺璐 译
策划编辑：张　维
责任编辑：李桂英　　装帧设计：崔晓晋
责任校对：邬小梅　　责任印制：张　策

*

重庆大学出版社出版发行
出版人：饶帮华
社址：重庆市沙坪坝区大学城西路21号
邮编：401331
电话：(023) 88617190　88617185（中小学）
传真：(023) 88617186　88617166
网址：http://www.cqup.com.cn
邮箱：fxk@cqup.com.cn（营销中心）
全国新华书店经销
天津图文方嘉印刷有限公司印刷

*

开本：890mm×1240mm　1/16　印张：16.25　字数：389千
2019年7月第1版　2019年7月第1次印刷
ISBN 978-7-5624-9877-3　定价：69.00元

Gods and Kings: *The Rise and Fall of Alexander McQueen and John Galliano*

First published by Penguin Press, a member of Penguin Group (USA) LLC, 2015.

版贸核渝字（2015）第341号